복지국가 만들기

현대의 지성 132
복지국가 만들기— 독일 사회민주주의의 기원

제1판 제1쇄_2009년 4월 30일

지은이_박근갑
펴낸이_홍정선 김수영
펴낸곳_ ㈜**문학과지성사**
등록_1993년 12월 16일 등록 제10-918호
주소_121-840 서울 마포구 서교동 395-2
전화_02)338-7224
팩스_02)323-4180(편집) 02)338-7221(영업)
전자우편_moonji@moonji.com
홈페이지_www.moonji.com

ⓒ 박근갑, 2009. Printed in Seoul, Korea.
ISBN 978-89-320-1953-6

현대의 지성 132

복지국가 만들기

독일 사회민주주의의 기원

박근갑 지음

문학과지성사
2009

책머리에

 이 책의 이야기는 여러 갈래로 나뉘지만, '복지국가 만들기―독일 사회민주주의의 기원'이라는 다소 길어보이는 제목에 그 뜻이 모여 있다. '만들기'라는 말은 아직도 진행 중인 '복지국가'의 건설이 계속해서 나아가는 과정이라는 뜻을 지닌다. 많은 사람들이 제2차 세계대전 이후에야 복지국가라는 건축물을 제대로 볼 수 있었다고 주장한다. 그러나 그 어떤 정치체제도 비 온 뒷날의 버섯처럼 갑자기 솟아오를 수는 없다. 더군다나 유럽 역사에서 복지란 장구한 세월의 이끼에 덮인 제도이자 문화의 전통이다. 이 책이 그 과정의 '첫 단계'를 살피고자 하는 이유가 바로 거기에 있다. 무슨 일이든 처음 시작할 무렵에는 말도 많고 탈도 많은 법이다. 그래서 이야기는 어지럽게 얽히겠지만, 그런 만큼 생생한 실상이 드러날 수 있을 것이다. 19세기 중반의 어느 여름에서 출발해 제1차 세계대전의 전야에 이르면, 현대적 복지국가가 완벽하지는 않더라도 그럴듯한 윤곽을 스스로 드러낼 것이라고 기대해본다.

역사 이야기는 언제나 한정된 공간을 벗어날 수 없으며, 이 책 역시 '독일'이라는 지명을 앞세우면서 시작한다. "왜 독일인가"라고 묻는다면 그곳에서 인류 역사상 처음으로 공적 복지제도가 시작됐다는 사실을 들 수 있을 것이다. 널리 알려진 비스마르크 시대 사회보험이 곧 그것이다. 그러나 그런 사정을 밝혀낸 서술이 너무나 많아서 굳이 따로 해야 할 말이 남아 있어 보이지 않는다. 새로운 이야기는 이전과 다른 색다른 관점에서 나올 수 있다. 그래서 복지제도와 마찬가지로 독일에서 맨 처음 시작한 '사회민주주의' 정치의 사연이 뒤따르게 되었다. 사회민주주의의 '기원'을 묻는다면, 복잡하게 얽힌 이야기가 보다 구성지게 짜일 것이라는 희망이 이 책을 이끌었다는 의미다. 물론 그런 기대가 지레짐작에서 나온 것은 아니다. 서둘러 말하자면, 1860년대에 탄생한 사회민주주의 정당은 처음에는 공적 복지제도를 완강하게 거부했을 뿐만 아니라 국가마저도 물리칠 태세를 보였다. 그러나 복지제도와 사회민주주의는 원래 하나의 모태에서 같은 자양분을 섭취하고 자라난 까닭에 오랫동안 서로 엇갈려 지낼 수 없었다. 여기서 굴곡진 복지국가의 길을 엿볼 수 있지 않겠는가.

자세한 이야기는 뒤로 미루고 맛보기처럼 몇 토막말에서 줄거리를 살펴보자. 이를테면 19세기 독일의 저명한 사회사상가 로렌츠 폰 슈타인Lorenz von Stein은 1850년에 펴낸 자신의 책에서 "자세한 것을 예언하려들지 않는다면 앞으로 생길 일을 미리 말할 수 있다"라는 명제를 밝힌 바 있다. 이 바탕에서 그는 오늘날에도 굳건한 복지국가 이론의 뼈대를 세웠다. 유럽의 미래가 달려 있다고 내다본 '사회적 민주주의 sociale Demokratie'가 곧 그것이다. 물려받은 정치체제를 대신할 그 원리는 자치행정의 토대 위에서 자율적인 유기체들이 사회적 갈등을 수렴하여 부와 권력의 편중을 막는 공적 조정기제를 의미했다. 그가 이 새로운 정체모델을 '사회적 국가socialer Staat'라는 이름으로 다시 불렀을 때, 그 속에는 이미 참여와 공동결정의 원리에 충실한 현대 복지체제의 태몽이 담겨 있었다. 오늘날 복지국가 이론이 조정기제에 참여하는 행위주체들의 '합주행동'을 비롯해, 자본과 동행하는 사회민주주의의 역량을 복지체제 선진화의 최적 조건으로 내세운다는 점에서 슈타인의 예지를 읽을 수 있겠다.

이렇듯 한 탁월한 이론가가 오늘날 복지국가의 핵심과제를 앞당겨 예견했다면, 그보다 몇 해 앞서서 '사회적 민주주의'를 현장에서 실험한 인물이 있었다. 바로 슈테판 보른Stephan Born으로 베를린의 한 인쇄소에서 식자공으로 일했던 그 청년은, 1848년에 독일 최초의 정치적 노동단체를 세우면서 널리 이름을 알렸다. 그때 독일에서는 시민혁명의 물결이 거세게 일었으며, 그 북새판에서 노동자들도 보른의 주도 아래 정당의 꼴을 갖춘 '노동자형제단'을 꾸렸던 것이다.

"우리의 목소리는 가볍지 않다. 그래서 우리는 서둘러 그 목소리를 사회적 민주주의라는 천칭의 저울판 위에 제대로 올려놓아야 한다." 이는 보른이 노동자형제단을 주축으로 한 노동자 정당을 꿈꾸면서 선언했던 말이다. 이어서 그는 "우리와 자본가들의 이해관계가 일치한다. 우리는 양측 사이의 평화를 원한다"는 설명도 덧붙였다. 먼 미래에 실현될 공동결정의 원리가 이 말 가운데 들어 있었다. 그리고 또 의미심장한 말이 뒤따랐다. "노동자 정당을 구성하는 요소들이" 아득히 먼 중세시대부터 내려온 자율적 복지기구 속에 "이미 내재해 있다"라는 주장이었다. 이에 따라 새 정치기구의 기본 정관에 "우리는 자치행정과 자조의 원리에서 출발한다"라는 조항이 포함되었다. 노동자 정당과 복지제도의 뿌리가 하나라는 선언이 아니면 무엇이겠는가. 이렇게 등장한 노동자형제단은 노동의 평등권을 법률로 보장하면서 일하는 사람들의 복지를 크게 넓히는 국가의 과제를 강령에 담았다. 아울러 '보건관리연맹'을 따로 결성하여 사회복지를 실천했다. 그때까지 그 어디에서도 실험하지 않았던 노동자형제단의 복지사업은 주치의 제도, 의사와 환자의 수평관계, 예방조처에 주력한 사회의학 등의 유산을 남겼다.

과연 노동자 복지정당을 세우는 과정이 순탄하기만 했을까? 만약 그랬다면 이 책도 이쯤에서 멈춰야 옳을 것이다. 그러나 정작 해야 할 이야기는 이제 겨우 실마리를 찾은 셈이다. 노동자형제단은 공안당국의 억압에 눌려 얼마 버티지 못하고 곧 무너지고 말았다. 이후 십수 년이 더 흐른 다음에야 드디어 본격적인 노동자 정당의 시대가 열릴 수 있었다. 그때 탄생한 사회민주주의Sozialdemokratie라는 이름은 이전의 복합어(사회적 민주주의)에서 벗어난 대표단수의 개념이었다. 이렇게 역사의 무대에 등장한 사회민주주의는 홀로 서는 전선의 상징이었다. 말하자면 사회민주주의 정당이 계급투쟁의 길을 선택했던 것이다. 흥미로운 점은 그때 사회민주주의 정당이 자치행정의 원리를 여전히 내세웠다는 사실이다. 그것은 보른이 그랬던 것처럼 옛 자율적 복지기구에 뿌리를 둔 것이었다. 그러나 사회민주당은 앞선 세대가 꿈꾸었던 공동결정의 정치를 멀리했다. 물론 그렇게 되도록 사회민주주의 진영을 너무 심하게 옥죄었던 공안당국의 책임이 컸다. 1880년대에 등장한 최초의 사회보험은 그런 억압정책의 반성에서 나온 결과물이었다. 거기에는 국가에 저항하는 노동계급을 충성 세력으로 끌어들이려는 지배정치의 술수가 담겨 있었으며, 따라서 사회민주주의 진영은 공적 복지제도를 '정치적 사기'로 여길 수밖에 없었다. '진정한' 노동복지를 향해 동행하는 길은 이렇게 멀고도 험난했다.

누가 먼저 손을 내밀어야 옳았을까? 널리 알려졌듯이 복지의 역사에 길이 남을 최초의 공적 사회보험은 비스마르크의 이름으로 발의되고 완성되었다. 그러나 흥미롭게도 그는 그 과업이 끝날 무렵에 이 위대한 걸작을 가리켜 스스로 시대적 '기형아'라고 혹평했다. 그 입법이 자신의 뜻에서 벗어나 다른 방향으로 흘러갔기 때문이다. 자본과 노동이 함께 '자치행정'의 원리로써 보험조합을 관리하는 '자율적인 유기체'가 비스마르크 사회보험의 핵심내용이었다. 그것은 곧 '이익공동체의 바탕 위에서 전향적인 사용자와 노동자가 연대하는 조직체'를 의미했다. 로렌츠 폰 슈타인이 예견했던 '사회적 민주주의'를 연상할 만한 대목이다. 실질적으로 그 이론을 입법에 반영한 한 공무원이 있었는데, 그는 슈타인을 평생토록 사숙했던 인물이었다. 개혁적 관료층에서 비롯한 '조정하는 노동정치'의 원리가 그렇게 사회적 동의를 얻게 되었던 것이다. 그러니 옛 신분제의 향수에 갇혀 있던 비스마르크의 지배정치가 어찌 미래지향의 복지정치와 대결할 수 있었겠는가. 사회민주주의 진영 역시 난감하기는 마찬가지였다. 공적 사회보험 이후에 사회민주주의 정당은 '완전한 자치행정'을 앞세우면서 국가와 대결했다. 그 방법은 '우리의' 자치행정과 '그들의' 자치행정 사이에 분명한 선을 그으면서 계급전선을 구획하는 의미론 투쟁이었다. 그때 내세운 저항의 수사는 옛 수공업 시대부터 전해온 상조금고의 기억에 맞닿아 있었다. 따라서 그 바탕에 섰던 고립전선은 퇴행적일 수밖에 없었다.

왜 이편의 자치행정만 '완전'할까? 옛 복지기구는 다가올 미래국가에서 어떤 기대와 일치할 수 있을까? 그 누구도 이러한 질문에 답할 수 없었던 사정에서 '자치행정'은 전선의 경계를 넘어서 보편 개념으로 발전해왔다. 그러면서 비로소 사회민주주의 참여정치의 길이 열릴 수 있었다. 아울러 사회민주당은 공적 복지제도의 수호자로 변신했으며, 현대적 의미의 복지정당으로 거듭나게 되었다. 어떤 계기들이 있었을까? 이제 비로소 이야기가 제대로 나아갈 차례가 되었다.

차례

제1장 개념과 방법

1. 구조의 저편

1908년에 있었던 일이다. 별스럽게도 영국 노동조합 대표들이 선진
제도를 본받기 위해 독일 산업현장을 방문했다. 그때 이미 많이 알려
진 '비스마르크 사회보험'이 노동운동에 끼친 효력을 살피기 위한 연수
여행이었다. 그들이 듣고 본 뒤에 내린 결론은 분명했다. 공적 보험제
도가 노동하는 삶의 질을 상당히 높일 뿐만 아니라 노동조합의 조직과
연대정신도 키우고 있다는 것이었다.[1] 그러나 노동조합 사람들만이 독
일에서 앞섰던 본보기에 감탄하고 있었던 것은 아니었다. 바로 그즈음
에 재무부장관 로이드 조지 D. Lloyd George와 함께 정부의 고위 공무원
들도 독일 산업현장을 돌고 있었다. 그들이 기획하고 있던 국민보험법
National Insurance Act의 본보기를 구하는 여행이었다. 그들 가운데 통상
부 대표로 독일에 왔던 윈스턴 처칠 Winston Churchill이 영국수상에게 보

---

1) F. Tennstedt, *Vom Proleten zum Industriearbeiter. Arbeiterbewegung und Sozialpolitik in Deutschland 1800~1914*(이하 *Proleten*으로 약칭), Köln 1983, p. 422.

낸 편지 속에 다음과 같은 내용이 들어 있다.[2]

거기에는 사회적으로 조직된 어마어마한 정책이 있습니다. 그 필요성
은 절박하며 때는 무르익었습니다. 기후는 더 모질고 모아둔 재화가 훨
씬 부족한데도 독일은 국민들을 위해 상당히 훌륭한 기본여건들을 잘 갖
추고 있습니다. 독일은 전시를 대비해서도 그렇지만 평온한 때에도 잘
조직되어 있습니다. 우리는 정치영역을 제외하면 아무것도 제대로 갖추
지 못했습니다. 사회적 조직에서 성공을 거둔 독일의 경험을 우리나라
에도 적용해보려 한다면 귀하께서는 선거에서 승리할 수도 있으며, 혹
패배할지도 모릅니다. 그렇지만 귀하께서는 하다못해 흐르는 세월도 그
통치를 지워 없앨 수 없는 하나의 기념비를 남기게 될 것입니다. (……)
비스마르크 이념의 위대한 일면으로 우리 산업체계의 온 저변을 감싸도
록 하십시다. 그러고는 겸손한 마음으로 그 결과가 어떨지 기다려야 할
것입니다.

영국의 노동정치야말로 독일 사회개혁가들이 흠모해 마지않았던 모
범이 아니었던가! 그러나 복지제도는 달랐다. 1880년대에 역사상 처
음으로 제정된 독일의 사회보험[3]은 잘 짜인 연대보장성의 귀감이었다.
그래서 그것은 비판적인 독일 지식인들의 눈에도 '세계사적으로 사회
정책의 방향을 바꾼' 사안으로 비쳤던 것이다.[4] 그런 만큼 그 역사성을
연구한 성과가 이미 산을 이룰 만한 지경에 이르렀다. 무슨 사족이 또

---

2) G. A. Ritter, *Sozialversicherung in Deutschland und England. Entstehung und Grundzüge im Vergleich*(이하 *Sozialversicherung*으로 약칭), München 1983, p. 92에서 재인용.

3) 건강보험Krankenversicherung(1883년)과 산재보험Unfallversicherung(1884년), 노령 및 상해보험Alters- und Invalidenversicherung(1889년)이 곧 그것이다.

필요하겠는가. 널리 알려졌듯이 그 '최초의' 복지입법은 철혈재상 오토 폰 비스마르크Otto von Bismarck의 이름으로 탄생했다. 그런 까닭에 그 것을 독일제국에서 독특했던 지배정치의 산물로 여기는 의견들이 아직 도 줄을 잇고 있다. 사회정책은 예나 지금이나 노동계급을 포섭하는 국가기제로 이해된다. 더욱이 독일 고유의 복지왕정soziales Königtum 이념이 사회적 빈곤에 대처하는 군주의 도덕 의무를 이상화했다고 보 면,[5] 그러한 견해는 상당한 설득력을 얻게 된다. 비스마르크는 실제로 1881년에 처음으로 발의한 산재보험입법안에 '무산계급의 요구와 이익 에 봉사하는' 공적 보험제도 수립이 곧 '인류와 기독교의 의무이자 국 가를 수호하는 정치의 과제'라는 설명을 덧붙였다.[6] 이러한 도덕적 수 사의 이면에는 통제와 포섭의 양날을 지닌 지배정치가 숨어 있었다. 말 하자면 사회민주주의 운동에 재갈을 물린 사회주의자법[7]의 '채찍'을 감 내하도록 '사탕과자'도 필요하다는 기획이었다.[8] 그러고는 약 10여 년 의 세월을 거치면서 건강보험법과 연금보험법이 뒤따랐다. 그의 치적 기간에 그토록 오랜 기간을 끌면서 수많은 수정제안을 거친 입법안은 찾아보기 힘들다. 누가 보더라도 그는 그 장막의 무대를 연출한 카리

---

4) 동시대 저명한 경제학자로 '강단사회주의'의 한 축을 맡았던 구스타프 슈몰러Gustav Schmoller
  의 표현이다(G. A. Ritter, 앞의 책, p. 11).

5) E. Schraepler(ed.), *Quellen zur Geschichte der sozialen Frage in Deutschland. Band
  I: 1800~1870*(이하 *Quellen*으로 약칭), Berlin/Frankfurt 1955(특히 pp. 60~64, 126~
  30, 138~43을 보라).

6) *Stenographische Berichte über die Verhandlungen des Deutschen Reichstages*(이하 *SBR*
  로 약칭), 1881, vol. III(Aktenstück, no. 41), pp. 222 ff.

7) 1878년에 제정된 이 법률의 공식명칭은 '공안을 해치는 사회민주주의 동원에 관한 법률'이었
  다. 1890년까지 계속된 이 법에 따라 선거운동을 제외한 모든 사회민주주의 집회와 언론활동
  이 금지되었다(제4장 2절 참조).

8) 이 유명한 비유는 사회민주주의 이론가이자 역사가였던 메링F. Mehring의 책에서 처음 나왔다
  [F. Mehring, *Geschichte der deutschen Sozialdemokratie*, vol. 2, Berlin(East) 1960, p. 583].

스마 넘치는 인물이었다. 그런 그가 자신의 이름으로 이룩한 복지제도
를 '의회와 고위 관료 사이에서 태어난 사생아'[9]라고 혹평할 정도로 그
입법결과를 못마땅하게 여겼다. 또한 그는 만년에 자신의 치적을 꼼꼼
히 기록한 『상념과 회상』에서 사회보험만은 단 한 마디도 언급하지 않았
다.[10] 뭔가 예사롭지 않은 사연이 있었을 것이다. 그렇다면 그 시대의
의미를 다시 읽어야 옳지 않을까?

　문제는 다른 곳에도 있다. 비스마르크 지배정치의 대척점에 있던 사
회민주주의 진영은 국가의 사회정책을 어떻게 보았을까? 오늘날 사회
민주주의라는 이름이 복지정당과 같은 의미로 쓰인다는 점에서 이 질
문의 중요성을 가늠할 수 있을 것이다. "우리가 본래 이 입법안의 원조
다."[11] 당시 사회민주당[12]을 이끌던 아우구스트 베벨August Bebel이 '비스
마르크 사회보험'의 첫번째 입법안이 국회에 올랐을 때 한 말이다. 그
의 말처럼 많은 사회민주당 사람들이 사회민주주의 '덕택에' 복지정책
이 가능했다는 주장을 되풀이했다. 그러나 그 말은 그동안 공적 사회
보험을 철저히 거부해온 당의 공식성명과 너무나 먼 거리에 있었다. 사
회민주당은 그 시절 내내 완강하게 공적 사회보험에 저항한 적대세력

---

9) "Brief des Geheimen Oberregierungsrates Theodor Lohmann an Professor Dr. Lorenz
von Stein, 1882 Juni 26," in *Quellensammlung zur Geschichte der deutschen Sozialpolitik*
(이하 *Quellensammlung*으로 약칭), vol. II-2, 1, pp. 247~50(인용은 p. 249).
10) O. v. Bismarck, *Gedanken und Erinnerungen*, München 2004(Reprint); L. Gall, *Bismarck.
Der weiße Revolutionär. Biographie*, Berlin/München 2001, p. 648.
11) A. Bebel, *Ausgewählte Reden und Schriften*(이하 *Reden*으로 약칭), vol. 2, Berlin
(East) 1978, p. 137.
12) 오늘날까지 이어지는 이 당명Die Sozialdemokratische Partei Deutschlands은 1890년의
할레 당 대회 때부터 부른 것이다. 그 이전에는 독일 사회주의 노동당, 독일 사회민주주의
노동당, 독일 노동자연맹 등의 다양한 명칭이 있었지만, 그때도 언론이나 정치권, 공공문서
에서는 사회민주당이라는 이름으로 통했다.

이었다. "사회민주주의의 이름으로 선출된 국회의원 가운데 그 누구라도 비스마르크의 사회개혁이라는 바보들의 천국에 넋을 빼앗기게 된다면, 그는 그 순간부터 사회민주당의 당적과 의원직을 동시에 상실하게 될 것이다."[13] 당 기관지에 실린 이 주장이 그 시대 사회민주주의의 기류를 압축한 듯 보인다. 저항의 근거는 '비스마르크 사회보험'이 '진

오토 폰 비스마르크

정한 사회개혁'을 얼버무리는 '사이비' 정책과제라는 주장에 있었다. 사회주의자법에 쫓기는 마당에 어떻게 아무런 의구심 없이 국가정책을 곧이곧대로 받아들일 수 있었겠는가. 그러다가 세월이 한참 지난 후 사회민주당은 공적 사회보험의 '유일한' 수호자라는 선언과 함께 드디어 복지정당의 길에 들어섰다. 1909년에 있었던 일이다.[14] 그러나 이즈음 보험제도의 형식과 내용 가운데 본질적으로 변한 것은 아무것도 없었다. 그럼에도 그 선언의 울림은 컸으며, 오늘날까지 이어지는 사회민주주의 복지정책의 줄기는 그때 만들어진 것이었다.

왜 비스마르크는 스스로 오늘날까지도 회자하는 '세기의 걸작'을 자신의 기억에서 철저히 지워야만 했을까? 왜 사회민주주의 진영은 그 중요한 정책과제를 두고서 오락가락했을까? 이 두 질문은 사회사 연구의 호재다. 이를테면 비스마르크의 말은 의회정치와 지배권력 사이의

---

13) *Der Sozialdemokrat*, no. 64(1883. 11. 8.).
14) 제7장 2절 참조.

동학을 밝힐 때 더할 나위 없이 요긴한 증빙자료다. 대부분의 정파가 정부의 보험입법안에 담긴 '국가사회주의' 기획을 거부했을 때 철혈재상의 지배정치 전략은 크게 훼손될 수밖에 없었다. 따라서 비스마르크의 상실감이 거기에서 비롯되었다는 것이다. 그리고 두번째 질문은 계급갈등의 제도화 명제와 잘 어울릴 수 있다. 복지기제가 노동계급의 호전성을 완화하는 계기로 작용했다는 사실은 많은 사례연구에서 이미 밝혀졌다. 이렇듯 사회사 연구방법을 통해 보험입법 과정에서 드러난 정치적 긴장과 갈등이 사회구조 속에 들어 있던 문제점들로 밝혀졌으며, 따라서 한 걸출한 정치가 비스마르크를 주역으로 내세운 신화는 소멸되었다.[15]

　그럼에도 어떠한 정치행위를 일으키는 동기들이 구조의 저편에도 있다는 점에서, 문제는 여전히 남게 된다. 기억과 기대, 공포와 희망, 꿈과 좌절 등의 인식범주는 대체로 사회사 연구의 관심 바깥에 위치한다. 1880년대 사회입법에 따라 보험조합의 관리지침으로 자리잡았던 자치행정Selbstverwaltung이 한 보기가 될 것이다. 보험재정을 분담하는 자본과 노동이 함께 자율적으로 보험행정을 관리하도록 규정한 이 원리는 사회개혁의 시대적 열망을 집약한 '조정하는 노동정치versöhnende Arbeiterpolitik'[16]의 다른 이름이었다. 그것은 입법으로 제도화되었다는 점에서

---

15) M. G. Schmidt, *Sozialpolitik in Deutschland. Historische Entwicklung und internationaler Vergleich*, Opladen 1998; G. A. Ritter, *Der Sozialstaat. Entstehung und Entwicklung im internationlen Vergleich*, München 1989; G. A. Ritter, *Staat, Arbeiterschaft und Arbeiterbewegung in Deutschland. Vom Vormärz bis zum Ende der Weimarer Republik*, Berlin/Bonn 1980; G. Göckenjan, *Verrechtlichung und Selbstverantwortlichkeit in der Krankenversorgung*, Berlin 1980; G. A. Ritter, *Sozialversicherung*; F. Tennstedt, *Proleten*.

16) 프로이센 상공부에서 사회정책 보고서를 담당하면서 비스마르크를 보좌했던 로만Th. Lohmann이 노동의 자기책임성과 공동책임성으로 이룩하는 평등권리를 이 말로 표현했다

하나의 실상이면서 앞으로 실현되어야 할 사회모델을 지향하는 기대개념
이기도 했다. 거기에는 태몽처럼 먼 훗날 코퍼러티즘corporatism 협상정치
를 낳게 될 꿈이 담겨 있었다.[17] 그런가 하면 그것은 먼 옛날부터 수공
업 노동인력이 자율적으로 재정과 운영을 관리하면서 후생사업을 꾸렸
던 상조금고Unterstützungskasse의 경험을 불러낸 기억의 전승이었다. 이
자치정신의 유산이 산업시대에도 이어져 근대적 보험조합의 조직원리
와 접합했던 것이다.[18]

비스마르크 지배정치의 표적이 된 사회민주주의 또한 하나의 현상이
면서 새로운 정체(政體)모델의 희망을 드러낸 첨단개념이었다. 사회민
주당이라는 실체가 하나의 사건이나 사회적 구성형식으로 등장하기 이
전에 사용되었던 이 용어의 의미 속에는 참여와 공동결정의 꿈과 기대
가 깃들어 있었다. 오늘날 사회민주주의 정치와 동반하는 사회협약의
요소가 이미 오래전에 이 개념으로 표출되었다는 점은 아직까지 제대

(제5장 2절 참조).

17) 이 정치모델은 일반적으로 자발적이며 위계질서를 갖추지 않은 압력단체들이 무정형의 이익
조정 과정을 거쳐 경쟁적으로 정치적 영향력을 행사하는 가운데 의회의 정치세력이 정책결
정을 독점하는 다원민주주의plural democracy와는 달리, 국가를 통하여 정형화된 집단적
참여기구 속에서 상이한 이해집단들의 사회협약으로 중요한 정책과제를 해결하는 조정정치
를 의미한다. 오늘날 이 정치모델의 성공 가능성이 사회협약에 참여하는 행위주체들과 그
조정기구에 허락된 '자치행정의 자율권Selbstverwaltungs-Autonomie'에 달려 있다는 점은
여러 역사적 · 이론적 연구를 통해 상세히 밝혀졌다[G. Lembruch, "Liberal Corporatism
and Party Government," in *Comparative Political Studies*, vol. 10(1977), pp. 91~126;
S. Jochem/N. A. Siegel(eds.), *Konzertierung, Verhandlungsdemokratie und Reformpolitik
im Wohlfahrtsstaat. Das Modell Deutschland im Vergleich*, Opladen 2003; G. Lembruch,
"Der Beitrag der Korporatismusforschung zur Entwicklung der Steuerungstheorie,"
in *Politische Vierteljahresschrift*, vol. 37(1996), no. 4, pp. 735~51; Ph. Manow,
"Consociational Roots of German Corporatism: The Bismarckian Welfare State and
the German Political Economy," in *Acta Politica*, vol. 37(2002), pp. 195~212].

18) 제2장 참조.

로 밝혀지지 않았다. 다른 한편으로 이 개념의 의미가 자치행정과 함께 시대적으로 전개되었다는 사실 또한 사회사 연구가 소홀히 여긴 부분이다. 두 개념이 함께 그렸던 하나의 궤적은 옛 상조금고의 기억과 체험에서 비롯한 것이었다. 자체 규율과 '스스로 구제한다'는 자치정신의 유산이 독립적인 노동계급 의식으로 이어졌던 것이다. 옛 수공업 복지기구는 하나의 통합목표를 이루어내는 문화적 영향력이었다. 이를 바탕으로 노동운동 조직들과 그 지도자들이 성장했던 것이다. 말하자면 상조금고라는 하나의 모태에서 노동조합과 복지제도가 같은 문화적 양분을 섭취하며 탄생시기를 기다리고 있었던 셈이다. 따라서 사회민주주의와 복지정치를 개념으로 다시 읽으면, 같은 태내에서 자라난 두 근대제도가 '따로 또 같이' 걸어간 길이 좀더 선명히 보일 것이다.[19]

요약하건대 이 두 질문은 구조문제이면서 동시에 개념문제다. 무릇 개념이란 지칭하는 언어와 그 대상 사이의 유동적이고 모호한 관계 속에서 형성되며, 시대에 얽힌 논쟁점, 구상되고 있는 미래사회상, 과거로부터 지속되는 사회구성의 내용을 다의적으로 내포하고 있다. 개념사 방법론의 체계를 세운 독일의 역사학자 라인하르트 코젤렉Reinhart Koselleck에 따르면, "경험을 포괄하고 기대를 한데 묶는" 개념은 정치적 · 사회적 변화의 지표이면서 그 요소가 된다. 따라서 "한 개념의 지속과 변화를 통시적으로 주목하면 그 성과의 사회사적 연관성은 더 커

---

19) 다음 책들은 이 주제를 사회사 방법으로 다룬 연구성과다. U. Frevert, *Krankheit als politisches Problem 1770~1880. Soziale Unterschichten in Preußen zwischen medizinischer Polizei und staatlicher Sozialversicherung*(이하 *Krankheit*로 약칭), Göttingen 1984; Ch. Eisenberg, *Deutsche und englische Gewerkschaften. Entstehung und Entwicklung bis 1878 im Vergleich*(이하 *Gewerkschaften*으로 약칭), Göttingen 1986. 또한 톰슨E. P. Thompson의 책, 『영국 노동계급의 형성』(나종일 외 4인 옮김, 창비, 2000), pp. 571~86에서 영국의 사례를 볼 수 있다.

지며," 그럴 때에만 "그 개념에 상응하는 구조가 분명히 드러난다." 다시 말해 개념해명이라는 노즐을 통과하면서 과거의 언어의미가 더욱 명확해지는 것만큼이나 사회사적 실상과 관계는 한층 뚜렷하게 드러난다는 것이다.[20] 그 방법으로 사회민주주의와 복지정치의 의미를 다시 되새겨보자.

2. 사회민주주의의 의미론 전선

로렌츠 폰 슈타인Lorenz von Stein은 카를 마르크스Karl Marx와 쌍벽을 이루며 19세기 독일 사회과학을 대표하는 인물이었다. 그는 보수주의에 기울어 있었지만, 사회운동과 사회갈등의 지속적인 전제들과 추진력을 밝히면서 역사인식의 새로운 지평을 연 대(大)이론가의 반열에 올랐다.[21] 그러므로 그가 이미 1850년대에 독일에서 처음으로 사회민주주의 개념의 동학을 이론적으로 성찰했다는 사실이 우연으로 여겨질 리 없을 것이다. 그가 생각한 '사회적 민주주의sociale Demokratie'란 계급사회가 내전에 빠지는 사태를 피하기 위해 갈등조정을 제도화하는 미래의 사회구성을 의미했다. 자유주의의 최종목표와 더불어 부와 권력이 어느 한 곳으로 기울게 된 상황에서 '정치적 민주주의'에서 '사회

---

20) R. Koselleck, *Vergangene Zukunft. Zur Semantik geschichtlicher Zeiten*(이하 *Zukunft*로 약칭), Frankfurt a. M. 1989, pp. 107~29; R. Koselleck, *Begrifsgeschichten. Studien zur Semantik und Pragmatik der politischen und sozialen Sprache*, Frankfurt a. M. 2006, pp. 9~31. 그리고 나인호, 「독일 개념사와 새로운 역사학」, 『역사학보』 제174집, 2002, pp. 293~325에 현대 개념사의 이론과 방법론이 잘 소개되어 있다.

21) D. Blasius/E. Pankoke, *Lorenz von Stein. Geschichts- und gesellschaftswissenschaftliche Perspektiven*, Darmstadt 1977.

적 민주주의'로 이행하는 역사적 변천은 장기적이며 돌이킬 수 없는 경향이 될 것이라는 설명에서처럼, 슈타인은 앞으로 다가올 사회운동의 변치 않는 조건들을 서슴없이 공리적으로 규명하는 모험을 감행했다.[22] 그렇더라도 그는 역사의 진보를 낙관하지는 않았다. 신분제 질서에서 자유주의 정치를 거쳐 '사회적' 운동으로 넘어가는 단선적 발전이론이 독일에는 적합하지 않다고 보았기 때문이다. 당시 프로이센은 정치체제와 사회구조를 한데 묶어야 할 공민Staatsbürger의 동질성이 아직 성숙되지 않은 상황에서 경제사회가 시민사회를 대신하고 있었고, 슈타인은 바로 그 점을 근거로 들면서 자신의 주장을 펴나갔다. 그가 1848년 '3월 혁명'의 경험을 요약한 결론에 따르면, 자유주의 요소와 사회적 요소가 서로에게 장애로 작용하면서 결국 반동정치를 불러왔다는 것이다. 사회갈등을 해결하려는 '모든 시도가 무력을 동반하며,' 그것들이 '기실 어떠한 궁극적인 결정을' 내리지 못할 것이라는 진단에서 보듯,[23] 그는 비판적 시선을 지닌 역사학자이자 사회이론가였다. 그럼에도 그는 당대 정치지형을 바탕으로 최대한의 개연성을 예측했다. 그가 보기에 앞으로 실현될 '사회적 민주주의'는 최선의 가능성에 둔 희망이었다.[24]

슈타인은 독일 사회적 보수주의Sozialkonservatismus의 주춧돌을 놓은 이론가다. 그는 왕정체제를 '자주적이며 인격적인 국가 존재의 가장 완

22) L. v. Stein, "Demokratie und Aristokratie," in *Die Gegenwart*, vol. 9(1854), pp. 306~44.
23) L. v. Stein, *Geschichte der socialen Bewegung in Frankreich von 1789 bis auf unsere Tage. III. Das Königtum, die Republik und die Souveränität der französischen Gesellschaft seit der Februarrevolution 1848*(이하 *Bewegung*으로 약칭), Darmstadt 1959, p. 216.
24) R. Koselleck, *Zukunft*, pp. 87~104; E. Pankoke, *Sociale Bewegung—Sociale Frage —Sociale Politik. Grundlagen der deutschen "Sozialwissenschaft" im 19. Jahrhundert* (이하 *Bewegung*으로 약칭), Stuttgart 1970, pp. 75~99.

벽한 표현'[25]으로 보면서 헤겔 법철학의 맥을 이었다. 그렇지만 그는 진보의 지평에서도 역사이론을 개발하면서 야누스의 얼굴을 '성공적으로 유지할 수 있었던' 인물이기도 했다.[26] 이렇듯 그는 '도덕관념의 실제'로서 시민사회의 '당파투쟁'에 초연한 국가의 '전횡'을 이상화한 헤겔[27]과는 달리, "고귀한 국가 본성이란 통치권과 법률이 어느 특정한 사회계급의 손아귀에 빠지는 상황에 마주서서 분투한다"고 보았다.[28] 이러한 기본인식은 소유계급과 무산계급 사이에서 불거진 반목이 결국 화해에 이르지 못한 결과로 1848년 프랑스 2월 혁명이 발발했다는 역사적 시선에서 비롯한 것이었다. 이를 바탕으로 그는 자유로운 공민의 권리를 넓히고 민중의 복지를 통해 국가 권능의 정당성을 확보하게 될 '사회적 행정sociale Verwaltung 원리'를 구상했다. 프로이센 고유의 정치지형에 상응하는 이 프로그램이 다원화된 이익주체들의 '자치행정'을 전제로 특수 이해관계들을 수렴하는 공적 조정기제의 확산을 기대했다는 점에서 그의 진취성을 읽을 수 있겠다.[29] "보편선거권은 헌법에, 노동하는 계급의 사회적 구속을 지양하는 과제는 행정에 귀속한다." 이 원리가 곧 '사회적 민주주의'[30]라는 개념규정은 바로 그러한 의

---

25) D. Blasius, "Lorenz von Steins Lehre vom Königtum der sozialen Reform und ihre verfassungspolitischen Grundlagen," in *Der Staat*, vol. 10(1971), p. 43.

26) R. Koselleck, 앞의 책, p. 89에서 재인용.

27) M. Riedel, "Hegels Begriff der bürgerlichen Gesellschaft und das Problem seines geschichtlichen Ursprungs," in M. Riedel(ed.), *Materialien zu Hegels Rechtsphilosophie*, vol. 2, Frankfurt a. M. 1974, pp. 247~75.

28) L. v. Stein, *Die Verwaltungslehre, I/1: Erster Theil. Die vollziehende Gewalt. Allgemeiner Theil. Das verfassungsmäßige Verwaltungsrecht. Erstes Gebiet. Die Regierung und das verfassungsmäßige Verwaltungsrecht*, Stuttgart 1869(2. Auflage), p. 31.

29) E. Pankoke, 앞의 책, pp. 194 ff.

30) "Demokratie," in O. Brunner/W. Conze/R. Koselleck(eds.), *Geschichtliche Grundbegriffe. Historisches Lexikon zur politisch-sozialen Sprache in Deutschland*(이하 *Grundbegriffe*

미론에 닿아 있었다. 그 기대개념으로 그는 유토피아적 외피를 걷어낸 정치적 개연성의 지평에서 사회갈등의 해결을 이론적으로 선취했던 것이다.[31]

(민주주의는 지금까지) 헌법을 중심과제로 세움으로써 별다른 효능을 발휘하지 못했다. 그것이 행정을 주제로 삼는 한 더는 민주주의가 아니다. 양대 계급이 엇갈리는 이해관계를 두고 서로 진정으로 화해하는 그 순간에 지금까지 유지된 민주주의는 종언에 이른다. (……) 사회적 민주주의라는 해법언어 속에 이미 민주주의가 새로운 모습으로 탈바꿈하리라는 암시가 들어 있다.

역사적 현실이란 항상 "현존하는 관계들이 실제 그러했던 바와 다른 그 무엇, 그리고 훨씬 더 나아가는 어떠한 것을 의미한다"[32]는 슈타인의 관점주의Perspektivismus는 오늘날의 개념사론과 서로 통한다. 그는 의식적으로 받아들인 관점만이 전체 운동을 파악할 수 있다는 전제에서 정파들의 이해관계, 희망, 기획들을 역사적 잠재요소로 인정했으며, 이를 즐겨 적절히 개념화했다. 코젤렉은 그 연장선상에서 개념이란 "언어적 성과로서 이른바 실제 역사의 단순한 부수현상만은 아니며," 더욱이 "정치적·사회적 개념들은 역사의 요소와 추진력을 파악하기 위한 것들"이라고 보았다.[33] 그가 창안한 '경험공간Erfahrungsraum'과

로 약칭), vol. I, Stuttgart 1979, p. 887.

31) L. v. Stein, *Bewegung*, III, p. 207.

32) L. v. Stein, "Zur preußischen Verfassungsfrage," in *Deutsche Vierteljahres-Schrift*, vol. 57(1852), p. 35.

33) R. Koselleck, 앞의 책, p. 301.

'기대지평Erwartungshorizont'의 인식범주가 슈타인의 역사이론에서 그다지 먼 거리에 있어 보이지 않는다.[34] 그 논점은 대강 이러하다.[35]

경험은 사건들이 인간의 의식 속에 자리잡고 기억될 수 있는 현재적 과거다. 이 속에는 가공된 기억들, 지식체계에 현존하지 않는 무의식적 행동방식들, 세대나 제도들을 통해 전승된 낯선fremd 체험도 간수되어 있다. 기대 또한 현재 속에서 이루어지며, 현재화된 미래로서 경험되지 않은 것을 지향한다. 희망과 공포, 의지와 염려, 관조나 호기심 등이 기대를 구성한다. 경험은 그 속에서 이전 시대의 많은 층위가 '이전'과 '이후' 없이 동시에 드러나기 때문에 공간적이다. 그것은 마치 세탁기의 유리문과 비슷하여 그 뒤에서 색색의 빨랫감이 아무 때나 나타나는데, 그것들은 모두 한 통 속에 갇혀 있다. 이와는 달리 기대는 지평으로 열려 있다. 그것은 아직 볼 수 없는 새로운 경험공간을 나중에 열어주는 선(線)을 의미한다. 미래를 경험할 수 없기 때문에 기대의 지평선은 예측될 따름이다.

코젤렉의 명제에 따르면 근대에 이르러 경험과 기대 사이의 차이가 점점 커진다. 다시 말해, 기대들이 그때까지의 경험들에서 점점 멀어

---

34) 코젤렉은 '경험'과 '기대'의 인식범주를 "희망과 기억에서 역사를 합성하는 것을 배우게 된다"라는 노발리스Novalis의 언급에서 빌려왔음을 밝히고 있다(같은 책, pp. 352 f.). 그러나 슈타인의 역사인식을 논한 그의 논문("Geschichtliche Prognose in Lorenz v. Steins Schrift zur preußischen Verfassung," 같은 책, pp. 87~104)과 사회사와 개념사 방법을 결합한 그의 기념비적 저작 *Preußen zwischen Reform und Revolution. Allgemeines Landrecht, Verwaltung und soziale Bewegung von 1791 bis 1848*(이하 *Preußen*으로 약칭), Stuttgart 1967에서 현대 개념사론에 끼친 슈타인의 뚜렷한 영향을 읽을 수 있다. 그리고 역사인식의 당파성과 객관성을 이론적으로 밝힌 글, "Standortbindung und Zeitlichkeit. Einbeitrag zur historiographischen Erschließung der geschichtlichen Welt"(*Zukunft*, pp. 176~207)의 논지는 슈타인의 관점주의와 일맥상통한다.

35) 아래의 설명은 코젤렉의 논문집(*Zukunft*, pp. 349~75)에 실린 "'Erfarungsraum' und 'Erwartungshorizont'—zwei historische Kategorien"의 내용을 요약한 것이다.

지면서 근대가 '새 시대'로 파악된다는 것이다. 개념들이 점점 추상화되어 지나간 경험을 불러오기보다는 다가올 미래를 미리 상기시키는 이데올로기로 고양되는 과정에서, 이 양자 사이의 골은 더욱 깊어진다. 특히 '―주의'라는 합성어로 표현되는 정치체제 개념들이 생성되는 과정에서 이러한 현상이 두드러진다. 예컨대 사회민주주의 개념의 토대를 이룬 공화주의Republikanismus와 민주주의Demokratie를 살펴보자. 칸트는 처음으로 여러 정체 가운데 하나였던 공화국Republik을 자신의 '실천이성'에서 도출하여 인류사회의 지속적인 목적으로 형상화하면서, 공화국으로 향해가는 과정을 새롭게 공화주의로 지칭했다. 이 용어는 이후 진보라는 추상적 기대를 정치적 행동공간에서 수행하는 운동개념이 되었다. 이로써 하나의 상태를 가리켰던 예전의 공화국이 '주의'라는 어미를 통해 목적으로 전이되었던 것이다. 이 개념은 다가오는 역사운동을 이론으로 먼저 정립하면서 실천으로까지 이끌었다. 이렇듯 전승된 모든 통치형식의 경험공간과 아직은 멀리 보이는 정치체제의 기대지평 사이에서 벌어진 시간적 차이가 개념화되었다.[36]

공화주의라는 개념의 시간적 구조는 그 후 그것의 미래구상을 모방하거나 능가하려 한 다른 개념들에서 다시 등장한다. 공화주의를 대체한 민주주의 개념의 역사가 그러했다. 고대 그리스의 민주주의는 폴리스 내부에서 일시적으로 확정되고 실행될 수 있었던 정체형식이었다. 여기에는 오늘날의 여러 민주주의 정체에서도 여전히 그 요소들을 찾을 수 있는 규정, 처치방법, 규범 등의 의미내용이 들어 있었다. 18세기에 이르면 이 개념은 근대적 중앙국가체제와 그 사회적 후속책임을

---

36) 같은 책, pp. 372 ff. ; "Republik," in O. Brunner, et. al., *Grundbegriffe*, vol. V, Stuttgart 1984, pp. 549~651.

포괄하는 새로운 조직형식을 지칭하게 되었다. 이때 법률의 지배와 평등의 원리를 민주주의라는 개념으로 호명하면서 옛 의미가 수용되고 변형되었다. 마침내 산업혁명의 여파로 급격한 사회변동이 일어나면서 이 개념에는 새로운 의미들이 부가되었다. 민주주의는 이제 입법을 통하든 혁명을 거치든 '진보'의 지평에서 끊임없이 새롭게 등장하는 사회적·정치적 희망과 욕구를 채우도록 요구하는 기대개념이 되었다. 이로써 민주주의는 공화주의를 대체하고 다른 모든 정체유형을 물리치면서 보편적 상위개념으로 등장했다. 정치의 장에서 완전히 다르게 쓰일 수 있는 이러한 보편성 때문에 곧 민주주의라는 개념에 다른 용어를 덧붙여 새롭게 만들 필요성이 생겼다. 이 개념은 그럴 때에만 정치적·이데올로기적 투쟁의 장에서 운동할 수 있었던 것이다. '사회적 민주주의' '대의제 민주주의' '인민 민주주의' 등의 새로운 신조어들은 이러한 배경에서 탄생했다. 근대세계의 정치적·사회적 개념들은 이와 같이 역사적 운동의 조종간이 되었으며, 이로써 시간화Verzeitlichung의 지평에서 정치적 적대자들은 서로를 이데올로기화할 수 있었다.[37] 개념의 역사적 의미론을 이렇게 읽으면서 이제 사회민주주의라는 용어 뒤에 숨겨진 정치적·사회적 전선의 지향점을 추적해보자.

개념이란 일반적으로 지칭하는 용어와 그 대상 사이의 유동적이며 모호한 관계 속에서 형성되듯이, '사회민주주의' 또한 처음부터 다양한 역사적 요소를 다의적으로 내포하고 있었다. 이러한 사실은 먼저 이 용어가 '민주주의'라는 투쟁개념에 '사회적social'이라는 시대적 형용의 미가 합성되어 이루어졌다는 점에서 밝혀질 수 있다. 그렇다면 어떤

---

37) R. Koselleck, 같은 책, pp. 117 ff.; "Demokratie," in O. Brunner, et. al., *Grundbegriffe*, vol. I, pp. 821~99.

정치지형에서 어떤 인물들이 어떤 미래를 기대하면서 이 용어를 쓰기 시작했는가? 이러한 질문 가운데 개념의 '역사적 표현력'[38]을 파악하는 첫번째 과제가 들어 있다. 남부 독일의 급진파 민주주의 운동을 대변한 바덴의 프리드리히 헤커Friedrich Hecker는 독일에서 맨 처음으로 이 용어를 공개적으로 언급한 인물로 기록된다. '3월 혁명'의 전야에 개최된 '조국의 동지 51인'의 하이델베르크 집회에서 어느 참석자가 공화주의 정체에 대립하는 '천민지배Pöbelherrschaft'의 위험을 일깨웠을 때, 헤커는 다음과 같이 반박했다.[39]

나는 자유를, 그것도 모든 사람에게 두루 미치는 완전한 자유를 원합니다. 이 자유는 그 어떤 국가형태에서건 쟁취되어야만 합니다. 그러나 나는 특권을 누리거나 풍족하게 사는 사람들만을 위한 자유를 원하지 않습니다. 이를 한마디로 표현하자면, 나는 사회민주주의자Social-Demokrat입니다.

이렇게 처음 나타난 이 용어가 국민주권과 정치적 평등을 내세운 급진파 시민계급의 이상을 반영했다고 짐작할 수 있겠지만, 거기에 덧붙인 형용사의 의미는 모호할 따름이다. 다만 이즈음에 사회구성이나 사회조직의 원리를 지칭하는 명사들과 결합한 '사회적'이라는 용어가 흔히 사회주의Sozialismus를 의미하는 수식어로 표현되었다는 점에 주목할 수 있다. 다행히도 '사회적' 민주주의를 처음으로 호명한 헤커는 비슷

38) R. Koselleck, 같은 책, p. 112.
39) H. v. Gagern/F. Hecker, "Rede v. 5. 3. 1848 auf der Versammlung der Föhrer der liberalen Opposition in Heidelberg," in *Deutsche Zeitung*, no. 67[(1848. 7. 3.), "Sozialismus," in O. Brunner, et. al., *Grundbegriffe*, vol. V, p. 971].

한 시점에 바덴 신분제 의회에서 행한 한 연설에서, "사회주의란 도대체 무엇을 의미하는가?"라고 스스로 던진 질문에 이렇게 대답한 적이 있다.[40]

이 단어는 우리 민족을 강력하게 만드는 요소를 지칭합니다. 그것은 인간 속에 내재된 근원적 욕구를 지칭하며, (구체적으로는) 가능한 한 모든 사람의 복지가 조화롭게 이루어지도록 소재를 한데 모으며, 흩어진 힘들을 결합하고 사회화하여 이 욕구를 실용적으로 만드는 과제를 말합니다.

이러한 맥락에서 볼 때 사회적 민주주의가 처음부터 사회주의 구성요소와 민주주의 정체형식을 한데 섞은 이른바 중복개념Doppelbegriff으로 쓰였다는 점이 어느 정도 분명해진다. 그러나 문제는 이 시기의 다양한 정치적·이데올로기적 전선이 각각 다른 의미의 정체나 사회구성을 지향하고 있었다는 점에 있다. 앞서 예시한 헤커의 사회주의가 '자본의 권력이' 생산인력을 '농락하는' 사태를 방지하기 위해 '노동을 후원하는' 사회원리를 일컬었을 때, 그것은 정치적 권리에 더하여 사회적 권리를 쟁취하는 시대적 과제를 의미했다. 이는 곧 같은 의미의 '근본적 사회개혁radikaler Sozialreform'을 다르게 부른 말이었다. 1846년에 자유주의 평론가 카를 비더만Karl Biedermann이 처음으로 쓴 이 용어는 또 달리 호칭할 때 사회혁명의 유토피아와 명백히 구분되는 선상에서

---

40) F. Hecker, "Rede v. 18. 12. 1847," in *Verhandlungen der Stände-Versammlung des Großherzogtums Baden in den jahren 1847 und 1848. Enthaltend der Protokolle der 2. Kammer, I. Protokollheft*, Karlsruhe 1848(같은 곳).

구체적으로 사회현실을 개선하는 '실용적 사회주의praktischer Sozialismus
가 되었다.[41] 이 개념에 농축된 '근본적' 사회개혁은 '자유주의 법치국
가에서 사회국가로 향해가는 전환'[42]의 첫걸음이었다. 앞으로 시민사
회개혁 논쟁의 큰 물줄기를 이루게 될 그 구상은 아직 경험하지는 않았
지만 가까운 장래에 실현되리라고 희망한 이상적 사회구성의 형식이었
으며, '노동과 자본 사이의 반목을 조정하는' 정치적 과제를 기대지평
에서 꿈꾸었던 역사발전의 잠재요소이기도 했다.[43]

마르크스와 엥겔스Friedrich Engels는 달리 보았다. 그들에게도 민주주
의란 여전히 '모든 국가체제와 사회화된 인간의 본질'을 의미하는 하나
의 상위개념이었지만,[44] 그것은 '영구 혁명'의 최종목적에 따라오는 '프
롤레타리아의 원리이며,' 마땅히 '오늘날 공산주의'로 불러야만 옳았
다.[45] 이러한 의미론으로 읽으면 '보편화된 사회민주주의 상투어들'이
란 혁명의 길에서 벗어난 소시민들의 계급타협 지향을 형상화한 것과
다르지 않았다.[46] 마르크스가 보기에 '이른바 사회민주주의 정파'란 자
본과 노동의 대립각을 세우기보다는 '그 반목을 약하게 만들어 조화로운

---

41) J. Reulecke, *Sozialer Frieden durch soziale Reform. Der Centralverein für das Wohl der arbeitenden Klassen in der Früindustrialisierung*(이하 *Frieden*으로 약칭), Wuppertal 1983, pp. 126 ff.

42) J. Habermas, *Strukturwandel der Öffentlichkeit. Untersuchungen zu einer Kategorie der bürgerlichen Gesellschaft*, Darmstadt/Neuwied 1982, pp. 263 ff.

43) R. vom Bruch(ed.), "*Weder Kommmunismus noch Kapitalismus*." *Bürgerliche Sozialreform in Deutschland vom Vormärz bis zur Ära Adenauer*(이하 *Weder Kommmunismus*로 약칭), München 1985.

44) K. Marx, "Kritik des Hegelschen Staatsrechts," in *Marx-Engels-Werke*(이하 MEW로 약칭), 4(1959), pp. 229 ff.

45) F. Engels, "Das Fest der Nationen in London," in MEW, 2(1959), p. 613.

46) K. Marx/F. Engels, "Ansprache der Zentralbehörde an den Bund vom März 1850," in MEW, 7(1960), p. 248.

관계로 변화시키기 위해' 민주주의 제도들에 사회적 억양을 가미한 '하나의 새로운 몽타주'나 다름없었다.[47] 그러므로 '노동하는 계급'을 시민사회에 통합하려는 '근본적' 사회개혁은 '부르주아 사회주의Bourgeois-sozialismus'로 불러야 마땅했다.[48]

하나의 역설처럼 이러한 주장의 뒷면에는 마르크스와 엥겔스가 달갑게 여기지 않았던 노동운동의 현실이 숨어 있었다. '3월 혁명'의 거센 소용돌이 가운데 독일 최초의 '노동자 정파'로 탄생한 노동자형제단 Allgemeine Arbeiterverbrüderung[49]이 사회민주주의의 이름으로 부르주아 개혁가들의 '실용적 사회주의'에 가까이 다가간 강령을 선언했던 것이다. 1848년 8월에 북부지방의 소규모 노동자협회들Arbeitervereine의 느슨한 연맹으로 출범한 노동자형제단은 단번에 전국을 망라하는 조직을 갖추면서 세간의 이목을 끌 정도로 강력한 정치조직으로 성장했다. 따라서 이 단체가 내세운 구호들을 살펴보면 동시대 노동운동의 지향점을 밝혀낼 수 있을 것이다. 베를린의 식자공 출신으로 처음부터 노동자형제단을 이끌었던 슈테판 보른Stephan Born은 그해 6월에 전국적 노동 정파의 결성을 촉구하는 성명을 다음과 같이 발표했다.[50]

지금까지 우리는 따로따로 흩어져 있었기에 강하지 못했으며 아무런 대접도 받지 못했으나, 이제 하나로 단결하자. 우리는 수백만을 헤아리

---

47) K. Marx, "Der achtzente Brumaire des Louis Bonaparte," in MEW, 8(1960), p. 141.
48) K. Marx/F. Engels, "Manifest der kommunistischen Partei," in MEW, 4, p. 488.
49) F. Balser, *Sozial-Demokratie 1848/49~1863. Die erste deutsche Arbeiterorganisation "Allgemeine Arbeiterverbrüderung" nach der Revolution*(이하 *Sozial-Demokratie*로 약칭), *Textband*, Stuttgart 1962.
50) M. Quarck, *Die erste deutsche Arbeiterbewegung. Geschichte der Arbeiterverbrüderung 1848/49*(이하 *Arbeiterbewegung*으로 약칭), Leipzig 1924, p. 153.

며 국민의 대다수를 점하고 있다. 우리가 뭉쳐서 함께 진력하게 될 때 강해질 것이고, 온갖 부(富)를 창출하는 사람들에게 걸맞은 권력을 쟁취하게 될 것이다. 우리의 목소리는 가볍지 않다. 그래서 우리는 서둘러 그 목소리를 사회적 민주주의라는 천칭(天秤)의 저울판 위에 제대로 올려놓아야 한다.

보른은 이와 같은 주장과 함께 '독일 사회적 국민헌장soziale Volks-Charte Deutschlands'을 제정하게 될 '노동자의회Arbeiterparlament'를 창설하자고 호소했다.[51] 이렇게 노동자들이 처음으로 호명한 '사회적 민주주의'는 어떤 의미를 담고 있었을까? 그것이 무엇이라고 분명히 밝힌 동시대 문헌은 발견되지 않았다. 그것이 '노동하는 계급'에 사회적 세력균형을 가져다줄 독립적 정치동맹을 의미한다고 해석할 수 있을 따름이다. 그리고 노동자형제단의 기관지 첫 호에, "우리는 공개적으로 사회민주주의자들이라고 자인했다"라는 기록이 보인다.[52] 이후로도 '사회적 민주주의soziale Demokratie' 또는 '사회-민주주의Sozial-Demokratie'가 여러 선전문건에서 친숙한 용어가 되었지만, 그럼에도 그 대상이나 지향점은 모호할 따름이다. 다만 보른의 절친한 동지 네스 폰 에젠베크Nees von Esenbeck가 그에게 보낸 한 편지에서 '정치적 민주주의에 맞서는 사회민주주의 진지'를 언급했다는 용례로부터,[53] 그 말이 부르주아 민주주의와 길을 달리하는 독립정파의 구호로 쓰였음을 알 수 있다. 그렇다면 이 명칭이 계급투쟁을 알리는 하나의 신호탄이

---

51) 같은 책, p. 152.
52) F. Balser, *Sozial-Demokratie*, p. 144(각주 362에서 인용).
53) "Sozialismus," in O. Brunner, et. al., *Grundbegriffe*, p. 973.

었을까? "우리 노동자들은 스스로 우리를 구제해야만 한다."[54] 노동자 형제단의 격문에 이런 문구가 보인다. 이렇듯 독립적인 노동자 정당이 처음부터 전국적인 노동자 단체를 부추긴 열망이었을 것이다. 그러나 그것이 계급투쟁이나 사회혁명의 기대로 이어지지는 않았다. 보른은 이렇게 설명했다.[55]

　　우리는 우리의 조국에 아직도 노동자와 자본가로 뚜렷이 구분되는 두 계급이 존재하지 않으며 (……) 따라서 혁명을 일으킬 만한 노동계급 이 형성되지 않았다는 사실을 잘 알고 있다. 우리가 만일 어리석게도 새 로운 혁명을 시도한다면, 우리는 이제 막 쟁취한 모든 것을 잃게 되고 온 나라를 무정부 상태로 몰아가는 절박한 위험에 봉착하게 되리라는 사 실은 너무나 명백하다. (……) 바로 이 점에서 우리와 자본가들의 이해 관계가 일치한다. 우리는 양측 사이의 평화를 원한다.

　이처럼 아직도 근본적 변화의 조건이 채 성숙되지 않았다는 전제에 서, '평화적이지만 단호한 개혁'[56]이 노동자형제단을 이끄는 방향표가 되었으며, 그 과제는 노동의 권리와 노동정파의 정당성을 보장하는 헌 법체계의 수립이었다.[57] 이렇듯 초기 정치적 노동운동과 '부르주아 사

---

54) "Die Verbrüderung. Correspondenzblatt aller deutschen Arbeiter, no. 1, 2, Leipzig, den, 3. Oktober 1848," in M. Quarck, *Arbeiterbewegung*, pp. 368~70(인용은 p. 369).

55) E. R. Huber, *Deutsche Verfassungsgeschichte seit 1789. Bd. II: Der Kampf um Einheit und Freiheit 1830 bis 1850*, Stuttgart/Berlin/Köln/Mainz 1988, p. 691.

56) H. J. Teuteberg, *Geschichte der industriellen Mitbestimmung in Deutschland. Ursprung und Entwicklung ihrer Vorläufer im Denken und in der Wirklichkeit des 19. Jahrhunderts*(이하 *Mitbestimmung*으로 약칭), Tübingen 1961, p. 87.

57) "Manifest des deutschen Arbeiter-Kongresses an die konstituirende Versammlung zu Frankfurt a. M.," in D. Dowe/T. Offermann(eds.), *Deutsche Handwerker- und Arbeiterkongresse*

회개혁' 사이를 가르는 경계선은 흐릿해 보인다. 좀더 구체적인 사안에서 하나의 예를 보자. 보른이 제안하고 지역 대표자회의가 채택한 여러 노동권 조항 가운데 가장 중요하게 다룬 의제는 노동과 자본이 동등하게 참여하여 임금과 근로조건을 공동으로 결정하게 될 조정위원회의 설치방안이었다.[58] 그러나 현대적 의미의 '공동결정'을 미리 기획한 이 드문 제안은 노동운동 진영이 처음으로 고안한 것은 아니었다. '실용적 사회주의' 노선에 큰 영향을 끼친 튀빙겐의 경제학자 로베르트 폰 몰Robert von Mohl을 비롯하여 몇몇 개혁주의 이론가가 훨씬 이전에 경영참여를 보장하는 노동권을 새로운 사회원리로 제시했던 것이다.[59] 갓 태어난 정치적 노동조직이 이로부터 어떤 기대를 이어받았는지 알 수는 없지만, 두 진영이 하나의 호칭을 걸고서 함께 갈 수 있는 지평은 열려 있었다고 볼 수 있겠다. 그럼에도 길은 갈라졌으며, 이후 그 어떤 부르주아 운동 진영에서도 개혁의 정당성을 옹호하는 '사회적 민주주의'가 다시는 호명되지 않았다. 그러면서 이 용어는 노동운동의 전유물이 되었다.

'사회적 민주주의'는 1860년대에 제대로 시작한 노동정당의 건설과정에서 다시 의미분화를 겪으며 분명한 투쟁개념으로 거듭났다. 그런 가운데 이 용어의 글꼴도 이전의 복합어(사회적 민주주의)에서 하나의 대표단수(사회민주주의)로 정착했다. 사회민주당을 창당한 페르디난트 라살Ferdinand Lassalle이 죽은 후에 독일 노동자연맹Der Allgemeine Deutsche Arbeiterverein을 이끌던 슈바이처J. B. von Schweitzer가 당 기관지

1848~1852. Protokolle und Materialien(이하 *Handwerker- und Arbeiterkongresse*로 약칭), Berlin/Bonn 1983, pp. 238 ff.

58) M. Quarck, *Arbeiterbewegung*, pp. 91 ff.

59) 이 문제는 제3장에서 다시 논의할 것이다.

『사회민주주의자Der Social-Demokrat』를 펴내면서 '사회민주주의 정당 sozialdemokratische Partei'을 호명했을 때, 그 이름은 다른 어떤 정파와도 함께하지 않는 독자적인 '계급정당'을 의미했다. 또 다른 사회민주주의 노동당Sozialdemokratische Arbeiterpartei[60]을 세운 빌헬름 리프크네히트 Wilhelm Liebknecht는, "민주주의 없는 사회주의는 사이비 사회주의이듯 사회주의 없는 민주주의 또한 사이비 민주주의"라고 하면서 '사회민주주의'의 정체성을 좀더 명확히 밝혔다. 이 줄기에서 그는 '사회적 투쟁'과 '정치적 투쟁'을 분리할 수 없기에 "우리는 스스로 사회민주주의자로 부른다"고 말했다.[61]

'계급지배의 철폐를 통해' 건설될 '자유로운 민중국가'가 사회민주주의 정당의 목표라는 선언에서 보듯이 그 이름은 분명히 계급투쟁을 신호했다.[62] 그러나 그 이름과 함께 '혁명정당'의 깃발이 오른 것은 아니었다. 이를테면 두 정파를 하나의 통합정당으로 묶은 고타Gotha강령은 수공업 협동조합에 근거한 공동체 사회주의를 민주주의 민중운동에 가미한 '실천적 절충 프로그램'과 다름없었다.[63] 마르크스는 이를 통속적 민주주의와 공상적 사회주의가 한데 어우러진 반(反)혁명선언이라고 혹독하게 비판했다. 이렇듯 새로 태어난 사회민주당은 마르크스주의 혁명이론에서 멀리 떨어져 있었다. 그렇더라도 사회민주당은 공안당국이 붙인 '전복정당Umsturzpartei'의 오명에서 벗어날 수는 없었다. '적색

---

60) 1869년에 설립된 이 정파는 라살이 이끈 독일 노동자연맹과 대립했지만, 두 정파는 1875년에 열린 고타대회에서 하나의 정당으로 통합했다.

61) "Sozialismus," in O. Brunner, et. al., *Grundbegriffe*, pp. 978 f.

62) *Protokoll über die Verhandlungen des Allgemeinen Deutschen Sozialdemokratischen Arbeiterkongresses zu Eisenach am 7., 8. und 9. August 1869*, Leipzig 1869, pp. 28 ff.

63) *Protokoll des Vereinnigungs-Congresses der Sozialdemokraten Deutschlands, abgehalten zu Gotha, vom 22. bis 27. Mai 1875*, Leipzig 1875, pp. 33 ff.

공포'는 사회민주당이 스스로 자초한 것이기도 했다. '사회민주주의'가 부르주아 민주주의와 시민사회에서 이탈한 노동계급의 고립전선을 상징했기 때문이다. 이런 가운데 일찍이 노동자형제단이 제안한 참여와 공동결정의 의제가 노동운동의 정책과제에서 사라지고 말았다. 왜 그렇게 되었을까? "노동자 정당을 구성하는 요인들은 대체로 동일한 직업 분야마다 건강보험, 상해보험, 미망인연금, 또는 편력하는 '동지들'의 상조금고로 설치되어 있던 협동체들 속에 이미 들어 있었다."[64] 이는 보른이 자신의 회고록에 남긴 말이다. 옛 복지기구의 경험과 기억에 닿아 있는 자치행정의 의미론 속에 어떤 실마리가 있으리라고 암시하는 설명이 아니겠는가.

3. 자치행정의 경험과 기대

노동자형제단은 처음부터 자치행정을 기본강령으로 채택했으며, 그 이후로 그것은 사회민주주의 노동운동의 조직원리를 포괄하는 하나의 개념으로 자리잡았다. 다른 한편 이 말은 개혁적 시민계급의 이상적 사회모델 속에서 국가(중앙) 통제에 대항하는 자율과 분권을 상징하기도 했다. 그런가 하면 오늘날 그것은 사회협약의 조정정치를 지탱하는 사회적 요소이기도 하다. 이처럼 한 개념이 반복되어 쓰인다고 해서 그것에 반영된 실상 또한 변화되지 않았다고 볼 수는 없다. 개념사론에 따르면, 모든 운동개념은 내부적 시간구조 속에서 의미론 투쟁을

---

64) S. Born, *Erinnerungen eines Achtundvierzigers*, Berlin 1978(reprint), pp. 64 f.

거듭한다. 그러므로 "구체적 정치지형에 담긴 지속, 변화, 미래성의 계기들을 언어를 추적하여 파악하면" 사회상황과 그 변화는 더욱 분명히 드러나게 된다.[65] 자치행정에 얽힌 의미연관을 이와 같이 추적해보면, 때론 고립하고 때론 참여했던 사회민주주의 정치의 궤적에 한 걸음 더 가까이 다가갈 수 있을 것이다.

자치행정의 글꼴은 합성어(selbst+Verwaltung)지만, 15세기에 처음으로 쓰인 행정Verwaltung이라는 명사에서 파생하지는 않았다. 1779년에 어느 중농주의 경제학자가 "레겐트Regent는 영지의 자치행정을 통해 소작을 주었을 때 얻는 수입보다도 더 크게 번다"고 말했듯, 그즈음 이 용어는 제3자에게 맡긴 위임통치라는 행정과 같은 의미를 띠고 있었다. 그러다가 프로이센 개혁시기에 여러 위탁관리 형태 가운데 하나로 지칭되던 행정이 헌법을 대신하여 국가 내부의 합법적 위계질서와 관리체계를 총칭하는 하나의 개념으로 거듭나면서 자치행정 또한 의미분화를 겪게 되었다. 개혁정치의 기수 슈타인 남작Freiherr von Stein이 비록 이 용어를 직접 쓰지는 않았지만, "지역 행정단위의 사안은 오직 자치적으로 선출된 대표들을 통해 가능한 한 자유롭고 자율적으로 관리되어야verwaltet 한다"는 개혁안을 제시했는데, 이 말 속에 이미 앞으로 한 개념을 둘러싸고 벌어질 정치적 다툼이 들어 있었다.[66]

슈타인 남작이 구상한 행정의 '자발성'이란 실제로 '위험한 국민의회'의 대안과 다르지 않았다는 점에서, 자치행정에 담긴 의미는 보수적 개혁방안에 다름 아니었다. 같은 줄기에서 1815년 역사학자 니부르B.

---

65) R. Koselleck, *Zukunft*, p. 112.
66) "Verwaltung, Amt, Beamte," in O. Brunner, et. al., *Grundbegriffe*, vol. VII, Stuttgart 1992, pp. 80 ff.

G. Niebuhr는 "자유란 헌법보다는 행정에 훨씬 더 크게 기댄다"고 기록
했다.[67] 그러나 이후 곧 이 용어는 공민의 자유를 가장 효율적으로 보
장하는 방안을 의미하게 되면서 점점 추상화되고 이념화되었다. 말하
자면, 원래 평범했던 이 일상용어가 기묘하게도 프로이센의 개혁과정
에서 하나의 합리적 개념으로 등장한 행정('국가행정' '중앙행정' '관치
행정')과 대립관계에 서게 되면서 점차 투쟁개념으로 상승했던 것이
다. 특히 '3월 혁명' 전야와 그 진행과정에서 이 용어는 국가의 감시나
통제, 관료들의 자의에 대항하는 총괄개념이 되면서 국가와 (시민)사
회를 구분하는 부르주아 사회개혁 이념의 상징으로 자리잡았다.[68]

자치행정은 시민혁명에 편승한 노동운동의 새로운 조직원리로 떠오
르면서 더욱 정치적 성격을 띠게 되었다.[69] "능력 있는 사람만이 자신
의 활동영역을 장악할 수 있기 때문에 (……) 우리는 자치행정과 자조
의 원칙에서 출발한다."[70] 노동자형제단의 기본강령에 들어 있는 한 구
절이다. 여기서 보듯이 자치행정은 이제 새로운 노동운동을 이끄는 구
호가 되었다. 그런 가운데 그 의미는 시민운동 진영의 투쟁개념에서
다소 멀어졌다. 그것은 오히려 옛 상조금고로부터 물려받은 자치정신
의 유산에 더 가까웠다. 이 시기에 우후죽순처럼 솟아난 노동단체들은
실질적으로 그때까지 힘들게 명맥을 유지해온 그 전통적 복지기구의
토대 위에서 탄생할 수 있었다. 말하자면 자치행정은 곧 노동조직 내

---

67) R. Koselleck, *Preußen*, p. 217.
68) "Verwaltung, Amt, Beamte," in O. Brunner, et. al., 앞의 책, p. 83.
69) 제3장 2절 참조.
70) "Grundstatuten der deutschen Arbeiter-Verbrüderung. Berathen aus der Generalversammlung deutscher Arbeiter vom 20.~26. Februar 1850 zu Leipzig," in D. Dowe/T. Offermann (eds.), *Handwerker- und Arbeiterkongresse*, pp. 271~95.

부의 결속력과 연대의식을 키우는 학습과정이었고, '도덕적이며 물질적인 복리'를 증진하는 사회원리가 되었던 것이다. 한편으로 이 용어는 앞으로 전개될 사회민주주의 정치의 항로를 미리 예고하는 신호탄이기도 했다. 그것이 다른 어떤 정파와도 함께 갈 수 없는 '독립적인 노동자 조직'의 자립과 자강을 상징했기 때문이다. 노동조합들과 더불어 사회민주당의 씨앗을 키운 '혁명가들의 학교' 노동자교양협회들은 이렇게 모두 자치행정이라는 자양분으로 성장했다. 이러한 배경에서 노동계급 정파의 자주성이 강조되었다. 새로운 노동당 건설의 산파역을 맡은 리프크네히트와 베벨의 제안으로 다음과 같은 결의문이 채택되기도 했다.[71]

> 사회민주주의 노동당은 다만 선동정치의 동기에서 제국의회와 관세의회의 선거에 참여한다. 당 대표들은 거기에서 가능한 한 노동하는 계급을 위해 활동해야 하지만, 대체로 부정적 태도를 취해야 하며, 아무런 내용도 없이 희극연기에 불과한 의회 논의의 가면을 벗기기 위해 모든 기회를 이용해야만 한다. (따라서) 사회민주주의 노동당은 그 어떤 정파와도 동맹하거나 타협하지 않는다.

사회민주주의의 고립전선은 시민사회 내부에서 반(反)의회주의와 사회혁명을 두려워하는 분위기가 팽배하도록 거드는 결과를 낳고 말았다. 1878년의 사회주의자법과 함께 그 정점을 이룬 공안정치가 이러한 '적색공포'에 기댔다는 점에서, 사회민주주의 지도자들이 이를 자초했

---

71) *Protokoll über den ersten Congreß der Sozialdemokratischen Arbeiterpartei zu Stuttgart am 4., 5., 6., und 7. Juni 1870*, Leipzig 1870, p. 18.

다는 사실을 부정하기는 힘들 것이다. 자치행정을 '국가 속에서 국가를' 건설하려는 위험한 혁명과 같은 의미로 보는 언어해법 속에서 사회민주당은 공산주의의 멍에를 벗기 어려웠던 것이다.[72] 공안입법이 발의되기 직전에 베를린 경찰청장은 상부보고서에서 자치행정의 "가면 속에 법률과 행정권위를 농락하려는 위험한 정치적 의도를 숨기고 있다"[73]고 주장했다. 곧이어 사회주의자법은 사회민주주의 기구들과 함께 '특별히 주목되는' 자치행정의 상조조직도 금지하고 말았다.[74]

이러한 줄기에서, 비스마르크뿐만 아니라 그 대척점에 있던 사회민주당 역시 기꺼이 받아드리기 힘들었던 보험입법의 갈등 한가운데에, 자치행정을 둘러싼 의미론 투쟁이 도사리고 있었다는 점이 밝혀질 수 있다. 먼저 자신의 이름으로 발의한 입법을 스스로 부정할 수밖에 없었던 비스마르크의 사정을 중심으로 보자. 그는 처음부터 중추산업의 노동인력을 '국가연금 수혜자Staatsrentner'로 삼는 복지국가를 꿈꾸었다. 그 속에서 그는 혁명의 충동이 사그라지면서 노동인력이 온 정성으로 국가에 충성하는 그림을 보고 있었다. 자연스럽게 국가재정과 행정으로 운영하도록 규정한 산재보험이 첫번째 과업으로 기획되었다. 비스마르크는 큰 자부심으로 그 보장제도를 '적절하고 이성적인 국가사회주의'[75]라고 불렀다. 그러나 그의 꿈은 너무 짧게 끝나고 말았다.

---

72) "Sozialismus," in O. Brunner, et. al., *Grundbegriffe*, pp. 974~76.
73) "Bericht des Berliner Polizeipräsidenten Guido von Madai an den stellvertretenden preußischen Minister des Innern Dr. Rudolf Friedenthal, 1878 Januar 29," in *Quellensammlung*, vol. I-5, pp. 528~31.
74) 제4장 참조.
75) "Berichtsentwurf des bayerischen Gesandten in Berlin Hugo Graf von und zu Lerchenfeld-Koefering an den bayerischen Außenminister Kraft Freiherr von Crailsheim," in *Quellensammlung*, vol. I-1, p. 598.

거의 모든 정당이 너무 많은 권력을 중앙정부에 집중하는 그의 국가사회주의를 꺼렸기 때문이다. 이렇듯 그는 의회정치의 장벽에 좌절한 데 겹쳐 와병 중에 있었는데, 이 틈바구니에서 건강보험입법안이 먼저 국회동의를 얻게 되었다. 오늘날에도 이어지는 그 제도의 자기책임성, 자치행정, 탈중심의 원리는 제국수상의 핵심의제를 정면에서 반박한 내용들이었다. 그가 자신의 이름으로 탄생한 보험입법을 '사생아'라고 혹평했을 때, 그것은 특히 이 건강보험법을 겨냥한 발언이었다. 어떤 사연이 있었을까?[76]

비스마르크의 국가사회주의는 정부의 관료조직 내부에서, 그것도 바로 사회정책과제를 담당한 그의 측근들 사이에서 큰 반발을 사고 있었다. 건강보험법 초안을 작성한 로만도 이들 가운데 속했다. 그는 여러 모로 복지제도의 역사에 기록될 만한 인물이었다. 보수주의에 기울었던 그는 평생토록 로렌츠 폰 슈타인을 사숙했다. 그러면서 그는 당대의 사회개혁가들과 교류하는 가운데 앞으로 자신의 이름과 함께 부르게 될 '조정하는 노동정치'를 구상했다. 그것은 곧 국가가 다만 간접적으로 지원하고 사회세력이 자발적 동기로 참여하는 이익갈등의 조정기제를 의미했다. 그 중심에 사회보험이 자리할 터였다. 이러한 원리에서 그는 국가나 기업이 노동자에게 직접 시혜를 베푸는 온정주의 복지원리를 철저히 거부했다. 그의 이상 속에서 공적 보험제도는 노동력 재생산 기능을 넘어서 노동의 수평적 권리를 보장하는 사회적 파트너십의 기제였으며, 그것은 곧 그의 말대로 "이익공동체의 바탕 위에서 앞을 내다보는 사용자와 노동자가 연대하는 조직체를" 건설하게 될 법

---

76) 자세한 내용은 제5장 참조.

률적 토대가 되었다.[77]

 그러니 그가 어찌 비스마르크의 국가복지원리에 역행하지 않을 수 있었겠는가. 이를테면 지역이나 직종에 따라 분산되어 설치될 보험조합의 구성원리는 명백히 과도한 국가개입과 중앙통제의 효율성에 회의를 품고 반발한 내용이었다. 더욱이 국가부조를 완전히 배제한 채 3분의 1에 달하는 기업의 부담을 제외한 나머지 할당(3분의 2)을 노동자가 스스로 책임지는 재정방식은 국가급여에 집착한 비스마르크의 의도에서 완전히 동떨어진 것이었다. 노동과 자본이 함께 자율적으로 보험조직을 관리하는 자치행정의 원리를 실현하여 복지제도의 역사에서 큰 획을 그은 로만의 구상은 어찌 보면 아주 간단했다. 그 대강을 보자. 보험조합들은 먼저 최상위기구로서 조합원총회를 결성하며, 거기에서 다수결의 원칙으로 선출된 집행기구가 보험행정을 관리하게 된다. 이 기구를 선출하는 투표권은 보험재정 부담비율에 따라 배분되며, 사용자가 3분의 1을, 노동자가 나머지를 나누어 가진다. 그럼으로써 노동자들은 처음으로 공적 기구에 직접 참여하게 되며, 자본과 대등하게 맞서는 권리를 지니게 된다. 이러한 원리를 처음으로 공적 기제에 끌어들인 로만에게는 그 '자율적 유기체freiwillige Korporation'야말로 '새로운 사회질서의 발아지점'이었던 것이다.[78]

 이렇듯 자치행정의 이름 속에는 예로부터 전승된 관습과 동시대의 정치지형, 앞으로 전개될 사회구성의 요소가 모두 들어 있었다. 그런만큼 그것은 여러 의미를 지니고 있었으며, 언제라도 그 사이에 균열

77) "Brief des Geheimen Oberregierungsrates Theodor Lohmann an Professor Dr. Lorenz von Stein, 1882 Juni 26," in *Quellensammlung*, vol. II-2, 1, pp. 247~50(인용은 p. 249).

78) H. Rothfels, *Theodor Lohmann und die Kampfjahre der staatlichen Sozialpolitik (1871~1905)*(이하 *Lohmann*으로 약칭), Berlin 1927, pp. 46, 56.

이 드러날 수 있었다. 비스마르크의 분노와 상실감은 거기에서 비롯한 하나의 에피소드일 따름이었다. 그는 달갑지 않은 건강보험법이 제정된 뒤에 어느 대담에서, 보험조합들이 제 기능을 다하도록 "민주주의 기름 한 방울 정도는 떨어뜨려야 한다"고 말했다.[79] 그러면서 그는 다른 보험제도에도 제한적이나마 자치행정의 규범을 적용했다. 이때 그는 생산계급들의 협동정신이 필요하다는 이유를 댔다. 그러나 그가 진정으로 원한 보험조합은 앞으로 '불순한' 의회의 기능을 대신하게 될 '국민대표회의'의 하부조직을 이루는 것이었다. 옛 신분제 의회의 향수가 그의 꿈으로 나타났던 것이다. 결국 퇴행적 경험세계에서 벗어날 수 없었던 비스마르크가 미래지향의 의미론과 힘겨운 싸움을 벌였던 셈이다.

고립전선에 선 사회민주주의 진영은 보험제도의 자치행정과 어떻게 대결했을까?[80] 사회민주당은 처음부터 공적 사회보험이란 '노동자들을 올바른 길에서 벗어나게 하는 전략적 수단'[81]에 그칠 뿐이라고 거세게 비난하면서 단칼에 끊듯 국가 사회정책을 거부했다. 그 저항의 초점은 두 군데에 집중되어 있었다. 법률로 정한 보험제도가 충분한 복지성과를 나타내지 못하는 한편, 자치행정마저 파손한다는 비판이었다. 그중에서 복지효율성 논쟁은 날이 갈수록 누그러들고 말았다. 사회민주주의 진영이 그 대안도, 새로운 복지정치를 이끌 만한 이론자원도 개발할 수 없었기 때문이다. 그래서 '완전한 자치행정'이 이편과 저편을 가

---

79) "Gespräch mit dem Abg. Windthorst am 10. Mai 1884 in Berlin," in O. v. Bismarck, *Werke in Auswahl*, VII-3, Darmstadt 2001, p. 145.

80) 자세한 내용은 제6장 참조.

81) *Protokoll über den Kongreß der deutschen Sozialdemokratie in Kopenhagen. Abgehalten vom 29. März bis 2. April 1883*, Hottingen/Zürich 1883, pp. 29 f.

르는 저항의 구호가 되었다. 그러면서 자본과 함께 참여하는 보험조합의 자치행정은 '사이비' 술책과 같은 의미로 폄하되었다. 이편에 따로 어떤 자치행정이 있었을까?

사회민주주의 진영은 여전히 상조금고의 유산에 집착하고 있었다. 그 연장선상에서 '자율적' 구제금고Hilfskasse가 사회민주주의 자치행정의 상징이 되었다. 그것은 1876년의 '등록된 구제금고 관련 법령'에 따라 공적 보험제도의 테두리 안으로 들어온 상조금고의 다른 이름이었다. 산업체 노동자가 자발적으로 '그 밖의 보험조합'에 가입하여 이를 지역의 해당 관청에 등록하면 보험가입 의무를 다한 것으로 인정한다는 내용이 법령의 핵심이었다. 강제보험의 원리를 보편적으로 적용한 1883년의 건강보험법도 그 취지를 그대로 살렸다. 말하자면 예나 그때나 '등록된' 자율금고에 가입한 노동자는 '강제된' 공적 건강보험에 가입하지 않을 자유를 누릴 수 있었다. 그렇다면 왜 이편의 자치행정은 완전했으며, 저편의 자치행정은 거짓이었을까? 구제금고는 건강보험과는 달리 오직 노동의 기여로 유지되었으며, 따라서 그 관리의 권리 또한 노동의 온전히 수중에 있었다. 그런 만큼 그 행정은 '완전했다.' 그럼에도 구제금고는 몇 가지 제약을 지니고 있었다. 그것은 반드시 노동조합과 별개의 조직으로 구성되어야 했으며, 금고의 부수목적도 철저한 감시의 대상이었다. 한마디로 그것은 국가의 규제 아래 있었다. 그러한 입법 취지대로라면 금고의 자율성은 사회민주주의의 그늘에서 벗어난다는 전제와 더불어 가능한 것이었다. 보험재정과 복지효율의 측면에서 우세했던 공적 보험조합과 대결해야 하는 과제가 또 다른 문제점이었다.[82)]

흥미로운 점은 원래 사회민주당이 구제금고를 달갑게 여기지 않았다는 사실이다. 사회민주당은 1876년의 구제금고입법안을 '반동적'이라는 이유에서 완강히 거부했다. '자율적으로' 보험재정을 관리할 수 없도록 규정했다는 비판도 아끼지 않았다. 자유주의 정파가 그 입법에 적극적이었으며 사회민주주의 진영에 맞서는 '대항세력'에 큰 관심을 보인 공안당국도 거기에 한몫 거들었다고 보면, 사회민주당의 '항거'는 마땅했을 것이다.[83] 그러다가 1880년대에 공적 사회보험이 정책현안으로 떠오른 뒤에야 비로소 '지켜야 할 구제금고'와 '맞서야만 하는 보험조합'이라는 어법이 공식처럼 두루 쓰이게 되었던 것이다. 그러나 새 보험법 조항 어디에도 구제금고 법규를 저촉하는 내용은 없었다. 그 자율성은 여전히 법률로 보장되고 있었다. 그럼에도 사회민주주의 진영은 '자유로운 자치행정'을 훼손한다는 근거에서 공적 보험제도를 받아들이지 않았다.[84] 그렇다면 왜 뒤늦게 구제금고의 자치행정이 '완전하게' 인식되었을까? 시간이 지나면서 그것이 '반동적' 통제기구로부터 '자율적' 상조금고의 기억과 경험의 집결소로 바뀌게 되었기 때문이었다. 코젤렉에 따르면, 경험의 계기들이 지나간 과거가 되는 만큼 한 번 결집된 경험은 완전하게 된다. 반면에 미래에 완수되도록 기대함으로써 선취한 경험은 서로 다른 시간적 확장의 무한성 속으로 흩어진다.[85] 이렇듯 '우리의' 자치행정은 '완전하다'는 이름을 얻었지만, '그들의' 자치행정은 아직 거짓 술책에 머물러 있었던 것이다.

그렇게 '서로 다른' 시간이 많이 흘렀다. 1908년에 있었던 일이다. 이 장의 머리에서 언급한 영국 노동조합 대표들이 이때 독일 산업현장

82) 제4장 2절 참조.
83) *Quellensammlung*, vol. I-5, pp. 189~91, 385 f.
84) A. Bebel, *Reden*, vol. 2, p. 214.
85) R. Koselleck, *Zukunft*, p. 356.

을 돌면서 보험제도를 살펴보고 있었다. 이들이 나중에 쓴 보고서가 흥미롭다. 그 내용은 대강 이렇게 요약된다. 사회민주주의 내부에서 이전에 공적 사회보험을 반대하던 기류는 지금 완전히 소멸되었다. 그 때의 반대세력은 이제 오히려 보험조합의 자치행정을 굳건히 지지하고 있으며, 그 밖의 조직원리를 거부하고 있다. 보험법에 보장된 조합이 사회 선거권은 조직과 연대정신을 강화하고 있다. 결론적으로 영국 노동조합은 독일의 사례를 모범으로 삼아야 한다는 내용이었다.[86] 이 보고서가 전하듯 노동자들은 보험법 덕택에 처음으로 공공기제에 참여하는 기회와 권리를 만끽하고 있었다.

그리고 이듬해에 열린 당 대회에서 사회민주당은 획기적인 성명을 발표했다. "제국입법의 강제보험으로 보장된 포괄적 복지사업이 반드시 필요하다." 이는 당 결의안에 들어 있는 한 문구로, 국가의 사회정책을 수용한다는 내용이었다. 그러면서 한 걸음 더 나아가 이제 사회민주당이 홀로 공적 사회보험과 자치행정을 수호하는 복지정당이 되었음을 선포했다.[87] 그동안 어떤 사건들이 있었던 것일까? 시민사회를 짓누르던 사회민주주의의 '적색공포'는 여전했다. 그리고 공적 사회보험의 골격은 아무런 변화 없이 견고하게 유지되고 있었다. 그럼에도 다양한 '경험의 계기'가 있었을 것이다. 그 복잡한 사연들[88]은 뒤로 미루고 몇 가지 핵심내용만 살펴보자. 국가의 사회정책은 세부과제들을 보완하면서 점점 현대적 복지체제로 다가갔다. 다른 한편에선 사회민

---

86) F. Tennstedt, *Proleten*, p. 422.

87) *Protokoll über die Verhandlungen des Parteitages der Sozialdemokratischen Partei Deutschlands. Abgehalten zu Leipzig vom 12. bis 18. September 1909*, Berlin 1909, pp. 514~17.

88) 제7장 참조.

주주의 노동조합들이 당의 프로그램과는 무관하게 공적 보험조합의 중추조직을 장악하기 시작했다. '사회민주주의 지배'라는 신조어가 생길 정도로 어느 누구도 그러한 추세를 되돌릴 수 없었다. 그러니 사회민주당이 공공복지 문제를 언제까지나 내버려둘 수만은 없는 노릇이었다. 두 갈래 길이 앞에 놓여 있었다. 여전히 고립전선을 고수하면서 노동조합을 버릴 것인가? 아니면 공적 사회보험을 받아들이면서 국가의 정책과제에 참여할 것인가? 사회민주당은 두번째 길을 선택하면서 절묘한 의미론을 만들었다. 다시 말해 공적 보험조합의 자치행정은 사회민주주의가 수호할 때만 '완전하다'는 것이었다. 이렇듯 옛 자율금고에 모였던 경험들이 강제보험의 경험들과 서로 겹치고 침투하면서 '새로운 기대'가 그 속에 스며들어갔다. 그 수사법을 바꾼 것 외에 사회민주당이 달리 한 일이 또 무엇이었을까? 자치행정은 사회민주주의의 전선을 가르는 저항의 수사로 등장했지만, 이미 호명된 그 말 가운데 참여의 계기가 들어 있었던 것이다. 복지제도에서 유래한 독일 협상정치의 기틀은 이렇게 마련될 수 있었다.

제2장 상조금고—수공업 시대의 유산

1. 오래된 현실

사회민주주의 고립전선이 맞닿아 있던 '완전한' 자치행정의 기억은 아득히 먼 옛날의 상조금고로 거슬러 오른다. 보른이 회고한 바대로 '노동자 정당을 구성하는 요인들'은 중세시대 수공업의 '협동체들'에 뿌리내리고 있었다. 자치정신의 유산을 물려준 그 옛 기구는 어디에서 어떤 모습으로 나타났을까? 오늘날처럼 그때도 일하는 사람과 부리는 사람 사이에 다툼이 있었으며, 그 갈등 속에 복지의 계기가 들어 있었을 것이다. 그 시절 노동력이 움직이던 길을 따라가 보자.

독일에서 전통 수공업은 동업조합 준칙Zunfordnung에 따라 일꾼을 모았는데, 침식제Kost- und Logiswesen가 곧 그 방식이었다. 대체로 11세와 14세 사이의 소년기에 부모의 슬하를 떠나 어느 공방에서 일자리를 구한 견습공Lehrlinge은 3∼6년에 이르는 수련기간에 장인Meister의 집에서 먹고 자면서 정해진 기술과 기량을 연마했다. 그 과정을 마치고 상당한 숙련의 경지에 이른 수련공Geselle도 여전히 그 규범의 그늘에서 가부장제 권위에 매여 있었으며, 그 대가로 약간의 임금과 가족처럼 베풀어주는 온정적 복지시혜를 누릴 수 있었다. 이렇게 가계와 영업, 생산과 소비, 노동과 생활을 한데 아우르는 이른바 '온 가족ganzes Haus' 제도는 언젠가 동업조합과 함께하게 될 앞날의 장인에게 직업윤리와 신분 덕목을 전수한다는 명분에 충실한 것이었다. 다른 한편으로 그것은 미래의 경쟁자를 장인의 가법에 묶어두는 노동통제의 수단이기도 했다.[1]

이처럼 노동인력을 모으고 부리는 방식은 18세기 말까지 대부분의 수공업 부문에서 유지되었으며, 제빵업과 푸줏간 같은 특별한 영업 분야에서는 19세기 중엽에 이를 때까지도 관습으로 남아 있었다. 침식제가 그토록 오랜 관행이었지만, 그 때문에 수련공의 모든 일상이 장인의 가법 지배에 완전히 예속되지는 않았다. 이미 14세기 후반에 수련공들은 장인들에게 맞설 목적으로 독립적 결사를 이루기 시작했다. 장인조합의 준칙과 조직을 모방한 수련공조합은, 말하자면 하나의 선서 공동체로서 신분적 명예규범Ehrenkodex에 따르는 엄격한 규율과 독립적 재판권Gesellengerichtsbarkeit을 지니고 있었다. 축제일마다 특별한 복장을 갖추고 거리를 행렬한 뒤에 왁자한 술판을 벌이거나 미사성제를 마치면 다 함께 옷을 벗어 던지고 강물에 뛰어드는 의식 등은 수련공조합의 관습에서 뺄 수 없는 일이었다.[2]

---

1) H. Rosenbaum, *Formen der Familie. Untersuchungen zum Zusammenhang von Familienverhältnissen, Sozialstruktur und sozialem Wandel in der deutschen Gesellschaft des 19. Jahrhunderts*, Frankfurt 1982, pp. 121 ff.; F. Lenger, *Sozialgeschichte der deutschen Handwerker seit 1800*, Frankfurt 1988, pp. 13 ff.; 안병직, 「19세기 독일의 수공업과 노동계급의 형성—침식제의 해체현상을 중심으로」, 이민호 외, 『유럽사의 구조와 전환』(느티나무, 1993), pp. 337~54.

이렇듯 옛 수공업 인력이 장인의 통제를 받는 여건에서도 자율적 결사조직을 통해 직업신분에 걸맞은 연대감을 조성할 수 있었던 배경에는 바로 상조금고가 있었다. 같은 직업에 속한 한 지역의 수련공들이 정기적으로 곗돈을 부어 조성한 그 기구는 조합운동에 앞서서 회원의 친목과 복지를 맡은 후생조직이었다. 일자리를 찾아 여러 곳을 떠돌 수밖에 없었던 수련공들의 여비를 대주거나 결혼비용을 보태주고, 병들거나 다친 동료들을 도와주며, 사망한 회원의 장례비용도 지원하는 등 거의 모든 복지영역에 걸쳐 있던 구제사업은 질병이나 재난에 공동으로 대처하는 자조Selbsthilfe정신에서 나온 것이었다. 또한 그 기구는 앞으로 곧 장인의 반열에 오를 정도로 기술과 기능에 통달한 수공업 인력에게 특별한 신분적 소속감을 가져다주는 사회적 기능도 지니고 있었다. 그래서 가입자격은 다소 배타적이었다. 상조금고의 구제사업들 가운데 가장 중요한 일은 환자구완이었다. 대부분 먼 외지에서 온 수련공들이 병들거나 다쳐도 가족이나 친지로부터 도움 받을 길이 없을 때, 질병은 곧 실업과 빈곤을 의미했기 때문이다.[3]

그 바탕에서 성장한 수련공조합은 장인들이 정한 규범 안에서 활동한다는 전제 아래 자율공간을 얻을 수 있었다. 그리고 장인들을 향해

2) W. Reininghaus, "Die Gesellenvereinigungen am Ende des Alten Reiches. Die Bilanz von dreihundert Jahren Sozialdisziplinierung," (이하 "Gesellenvereinigungen"으로 약칭) in U. Engelhardt(ed.), *Handwerker in der frühen Industrialisierung. Lage. Kultur und Politik vom späten 18. bis zum frühen 20. Jahrhundert*, Stuttgart 1984, pp. 219 ff.; H.-U. Thamer, "On the Use and Abuse of Handicraft: Journeyman Culture and Enlightened Public Opinion in 18th and 19th Century Germany," (이하 "On the Use"로 약칭) in S. L. Kaplan(ed.), *Understanding Popular Culture. Europe from the Middle Ages to the Nineteenth Century*, Berlin/New York/Amsterdam 1984, pp. 275~300.

3) S. Fröhlich, *Die Soziale Sicherung bei Zünften und Gesellenverbänden. Darstellung, Analyse, Vergleich*, Berlin 1976.

비난의 화살을 겨눌 일이 생기지 않는 한 수련공조합은 평화적 구제사업에만 몰두할 수 있었다. 그러나 노동력이 움직이는 길에 어찌 다툼이 끼어들지 않았겠는가. 대부분의 도시에서 여러 직업 분야의 수련공들이 독립조합을 결성한 이래로 지방 행정당국에는 그 제재를 요구하는 장인들의 청원이 줄을 잇고 있었다. 수련공들의 집회나 시위가 그만큼 자주 일어났기 때문이다. 어디에서나 도시의 들머리를 지키고 선 숙박업소나 선술집이 모이는 마당이 되었는데, 그곳에서 때로는 여러 직종의 수련공조합이 동맹파업을 모의하기도 했다. 임금과 노동조건을 조정하는 중재기제가 아직 없었던 탓이었다.[4]

전통 수공업이 중세 도시의 테두리 안에서 영업기반을 쌓은 이래로 직업알선의 권한을 둘러싼 갈등이 늘 장인과 수련공의 이해관계를 갈라놓고 있었다. 장인들의 길드체제가 독점조직이었듯, 그것을 본받은 수련공조합도 어느 정도까지는 자체 규율을 통해 숙련노동력 공급을 통제할 수 있었다. 근대적 노동조합의 연대의식은 수련공의 명예규범에 그 뿌리를 두고 있었던 것이다. 그러다가 16세기 말 또는 17세기 초의 어느 때에 이르면 일자리를 주선하는 장소가 수련공들이 운영하던 선술집에서 장인조합과 시 당국이 관리하던 숙박소로 옮겨가게 되었으며, 이때부터 수련공들은 노동력 시장의 통로를 상실하고 말았다. 이러한 사정에서 도시의 들머리가 상징적이면서도 실질적인 싸움터로 이용되었던 것이다. 그곳에서 한 마당 벌인 동맹파업은 우선 노동인력의 흐름을 막아서 장인들의 노동시장 통제력을 곧바로 마비시킬 수 있

---

4) H.-U. Thamer, 앞의 글, p. 278; W. Reininghaus, 앞의 글, p. 230; J. Kocka, *Lohnarbeit und Klassenbildung. Arbeiter und Arbeiterbewegung in Deutschland 1800~1875*(이하 *Lohnarbeit*로 약칭), Berlin/Bonn 1983, pp. 96 ff.; J. Kocka, *Weder Stand noch Klasse. Unterschichten um 1800*, Bonn 1990, pp. 179 ff.

었다. 그러면서 그 쟁의가 여러 주술적 의식magische Rituale과 결합될 때 직분에 어울리는 명예심이나 공동체 의식도 불러일으킬 수 있었다. 그러나 무엇보다도 수련공의 기술과 노동이 도시주민의 생필품과 시정의 조제수입에 커다란 영향을 끼쳤다는 사실이 더욱 중요했다. 동맹파업은 짧을 때는 며칠 동안, 길 때는 몇 주간이나 이어지기도 했다. 그 소동이 쉽게 가라앉지 않았을 때, 아직 좁고 부실했던 도시의 경제망은 큰 타격을 입을 수밖에 없었다. 그래서 그 끝에는 대체로 장인들이 수련공조합의 자율성을 보장하는 선에서 타협이 이루어졌다. 오늘날처럼 노동하는 세력의 단체행동이 사용자의 전횡에 대항하는 압력수단이었던 것이다.[5]

18세기에 들어서면 수련공의 단체행동은 몇몇 도시에 한정된 문제가 아니었다. 옛 독일제국은 1731년 8월 16일에 수련공조합을 온통 금지하는 법령을 선포했는데, 그즈음에 파업운동이 전국적으로 확산되었기 때문이다. 독일의 정치통합이 완전히 이루어지지 않은 때에 나온 그 조처는 상징적 의미만을 지니고 있었는데도, 프로이센을 비롯한 영방국가 대부분은 그 법령에 따라 수련공들의 자율적 결사를 규제하는 정책을 세웠다. 그때부터 그들의 독립적인 재판권 행사가 전면 금지되었고, 수련공조합은 곧 힘과 권위를 잃고 말았다. 게다가 수련공들은 오직 경찰의 사전허가와 입회 아래서만 회합을 열 수 있었다.[6] 지역당국

5) Ch. Eisenberg, *Gewerkschaften*, pp. 98 ff.
6) H. Müller, *Die Organisationen der Lithographen, Steindrucker und verwandten Berufe*(이하 *Organisationen*으로 약칭), Berlin 1917(reprint, Berlin/Bonn 1978), pp. 1 ff.; Sh. Volkov, "Enactment and Repeal of Combination Acts: England and Prussia Compared," (이하 "Enactment"로 약칭) in *Jahrbuch des Institutes für Deutsche Geschichte in Tel Aviv*, vol. 9(1980), pp. 320 f.

이 직접 노동력 시장에 개입하도록 정한 조처들은 더욱 가혹했다. 이리저리 떠돌며 일자리를 구하는 모든 수련공은 반드시 지역관청에 신고하면서 여행서류를 제출해야만 했다. 그 뒤에도 일종의 영업허가증 Kundschaft을 얻어야만 해당 도시에서 일자리를 구할 수 있었다. 또한 그곳에서 큰 분란을 일으키지 않아야만 그들은 또 다른 일자리를 찾아 떠날 때 필요한 서류를 돌려받을 수 있었다.[7]

이렇게 법률과 행정의 개입으로 '공공질서를 위협하는' 수련공들의 '폭동'은 수그러들게 되었으나, 전환기 수공업에 뿌리 깊었던 사회문제가 말끔히 해소된 것은 아니었다. 1794년에 제정된 프로이센의 일반국법Allgemeines Landrecht이 일할 수 없게 된 수공업 노동인력의 부양의무를 더는 사용자에게 지우지 않는다는 조항을 명기할 정도로, 장인의 온정주의 권위를 지켰던 '온 가족' 제도는 이미 수련공들을 거두는 복지기능을 잃기 시작했다. 프로이센 국왕이 그 지경을 몹시 탄식했다고 하니 문제는 매우 심각했을 것이다. 수공업 노동인력이 일자리를 구하러 돌아다니거나 공방에서 노동하다가 병들면 대부분 고향으로 되돌아가는 길밖에는 다른 방법을 찾을 수 없었다. 이러한 사정에서 상조금고가 유일한 해결책으로 등장했다. 그 무렵 이 자율적인 옛 후생기구는 해체위기에 내몰린 수련공조합과 더불어 행정당국의 제재에 시달리고 있었다. 우선, 동일한 회원들이 두 기구를 함께 꾸리고 있었으며, 조직상의 차이도 잘 드러나지 않았다. 게다가 상조금고의 돈이 자주 파업기금으로 쓰였다. 경찰당국이 볼 때 그것은 위험하고 불순하기 그지없는 '목적변경Zweckentfremdung'이었다. 그러니 투쟁조직과 더불어

---

7) Ch. Eisenberg, 앞의 책, p. 104; J. Kocka, *Lohnarbeit*, p. 104.

상조금고도 늘 감시와 처벌의 대상이었다. 그때 지방 행정당국에 내려보낸 국왕의 특명이 자칫 사그라졌을지도 모르는 그 오랜 전통의 복지기구를 되살린 셈이었다. 바로 수련공들의 자조적 부양정신을 되살려 상조금고를 확대하고, 재원이 부족할 때는 개별 도시들의 공적 구빈금고Armenkasse를 통해 행정지원을 아끼지 말라는 명령이었다.[8]

수련공들의 투쟁조직을 더욱 거세게 몰아붙이는 한편으로 상조금고의 좋은 기능을 되살리는 방안이 그 당시 프로이센 노동정책의 핵심내용이었다. 위계질서에 따른 노동관계를 복구하면서 위기에 다다른 노동력 재생산을 함께 꾀하는 기획은 앞으로 거듭해서 등장하게 될 지배전략이었다. '비스마르크 사회보험'도 멀리 그 줄기에 닿아 있었던 것이다. 문제는 오랜 자치행정의 관습에 있었다. '스스로 구제한다'는 자조의 정신이 상조금고의 버팀목이었다. 그리고 수련공들이 보험조직을 '스스로' 관리할 때, 그 구제사업의 성과도 빛났다. 그러나 거기에서 체득하는 느긋한 경험들이 언제라도 투쟁적 연대감으로 이어질 수 있었다. 그러니 그 결사조직을 후생복지의 영역에만 단단히 묶어두는 방안이 지역당국과 장인들의 큰 걱정거리가 아닐 수 없었다. 더군다나 동맹파업이나 시위 등 '불순한' 목적에 뒷돈을 대는 일이 예사로 일어나지 않았던가. 그래서 우선 상조금고 회비를 직접 거두어들이는 수련공 집회를 철저히 금지하는 규정이 마련되었다.[9] 장인이 그 비용을 수련공 급여에서 공제하거나 아예 매달 한 번씩 작업장에서 수금하면 그만이었다. 그런 가운데 상조금고의 재정과 운영은 수련공의 수중에서 장인의 관리로 점점 옮겨가게 되었다. 드디어 오랜 자치행정의 관습이

---

8) U. Frevert, *Krankheit*, pp. 246 ff.
9) H. Müller, 앞의 책, p. 7.

사그라질 위기에 부닥쳤던 것이다.[10]

그러나 옛 복지기구를 새 시대에 맞게 재편성할 만한 상황이었을지라도 그 자율성의 원리까지 송두리째 버릴 수는 없었을 것이다. 보험 당사자들이 자치행정을 빼앗긴 상조금고로부터 차츰 멀어져갈 때도 '지금까지 잘 운영되어온' 그 기구가 여전히 사회적 기능에 충실할 수 있었을까? 사회정책의 역사는 그렇지 않다는 사례들로 가득하다. 수공업 법령들이 시행되면서 수련공들은 차츰 자부심과 명예를 잃어갔으며, 그런 만큼 그 상실감이 사회적 저항으로 이어졌다. 1801년에 베를린 양복공들과 가구공들이 일으킨 대규모 동맹파업은 그래서 일어난 사건이었다.[11] 그러나 수련공의 단체행동은 강력한 억압을 견디지 못하고 번번이 실패로 끝나고 말았다. 그런 가운데 상조금고도 점차 회원을 잃고 고립적인 조직으로 위축되었다. 무엇보다도 자치행정의 상처가 컸던 탓이었다. 장인의 전횡에 맞서 상조회비 납부를 거부하는 회원들이 차츰 늘어났다. 이러한 현상은 곧 상조금고의 재정압박을 뜻했다. 한 지역의 동업자 수련공들에게 골고루 미쳤던 복지혜택은 이제 옛말이 되었다.[12] 배타적인 복지기구가 그 귀결이었다. 수공업 노동인력의 자부심과 연대의식을 상징했던 상조금고는 그렇게 서서히 사양길로 접어들었다. 엎친 데 덮친 격으로 전통산업을 강타하게 될 자유주의 정책들이 기다리고 있었다. 수공업이 위기에 내몰렸을 때 그 노동인력도 사회적 빈곤에 허덕일 수밖에 없었다. 어떤 구제책이 따로 있었을까?

---

10) W. Reininghaus, "Gesellenvereinigungen," p. 237.
11) H. Müller, 앞의 책, pp. 7 f.
12) U. Frevert, 앞의 책, pp. 249 f.

2. 온정주의에서 사회정책으로

19세기 초는 노동하는 세계에 큰 변화가 찾아온 시점이었다. '영업 자유Gewerbefreiheit'와 '위로부터 개혁Reform von oben'이라는 말들이 시대를 압축했듯, 그때 시장경제로 향한 정책과제들이 봇물처럼 넘쳐났다. 자본주의 농지경영의 길을 예비한 이른바 '10월 칙령'(1807. 10. 9.)이 그 출발점이었다. 곧이어 영업세 칙령(1810. 10. 28.)과 영업감독 경찰법(1811. 9. 7.) 등 프로이센 '개혁시대Reformera'를 이끌던 법령들이 중상주의 경제질서를 자유주의 시장체제로 바꾸기 시작했다. 이때 애덤 스미스의 『국부론』은 개혁의 경전이었다. 자유시장의 정책 과제를 이끌던 고위 관료들 사이에서는 생산과 분배에 조화로운 자연 질서가 작용하며, 또한 '자본과 노동의 자유로운 순환'으로 개인과 공공의 복지가 최대한 성취될 수 있다는 원리가 큰 호응을 얻고 있었다.[13] 그렇게 볼 때 자유주의 시장의 대척점에는 독점적 수공업 길드체제가 버티고 있었다. 따라서 무엇보다도 전통경제를 지탱해온 동업조합 innung 준칙이 철폐되어야 마땅했다. 그리고 직무 특성상 면허를 얻어야 했던 의사, 약사, 숙박업자 등을 제외하고는 누구에게나 조세를 대가로 자유영업을 보장하는 시장공간이 필요했다.[14]

---

13) 프로이센의 경제개혁은 이처럼 자유주의 시장경제의 이론에 바탕을 둔 것이지만, 그것은 현실적으로 나폴레옹과 벌인 전쟁에서 피폐해진 국가재정을 확보하는 데 1차 목표를 두었다. 그 정책과제는 더욱 본질적으로 행정제도나 교육제도의 개혁이 그러했듯 '관료적 절대주의'의 지배체제를 확립하는 데 역점을 둔 것이었다(H.-U. Wehler, *Deutsche Gesellschaftsgeschichte. I. Band: Vom Feudalismus des Alten Reiches bis zur Defensiven Modernisierung der Reformära 1700~1815*(이하 *Gesellschaftsgeschichte*, I으로 약칭), München 1987, p. 430).

새로운 개혁정책은 노동하는 인력에게 어떤 영향을 끼쳤을까? 그즈음 사회적 빈곤을 논한 문헌들Pauperismusliteratur이 지가(紙價)를 높이고 있었다. 그래서 길드체제를 무너뜨린 새 정책과제가 수공업 노동인력의 빈곤을 초래하고 있다는 주장이 사회여론의 쟁점이 되었다. 경제정책이 사회구조에 끼친 영향력 논쟁은 오늘날에도 분분하다. 경제개혁과 사회적 빈곤 사이의 상관관계를 일반화시킬 수 없다는 점이 최근 사회사 연구를 통해 밝혀지기도 했다. 19세기 초반 수공업 분야의 경제 사정은 업종과 지역에 따라 커다란 편차를 보이고 있었으며, 인구증가와 사회간접자본의 확산으로 특정 분야의 수공업은 오히려 경제적 상승의 기회를 누릴 수 있었다는 설명이 곧 그것이다.[15] 물론 다른 견해도 있다. 수공업 인구가 눈에 띄게 늘어남으로써 노동인력의 생존경쟁이 더욱 치열해졌으며, 그 때문에 수공업 위기가 생겨났다는 것이다. 프로이센의 수공업 종사자는 1816년과 1849년 사이에 40만 4,400명에서 94만 2,000명으로 증가했으며, 그 수치가 전체 인구에서 차지하는 비율 또한 같은 기간에 3.9퍼센트에서 5.8퍼센트로 상승했다.[16] 흩어져 있는 통계자료를 통해 추정해보면, 이 시기에 특히 독립장인들이 이전에 비해 더욱 늘어났으며, 이들 가운데 대부분은 생계의 저점에 위치했다. 장인 인구의 절대적 증가가 수련공의 인구증가에 비해 여전히 우위를 점하고 있었지만, 수련공 인구증가의 상대적 비율이 훨씬

---

14) E. R. Huber, *Deutsche Verfassungsgeschichte seit 1789. Bd. 1: Reform und Restauration 1789 bis 1830*, Stuttgart 1975, pp. 200 ff.; R. Koselleck, *Preußen*, pp. 588 ff.

15) F. Lenger, *Handwerker*, pp. 39 ff.

16) H.-U. Wehler, *Deutsche Gesellschaftsgeschichte, II. Band: Von der Reformära bis zur industriellen und politischen "Deutschen Doppelrevolution" 1815~1845/49*(이하 *Gesellschaftsgeschichte*, II로 약칭), Stuttgart 1987, p. 56.

높았다는 사실이 더욱 중요해 보인다. 1850년에 발표한 프로이센의 한 통계자료를 보면, 1822년과 1864년 사이에 장인의 수는 46퍼센트가량 늘어난 반면, 수련공의 증가율은 노동시장의 사정이 그다지 개선되지 않았는데도 무려 128퍼센트에 이르렀다.[17]

수련공들은 새로운 경제정책 덕택에 이전보다 훨씬 쉽게 장인의 지위로 상승할 수 있었을 것이다. 그러나 실질적으로 이들이 원하던 독립 공방을 쉽게 꾸릴 수는 없었다. 거기에 많은 돈이 들었기 때문이다. 그리고 늘 나이 어린 동료들과 경쟁해야만 하는 '고참 수련공들Altgeselle'은 이제 새 일자리를 찾기에도 벅찼다. 다른 직종으로 옮겨가는 일 또한 이들에게는 커다란 모험이었다. 더욱이 흉작으로 말미암아 소비가 줄고 실업이 늘어난 시기에 수많은 수련공은 일자리를 잃고 최하층 빈민으로 전락할 수밖에 없었다. 18세기 중반 이래로 이미 결사의 권리를 잃은 수련공들은 이렇듯 생계마저도 위태로운 시절을 감내할 수밖에 없었다.[18]

장인들의 사정은 달랐다. 시장의 구조는 점차 바뀌고 있었지만, 그들이 누릴 여지는 아직 남아 있었다. 자유주의 경제정책이 옛 동업조합의 독점적 특권을 송두리째 빼앗을 수는 없었다. 도시 참사회에서 큰 영향력을 행사한 장인들이 불리한 개혁조처에 집단으로 저항할 수 있었기 때문이다. 동업조합은 여전히 수공업 분야의 직무훈련을 전담하는 권위를 유지했을 뿐만 아니라 새로운 자영업자의 시장진출을 통제하도록 시정에 개입할 수도 있었다.[19] 어느 정부보고서가 전하듯이,

---

17) *Sammlung sämtlicher Drucksachen der Ersten Kammer*, vol. 5(1850), Berlin, p. 23.
18) R. Koselleck, 앞의 책, p. 606; F. Lenger, 앞의 책, p. 62.
19) R. Koselleck, 같은 책, pp. 599 ff.

한마디로 장인들은 늘 그렇듯 "사용자로서 생산의 이익을 추구할 수 있었다." 그러한 사정과는 달리 수련공들은 '벌거벗은 노동자들로 전락하여' 극심한 생존경쟁에 내몰리고 있었던 것이다.[20] 동시대 한 백과사전에는 이런 기록도 보인다. "장인은 수련공을 단순히 자신의 임노동자로 여기며 수련공의 노동으로 돈을 버는 일밖에는 그에게 아무런 관심도 두지 않는다."[21]

이런 사정과 더불어 중세시대 이래로 전통적 노동관계를 유지해온 온정주의 가법이 차츰 무너지게 되면서, 수련공의 복지제도마저도 심각한 위기를 맞게 되었다. 앞에서도 보았듯 침식제는 이미 18세기 후반에 해체의 길로 접어들었다. 그 제도가 여전히 관행으로 남아 있었지만, 수련공들을 장인의 권위에 묶어두었던 '온 가족' 이념은 흐릿해진 상태였다. 1827년 베를린의 사례에서 보면 전체 수공업 분야의 수련공들 가운데 약 절반가량의 인력만 장인의 집에서 숙식을 해결했다.[22] 편력강제Wanderzwang의 준칙이 허물어지고 결혼하여 독립가계를 꾸리는 수련공들이 차츰 늘어나면서[23] 장인 온정주의에서 벗어나는 현상은 더욱 두드러졌다. 그러니 어쩔 수 없이 전통의 상조금고가 '온 가족' 제도를 대신해야 옳았을 것이다. 그러나 자율성을 빼앗긴 그 복지기구가 제대로 돌아갈 리 없었다. 많은 수련공이 해체위기에 내몰린

---

20) "Bericht der Kommission für Handel und Gewerbe über die Revision der Verordnung vom 9. 2. 1849," in *Stenographische Berichte über die Verhandlungen der 2. Kammer*, II, Berlin 1849, p. 700.

21) *Brockhaus-Konservations-Lexikon der Gegenwart III*, Leipzig 1838, pp. 417 f.(H.-U. Wehler, *Gesellschaftsgeschichte*, II, p. 59).

22) J. Kocka, *Arbeitsverhältnisse und Arbeiterexistenzen*. *Grundlagen der Klassenbildung im 19. Jahrhundert*, Bonn 1990, p. 330(표 33).

23) 같은 해에 베를린의 전체 수공업 분야에서 결혼한 수련공의 비율은 10~30퍼센트에 이르렀다(U. Frevert, *Krankheit*, p. 253).

상조금고에 가입하기를 꺼렸다. 결혼한 수련공에게 회원자격을 허락하지 않았던 관습 또한 조직의 결속력을 더욱 약화시켰다. 뿐만 아니라 1830~40년대에 널리 퍼진 사회적 빈곤의 영향으로 상조회비를 납부할 수 없는 실업자 수가 이전보다 크게 늘어났다. 이에 따라 원래 공공복리의 바탕이 되어야 했던 일자리가 사회적 균열의 시발점이 되고 말았다. 같은 직종의 수련공들 사이에서 생계수단을 둘러싼 갈등이 심해졌기 때문이다. 상조비용을 전담하는 인사이더가 복지시혜에 더욱 목말랐던 아웃사이더를 포용할 수 없는 지경이었다. 낯선 곳에서 일자리를 구하던 편력공이 상조금고에서 누리던 혜택도 거의 사라지고 말았다.[24] 이 시기 사회적 빈곤을 논한 문헌들 속에 수련공의 '무산계급화 Proletarisierung'라는 말이 자주 등장했는데, 그것은 어찌 보면 시대적 현상을 잘 드러낸 표현이었다.[25] 들끓는 사회여론 한가운데에서 국가의 역할을 묻는 질문이 큰 자리를 차지할 수밖에 없었다.

칸트가 일찍이 『도덕 형이상학』에서 예견했듯, 가법의 구속에서 해방되는 사람들이 많으면 많을수록 '그들의 생존에 반드시 필요한 예비 조처'를 마련해야만 하는 국가의 도덕적 책무는 그만큼 더욱 커질 수밖에 없었다. '복지의 불균등'이 국가시책에서 비롯되었듯, 그 오류 또한 국가가 시정해야 마땅하다는 주장이었다.[26] 프로이센의 중앙행정부는 온정적 복지제도가 거의 해체된 상황에서 우선 개별 도시의 빈민구제

---

24) 같은 책, pp. 250 ff.
25) W. Conze, "Vom 'Pöbel' zum 'Proletariat.' Sozialgeschichtliche Voraussetzungen für den Sozialismus in Deutschland," in H.-U. Wehler(ed.), *Moderne Deutsche Sozialgeschichte*, Düsseldorf 1981, pp. 111~36; "Proletariat, Pöbel, Pauperismus," in O. Brunner, et. al., *Grundbegriffe*, vol. V, pp. 27~68.
26) R. Koselleck, 앞의 책, p. 621.

를 확대하거나 사그라질 위기에 부닥친 수련공의 자율금고를 공공구빈
기관에 통합하는 방안에서 해법을 구했다. 그러나 복지업무를 직접 담
당하는 지역관료들의 판단은 달랐다. 그렇게 하면 오히려 사회문제가
더 늘어난다는 주장이었다. 1820~30년대 지역행정 보고서들이 전하
듯, 개별 도시들의 시립요양소와 병원에는 갈 곳 없는 빈민들이 넘쳐
나고 있었으며, 이미 고갈된 구빈금고도 곤경에 처한 수련공들에게 아
무런 혜택을 베풀 수 없었다. 병들거나 실직했는데도 상조금고마저 돌
볼 수 없었던 수련공의 복지는 그렇게 그 부담을 서로 미루는 개별 도
시들 사이에서 분쟁의 씨앗이 되었다.[27]

공적 구빈제도가 이처럼 날로 늘어나는 재정부담으로 말미암아 더
는 사회부조의 짐을 질 수 없다는 사실이 분명해졌을 때, 수공업 노동
인력의 복지문제는 새로운 정책과제를 요구하고 있었다. 이때를 타고
이념논쟁이 전면에 등장하면서 여론을 이끌었다. 수공업 문제의 원인
과 해법을 묻는 질문들이 근본적 사회원리를 둘러싼 논쟁으로 이어졌
기 때문이다. 한쪽에서 위계질서를 무너뜨린 시장경제가 도마 위에 오
르자 다른 쪽에서는 오히려 옛 신분질서가 문제로 지적되었다. 말하자
면 사회적 통제를 더 굳세게 지키자는 보수주의와 개인의 자력갱생에 더
크게 기대는 자유주의가 서로 한 치의 양보도 없었다. 그 논쟁 한가운데
에 정치적 세력 다툼이 깃들어 있었기 때문이다.

반(反)계몽주의 언론기관 『베를린 정치주보』를 중심으로 1830년대
초반에 사회여론을 형성하기 시작한 보수주의자들은 새 경제정책으로
말미암아 옛 신분질서가 무너져가는 시대를 개탄하면서 개혁적 관료정

---

27) U. Frevert, 앞의 책, pp. 158 ff.

치에 적대적으로 맞섰다. 국왕과 기사, 생산계급이 직분을 조화롭게 나누는 '신분제 국가Ständestaat'의 이상과 더불어 이들은 하나의 사회세력으로 뭉쳤으며, 계몽주의 자연법과 권력의 보편성 이론을 이념의 대척점으로 삼았다. 그들의 눈에 비친 프로이센 개혁시대는 '관료 절대주의'로 나아가는 위태로운 발걸음과 다르지 않았는데, 그것이 무엇보다도 전통적 권리Recht를 대신하여 추상적 법률Gesetz을 통치수단으로 삼았기 때문이라는 것이었다. 권리란 인간의 법률과는 달리 '신의 의지'에 닿아 있으며, 인간의 뜻이 신성한 의지를 대신할 수 없다는 기본원리가 그 시대 보수주의를 결속하는 힘이었다. 그 줄기에서 신분제 관습과 장인의 길드체제가 그 신성한 권리를 구현하기에 가장 적합한 장치라는 주장이 거듭되었다. 새로운 경제정책으로 무너져가는 직업윤리와 사회질서를 올바르게 세우게 될 대안이 따로 없다는 전제에서, 수련공의 상조기구는 당연히 동업조합에 통합되어 장인의 관리와 감독 아래 운영되어야만 한다는 점이 보수주의 정책과제의 핵심이었다.[28]

보수주의가 이처럼 개혁정치의 '반동'이었다면, 18세기 후반에 계몽주의 클럽에서 싹튼 자유주의는 프로이센 '개혁시대'의 흐름을 타고 새로운 여론세력으로 떠오른 시민계급의 이념이었다. 자유주의자들은 사회적 빈곤을 산업사회 초기의 윤리문제로 여긴 보수주의자들과는 달리 경제를 도덕에서 떼어놓고 보았으며, 수공업 문제를 사회진보의 불가피한 결과로 받아들였다. 같은 원리에서 산업화 초기의 사회적 질병 또한 '자연법칙의 자유로운 작용으로' 치유될 수 있다는 확신이 시민사회여론의 중심에 자리했다. 그 맥락에서 자유주의자들은 상조금고에

---

28) H. Beck, *The Origins of the Authoritarian Welfare State in Prussia. Conservatives, Bureaucracy, and the Social Question, 1815~1870*, Ann Arbor 1995, pp. 33 ff.

주목했다. 그것은 자조와 자율이라는 자유주의 덕목의 배양토에 알맞았다. 상조금고를 되살리면 자력구제와 자력갱생의 가치가 사회윤리의 중심에 들어설 것이며, 그 조화로운 힘으로 사회적 질병도 치유할 수 있다는 주장이었다. 그러한 바탕에서 외부의 간섭이나 지원 없이도 되살아나는 자율적 복지기구가 사회문제의 해답이었다. 특히 신흥 공업도시의 기업가들이 자기책임의 상조금고에 열성이었는데, 그것이 노동자들을 새로운 시장가치와 접목하기에 안성맞춤으로 보였기 때문이다.[29)]

이렇듯 서로 엇갈려 접점을 찾을 수 없었던 원론들 사이에 다행히도 관료주의의 중립지대가 있었다. 지역에서 직접 복지행정을 담당한 공무원들은 옛 온정주의로 되돌아가는 보수주의 해결책을 달갑게 여기지 않았다. 그것은 오직 '개혁시대'를 거부하는 명분에 설 따름으로 당면한 수공업 위기의 대안이 될 수 없다는 주장이었다. 그렇더라도 사회적 빈곤의 해결을 '보이지 않는' 시장의 섭리에 내맡길 수도 없었다. 그래서 '의심할 바 없이 실용적인' 상조금고가 가장 그럴듯한 대안으로 인식되었다. 지역관리들이야말로 늘 수련공들의 투쟁조직에 노심초사하던 사람들이 아니었던가. 그러나 그들은 깊은 혐오감을 느끼면서도 어쩔 수 없이 상조금고의 '유익한 목적'을 인정할 수밖에 없었다. 그 오랜 기구를 개선하는 방안들이 여러 통로를 거쳐 중앙정부에 모였을 때, 새로운 사회정책이 탄생했다. '자긍심, 절제, 질서정신'을 기르는 자기훈련의 학습과정이 될 것이라는 기대 속에서[30)] 1845년에 제정된

---

29) R. Boch, *Grenzenloses Wachstum? Das rheinische Wirtschaftsbürgertum und seine Industrialisierungsdebatte 1814~1857*(이하 *Wachstum?*으로 약칭), Göttingen 1991, pp. 227 ff.; L. Puppke, *Sozialpolitik und soziale Anschauungen frühindustrieller Unternehmer in Rheinland-Westfalen*, Köln 1966, pp. 74 ff.
30) Sh. Volkov, "Enactment," pp. 322 ff.; U. Frevert, 앞의 책, pp. 162 ff.

프로이센 영업법Gewerbeordnung이 그것이었다.

그 법령에 담긴 보험관계 규정은 현장공무원들의 여론을 큰 폭으로 반영한 내용이었다. 그러면서 그것은 자율과 통제라는 상반된 원리를 함께 수용하여 서로 다투는 자유주의와 보수주의 사이에서 균형을 잡은 입법이기도 했다.[31] 프로이센 영업법은 처음으로 오랜 전통의 상조금고를 합법적 복지제도로 인정하는 한편, 노동하는 인력을 그 기구에 의무적으로 가입시키는 권한을 지방의 행정당국에 부여했다. 또한 영업의 자유라는 시장경제의 원리에 따라 자율적인 조직구성을 인정했으며, 사회문제에 개입하는 국가의 기능을 '필요한 경우'로 한정하면서 자유주의 원리에 충실했다. 그러면서도 수공업과 산업체 노동인력을 제도적으로 통제할 수 있는 여지를 남겼다는 점에서 권위주의 노동정책과 같은 줄기에 있었다. 비록 동업조합의 강제의무는 폐지되었으나 장인들은 자율적인 협회를 구성하여 언제라도 수공업 분야의 노동인력을 통제할 수 있었기 때문이다.[32]

새로운 영업법이 정한 보험제도는 가부장 온정주의에 뿌리내렸다기보다는 오늘날 의미의 사회공학social engineering에 더 가까이 다가간 복지기제로 이해해야 옳을 것이다. 이 법률과 더불어 지역의 행정당국은 비로소 전통적 빈민구제의 재정부담을 분산하면서 보험가입에 소극적인 노동인력의 연대복지를 독려할 수 있게 되었다. 또한 수공업과 산

---

31) R. Koselleck, *Preußen*, p. 597.

32) *Die unter staatlicher Aufsicht stehenden gewerblichen Hülfskassen für Arbeitnehmer und die Versicherung gewerblicher Arbeitnehmer gegen Unfälle im preussischen Staate, bearbeitet im Auftrage des Ministeriums für Handel, Gewerbe und öffentliche Arbeiten*(이하 *Die unter staatlicher Aufsicht stehenden gewerblichen Hülfskassen*으로 약칭), Berlin 1876, p. II.

업체 노동관계를 당사자들 사이의 자율계약에 맡기는 자유주의 원리가 확립되었으며, 마찬가지로 노동인력에게는 자치적 복지기구가 허용되었다. 법률로 보장한 상조금고의 자율성은 파업기금 등에 '오용되는 목적변경'을 철저히 금지한다는 전제조건과 맞바꾼 것이었다. 그러나 길드체제의 속박에서 벗어난 상조금고가 앞으로 더 '불순한' 노동조합을 이끌게 되리라는 사실을 그 입법 추진세력 가운데 어느 누구도 짐작할 수 없었을 것이다. 새 영업법이 시행되자마자 곧 밀어닥친 시민혁명의 북새통 한가운데에서 상조금고 논쟁은 더욱 거센 소용돌이에 휩쓸리게 되었다.

제3장 시민사회와 노동계급

1. 시민계급과 시민사회

독일에서 근대적 의미의 노동운동은 1848년의 '3월 혁명'과 함께 시작했다. 이 시기에 노동조합으로 부를 수 있는 대중조직이 처음으로 탄생했을 뿐만 아니라 노동자 정당을 꿈꾸었던 전국단위의 정치동맹도 결성되었다. 그해 3월에 일어난 '혁명'이 분출하는 시민계급의 정치적 열망을 담은 시민혁명이었다면, 왜 한 시기에 두 계급의 운동이 한꺼번에 시작됐을까? 문제는 단순히 여기에만 그치지 않는다. 혁명의 진행과정에서 부르주아 정치와 길을 달리하는 노동운동의 전선이 형성되면서, 고립노선의 사회민주주의 정치를 예비하는 뚜렷한 조짐들이 나타났던 것이다. 왜 출발선상에서부터 두 길이 서로 엇갈리게 되었을까?

우선, 영국이나 프랑스처럼 앞서 있던 산업국가의 보기와는 달리 독일의 근대화 과정에서 시민혁명과 산업혁명이 한꺼번에 일어났다는 특수성에 주목한다면, 사회사 연구의 설명모델에 기대어 이 문제들을 풀어볼 수 있을 것이다. 일반적으로 산업자본주의가 급속하게 발전하면 할수록 상층 부르주아의 경제력은 더욱 강하게 하층계급을 압박하게 되며, 따라서 양쪽 사이의 계급균열은 더욱 커진다. 이와 달리 산업화가 완만하게 지속되면 계급갈등의 폭이 더욱 좁아지며, 따라서 부르주아 대중정치의 응집력은 더욱 강해진다.[1] 독일의 산업화가 유례없이 빠른 속도로 진행되었던 데 비해, 시민혁명은 너무 일렀거나 너무 늦었던 것이다. 말하자면 시민계급 진영이 노동운동을 정치적으로 포섭할 수 있었던 여지가 그만큼 좁았다. 시민계급의 성과가 경제적·사회적 영역에서 더 광범위하고 지속적이었다면, 정치적 수준에서 그것은 좀더 제한적이고 취약한 것이었다. 전자가 경제적·사회적 갈등을 중화시키는 기능을 수행했다면, 후자는 그것을 정치적으로 표출할 수 있는 가능성을 제공했다. 전자가 시민계급에게 공익을 대표하는 정당성을 부여했다면, 후자는 거기에 도전하는 하층계급에게 대항의 무대를 열어주었다. 이러한 성격의 계급구조 속에서 국가와 시민계급 사이의 역동적 관계가 형성되었다. 경제적·사회적 영역에서는 국가가 시민계급의 역량을 인정하는 한편, 정치적 영역에서는 시민계급이 강력한 국가권위를 수용했는데, 이것은 두 진영 모두 공통으로 인식했던 대중정치의 위협에 근거한 것이었다. 이와 같은 정치지형 속에서 국가와 시민사회에 저항하는 노동운동의 고립전선이 형성되었다고 볼 수 있다.[2]

그럼 한 걸음 더 나아가 그 문제들을 살펴보자. 시민혁명이란 근대

---

1) G. S. Jones, "Society and Politics at the Beginning the World Economy," in *Cambridge Journal of Economics*, vol. 1(1977), pp. 77~92; G. Therbon, "The Rule of Capital and the Rise of Democracy," in *New Left Review*, vol. 103(1977), pp. 2~42.

2) D. Blackbourn/G. Eley, *The Peculiarities of German History: Bourgeois Society and Politics in Nineteenth Century Germany*, Oxford 1984.

화의 위기가 한꺼번에 터져 나왔던 현상이라는 점에서, 위기상황의 지표이자 그 요소이기도 한 개념들의 의미론 투쟁에도 주목할 수 있을 것이다. 실질적으로 '3월 혁명'의 시점에 새로운 운동개념들이 탄생했으며, 수많은 옛 개념들은 새로운 의미로 거듭났다. 역사적 운동개념이란 서로 다투는 정파나 계급의 이해관계들을 매개하는 최소한의 언어적 공통성이며, 그것 없이는 지나간 경험이나 미래의 기대를 드러내는 정치적 행위단위도 근거를 상실한다는 명제를 받아들이면, 사건연관에 얽힌 의미의 줄기를 먼저 추적해야 옳을 것이다. 그럼으로써 사회구조의 실상이나 관계가 더 풍부하고 뚜렷하게 드러날 것이다.[3] 먼저 시민혁명을 이끈 '시민'의 의미변화에서 출발해보자.

　서유럽의 시민이 18세기 후반에 이르러 정치적이면서 경제적인 일련의 변혁을 추진하면서 시민사회와 국민국가의 주역으로 성장하는 동안, 독일의 시민은 대부분 아직도 정치적 한계와 사회적 제약 속에서 전통적 신분Stand의 위치에 머물러 있었다. 11세기 이래로 도회지에 거주하는 유력한 상인과 수공업 장인을 지칭했던 '도시주민Stadtbürger'의 개념이 그 시대에도 통용되고 있었다는 사실에서 그러한 현상을 찾을 수 있을 것이다. 상공업도시에서 경제적으로 크게 번성하던 중개상인이나 숙박업자, 공방의 주인이 그 범주에 속했다. 의사, 변호사, 개신교 목사 등 전문지식을 기반으로 특수한 자격과 직분을 지녔던 사람들도 그 이름으로 통했다. 이 사회세력은 농촌의 귀족이나 농민, 그리고 도시의 하층민과 뚜렷이 구별되는 지위를 자부했다. 일정한 소유재산과 납세부담, 직업상의 위상 등을 조건으로 받은 시민권이 그 신분

---

3) R. Koselleck, *Zukunft*, pp. 107~29.

적 차별성의 징표가 되었다. 자율적인 영업에 종사하고, 도시의 자치
행정에 참여하며, 파산과 재난을 당할 때는 도시공동체로부터 상당한
경제적 배려를 받을 수 있는 법률적 지위도 그 권리에 속했다.[4]

이렇게 도시주민이 감싸고 있던 신분제 질서가 대체로 19세기 초까
지 유지되었다. 그 이름에 걸맞은 사람들 사이에서 새로운 사회의 지
평으로 향하는 자각이나 열망이 아직 채 성숙하지 않았던 탓이었다. 그
런 가운데서도 도시주민들 사이에서든 도시의 테두리 바깥에서든 한
무리의 지식인들이 점차 다양한 문화운동을 펼치면서 새 시대를 예비
하고 있었다. 역사가들이 나중에 '교양시민Bildungsbürger'의 이름으로
한데 묶었던 시인, 문필가, 교사 등의 고등교육 수혜자들이 그들이었
다. 영국과 프랑스의 계몽철학에 깊이 빠졌던 그 '책 읽는' 사람들은
독서협회나 계몽회 등의 사교클럽에 열성이었는데, 오늘날 '시민의 공
론장bürgerliche Öffentlichkeit'으로 일컫는 자율공간이 거기에서 열렸던
것이다. 그들이 '속물적인spießbürgerlich' 도시주민을 낮추어보면서 스
스로 개명된 '세계시민Weltbürger'으로 부르기를 즐겨했다니, 교양시민
이라는 칭호가 조금도 지나쳐 보이지 않을 것이다. '학문을 통한 교양
Bildung durch Wissenschaft'이 세속적 편견이나 민족적 아집에 얽매이지
않았다는 자긍심의 구호가 되었다. 그 시절 독일어 문학을 대표했던
위대한 시인 프리드리히 폰 실러Friedrich von Schiller가 '그 어떤 제후에
게도 봉사할 수 없는 세계시민'을 노래했듯, 일상을 독서로 채웠던 그들

---

4) M. Riedel, "Bürger, Staatsbürger, Bürgertum," in O. Brunner, et. al., *Grundbegriffe*, vol.
I, pp. 676 ff. ; J. kocka, "Bürgertum und bürgerliche Gesellschaft im 19. Jahrhundert.
Europäische Entwicklungen und deutsche Eigenarten,"(이하 "Bürgertum"으로 약칭) in J.
Kocka(ed.), *Bürgertum im 19. Jahrhundert. Deutschland im europäischen Vergleich*,
München 1988, pp. 21 ff.

은 '거대한 세계와 서로 바꾸기 위해' 기꺼이 조국마저도 저버릴 수 있었다. '보편적 세계시민allgemeine Weltbürgerschaft'의 이름이 그들의 정열을 일깨웠는데, 그 가운데는 소극적이나마 지배체제에 맞서는 저항의 수사가 들어 있었다. 신분제 사회에서 끊임없이 하나의 직분으로 강제된 '신민Untertanen'의 명칭이야말로 그들이 가장 혐오했던 대상이었다.[5]

'프랑스인들은 인간을 연구하고 독일인들은 책을 연구한다'라는 속담이 있다고 한다. 그 시대 독일 지식인들은 대체로 현실정치의 구조적 결함을 치열하게 따져 묻지 않으면서 지배세력의 도덕적 계몽에만 힘을 쏟았다는 뜻일 것이다. 그렇다면 그들의 세계시민 의식은 현실세계와 동떨어진 관념적 사변의 결과물에 그쳤을 따름일까?[6] 세속을 초월하는 듯 보였던 독일 지식인들의 세계관은 실제로는 역사적 경험에 뿌리내리고 있었다. 오랜 세월 동안 정치나 경제 영역에서 뒤져 있던 독일어권 영방국가들의 처지가 이미 통일된 국민국가를 이룬 뒤 강력한 경제력을 앞세워 세계시장의 패권을 다투던 서유럽 선진국들에 견주어지고 있었던 것이다. 이러한 사정에서 형성된 보편적 세계시민 개념은 그 자체로서 암울한 현실세계를 대체하는 근본주의 이상이었다. 그러면서 또한 그것은 인류사회의 보편적 진보에 걸었던 낙관적 신념이기도 했다.[7] 이러한 기대지평에서 '시민사회bürgerliche Gesellschaft' 개념이 새로운 의미론 투쟁을 준비하고 있었다.

18세기 계몽철학을 집대성한 칸트는 세계시민의 미래사회상을 보편

---

5) M. Riedel, 같은 글, p. 686.
6) 이광주, 『지식인과 권력: 근대 독일 지성사 연구』, 문학과지성사, 1992, pp. 191 ff.
7) M. Riedel, 앞의 글, pp. 649 ff.

적 인간권리의 규범에 따르는 시민사회로 불렀는데, 그는 이 운동개념을 세우는 한편으로 법치국가의 이념을 체계적으로 설명하면서 정치철학의 이정표를 새롭게 정리했다. 칸트 이전의 자연법주의자들은 거의 예외 없이 자유의 권리를 인간의 자연상태로부터 이끌어냈다. 그들이 보기에 법이란 자유를 지키기 위해 자유의 일부를 양도할 수밖에 없는 일종의 필요악에 지나지 않았다. 그러나 칸트는 전혀 달리 생각했다. 그는 아무런 사회규칙도 없는 자연상태에서 개인들이 제멋대로 행동할 수 있을지는 모르지만, 아직 자유의 단계에 이를 수는 없다는 전제에서 자의와 자유를 엄격히 구별했다. 그의 명제에 따르면, 자유의 영역은 서로 충돌할 수 있는 개인들의 자의적인 행위들이 보편적 규칙에 따라 규제될 수 있을 때 비로소 확보된다. 법이란 자연법주의자들이 생각했던 것처럼 자유로운 개인들 사이의 계약으로 성립하지 않는다. 오히려 그 반대다. 다시 말해 보편적 법률을 통해서 비로소 자유로운 개인이 존재할 수 있다. 말하자면, 자유가 법률의 전제조건이 아니라 법률이 자유의 성립조건이다. 그 보편적 원리는 바로 법률이 보편성에 근거해야 한다는 요구 그 자체에서 나오게 된다.[8] 이처럼 철저히 형식적이고 보편적인 법치국가의 이념은 그 추상성에서 독일의 사회적·경제적 후진성을 역설적으로 증거하고 있었다. 그러면서도 그것은 전통주의와 지역주의에 매몰되어 있던 정치질서의 현실을 가장 치열하게 고민했던 정치철학의 성찰이었다.

이러한 시민사회의 이상이 세기가 바뀌면서도 실천적 현상으로 나타날 전망은 아직도 그다지 밝지 못했다. 그러나 변화의 조짐이 전혀 없

---

8) M. Riedel, "Gesellschaft, bürgerliche," in O. Brunner, et. al., *Grundbegriffe*, vol. II, pp. 756~63.

지는 않았다. 프랑스 혁명의 영향으로 불어 닥친 프로이센의 개혁열풍 속에서 오랜 세월을 견뎌온 신분제 사회질서가 서서히 붕괴하기 시작했다. 계몽 지식인들을 기다리는 정치무대가 준비되고 있었던 것이다. 나폴레옹이 '라인연방Rheinbund'에서 추진한 일련의 개혁적 정책과제들, 이를테면 중앙집중의 관료체제, 전문적인 행정부서, 교회와 학교를 감독하는 국가기구 등을 포함하는 근대적 행정제도의 정비, 조세와 법률의 형평성, 영업·노동·종교의 자유를 보장하는 법령들은 지역귀족, 교회, 길드체제로 유지되던 신분사회의 벽을 허물어뜨림으로써 독서시민들의 설 자리를 넓혀주었다. 나폴레옹 패퇴 이후에 반동체제의 한 날개를 담당했던 프로이센도 이어서 행정, 경제, 교육, 병무 영역에 이르는 새 정책과제를 세웠을 정도로 이른바 '개혁시대'는 거스를 수 없는 역사의 흐름이었다.[9]

중앙과 지방에서 많이 늘어난 근대적 행정기구가 두드러진 개혁의 현상이었다. 그러자 김나지움과 대학에서 교양과 전문지식을 쌓았던 독서시민들이 새 관직을 차지하게 될 가능성이 더욱 커졌다. 따라서 출생보다는 개인의 능률에 더 많이 기대는 새로운 관료제도가 정치영역뿐만 아니라 사회생활도 포괄하는 권력을 중앙으로 모으면서 점차 지역 귀족세력의 신분특권을 빼앗았다. 그 틈새에서 갓 자라난 시민사회가 활력을 얻고 있었다. 빈 체제가 몰고 온 보수적 반동시기에 시민 출신 관료들은 근본적으로 기존 질서를 지탱해야만 하는 소임을 완전히 버릴 수는 없었다. 그러나 이제 그들은 정치적 견해를 지닌 개인들

---

9) K. O. Freiherr von Aretin, *Vom Deutschen Reich zum Deutschen Bund*, Göttingen 1980, pp. 110 ff.; R. Koselleck, *Preußen*, pp. 337 ff.; H.-U. Wehler, *Gesellschaftsgeschichte*, I, pp. 347 ff.

이었다. 그리고 계속되는 개혁과제가 독서시민의 위상을 드높일 수 있었다.[10] 마땅히 그들도 교양시민의 반열에 올라야 합당할 것이다.

그리고 다른 한편에서는 자본주의 시장경제를 열었던 '개혁시대'의 상승기류를 타고서 새로운 전문직종과 직업영역이 크게 확장되었다. 시장에 둥지를 틀고 번성한 의사, 변호사, 약사, 공증인, 건축기사, 회계사 같은 '자유로운' 전문가들은 이전과는 사뭇 다른 명예와 부를 누렸다. 이들은 직업의 전문성을 보증해주는 대학수업이나 자격시험에 큰 자부심을 지니고 있었다. 부르주아 가치관과 덕목에 걸맞은 출세와 사회적 성공은 그들의 또 다른 이름이었다. 배타적인 길드규제를 철저히 거부하면서 시장의 경쟁법칙을 영업원리로 받아들인 이들은 신분적 특권에 매여 있던 전통적 도시주민과 구별되는 세계관을 가꿀 수밖에 없었던 것이다. 그 전문 직업인들이 부르주아 이기심의 첨병이라는 부정적 평판에 맞서서 공익과 공공선에 기여하는 사회봉사를 강조했다는 점은 다른 나라들에서도 나타나는 공통적인 경향이었다. 그러나 독일의 '자유직업인들'이 '보편이익'을 대변하는 행정관료들의 인식세계에 별스럽게 더욱 밀착하고 있었다는 사실은 눈여겨볼 만한 대목일 것이다. 이렇듯 공무원들과 전문 직업인들을 명백하게 구분할 이념적·사회적 지표가 따로 없었다고 보면, 시장에서 출세한 이들 전문가들도 함께 교양시민으로 불러야 옳을 것이다.[11]

19세기 초반의 제도개혁 덕택에 크게 번성한 이들 공무원들이나 전

---

10) 이광주, 앞의 책, pp. 43~64.

11) D. Blackbourn, "The German Bourgeoisie: an Introduction," in D. Blackbourn/R. J. Evans(eds.), *The German Bourgeoisie. Essays on the Social History of the German Middle Class from the late eighteenth to the early twentieth Century*, London/New York 1991, p. 6.

문 직업인들만이 곧 막이 열리게 될 무대를 기다리고 있었던 것은 아니다. 선대상인, 공장제 수공업자, 광산업자, 상점주, 무역업자, 운수업자, 은행가, 창고업자 등 오늘날 경제시민Wirtschaftsbürger이라고 불리는 직업세계의 사람들이 산업화 맹아기의 자본주의 시장경제에 힘입어 서서히 시민사회의 한 주역으로 떠오르고 있었다. 그들을 부르는 부르주아Bourgeois라는 명칭은 이미 그즈음에 널리 통하고 있었다. 그렇게 불린 사람들은 1840~50년대의 본격적인 산업화 단계를 거치면서 비로소 시민운동 진영의 핵심세력으로 등장하게 되지만, 이미 19세기 초반에도 옛 신분질서를 타파하는 일에서 한몫을 담당하고 있었다. 신흥 부르주아는 '계몽된' 제후나 국왕의 도움으로 신분제 영업규정을 벗어나 사업을 확장할 수 있었으며, 종종 길드규제를 에돌아 도시의 외곽에 자율공간을 세우면서 창업에 성공하기도 했다. 19세기 중반에 이르러 전통도시의 영업규제가 이미 죽은 문서로 전락해버린 사정의 뒷면에는 크게 번창한 부르주아 경제세력이 있었던 것이다. 기업가들과 상인들이 시장의 자유를 규제하려는 그 어떤 정책과제나 행정 간섭에도 민감하게 반응했다는 사실에 바로 시민사회의 이념적 추세가 깃들어 있었다. 영업의 자유, 거주이전의 자유, 수출입 관세의 철폐를 끈질기게 요구한 신흥 경제시민의 주장은 곧 자유주의 시민운동의 중심강령에 자리잡게 되었다.[12]

이렇듯 19세기 초반에 출세의 상징으로 떠올랐던 교양시민과 경제시민을 하나의 이름(Bürger 또는 Bourgeois)으로 부르는 시대적 언어의미가 통했는데, 이 사실이 곧 시민사회의 여러 구성원들 사이에 계층적 분

12) J. Kocka, "Bürgertum," pp. 11~76.

열과 직업상의 갈등 또는 종교적이거나 이념상의 간격이 전혀 없었다
는 점을 의미하지는 않는다. 교양시민과 경제시민 사이에는 우선 시장
관계, 부의 척도, 상이한 직업훈련, 그리고 해당 계층에 진입하는 사회
적 과정을 둘러싸고 다툼과 긴장이 있었다. 그리고 동시대 문학작품들
이 즐겨 묘사한 인간의 도덕 본성과 경제적 가치 사이의 알력은 추상의
산물이 아니었다. 그 밖에도 시민세력의 개별 구성원들은 직업적 혹은
경제적 이해관계에 따라 서로 다른 국가관을 지닐 수 있었으며, 구교와
신교로 엇갈리는 종교적 신념도 시민사회의 통합을 방해하고 있었다.[13]

그럼에도 이 다양한 구성원들이 하나의 이름 아래 뭉칠 수 있었을
때, 그 힘은 무엇보다도 이들의 문화적 동질성과 사회적 유대감에서
비롯한 것이었다. 교양시민과 경제시민이 서로 구별 없이 함께 중요하
게 여긴 덕목은 경제적 안정, 충분한 여가, 상당한 수준의 교양과 교육
으로만 얻을 수 있었던 자립Selbständigkeit과 자조Selbsthilfe의 정신이었
으며, 이로부터 물질적 성취와 도덕적 진보가 하나로 합쳐질 수 있다
는 공통인식이 생겨났다. 이와 더불어 사회생활의 전 영역에서 경쟁,
개인의 성취, 성실과 근면, 합리성과 합법성을 존중하는 시민적 가치
관이 형성되었으며, 이를 근거로 경제적 보상과 사회적 명망뿐만 아니
라 거기에 걸맞은 정치적 위상이 하나의 계급적 정당성으로 인정되었
다. 일상생활에서 엄격히 준수되는 청결이나 규칙, 또는 약속 등의 관
습 또한 시민계급의 사회적 유대감을 조성하는 중요한 요인이었으며,
문학과 예술에 바치는 존경과 외경은 서민의 '무식'과 귀족의 '비열'에
비추어보는 문화적 자부심이기도 했다. 그 줄기에서 가정은 시민생활

---

13) D. Blackbourn, 앞의 글, pp. 8 ff.

에 반드시 필요한 재산과 '문화자본'을 배양하는 바탕이 되었으며, 그러한 인식으로부터 다양한 직업에 종사하는 시민계급 구성원 내부의 결혼이 하나의 관습으로 정착했다.[14)]

이렇듯 경제적이면서도 문화적이었던 사회구성의 토대에서 구체제의 신분제 사회질서와 전통적 보호주의에 맞서는 새 이념이 마치 회오리처럼 나타났는데, 자유주의Liberalismus가 곧 그것이었다. 다른 이념세계가 그렇듯 자유주의도 시대적으로 여러 모습을 띠고 있었다. 사회적·정치적 자율성에 더 큰 비중을 둔 생성기의 자유주의는 절대주의 지배체제와 대결하는 저항세력이 새로운 시민사회의 기대지평에서 보편적 언어들로 표현한 법치국가, 대의제, 영업의 자유, 시민권, 의회와 지방행정의 자치권 등을 주요 의미로 삼고 있었다. 이러한 경향성은 1810~20년대에 각기 다른 장소와 다양한 세력 사이에서 흩어져 있던 모습으로 나타났으나, 프랑스의 7월 혁명과 더불어 1830년대의 정치적 격동기를 거치면서 서서히 '반동당Partei der Reaktion'에 대항하는 '행동당Partei der Bewegung'의 정치이념으로 발전하게 되었다.[15)]

세기 전환기의 여러 문화운동 단체에서 정신적 세례성사를 거친 초기 자유주의자들은 정치참여를 대체로 교양세계의 측면에서 고려했으며, 따라서 이들에게 정치는 곧 인격을 형성하고 덕성을 함양하는 교육과정이었다. '정치적 행동'과 '정신적 교육'을 결합하는 '행동당'은 아직도 이들 사이에서 사회적 조직체의 의미보다는 사상이나 가치를 공유하는 이데올로기적 공동체로서 결속력을 지니고 있었다. 그렇더라

---

14) J. Kocka, 앞의 글, pp. 26 ff.
15) R. Rürup, *Deutschland im 19. Jahrhundert 1815~1871*(이하 *Deutschland*로 약칭), Göttingen 1984, pp. 155~59.

도 이들 사이에 정치적 전망이 전혀 없었던 것은 아니었다. 계몽운동이 앞으로 절대주의 지배세력에 대항하여 궁극적 승리를 획득하게 되리라는 낙관적인 신념이 암울했던 반동정치 아래에서도 이들을 하나의 이념세력으로 지탱할 수 있었다.[16)]

19세기 중엽의 근대 국민국가 맹아기에 이르러 독일 자유주의는 행정과 경제 제도의 개혁에 활력을 제공하면서 새 정치무대를 주도하는 이념의 힘을 드러냈다. 19세기 초반 이래로 돌이킬 수 없었던 시장경제 성장의 낙관적 기대도 큰 몫을 했다. 자유주의는 그때 유럽의 패권경쟁을 꾀하고 있던 지배세력의 이해관계와 맞닿게 되면서, 드디어 정치적 헤게모니 다툼에 뛰어들었다. 그 의미의 중심에 들어섰던 영업의 자유와 자유무역주의가 산업입국의 밑바탕이 된 덕택이었다. 독일의 몇몇 영방국가에서 전통적인 보호주의와 간섭주의를 대체했던 새로운 경제정책이 그 성과물이었다. 1845년에 제정된 프로이센 최초의 영업법Gewerbeordnung도 그 추세의 연장선상에 있었다. 이 법규는 몇 가지 전통적인 보호주의 요소를 지니고 있었음에도 노동관계에 개입하는 국가의 권리를 명목상 '필요한 경우'로 한정했다는 점에서 독일 초유의 자유주의적인 노동입법으로 기록된다.[17)]

그러나 이러한 예들이 곧 보호주의와 대결하는 자유주의가 사회진보의 지평으로 열린 시민계급의 한결같은 기대를 이끌었다는 사실을 의미하지는 않는다. 자유주의의 먼 이상향은 모든 구속으로부터 벗어나는 개인의 자유와 법률적 평등이 제도적으로 실현되는 이른바 공민사

---

16) J. J. Sheehan, *German Liberalism in the Nineteenth Century*(이하 *Liberalism*으로 약칭), Chicago 1978, p. 15.

17) 제2장 참조.

회Staatsbürgergesellschaft에 있었다. 그것은 시민사회의 또 다른 이름이었다. 그 사회는 칸트의 기대지평에서 이상화된 사회상처럼 이성의 척도와 법률로 규정되는 경쟁법칙 속에서 개인들의 삶이 성숙된 공민Staatsbürger, citoyen의 일반의지에 따르는 인간공동체를 의미했다. 그렇다면 어떤 사회계층이 공민사회의 핵심세력이 되어야 할 것인가? 대다수 자유주의 운동가들은 '중산층Mittelstand'을 그 범주로 생각했는데, 도덕적 정치세력을 의미했던 이 용어가 종종 공민과 하층서민Pöbel을 분리하는 수단으로 쓰이기도 했다. 그러면서 그 질문은 스스로 한 걸음 더 나아가면서 복잡한 모습을 띠게 되었다. 자유주의의 정치적·사회적 의제가 하층민의 문제로 내려가야 하는가? 때마침 '3월 전기'의 사회적 현상으로 두드러졌던 사회적 빈곤Pauperismus의 원인과 해결방안을 둘러싸고 여론과 정치권에서 분분한 논쟁이 일어났을 때, 당시 언론들이 흔히 '노동자 문제Arbeiterfrage'라고 불렀던 사회적 의제에 따라 자유주의 진영은 내부에서 분화되는 양상을 보였다.

그때 자유주의 세력은 새로운 사회질서에 거는 기대와 회의 사이에서 서로 뚜렷이 구별되는 이념적 편차를 드러냈던 것이다. 이러한 현상은 예컨대 그즈음에 사회문제를 사라지게 하는 하나의 주술처럼 등장했던 협동체Association가 자유주의 이론가들 사이에서 여러 모습으로 그려지고 있었다는 사실에서 밝혀질 수 있다. 프랑스로부터 흘러들어와 독일의 자유주의 사회개혁가들 사이에서 감동적인 사회원리로 널리 퍼졌던 이 단어는 이른바 '공상적 사회주의'로 거슬러 올라가는 노동의 권리droit au travail 또는 노동조직organisation du travail과 같은 뜻으로 통했다. 그 말이 여러 복잡한 의미를 내포하면서 시대적 열망을 드러내고 있었다는 점에서, 그것은 하나의 운동개념이었다. 그것은 우선 수공업의 위기에 맞서 적절한 일자리를 창출하는 생산협동체를 의미하거나 소규모 자영업자의 생업공동체를 지칭하기도 했다. 반면 새로운 공장문제에 주목했던 한 무리 사회개혁가들이 자본의 횡포에 맞서는 노동의 자율적 수단을 그 개념에서 찾았을 때, 그것은 곧 공장주와 노동자들의 수평적 연합체를 지칭하는 새로운 조직원리를 의미했다.[18] 이렇듯 자유주의 진영은 제대로 된 정치무대에 채 나서기도 전에 사회문제를 진단하고 처방하는 방식에서 안으로 분열되어 있었다. 이러한 상황에서 '중산층 자유주의mittelständischer Liberalismus' '사회적 자유주의sozialer Liberalismus' '부르주아 자유주의großbürgerlicher Liberalismus'라고 각각 달리 부를 수 있는 이념경향들이 나타났던 것이다.

교양시민의 독서회나 사교클럽에서 자라나 서서히 사회적 여론세력으로 성장한 대부분의 초기 자유주의자들은 정치적 참여를 정신적 과업으로 보았다. 따라서 이들에게 정치란 인격을 형성하고 덕성을 함양하는 교육운동과 별반 다르지 않았다. 정치활동과 교양교육을 아우르는 '운동당'은 사회조직이라는 의미보다 생각이나 가치를 공유하는 사상공동체로 이해되었다. 이러한 인식 아래 이들은 자유주의 운동의 토대를 중산층에 두었다. 국가권력과 경제성장의 궁극적인 기반이며 정치적 자유의 배양소로 여겨졌던 이 사회세력은 조화와 타협의 매개체로서 미래의 시민사회를 이끌게 될 '본래의 국민eigentliches Volk'과 같은 의미를 지녔다.[19]

중산층 개념은 이처럼 하나의 도덕적 정치세력을 지칭했을 뿐만 아

---

18) E. Pankoke, *Die Arbeitsfrage. Arbeitsmoral, Beschäftigungskrisen und Wohlfahrtspolitik im Industriezeitalter*, Frankfurt 1990, pp. 56 ff.
19) W. Conze, "Mittelstand," in O. Brunner, et. al., *Grundbegriffe*, vol. V, pp. 49~92.

니라 시민사회의 중심세력을 토지귀족과 하층서민에서 분리하는 사회적 범주도 의미했다. 따라서 그 사회세력은 공공선의 가치관을 지니면서 경제적으로 홀로 설 수 있는 '국민의 핵심Kern der Nation'과 같은 말이었다. 그 의미로부터 초기 자유주의 운동을 이끌었던 교양시민의 이상적 시민사회상이 형성되었다. 하나의 원리로 볼 때 그것은 절대주의 지배체제와 신분적 특권에서 해방됨으로써 사회구성원 모두가 공평하게 토지와 자원을 소유하고 그 누구도 소외된 노동을 강요하지 않는 새로운 사회질서의 모형이었다.[20]

이러한 이상에 걸맞은 중산층의 핵심세력은 독립적인 생산수단을 지닌 수공업자와 소규모 자영업자다. 초기 교양시민들의 눈으로 볼 때 독립적이며 검소한 삶을 추구하는 수공업 장인들이야말로 "본능적으로 폭력을 수반한 혁명을 거부하면서 자주적으로 법률적 자유를 요구함으로써" 국가 권력의 견고한 기반세력이 되었다. 그러므로 사회질서에 크게 기여한 동업조합의 순기능은 새로운 경제체제 속에서도 여전히 유지되어야만 했다.[21] 이와 같은 주장은 때때로 수공업의 경제적 기반을 무너뜨리는 자본주의 경제의 경쟁체제를 겨누는 통렬한 비판으로

---

20) L. Gall, "Liberalismus und 'bürgerliche Gesellschaft.' Zu einer Charakter und Entwicklung der liberalen Bewegung in Deutschland," in L. Gall(ed.), *Liberalismus*, Königstein 1980, pp. 162~86. 이 글의 저자는 초기 자유주의자들의 이념적 균열을 보지 못한 채 이들의 미래사회상이 마치 '계급 없는 시민사회klassenlose Bürgergesellschaft'로 통일되어 있었던 듯 기술했다. 다른 연구자의 논문, W. J. Mommsen, "Der deutsche Liberalismus zwischen 'klassenloser Bürgergesellschaft' und 'Organisiertem Kapitalismus.' Zu einigen neueren Liberalismusinterpretationen,"(이하 "Liberalismus"로 약칭) in *Geschichte und Gesellschaft*, vol. 4(1978), no. 1, pp. 77~90은 그 점을 비판하고 있다.

21) H.-U. Thamer, "Emanzipation und Tradition. Zur Ideen- und Sozialgeschichte von Liberalismus und Handwerk in der ersten Hälfte des 19. Jahrhunderts," in W. Schieder (ed.), *Liberalismus in der Gesellschaft des deutschen Vormärz*(이하 *Liberalismus*로 약칭), Göttingen 1983, p. 59.

이어졌는데, 그럴 때 자율적인 시장경제에 깊이 뿌리내린 자유주의 고유의 원리와 전통적 수공업의 도덕경제 사이에서 오락가락하는 이념의 혼란이 발생했다. 이러한 현상은 순전히 수공업 문제로만 이해했던 사회문제의 해결책을 논의하는 과정에서 특히 두드러졌다. 수공업 세력을 자유주의 운동의 중추기반으로 생각했던 이론가들은 마침내 '협동체'를 통해 옛 경제질서와 완전한 영업자유 사이의 괴리를 메울 수 있다는 전망에 이르렀다. 수공업 후생제도나 소규모 자영업자의 생업공동체를 의미하는 이 기구들이 새로운 공장제도의 대안이 될 수 있을 것이라는 기대는 사실상 현실과 너무 동떨어진 발상이었다. 멀리 내다보지 않더라도 곧 움츠러들어서 위기를 맞게 될 그 경제세력의 춘프트 Zunft 체제가 어찌 아침햇살처럼 떠오르는 자본주의 시장경제의 맞수로 나설 수 있었겠는가. 그렇다면 그 발상들을 '낭만적 자유주의'의 이름으로 부르더라도 그다지 지나친 표현은 아닐 것이다. 이 자유주의 분파는 뒷날 '3월 혁명' 기간에 도리어 현실에서 너무 앞서 나간 급진적 민주주의로 발전하면서 옛날의 수공업 질서를 근본적으로 되찾고자 하는 '퇴행적rückwärtsgewandt' 사회정책과제를 제시했다.[22] 낭만주의 세계관romantische Weltanschauung이 늘 이제는 되돌아갈 수 없는 과거(고향)의 향수Heimweh와 아득히 멀어서 다다르기 힘든 미래(이상향)의 동경 Fernweh을 함께 아우른다고 보면, 언뜻 모순되어 보이는 이 기묘한 결합을 이해할 수 있을 것이다.

이처럼 뒤돌아보면서 문제를 좇았던 낭만주의자들과는 달리 다가올

---

22) '3월 혁명'의 여파로 우후죽순처럼 일어난 '민주주의 협회들demokratische Vereine'은 대부분 교양시민과 수공업 세력의 연합으로 구성되었다. 이 단체들은 주로 국민주권의 원칙에 따르는 급진적 정치개혁 프로그램을 제안했다(W. Siemann, *Die deutsche Revolution von 1848/49*, Frankfurt 1985, pp. 99 ff. ; F. Lenger, *Handwerker*, pp. 68 ff.).

시대를 향해 나아갔던 몇몇 자유주의 개혁가가 있었다. 이들은 앞으로 산업세계의 중심에 들어서게 될 노동계급을 시민사회로 끌어들이는 문제를 사회정책의 큰 과제로 세웠다. 그들 가운데 노동문제를 선구적으로 성찰한 한 이론가가 있었으니, 그는 곧 튀빙겐의 경제학자 몰이었다.[23] "노동자는 굶어 죽지 않으려면 공장에서 일해야 하며, 그 신체의 중요 부분은 기계장치로서 제삼자에게 속한다."[24] 일찍이 1835년에 몰이 한 자유주의 잡지에 기고했던 논문에서 처음으로 공장에 예속되는 노동인력의 사회적 문제를 제기하며 했던 말이다. 그는 또한 기업의 파산이 노동자에게 미치는 절대적인 영향을 논하면서, 공장노동자들의 생계는 사용자의 판단과 의지에 달려 있기에 그들은 공장주인의 부당한 요구를 거의 저항 없이 받아들일 수밖에 없음을 간파했다.

이러한 설명은 독일 자유주의 진영 내부에서 이전에 어느 누구도 눈여겨보지 않았던 공장문제를 깊이 성찰했기 때문에 가능한 것이었다. 몰은 대부분의 초기 자유주의자들의 견해와는 달리, 영업의 자유는 공장제도와 거기에서 파생하는 사회문제의 같은 '어머니'지만, 그것을 피하기 위해 옛 수공업 체제로 되돌아가는 것은 '질병에서 벗어나기 위해 자살을 감행하는 것과 마찬가지'라고 주장했다.[25] 그는 이처럼 새로운 노동문제를 유감스럽지만 피할 수 없는 경제적 진보의 결과로 받아들였다. 그러나 산업화 초기의 사회적 질병이 '자연법칙의 조화로운 작

---

23) H. J. Teuteberg, *Mitbestimmung*, pp. 24 ff.

24) R. Mohl, "Über die Nachteile, welche sowohl den Arbeitern selbst als dem Wohlstande und der Sicherheit der gesammten bürgerlichen Gesellschaft von dem fabrikmäßigen Betriebe der Industrie zugehen und über die Notwendigkeit gründlicher Vorbeugungsmittel," in K. H. Rau(ed.), *Archiv der politischen Ökonomie und Polizeiwissenschaft*, vol. 2 (1835), no. 2, p. 145.

25) 같은 글, p. 160.

용'에 따라 치유될 수 있다고 본 고전적 자유주의를 지지하지는 않았다. 이러한 점에서 그는 독일 사회적 자유주의의 선구자로 기록되어야 마땅할 것이다.[26]

몰은 '협동체'라는 새로운 사회조직을 통해 노동문제를 해결할 수 있다고 보았는데, 그것은 노동자가 자본소유와 기업경영에 참여함으로써 자본과 노동의 분쟁을 누그러뜨리는 중재기제를 의미했다. 이 새로운 사회기구는 단순히 임금상승을 통해 노동자들의 경제적 처지를 개선하려는 목표만을 지니지 않았다. 그것은 노동자들을 시민사회의 중요 구성원으로 받아들이는 계기를 조성하는 과제를 함께 지녀야 했다. 이를 위해 노동자들은 자립적이며 자율적인 '노동자위원회Arbeiterausschuß'를 구성하며, 기업가 또한 기업경영과 결산회계에 노동자 대표를 참여시키는 제도적 방안을 마련해야만 했다. 노동자들이 스스로 선출한 이 대표기구에 규칙적으로 회계보고가 이루어지고 그 결과에 따라 정해진 만큼의 이익배당이 이루어져야 한다는 것이 몰의 구상이었다.[27] 그는 오늘날 실행되고 있는 공동결정의 원리를 새로운 시민사회의 지평에서 선취했던 것이다.

자본과 노동을 수평적으로 결합하는 일종의 조정기구를 통해 '조화로운' 시민사회를 건설한다는 발상은 개혁적 시민단체의 사회정책 논의로 이어졌다. 1840년대에 시민계급의 사회개혁 논쟁을 이끌던 '노동계급 복지증진 중앙연맹Centralverein für das Wohl der arbeitenden Klasse'이 그 중심에 있었다.[28] 그 단체 내부에 '근본적 사회개혁radikaler Sozialreform'[29]

---

26) H. J. Teuteberg, 앞의 책, p. 25.
27) R. Mohl, 앞의 글, pp. 173 ff.
28) J. Reulecke, *Frieden*, pp. 76 ff.

이라고 일컫던 분파가 따로 있었다. 거기에 속한 베를린의 역사학자 슈미트Adolf Wilhelm Schmidt가 몰과 마찬가지로 당시로서는 다수 의견이 따르기 힘들었던 사회문제 해결책을 제시했다. 그는 자본과 노동 사이의 '증오로 가득한 갈등feindselige Conflicte'이 '사회적 협동정신sozialer Gemeinsinn'이 부족한 데서 비롯했다고 진단했다. 그가 보기에는 그 무렵 일방적으로 노동 측을 밀어붙이면서 임금을 깎으려고만 드는 사회적 관행이 큰 폐단이었다. 그러면 그것을 어떻게 해결할 것인가? 슈미트는 역사학자답지 않게 아주 현실적인 방안을 추천했다. 바로 사용자와 고용자 양측이 같은 숫자로 참여하는 공동협의회Association가 그의 제안이었는데, 그 기대치는 노동계급의 소외를 제거하는 사회적 협동정신이었다.[30]

중산층 자유주의의 프로그램이 현실에 뒤진 낭만적 처방이었다면, 사회적 자유주의 측의 제안은 시대상황을 너무 앞서 간 처방이었다. '3월 전기' 독일의 공장노동자는 그 무렵 아직도 국민경제 전체에서 미미한 비중을 차지할 따름이어서 사회적 빈곤에 골몰한 대부분의 개혁가들은 공장문제에 그다지 큰 관심을 쏟고 있지 않았다. 몰이나 슈미트가 한참 앞서 나가서 제시했던 사회개혁 논의는 사실상 동시대 사회현상을 곧이곧대로 담아냈다기보다는 선진 산업국가들의 경험에서 간접적으로 추론한 것이었다. 그러나 그런 이유 때문에 그와 같은 사회정책과제를 단순히 '하나의 공허한 구호'[31]로만 여길 수는 없을 것이다. 그것은 곧

---

29) 같은 책, pp. 126 ff.

30) H. J. Teuteberg, 앞의 책, pp. 44 ff.

31) P. Mombert, "Aus der Literatur über die soziale Frage und die Arbeiterbewegung in der ersten Hälfte des 19. Jahrhunderts," in *Archiv für die Geschichte des Sozialismus und der Arbeiterbewegung*, vol. 9(1921), p. 223.

닥쳐올 현실이었다. '3월 혁명' 기간에 열린 제헌의회의 경제위원회에서 한 무리의 자유주의 개혁가들이 독일 사회정책의 역사에서 유례가 없었던 공장법안을 제안했는데, 그 핵심내용은 몰과 슈미트의 견해와 맞닿아 있었다. 그리고 멀리 내다보면 바이마르 헌법에 안착했던 경영위원회법과 1951년에 법률로 제정된 공동결정권이 모두 거기에 뿌리 내리고 있었던 것이다.

중산층 자유주의의 낭만적 의제와 사회적 자유주의의 '근본적 사회개혁' 프로그램이 서로 다른 사회문제 처방을 내렸으면서도 시대상황에서 어느 정도 뒤로든 앞으로든 비켜 서 있었다는 점에서, 그것들을 모두 다소 '이상적이었던' 시민사회의 꿈으로 보더라도 지나치지는 않을 것이다. 그러나 늘 모든 문제를 현실에 비추어보면서 이상주의자들과 다른 길을 걸었던 개혁가들이 자유주의 이념의 스펙트럼을 넓히고 있었다. 이를테면 쾰른에서 큰 상점을 운영하면서 그곳 자유주의 여론을 결집한 지역신문(Kölnische Zeitung)의 발행인 요제프 뒤몽Joseph DuMont이 그런 인물에 속했다. 그는 '무제한의 이론들' 대신에 현실정치와 적절히 타협할 수 있는 방법을 찾았는데, 마침내 '진정으로 유익한 것, 실천적 지성, 안락한 생활'[32)]에 걸맞은 현실주의 사회개혁 프로그램을 개발했다. 주로 프로이센의 신흥 공업도시에 거주한 상공인들과 금융자본가들의 이해관계를 대변했던 그의 견해는 무엇보다도 먼저 자본주의 경제질서를 으뜸으로 여기는 사회집단의 강령이었다. 개인의 법률적 평등과 인권이라는 기본요강과 더불어 자유경쟁의 시장체제 확립, 상품시장의 자율적인 유통, 대의제 정치에 참여하는 권리 등을 포

---

32) F. Zunkel, Der *Rheinisch-Westfälische Unternehmer 1834~1879. Ein beitrag zur Geschichte des deutschen Bürgertums im 19. Jahrhundert*, Köln/Opladen 1962, p. 134.

괄하는 정책과제가 그 주요 내용이었다.[33]

신흥 상공인 세력의 자유주의는 윤리적인 운동을 으뜸으로 내세웠던 중산층 이념과는 달리 도덕으로부터 경제를 분리해 자유경쟁 자본주의의 원리를 옛 신분제도와 중상주의에 맞서는 전략적 수단으로 삼았다. 그 한가운데에 사회진보의 뿌리이면서 움직이는 힘이 되는 경제성장이 자리했다. 그러면서 개인들의 이해관계와 경쟁심이 고도성장을 밀고 나가는 활력소이며, 거기에서 비로소 '사회조화'의 토대가 마련된다는 믿음이 낭만적 윤리를 대신했다. 그러한 부르주아 사회원리를 따랐던 사람들은 여전히 중산층을 자유주의 운동의 핵심으로 여겼는데, 그것은 그들 사이에서 수공업 인력이나 소생산자의 도덕적 정치세력을 의미하기보다는 하나의 특정한 사회계급을 지칭하는 부르주아와 같은 개념으로 통했다.[34] 아헨의 은행가이면서 저명한 자유주의 정치가로 활동한 다비드 한제만David Hansemann의 주장대로라면, 중산층이란 높은 수준의 세금을 부담하는 '명망가 상인들과 공장주들'이었다. 이들이 곧 "군주에게 본래의 지주신분보다도 더 많은 안정과 질서의 계기를 마련해줄 수 있는" 사회세력이었다.[35]

부르주아 자유주의자들은 장시간 노동과 공장재해, 임금횡포로 드러났던 산업화 초기 노동문제의 현실을 부정하지 않았으며, 그 해결과제가 사회정책의 핵심현안이라는 점 또한 지나치지 않았다. 그럼에도 이

---

33) E. Fehrenbach, "Rheinischer Liberalismus und gesellschaftliche Verfassung," in W. Schieder(ed.), *Liberalismus*, pp. 272 ff.; R. Boch, *Wachstum?*, pp. 227 ff.; E. Schraepler(ed.), *Quellen*, pp. 77~83.

34) W. J. Mommsen, "Liberalismus," pp. 83 ff.

35) D. Hansemann, "Preußens Lage und Politik am Ende des Jahres 1830," in *Rheinische Briefe und Akten zur Geschichte der politischen Bewegung 1830~1850. Gesammelt und hrsg. v. Joseph Hansen*, vol. 1, p. 51(E. Fehrenbach, 앞의 글, p. 280).

들은 산업화 과정에서 어쩔 수 없이 불거져 나온 노동관계를 객관적인
경제발전의 법칙에 돌려 붙이면서 사회적 질병 또한 '조화로운' 시장에
서 자연스럽게 치유될 것이라고 보았다. 그래서 이들에게는 노동임금
을 자율적으로 조정하는 공급과 수요의 법칙이 더 중요한 사안이었다.
경제현실에 더 큰 무게를 둔 상공인들의 눈으로 볼 때, "노동자들이 기
업이윤에 함께하는 제도는 사실상 어떤 방법으로든 실행될 수 없는 일
이며," 또한 기업의 경영과 회계감사에 참여하는 "노동자들의 협의체는
키메라Chimäre나 다를 바" 없었다.[36] 이러한 주장의 연장선상에서 노동
관계에 개입하는 국가의 권력을 일종의 '탁아소 정신Hospitalgeist'[37]으로
비하하는 가운데 자율적 상조금고가 사회정책의 핵심과제로 떠오르게
되었다.[38]

이렇듯 새로운 공장제도와 함께 산업생산을 뒷받침해야 할 노동자들
을 자본주의 시장질서에 접목시켜야만 하는 필요성에서 자립과 자조의
정신이 거듭 강조되었다. 이미 앞에서 보았듯, 1845년에 제정된 프로
이센 영업법이 그 요구를 담은 사회정책을 열지 않았던가. 산업체 노
동인력이 개개의 작업장 또는 지역단위로 구성되는 보험기구에 자율적
으로 가입함으로써 절제와 질서를 지키는 자기책임의 경험을 축적하게
되리라는 기대가 그 입법에 깃들어 있었던 것이다.[39] 부르주아 자유주
의의 사회정책 프로그램은 그렇게 전통적인 보호주의를 새로운 사회원

---

36) *Aachener Zeitung*, 1846. 6. 11.(R. Boch, 앞의 책, p. 230).
37) D. Hansemann, "Aus einer Denkschrift über Preußens Lage und Politik," in E. Schraepler
(ed.), 앞의 책, p. 79.
38) G. Mevissen, "Über die Allgemeinen Hilfs- und Bildungsverein," 같은 책, pp. 80 ff.;
R. Boch, 앞의 책, pp. 243 ff.
39) R. Boch, 같은 책, pp. 237 ff.

리로 바꾸는 현실정치의 성과를 이루었다. 그러나 그것이 사회적 권리를 실현하는 포괄적 복지제도에 미치지 못했다는 점에서 큰 한계를 안고 있었다. 자유주의 경제시민은 이처럼 그 어떤 사회세력들보다도 분명하게 시대상황을 직시할 수 있었지만, 경제성장과 사회문제 사이의 딜레마를 헤쳐 나갈 정책과제를 세우지 못한 채 '3월 혁명'의 소용돌이를 맞이했던 것이다.

이처럼 자유주의 진영을 몇 갈래로 나눈 이념적 균열은 물론 세기의 전환기 이래로 변화된 지형에서 갈피를 잡지 못한 시민계급의 정치적 미성숙에서 비롯했다. 그러나 더욱 근본적으로는 '불균등한' 자본주의 발전과정에서 사회문제가 여러 겹으로 나타났던 현상도 중요했을 것이다. 19세기 초반 독일 산업지도에는 공장지역이 몇 개의 섬처럼 띄엄띄엄 보일 따름이었으며, 농업과 수공업 지대가 대부분을 채우고 있었다. 이른바 '공장 프롤레타리아Fabrikproletariat' 문제는 수공업의 위기와 뒤섞여 있었다. 그리고 어떤 지역에서는 자유영업이 허용되었는가 하면 다른 곳에서는 옛 춘프트 체제가 그대로 살아 있었다. 이런 까닭에 자유주의 진영 내부에서 몇 곳에 한정된 영업의 자유를 모든 지역으로 확대하자는 요구와 수공업을 위기로 내몬 시장경제를 제도적으로 규제하는 방안이 함께 제기되었던 것이다. 자유주의의 혼돈은 결과적으로 이러한 '비동시적인 현상들의 동시성'에서 비롯한 것이었다. 그리고 어느 날 시민혁명의 시간이 찾아왔다. 그렇듯 큰 힘으로 뭉칠 수 없었던 자유주의 세력은 그 기회를 잘 살릴 수 있었을까?

2. 홀로 서는 노동계급

근대화의 길목에 들어선 독일 정국을 소용돌이에 빠뜨린 '3월 혁명'
은 어느 날 갑자기 발생한 돌발사태는 아니었다.[40] 루이 필리프를 퇴위
시키고 제2공화정을 수립한 1848년 '2월 혁명'의 물결이 파리로부터
국경을 넘어 중부 유럽으로 거세게 밀려오기 전부터 독일 사회는 이미
도처에서 '근대화의 위기'를 겪고 있었다. 자유주의 시민세력은 빈 체
제의 정치적 억압 속에서도 지방의회와 여론기관을 이용하여 끊임없이
정치개혁을 외치는 가운데 혁명의 분위기를 돋우고 있었다. 1847년 2월
에서 6월에 이르기까지 성문헌법의 제정을 둘러싸고 프로이센의 국왕
과 시민세력 사이에서 벌어졌던 갈등이 하나의 보기다. 지방의회를 석
권했던 남부 독일의 시민세력도 같은 해 9월에 연합집회를 개최하여
언론검열과 공안탄압의 철폐를 주장하는 한편, 국민대표로 이루어지는
연방의회의 결성과 책임정부의 구성을 요구하는 강령을 채택했다. 그
런 가운데 파리의 봉기소식이 전해지자, 곧 1848년 2월 27일의 만하임
집회를 시작으로 정치개혁을 요구하는 대대적인 시위운동들이 봇물처
럼 터져 나왔던 것이다.[41]

사회불안의 요인은 구조적인 사회문제 속에도 잠재해 있었다. 1840년

---

40) H.-U. Wehler, *Gesellschaftsgeschichte*, II, pp. 660 ff. ; D. Langewiesche, "Repulik,
konstitutionelle Monarchie und 'Soziale Frage.' Grundprobleme der deutschen Revolution
von 1848/49," in *Historische Zeitschrift*, vol. 230(1980), pp. 529~48; B. Faulenbach/ H.
Potthoff(eds.), *Die Revolution 1848/49 und die Tradition der sozialen Demokratie
in Deutschland*, Essen 1999.

41) R. Rürup, *Deutschland*, p. 171; J. J. Sheehan, *Liberalism*, pp. 51~53.

대 독일의 산업화는 여전히 초보 단계에 머물러 있었지만, 근대적인 기계기술이 수공업 기반을 상당 부분 잠식하고 있었다. 장인들의 독점적 지위는 길드규제를 폐지하는 일련의 법안들로 말미암아 더욱 하락하게 되었으며, 산업기술의 발달에 따라 변화된 상품시장은 수련공과 견습공의 실직을 가져왔다. 여기에 더해 1845~46년의 병충해와 1847년의 가뭄 때문에 일어났던 극심한 기근과 물가앙등이 충격적인 '감자혁명Kartoffelrevolution'[42]으로 이어지면서, 기업들이 파산하고 실업자들이 대량으로 늘어나는 위기사태가 벌어졌다.[43]

실직과 궁핍에 내몰린 도시의 노동세력이 격렬한 바리케이드 투쟁을 감행하지 않았다면, 1848년 3월은 '조용한' 청원서 몇 건의 나날들과 함께 지나갔을지도 모른다. 이달 18일 베를린의 도심에서 무장한 진압군과 시위군중이 충돌하면서 무려 230명이 사망했는데, 이들 중 90퍼센트가량이 수공업 인력과 공장노동자들이었다. 이 사건을 계기로 프로이센 국왕은 전격적으로 국민의회의 건설과 헌법제정을 약속하면서 자유주의 대표자들을 불러 모은 새 정부구성을 단행했다. 곧이어 다른 영방국들도 이러한 추세를 따르자, '독일에서 처음으로 자유주의가 마치 집권당이 된 듯한' 정국이 전개되었다.[44]

자유주의 시민계급은 드디어 오랫동안 준비해온 정치무대에 제대로 나설 수 있었으며, 5월 18일에 프랑크푸르트 성 바울 교회에서 열린 역사적인 제헌국민의회를 이끌게 되었다.[45] 새로운 국민국가를 건설하

---

42) 1847년 4월 감자 값 폭등에 분개한 베를린 빈민들이 도심의 상점들을 약탈하고 왕세자 궁전을 피습한 사건을 일컫는다.
43) R. Stadelmann, "Soziale Ursachen der Revolution von 1848," in H.-U. Wehler(ed.), *Moderne deutsche Sozialgeschichte*, pp. 137~58.
44) R. Rürup, 앞의 책, p. 178.

려는 열기로 가득 찼던 프랑크푸르트 의회는 도덕적 권위와 희망의 상
징이 되었다. 분위기는 낙관적이었다. 정치개혁을 열망하는 대중이 굳
건하게 국민의회를 지지할 것이라는 기대가 주도권을 쥐고 있던 자유
주의 세력을 고무했다. 그럼에도 문제는 있었다. 억압적인 관헌국가가
갑자기 물러서고 새로운 사회질서의 기대가 강제된 복종을 대신하게
되었을 때, 고삐 풀린 기층 대중의 요구와 불만이 한꺼번에 분출하면
서 알 수 없는 불안한 기운을 만들고 있었다. 그러한 낌새를 챈 듯, 한
자유주의 대표가 국민의회의 기본법Grundrecht 회의에서 개혁과 안정
사이에 가로놓인 시대적 고충을 이렇게 표현했다.[46]

　　독재와 폭정이 그렇게 되어야 하듯이 국가권력의 폐해는 근절되어야
만 합니다. 그러나 특히 지금과 같은 격동기에 우리가 그 테두리 안에서
행동해야만 하는 사회적 여건을 고려할 때, 정치생활의 안정을 위해 반
드시 필요한 것은 굳게 지켜야 마땅합니다.

　　그때 사회적 긴장은 첫걸음을 시작한 '독립적 노동운동'[47]에서 비롯

---

45) 그때 열린 프랑크푸르트 제헌국민의회에서 보수주의자들과 급진파 민주주의자들이 각각
　　6퍼센트와 15퍼센트의 의석비율로 소수세력을 형성한 반면, 자유주의자들은 47퍼센트에 이
　　르는 의석을 차지했다. 그 나머지 의석은 어떤 정파에도 소속되지 않은 의원들에게 돌아갔
　　다. 전체 의원의 95퍼센트가 김나지움을, 82퍼센트가 대학을 졸업한 교양시민이었다. 이들
　　의 직업분포를 보면 지주(8.5퍼센트)와 장교(1.9퍼센트), 극소수의 수공업자를 제외하면
　　대부분이 시민계급의 범주에 속했다〔W. Siemann, *Die deutsche Revolution von*
　　1848/49, p. 128(Tab. 17) ; J. J. Sheehan, 앞의 책, p. 57〕.
46) *Stenographischer Bericht über die Verhandlungen der deutschen constituierten*
　　Nationalversammlung zu Frankfurt a. M. Hrsg. auf Beschluß der Natioanlversammlung
　　durch die Redaktionskommission und in deren Auftrag von Franz Wigard(이 하
　　Stenographischer Bericht über die Verhandlungen der deutschen constituierten
　　*Nationalversammlung*으로 약칭), I, pp. 700 f.

했으며, 자유주의 의제와 사뭇 달랐던 그 사회개혁 프로그램이 배타적인 시민계급의 의회정치를 위협했다. '3월 혁명' 기간에 최초의 분수령을 이룬 사회적 저항은 많은 부분에서 전통사회의 대중폭동crowd riots과 비슷한 양상을 띠기도 했다. 그러나 '계급형성 과정이 진보하고 있다는'[48] 뚜렷한 조짐들은 전혀 새로운 사회현상이었다. 이를테면 산업지역과 대도시에서 물결처럼 퍼져나간 파업운동은 몇 가지 점에서 옛시대의 쟁의와 달랐다. 전통적 수공업에서 자주 파업으로 이어진 수련공의 단체행동도 으레 사용자와 고용자 사이의 갈등에서 비롯했지만, 그것은 거의 대부분 신분적 명예훼손이나 노동관습의 침해에 대항한 운동이었다.[49] 수련공은 직분으로 볼 때 '예비 장인'에 속했으며, 따라서 단체행동으로 드러났던 갈등현상이 이들과 가부장적 장인 사이에 분명한 계급 경계선을 그을 수는 없었다. 그러나 '3월 혁명' 기간의 파업운동은 달랐다. 이때 자본과 노동 사이의 적대적 긴장을 드러내는 말들이 나타나기 시작했다. 그러면서 임금과 노동시간, 노동시장의 조건과 관련된 사항들이 쟁의의 동기와 목적을 이루고 있었다. 그 현상은 말하자면 근대 노동조합 운동으로 향해가는 하나의 '학습과정'이었다.[50] 이러한 본보기는 '3월 혁명' 기간에 전국 규모의 노동조합을 결성한 인쇄업과 연초 제조업에서 두드러졌다.

---

47) J. Kocka, *Lohnarbeit*, pp. 167 ff.

48) 같은 책, p. 154.

49) 안병직, 「19세기 독일의 산업화와 노동계급의 형성」, 안병직 외, 『유럽의 산업화와 노동계급』, 까치글방, 1997, p. 292.

50) U. Engelhardt, "Von der 'Unruhe' zum 'Streik,' Hauptzielsetzungen und –erscheinungs-formen des sozialen Protests beim Übergang zur organisierten Gewerkschaftsbewegung 1848/49~1869/70," in H. Volkmann/J. Bergmann(eds.), *Sozialer Protest. Studien zu traditioneller Resistenz und kollektiver Gewalt in Deutschland vom Vormärz bis zur Reichsgründung*, Opladen 1984, pp. 228~52.

독일 노동운동사에서 처음으로 중앙단위의 노동단체를 결성한 식자공들은 전통적으로 숙련된 전문기술과 직업적 명예에 큰 자부심을 지니면서 오랜 수련공조합의 경험을 전수할 수 있었던 '엘리트 노동인력'이었다.[51] '3월 혁명' 직전에 들여온 고속인쇄기의 영향으로 탈숙련과 고용감축이라는 새로운 노동시장의 여건이 이들을 압박하게 되었을 때, 숙련노동으로 누렸던 배타적 특권은 상당한 정도로 사그라질 수밖에 없었다. "노동자들이 애타게 그리워할 수밖에 없었던 것은 오직 정치적 자유만이 아니다. 빵과 잘 곳을 요구하는 노동자들의 목소리가 그 무엇보다도 강하게 들리듯이, 우리의 물질적 토대가 훨씬 중요한 것이다."[52] 1848년 7월에 마인츠에서 열린 전국식자공집회의 결의문에 들어 있는 내용이다. 그렇게 그 '엘리트' 노동자들도 어느덧 시장의 폭력에 내몰리고 있었다. 그래서 그들은 불리한 노동여건에 마주치면서 사용자 대표들과 더불어 단체로 임금과 노동시간을 협상하기 위해, 그리고 어쩔 수 없을 때는 총파업이라는 극약처방으로 그 일을 강요할 목적으로 전국적인 노동조직을 꾸렸던 것이다.[53] '구텐베르크 연맹 Gutenberg-Bund'이라고 불린 조직의 이름이 말해주듯이, 식자공들은 그 무렵에 수공업 시대의 명예와 관습을 그리워하며 애타던 향수를 완전히 떨쳐버릴 수는 없었던 듯 보였다. 그러나 그들은 대단위 중앙단체

51) G. Beier, *Schwarze Kunst und Klassenkampf, Bd. I: Vom Geheimbund zum königlich-preußischen Gewerkverein(1830~1890)*, Frankfurt 1966, pp. 47 ff.; T. Offermann, *Arbeiterbewegung und liberales Bürgertum in Deutschland: 1850~1863* (이하 *Arbeiter-bewegung*으로 약칭), Bonn 1979, pp. 124 ff.

52) "Beschlüsse der ersten Natioanl-Buchdrucker-Versammlung zu Mainz am 11., 12., 13., und 14. Juni 1848," in D. Dowe/T. Offermann(eds.), *Handwerker- und Arbeiter-kongresse*, pp. 422 ff.(인용은 p. 422).

53) "Protokoll der Sitzungen der National-Buchdrucker-Versammlung gehalten zu Mainz am 11., 12., 13., und 14. Juni 1848," 같은 책, pp. 395~421.

를 결성하면서 때로는 전국적인 임금협정을 강요하기 위해 대대적인
파업도 마다하지 않았던 투쟁을 몸소 경험하는 가운데 '가장 잘 조직
되고 가장 훌륭하게 움직인' 노동조합을 건설할 수 있었다.[54]

이때 여송연 제조업의 노동자들도 전국적인 노동단체를 꾸렸는데,
그 모습은 '구텐베르크 연맹'과 조금 달랐다. 식자공의 전국조직이 수
공업 숙련노동의 경험을 이어받은 방어적 노동조합의 모범이 되었다
면, 여송연 노동자들의 조직운동은 초기 공장제 생산업의 노동인력이
공격적 노동조합을 결성해가는 '학습과정'을 보여주었다. 18세기 후반에
처음으로 독일인들에게 전파된 끽연기호는 1840년대에 이르러 비로소
널리 애호되었다고 하니, 연초산업은 3월 혁명기에 호황을 누리던 신
생 영업부문에 속했다. 그 당시 크게 번창하기 시작한 여송연 산업의
노동인력은 비교적 단순한 작업과정에 비해 상대적으로 높은 보수를
받았으나, 작업장의 위생환경은 아주 열악한 형편이었다.[55] 이런 이유
로 수공업 후생복지의 전통을 이어받지 못한 노동자들 사이에서 복지
를 요구하는 목소리가 그 어느 곳보다 강하게 나타나게 되었다. 이러
한 사정과 더불어 집단적 생산체제와 중간관리자를 거치지 않는 직접
적 노사관계라는 특성으로 인해 사용자를 겨냥하는 적대의식이 비교적
일찍 깨어날 수 있었다.[56] 1848년 9월에 처음으로 베를린에서 전국집

---

54) K. Tenfelde, "Die Entstehung der deutschen Gewerkschaftsbewegung vom Vormärz bis
   zum Ende des Sozialistengesetzes," in U. Borsdorf(ed.), *Geschichte der deutschen
   Gewerkschaften. Von den Anfängen bis 1945*, Köln 1987, pp. 111 f.

55) W. Frisch, *Die Organisationsbestrebungen der Arbeiter in der deutschen Tabakindustrie*,
   Leipzig 1905, pp. 7~30.

56) W. H. Schröder, *Arbeitergeschichte und Arbeiterbewegung. Industriearbeit und
   Organisationsverhalten im 19. und 20. Jahrhundert*, Frankfurt/New York 1978, pp.
   237 ff.

회를 연 후 그 이듬해에 조직한 독일 여송연 노동자협회는 '사용자의 권리에 맞서는 노동자의 권리'를 조직강령의 앞자리에 내세우는 한 편,[57] 사회개혁의 깃발을 내건 정치단체에도 적극 가담했다.[58]

시민혁명의 기류를 타고 비교적 쉽게 전국 결사운동에 앞장섰던 식자공과 연초공의 사례는 노동조건을 둘러싸고 사용자와 고용자 사이에 점점 깊게 패인 갈등의 골이 근대적 노동단체가 출현한 배경이 되었다는 사실을 말해준다고 하겠다. 이러한 근거에서, 노동조합을 '자본의 폭력행위에 맞서는 저항의 집결지'로 보았던 마르크스의 고전적 견해[59]를 어렵지 않게 받아들일 수 있을 것이다. 그러나 노동쟁의가 거의 대부분 아무런 성과 없이 끝나게 되더라도 조직운동은 계속 이어진다는 사실에 초점을 맞추면, 그 성패를 결정하는 노동자들의 연대감이 오로지 자본에 맞서는 적대의식에서만 생겨나지 않는다는 사실에 주목할 수 있을 것이다. 대개 조직운동에 가담하는 개별 노동자들은 참여의 비용과 효율 사이를 저울질하여 구체적으로 체득할 수 있는 물질적 보상을 기대하는데, 집단적 자조정신으로 꾸렸던 상조금고가 초기 노동조합의 구성원들을 하나의 대오로 묶는 역할을 맡고 있었다.[60]

이미 앞장에서 보았듯, 상조금고는 후생사업의 목표 이외에도 일정 정도의 숙련기술과 취업자격을 획득한 수공업 노동인력에게 특수한 직업 신분적 자부심과 소속감을 일깨우는 사회적 과업을 지니고 있었

57) "Statut der Association der Cigarren-Arbeiter in Deutschland," in D. Dowe/T. Offermann (eds.), 앞의 책, pp. 351~53.
58) T. Offermann, 앞의 책, pp. 114 ff.
59) K. Marx, "Lohn, Preis und Profit," in MEW, 16, p. 152.
60) K. Schönhoven, "Selbsthilfe als Form von Solidarität. Das gewerkschaftliche Unterstützungswesen im Deutschen Kaiserreich bis 1914," in Archiv für Sozialgeschichte, vol. 20(1980), pp. 147~93.

다.[61] 이와 같은 상조금고의 중복기능이 중세의 길드 전통과 근대적 노동조합 사이를 연결하는 '중요한 접합지점'이 될 수 있었다.[62] 그 가입자들이 언제 닥칠지 모르는 궂은날에 대비하여 소득의 일부분을 적립해가면서 하루 벌어 그날로 써버리는 일상의 버릇을 자제하는 습관을 키우게 되었으며, 오늘의 향락보다는 내일의 안락한 삶을 준비하는 자기규율은 곧바로 노동조합 구성원의 조직훈련으로 이어질 수 있었다. 이 밖에도 상조금고는 노동조합 내부의 동질성을 조성하고 참여자의 연대의식을 키우는 '학습장'이 될 수 있었다. 곤경에 처한 동료를 돕는 형제애, 질병과 재난에 공동으로 대처하는 상부상조의 정신, 이 과정에서 습득하는 공동체 의식, 이 모든 것이 노동조합의 단체행동에 반드시 필요한 결속력을 키울 수 있었다.[63]

이렇듯 초기 노동조합은 거의 대부분 이미 지역단위로 조직되어 있던 상조금고에 뿌리내리고 있었다.[64] 오랜 세월 수련공조합의 산실로 이용해온 합숙소Gesellenherberge가 여전히 새로운 노동단체를 준비하는 집회공간으로 활용되었으며, 여기에서 상조금고의 운영방안과 더불어 변화된 노동시장의 상황에 맞서는 투쟁방향이 결정되었다. 이러한 관습의 결과로 지역 상조기구가 곧바로 노동조합 지부로 편입되기도 했다. 수련공조합의 전통을 물려받을 수 없었던 노동단체들도 서둘러 그 지부에 상응하는 상조금고를 설치했는데, 조직의 결속력과 구성원의 연대의식에 기여하는 복지기구의 기능이 신흥 조직들에게 더욱 절실했기 때문이다.[65] 1849년 9월 13일의 집회에서 정한 독일 여송연 노동자

61) W. Reininghaus, "Gesellenvereigungen," pp. 219 ff.
62) K. Schönhoven, 앞의 글, p. 150.
63) U. Frevert, *Krankheit*, pp. 305 f.
64) Ch. Eisenberg, *Gewerkschaften*, pp. 130 ff.

협회 정관에 그러한 내용이 잘 나타나 있다.[66]

협회의 목적은 상호부조를 통하거나 이보다도 더욱 단결된 힘을 모아 가장 효율적인 방법으로 한데 뭉친 노동자들의 도덕적이며 물질적인 복리를 추구하고 후원하는 일이다. (……) 회원들에게 훈계와 학습으로 모자란 교양을 일깨워주고, 부당한 재난과 질병에 처한 구성원들을 구제하는 것이 (……) 이러한 목표에 도달하는 수단이다.

'3월 혁명' 기간에 강력한 단결력으로 노동계급의 시대적 열망을 대변한 노동자형제단도 바로 그 오랜 상조금고의 맥을 이어받은 정치적 노동조직이었다. 1848년 8월에 북부 지방의 소규모 노동자협회들 Arbeitervereine의 느슨한 연맹으로 출범한 이 단체는 곧 독일 전역에 걸친 조직망을 갖추면서 시민운동에 필적했다.[67] 그 단체를 이끌던 사람들은 처음부터 노동의 권리를 외치는 정치집회에 열성이었으며, 또한 노동자 세력의 선거권에 부정적이었던 프랑크푸르트 국민의회를 거세게 몰아세우기도 했다.[68] 보른과 그의 동료들은 틀림없이 독립적인 노동자 정당을 기획했을 것이다. 전국적인 지부를 결성하면서 대중운동을 펼쳤다는 점도 그러한 기대를 뒷받침했다. 그러나 지도부는 구체적인 정당건설과 그 활동에 앞서서 분명한 방향을 정하지 못한 채 오락가

65) U. Frevert, 앞의 책, pp. 302 f.
66) "Statut der Association der Cigarren-Arbeiter Deutschlands vom 13. 9. 1849," in D. Dowe/T. Offermann(eds.), 앞의 책, pp. 376~80(인용은 Artikel 1 und 2).
67) 안병직, 「슈테판 보른과 노동자 형제단」, 이민호 외, 『노동계급의 형성』, pp. 135~71; 한운석, 「1848/49년 혁명기 노동자형제단의 민족문제에 대한 태도」, 『역사학보』 제154집(1997년 6월), pp. 241~68.
68) M. Quarck, *Arbeiterbewegung*, pp. 241 ff.

락하고 있었다. "우리는 진보와 문명의 정점에 이르도록 계급투쟁을 지원해야만 한다는 점을 잘 알고 있다. (……) 우리는 어느 한 정파, 즉 노동자 정당에 속한다."[69] 보른이 썼던 격문에 나오는 문구다. 그 말대로라면 노동자형제단은 노동해방을 위해 투쟁하는 계급정당으로 나아가야 옳았을 것이다. "우리 노동자들은 본디 평화와 질서를 지키는 세력이다." 다른 선언문에 나오는 문구다. 그러면서 "우리의 조직과 협동체의 존속을 언제나 보호해주는" '민주적 입헌국가'의 과제를 호소했다.[70] 계급투쟁이나 사회혁명을 기대하지 않는다는 뜻으로 읽히는 대목이다. 그리고 이 단체가 거듭 외쳤던 '협동체'라는 말도 흐릿하기는 마찬가지였다. "우리 노동자들은 스스로 구제해야만 한다"면서 이 말을 썼을 때,[71] 그것은 소시민적이며 수공업적인 생산공동체를 의미했다. 그러다가 이 말은 때때로 자본의 지배력에 저항하는 프롤레타리아의 조직원리와 같은 의미로 통하기도 했다.

여러 정황으로 보건대 노동자 정당의 건설이 결코 쉬운 과제는 아니었다. 제헌국민의회를 이끌었던 시민운동의 정당도 아직 갈 길이 멀었다. 더군다나 노동자형제단은 공안당국의 개입으로 몇 년 버티지도 못한 채 실험으로 끝나고 말았다. 그러니 그 이념을 따져 묻는 일이 무슨 의미가 있겠는가. 그렇더라도 그 궤적을 따라가 보면 문서 속에만 묻어두기에는 애석한 부분들이 있었다. 노동자형제단은 오랜 논쟁을 거

---

69) 같은 책, pp. 372~73(Anhang IV).

70) "Beschlüsse des Arbeiter-Kongresses zu Berlin, vom 23. August bis 3. September 1848"(이하 "Beschlüsse des Arbeiter-Kongresses zu Berlin"으로 약칭), 같은 책, pp. 348~50.

71) "Die Verbrüderung. Correspondenzblatt aller deutschen Arbeiter, no. 1,2, Leipzig, den 3. Oktober 1848," 같은 책, pp. 368~70.

친 뒤 1850년 2월에야 비로소 기본정관을 마련했는데,[72] 거기에 미래의 사회민주주의 정치를 내다볼 수 있는 내용들이 들어 있었다. 그 문건으로 짐작할 때 노동자형제단의 꿈은 복지정당이라고 부를 만한 정치조직이었다. 노동의 평등권을 법률로 보장하면서 일하는 사람들의 복지를 크게 넓히는 국가가 그 핵심이었기 때문이다. 또한 비교적 상세히 조직과제를 기록했는데, 그때까지 한 번도 실험하지 않았던 내용이 담겨 있었다. 그것은 말하자면 한쪽에는 산업별 노동조직이나 지역단위의 노동조합들이 늘어서고, 다른 한쪽에는 개별 도시마다 지역연합체 형식으로 상조금고들이 한데 모이는 상위조직체를 기획한 것이었다. 오늘날 노동조합의 중앙연맹과 비슷한 한쪽의 조직은 노동자형제단에 해당됐다. 그러나 상조금고들의 지역연합체가 중앙의 상위조직으로 뭉친다는 발상은 이때가 처음이었다. 이름 하여 건강관리연맹Gesundheitspflegeverein이라고 불린 그 단체는 노동자형제단의 다른 한쪽 지부로서 여러 직업 분야의 상조금고들을 한 울타리로 묶은 조직이었다. 건강관리연맹을 이끌게 될 기본원리는 다음과 같은 구호에 잘 나타나 있다. "능력 있는 사람만이 자신의 활동영역을 장악할 수 있기에 (……) 우리는 자치행정과 자조의 원칙에서 출발한다."[73] 이렇듯 미래의 노동자 정당은 새로운 노동조합 조직과 전통의 상조금고를 함께 아우르는 단결력을 드러내게 될 터였다. 그리고 그것은 단순히 말로만 그쳤던 사안이 아니었다. 실제로 활동했던 건강관리연맹은 노동운동의 역사뿐만 아니라 복지제도의 역사에서 지울 수 없는 한 획을 남

---

72) "Grundstatuten der deutschen Arbeiter-Verbrüderung. Berathen auf der Generalversammlung deutscher Arbeiter vom 20.~26. Februar 1850 zu Leipzig," in D. Dowe/T. Offermann(eds.), 앞의 책, pp. 271~95.

73) 같은 책, p. 280.

겼다. 비교적 많은 기록을 남긴 베를린의 사례로 그 실제 모습에 다가가 보자.

본보기로 살펴보는 이 단체의 이름은 '노동자형제단 베를린 지역 건강관리연맹'으로, 1849년 4월에 임시정관을 만들고 327명의 회원과 함께 출범한 다음 해 8월에 무려 7,253명의 가입자를 모았다. 특히 회원 규모가 컸던 재봉사(1,253명), 견직노동자(1,115명), 제화공(1,077명) 등의 상조금고들이 연맹에 가입했으며, 28개의 상조금고들이 뒤를 따르면서 이러한 추세가 계속되었다. 조직규모가 크게 늘고 있었다는 점도 중요했을 것이다. 그러나 더욱 주목할 만한 일은 새로운 보험성과에 있었다. 상병수당을 현금으로 지급하면서 치료비를 대주는 방식은 상조금고와 같았다. 그러면서 의사진료와 처방서비스의 질을 한층 더 높였다는 점에서 연맹의 장점이 컸다. 개별 상조금고들은 대부분 한 명의 의사와 계약을 맺으면서 회원진료의 독점권을 주었는데, 그것이 늘 회원들의 불만이었다. 그 대신 연맹은 그 무렵 여러 명의 계약의사를 구역별로 배치할 수 있었으며, 회원들은 필요하면 담당의사를 바꾸어가면서 진료혜택을 누릴 수 있었다. 구역의사들이 매일 아침 7시에서 9시 사이에 집에 누워 있는 환자들을 돌보러 다닌 서비스도 새로운 방식이었다. 보험조합이 후원하는 의사선택의 자유freie Arztwahl와 주치의Hausarzt제도는 이렇게 시작했던 것이다.[74]

그러면서 의사와 환자 사이의 관계에도 큰 변화가 생겼다. 이전에는 진료의 시간, 조건, 방법 등이 늘 분쟁사항이었다. 노동시간이 긴 회원들은 거의 대부분 휴일에 의사에게 상담받기를 원했다. 이런 상황에서

---

74) U. Frevert, *Krankheit*, pp. 308 f.

불평할 수밖에 없는 쪽은 그 여건에 개입할 수 없었던 환자들이었다. 연맹은 이 문제를 민주주의 방식으로 해결했다. 먼저 계약의사들은 건강관리연맹 의사위원회를 구성했다. 상조금고와 마찬가지로 그 위원회 또한 자치행정의 기구로 활동했다. 이 의사위원회와 노동자형제단의 지역 행정위원회가 함께 모든 분쟁사항을 협의했다.[75] 연맹과 상조금고들의 대표가 함께 참석하여 의사수당, 진료시간, 처방약제, 개인 환자들의 고충 등의 문제점들을 협상했던 회의는 사실적이며 객관적으로 진행되었다고 한다. "거기에서 거짓은 곧 가면을 벗게 되었으며, 상호 불신은 미연에 방지되었다." 그 무렵 어느 보건신문이 전한 말이다.[76] 말할 나위 없이 연맹의 회원들은 편리한 진료시간과 질 높은 처방을 얻었다. 계약의사들도 연맹을 통해 잘 통제된 단골을 확보할 수 있었다. 그리고 한 울타리의 동료로 연대할 수 있었던 의사들은 정기적으로 진료경험을 교환하면서 임상의학의 수준을 높일 수 있었다. 그러면서 대부분 젊고 개혁적이었던 보험의사들이 예방의학의 발전에도 크게 기여했다는 점이 두드러져 보인다. '주치의와 다를 바 없었던' 연맹의 의사들이 자주 담당구역의 공장이나 작업장을 돌면서 '건강상태에 끼치는 노동의 영향력'을 조사했다. 이를 통해 그들은 한 해에 네 번씩 산업체 노동자들의 건강실태 보고서를 발표하여 노동자보호입법의 기초자료를 쌓고 있었다고 어느 보건신문이 전했다.[77] 치료와 예방을 따로 떼어놓고 보지 않았던 의사들의 인식세계는 연맹이 만들어준 여유 공간에서 가능할 수 있었다.

---

75) "Statut der Gesundheitspflegevereine," in D. Dowe/T. Offermann(eds.), 앞의 책, pp. 281~84.
76) U. Frevert, 앞의 책, p. 309에서 재인용.
77) 같은 책, p. 311.

이렇게 의욕적으로 활동하던 베를린 건강관리연맹은 1850년 8월 30일에 해체명령을 받은 노동자형제단과 운명을 같이했다. 그 이전에 벌써 베를린 시 참사회가 "보건관리로 위장한 활동 뒤에는 붉은 공화국의 선전이 숨어 있다"고 밝히면서 연맹을 비방한 적이 있었다. 상조금고에 대한 공무원들의 인식이 그러했듯이, 복지기구의 자치행정이 '국가 속의 국가'로 비쳤던 까닭이었다. '노동자형제단 베를린 지역 건강관리연맹'은 그날 그렇게 공식적으로 해산했지만, 바로 그 다음 날에 이제는 '베를린 건강관리연맹'으로 이름을 바꾼 단체가 그 조직과 정신을 그대로 물려받았다. 이 새 연맹도 1853년 4월까지 활동하다가 베를린 경찰청장의 명령으로 결국 해산하고 말았다. 어떤 폭탄테러 모의에 연맹의 사무총장이 연루되었다는 혐의가 그 공식사유로 밝혀졌다. 그러나 베를린 경찰청장은 이미 "그 연맹이 건강관리의 가면을 쓰고는 늘 범죄성향을 따르고 있다"는 주장을 밝힌 적이 있었다. 그 정확한 해체사유를 미리 말해두었던 것이다.[78]

앞서 보았듯이 건강관리연맹은 보건시장의 갈등을 민주적으로 해결하면서 새로운 사회의학의 이정표를 세우는 등 그때까지 그 어디에서도 실험하지 않았던 복지사업을 이루었다. 시민혁명의 열기를 타고서 어렵지 않게 펼칠 수 있었던 노동계급의 조직운동이 그렇게 정치적 학습으로 이어졌다는 사실에서 건강관리 기획이 지닌 시대적 의미를 되새길 수 있을 것이다. 노동자형제단을 이끄는 사람들은 '오직 정치적 민주주의의 기반 위에서 사회문제의 해결이' 가능하다고 보았다.[79] 노동계급의 자율적 복지기구가 가차 없이 해체될 수밖에 없었던 사정에

---

78) F. Balser, *Sozial-Demokratie*, p. 120(인용문) ; U. Frevert, 앞의 책, p. 313에서 재인용.
79) F. Balser, 같은 책, p. 146.

서 민주주의 정치의 험난한 여정을 읽을 수 있겠다. 한편 프랑크푸르트 성 바울 교회에서는 무슨 일들이 있었을까?

3. 함께 갈 것인가?

프랑크푸르트 국민의회는 이름에 걸맞게 통일된 국민국가 건설을 최우선과제로 삼았으며, 그런 만큼 자유주의 이념이 그 무대의 공기를 메우고 있었다. 민족통일과 국민국가를 함께 꿈꾼 자유주의 시민세력은 시대적 흐름을 낙관하고 있었다. 그러나 문제가 고삐 풀린 기층의 요구를 어떻게 수렴할 것이냐의 질문에 닿았을 때, 사정은 그렇게 녹록하지 않았다. 정치적 혼란을 틈타 '폭력적인' 시위운동도 마다하지 않던 대중운동이 사유재산을 보장해야만 하는 사회질서에 심각한 도전으로 비치고 있었던 탓이다. 자유주의 시민세력은 이렇듯 국민국가로 향해가는 정치개혁을 완수하는 한편으로 자칫 자본주의 질서를 송두리째 파괴할지도 모르는 기층세력을 시민사회의 테두리 안으로 끌어들여야 하는 정책과제도 안게 되었다. 국민의회의 경제위원회가 그 짐을 맡았다. 따라서 '정치적 이념들에 앞서는 기층의 물질적·사회적 이해관계'를 헌법에 반영하는 일이 위원회의 핵심과제가 되었다.[80]

"국민들은 새로운 정치구조를 건설하기 위해 우리를 여기로 보냈습니다. 그러나 그 구조는 경제적·사회적 상황을 개선하는 견고한 기반 위에 세워져야만 합니다." 경제위원회의 첫번째 의장을 맡았던 프리드

---

80) K. Klaßen, *Mitverwaltung und Mitverantwortung in der frühen Industrie. Die Mitbest-immungsdiskussion in der Paulskirche*, Frankfurt/Bern/New York/Nancy 1984, p. 66.

리히 폰 뢰네Friedrich von Rönne는 무엇보다도 먼저 사회문제를 해결해야만 하는 국민의회의 과제를 그렇게 설명했다.[81] 짧은 기간 동안에 무려 9,319개의 청원서가 위원회에 접수되었다고 하니, '3월 전기' 이래로 누적된 기층의 요구와 제헌의회에 집중된 사회개혁의 열망을 가늠해볼 수 있을 것이다. 이 가운데서도 특히 보른이 이끈 노동자대회처럼 전국규모로 개최되었던 수련공 집회와 노동자회의의 결의문들과 청원서들이 '격앙된 시기가 뚜렷이 새겨진' 사안으로 눈길을 끌었다.[82] 그러나 경제위원회는 그 열기를 감당할 만큼 굳건하지 못했다. 그 구성원들 가운데 누구는 사회개혁을 기대했지만, 누구는 그 가능성을 회의하고 있었다. 사회정책의 방향을 둘러싸고 첫 회의부터 분분했던 의견들이 벌써 불안한 여정을 예고하고 있었다.

경제위원회의 대다수 의원들은 시장경제의 한없는 경쟁체제를 걱정하면서 옛 수공업의 경제력과 도덕적 기반을 되살리는 방안에 집중했다. 이들은 중산층이 '국민의 핵심'이라는 사회원리에 따라 수공업의 위기에서 당면한 사회문제의 뿌리를 찾았다. 이들은 사회질서의 자율성을 옹호하는 자유주의 고유의 원칙과 수공업의 도덕경제 사이를 매개하는 해결책을 제시했는데, 이른바 '주요 법안Hautentwurf'이 그것이었다. 모든 영업 분야마다 자율적인 동업조합을 설립하고, 그 대표자들이 '적절히 선거에 참여하게 될' 수공업 노동인력과 더불어 개별 지역단위로 영업평의회Gewerberat를 구성한다는 방안이 핵심내용이었다. 모든 지역에 설치하는 대표회의는 위로 모여 중앙단위의 영업의회Gewerbekammer를

81) *Stenographischer Bericht über die Verhandlungen der deutschen constituirenden Natioalversammlung*, p. 195.
82) D. Dowe/T. Offermann(eds.), 앞의 책, pp. 3 ff., 46 ff., 198 ff., 234 ff.; H. J. Teuteberg, *Mitbestimmung*, p. 100; K. Klaßen, 앞의 책, p. 72.

구성하게 되는데, 그 기구가 국가의 행정부서와 교섭하여 경제적 법률안을 발의한다는 구상이었다.[83]

　주로 수공업자 대회에서 나왔던 요구사항들을 큰 폭으로 담은 이 법안은 완전한 영업자유의 원리를 굳게 지키고자 했던 의원들의 거센 비판을 불러왔다. 그것이 비록 원론적으로는 길드준칙을 반대하면서도 노동인력을 계속해서 통제하는 장인들의 동업조합을 인정했기 때문이었다. '부르주아 자유주의'를 마냥 따르는 사람들의 눈으로 볼 때 '주요 법안'의 영업평의회는 전체 경제영역을 억지로 인습적인 길드체제에 묶어두는 '고문(拷問)도구 Daumenschrauben'에 불과했으며, 따라서 시장경제의 자율질서를 억제하는 그 어떤 규제나 강제조항도 없애야 마땅했다. 그들은 그 대안으로 지역 상공회의소 Handelskammer 대표들이 구성하는 전국 경제협의회를 제안했는데, 그 기구는 '주요 법안'에서 수공업 노동인력에게 보장했던 최소한의 발언권조차도 배제한 채 순전히 사용자 측의 이해관계만 반영한 것이었다.[84]

　이처럼 경제위원회의 다수세력이 대체로 수공업이나 상공업 세력의 이해관계를 대변하는 가운데 몇몇 의원들은 별스럽게도 '공장 프롤레타리아' 문제에 주목했다. 이들은 자본주의 경제질서와 소유관계를 근본적으로 변화시키지 않으면서도 노동계급의 사회적 불평등과 예속상태를 해소할 수 있다는 방안을 제시하면서 경제위원회의 다수세력에 맞섰다. 몰과 슈미트의 사상을 물려받은 이 '사회적' 개혁가들은 우선 이제 막 개화를 시작한 새로운 공장제도가 그 어떤 제도적 구속에도 얽매일 수 없다는 자유의 원리에 흔들림이 없었다. 그렇지만 그들은

83) K. Klaßen, 같은 책, pp. 181 ff.
84) 같은 책, pp. 184 f.

그로 인해 생겨나는 사회적 폐단을 바로잡기 위해서는 사회생활의 전체 영역으로 확산되는 경제적 자유를 어느 정도 제한해야만 한다고 보았다. 그러한 생각을 담은 정책과제가 이른바 '소수법안Minoritäts-Gegenentwurf'이었는데, 자본과 노동과 중간관리자를 수평적으로 연결하는 공장위원회Fabrikausschuß가 핵심 프로그램이었다. 이 새로운 '노동조직'이 사용자와 고용자 사이의 분쟁조정, 공장의료보험의 행정관리, 아동노동의 보호와 같은 일을 맡게 된다는 구상이었다. 그리고 개별 지역마다 해당 위원회들이 위로 모여 공장평의회Fabrikrat를 구성하는데, 그 상위기구가 노동시간과 해약고지 기간을 조정하고, 견습공과 관련된 여러 사항들을 규정하며, 개별 공장의 보험업무를 감독하는 과제를 지니도록 기획했다. 공장평의회를 기반으로 광역단위에서는 영업의회가, 그리고 그 정점에는 전 독일 영업의회Allgemeine deutsche Gewerbekammer가 설치되는데, 이들 대의기구가 국가의 행정부서와 더불어 경제적 현안을 교섭하거나 의회에 법률안을 제출하는 권리를 지니게 되어 있었다.[85]

이처럼 노동인력을 기업경영과 복지행정에, 그리고 나아가 국가의 경제정책에도 참여시킨다는 제도가 시대상황을 너무 앞서 나간 하나의 이상으로만 비칠 수도 있을 것이다. 그러나 그 기획은 오랜 세월 생산현장이나 노동단체에서 활동했던 개혁가들의 체험을 담고 있었다. '소수법안'의 초안을 작성한 데겐콜프K. Degenkolb는 작센의 아일렌부르크에서 면포날염 공장Bodemer & Co.을 직접 운영하면서 일찍부터 노동자들의 직무훈련과 자율적인 복지기구의 필요성을 절감한 인물이었다.[86]

---

85) 같은 책, pp. 187 ff.
86) 데겐콜프는 아일렌부르크의 진보적인 문필가이자 의사인 베른하르디A. Bernhardi로부터

그와 더불어 이 법안을 공동으로 발의한 레테W. A. Lete는 지역의 노동 단체에서 활동하면서 노동문제의 해결책을 깊이 고민한 인물이었다.[87] 이들은 또한 그 무렵에 개혁적 시민단체로 널리 알려졌던 '노동계급 복지증진 중앙연맹'에 열성이었다. 그런 가운데 그들은 자연스럽게 시민단체와 노동자형제단이 서로 협력하는 방안을 계획했으며 두 단체 사이의 조직적·정책적 통합을 꾀하기도 했다. 그러니 그들 사이에서 '기업을 운영하는 계급과 노동하는 계급이 유기적으로 연대하는' 기획이 별스러울 까닭이 없었던 것이다.[88]

'소수법안'을 내세웠던 레테나 데겐콜프의 생각은 따로 있었다. 말할 것도 없이, 홀로 서는 노동조직을 시민운동의 테두리 안으로 끌어들여 의회정치를 위협하는 사회혁명을 미리 가로막는다는 전략적 선택이 없었다면 시민단체와 노동자형제단의 연대를 생각조차 할 수 없었을 것이다. 고귀한 국민의회라는 시민혁명의 최대 성과는 계급갈등 끝에 빚어질지도 모르는 무정부 상태를 극복할 때 비로소 생명력을 유지할 수 있으며, 그러므로 여전히 시민계급이 사회개혁의 주도권을 쥐고 있어야 마땅했기 때문이다. 그 줄기에서 레테는 중앙연맹을 대표해서 보른이 이끌던 베를린 노동자대회에 참가할 수 있었다.[89] 거기에서 그는 '사용자, 고용자, 소비자의 이해관계를 조화시키는' 정책과제의 필

적지 않은 영향을 받았는데, 그는 인근 도시의 유명한 자유주의 정치가 헤르만 슐체 Hermann Schulze-Delitzsch와 더불어 공장노동자의 자율적인 상조금고 운동을 이끌던 인물이었다(H. J. Teuteberg, *Mitbestimmung*, pp. 212 ff.).

87) 같은 책, pp. 106 ff.
88) J. Reulecke, *Frieden*, pp. 143 ff.
89) 노동계급 복지증진 중앙연맹은 노동자형제단을 결성했던 베를린 대회에 하나의 협력단체로 참여했다("Beschlüsse des Arbeiter-Kongresses zu Berlin," in M. Quarck, *Arbeiterbewegung*, p. 249).

요성을 역설하면서, 노동자형제단의 중앙위원회에 기업대표도 참여하는 방안을 권고했다.[90]

그러나 보른과 그 동료들은 시민운동 진영을 그다지 미덥게 여기지 않았다. 부르주아 사회개혁가들이 늘 입에 달고 있었던 '협동체'나 '노동조직'이란 끝에 가서는 자본의 지배를 감추는 수단에 그치고 만다는 생각에서였다. 그 까닭에 그들은 진정한 '노동자 조직Organisation der Arbeiter'을 건설하자는 슬로건을 내세우면서 시민세력의 제안을 물리쳤다.[91] 그러나 '3월 혁명'의 흐름을 되돌리려는 적대세력의 위협을 헤아려볼 때 국민의회를 사지로 내몰 수는 없었다. 이에 따라 그들은 당분간 부르주아 정치개혁의 헤게모니를 인정할 수밖에 없었다. 보른이 베를린 대회 직후에 선언한 '합법적 혁명gesetzliche Revolution'[92]은 그러한 생각에서 나온 말이었다. '폭력적인' 사회혁명을 대신한 그 '평화로운' 혁명은 '노동의 지배' 끝에 다다르게 될 계급 없는 사회라는 먼 길을 향해서 차근차근 나아가는 사회개혁을 의미했다. 근본적인 사회변혁의 조건이 아직 채 무르익지 않았다는 판단에서 그러한 말이 떠올랐을 것이다. 그러면서 그 말은 초기 정치적 노동단체를 이끄는 사람들 사이에서 '노동자 조직'의 법률적 정당성을 주장할 수 있었던 힘이기도 했다. '국가지원의 입법으로' 달성하는 노동의 권리가 그렇게 노동운동의 중심과제로 자리했다. 노동자형제단의 이름으로 국민의회에 올라간 노동관계 개선책은 그러한 기대를 담은 입법안이었다. 노동의 권리를 보장하는 국가의 책임을 새로운 헌법체계에 구체적으로 새기기를 바랐던

---

90) J. Reulecke, 앞의 책, p. 156.

91) F. Balser, *Sozial-Demokratie*, p. 61.

92) M. Quarck, 앞의 책, pp. 176 f.

그 개별 조항들은 오늘날 '사회국가Sozialstaat'로 부르고 있는 복지체제를 미리 앞서 기획한 것이었다.[93] 그리고 경제위원회의 '소수법안'이 그 핵심내용을 거의 여과 없이 수용했다는 사실은 자유주의 운동의 역사에서 아주 드물게 나타나는 일로 기록될 만했다.[94]

근대화의 위기와 대결했던 부르주아 개혁 진영의 입법기획이 이후로도 오래 이어질 복지국가 논쟁에서 에돌 수 없는 징검다리가 되었다는 사실을 그 누구도 부정하기 힘들 것이다. 그러나 결국 프랑크푸르트 의회정치의 성과로 열매 맺지 못한 그 과제는 '실패한' 시민혁명의 상징으로 남고 말았다. 경제위원회에 올라온 그 어떤 입법안도 다수세력의 지지를 얻을 수 없었다. 통일을 이룬 국민국가의 헌법이 완수될 때까지 한시법령이나마 미리 마련하자는 제안도 매번 다음 의제로 연기되곤 했다. 새로운 의회정치의 실험이 1년여쯤 지나고 드디어 짧은 시민혁명의 막이 내릴 때까지 경제위원회의 사회정책과제는 '실질적으로 더욱 시급한' 기본법의 의결사항들에 밀려 단 한 차례도 본회의에 오르지 못했다. 이렇게 복지국가의 항로를 알렸던 '초유의 위대한 구상'과 더불어 모든 개혁입법안은 오직 '문서로만 남게 되었다.'[95]

국민의회에 모였던 자유주의 시민세력이 사회개혁의 기대와 걱정 사이에서 갈피를 잡지 못한 채 허둥대는 동안, 혁명 초기의 소용돌이에서 헤어날 수 있었던 '반동세력'은 새로운 정치질서를 열망하는 모든 사회단체를 혹세무민의 '전복정파'로 비방하면서 기력을 차렸다. 그 혹

93) "Manifest des deutschen Arbeiter-Kongresses an die konstituieren Versammlung zu Frankfurt a. M.," in D. Dowe/T. Offermann(eds.), *Handwerker- und Arbeiterkongresse*, pp. 238 ff.

94) J. Reulecke, 앞의 책, pp. 1 ff. ; H. J. Teuteberg, 앞의 책, pp. 106 ff.

95) H. J. Teuteberg, 같은 책, pp. 113 f.

색선전은 특히 노동운동에 편향적이었던 언론보도에서 두드러졌다. 사회여론이 점점 거침없이 노동의 요구를 적색위기로 몰아세우는 가운데 그렇지 않아도 소수세력에 머물렀던 사회개혁가들의 설 자리가 위태롭게 되었으며, 그런 만큼 기존 체제에 안주하는 현실정치 노선이 더욱 탄력을 얻었다. 그런 가운데 노동운동의 지도자들은 쫓겨 다닐 수밖에 없었다. 마침내 노동자형제단을 비롯한 모든 정치조직이 공안당국의 명령으로 해산했을 때, '3월 혁명'의 남은 불씨들도 모두 사그라지고 말았다.[96]

갓 태어난 노동조합들도 쫓기기는 마찬가지였다. 그러나 그들에게는 검열과 사찰을 피해 '은밀히' 숨어들 수 있는 복지조직이 남아 있었다. 1845년의 영업법이 보장했던 상조금고가 곧 그것이었다. 여송연 조합은 1850년 8월 비밀리에 열린 함부르크 대표자회의에서 전국단위의 상조회로 간판을 바꾸면서 모범을 보였다.[97] 이제 노동조합의 회원명부를 대신해 상조금고의 영수장부가 연대의 증명서가 되었다. 상조금고로 피신한 노동단체들이 순전히 복지의 기능과 과업에만 머물도록 정했던 상조금고 법령을 결코 잘 지킬 리가 없었다. 단결금지령을 피해 옛 구성원들을 불러 모아 해체된 조합의 복구를 꾀했던 '독서와 학습'은 당시에는 흔한 일이었다. 공안당국도 그런 일을 보고만 있을 수는 없었다. 상조금고의 '돈이 일부 민주주의의 목적에 쓰이는' 일을 두고 기소하는 일이 드물지 않았던 것이다.[98] 노동운동을 온통 '붉은 유령'

---

96) H. Volkmann, *Die Arbeiterfrage im preußischen Abgeordnetenhaus 1814~1869*(이하 *Arbeiterfrage*로 약칭), Berlin 1968, pp. 14 ff.

97) "Kurze Uebersicht der Verhandlungen der, in hamburg abgehlatenen, General-Versammlung der Cigarren-Arbeiter Deutschlands," in D. Dowe/T. Offermann(eds.), 앞의 책, pp. 381~88.

의 위협으로 보는 경찰의 눈에는 전국적 연대운동을 통해 사회문제를 해결하려는 자조정신은 곧 공산주의나 다름없어 보였기 때문에 노동조합이 기대고 있던 상조금고 또한 뿌리째 제거되어야 옳았다. 베를린 경찰청장은 1852년에 한 노동관련 보고서에서 '국가 속에서 국가'를 건설하려는 위험한 기획들을 미리 가로막기 위해 모든 노동조직 활동을 금지해야 한다고 주장했다.[99]

  그러나 그 일이 그렇게 만만하지 않았다. 우선 1845년의 영업법이 아직도 시행되는 가운데 형사소송 과정에서 상조금고의 불순한 목적을 쉽게 입증할 수 없었다. 게다가 그 당시 해당 정책부서가 온 지혜를 다 그러모아도 상조금고를 대체할 만한 새로운 복지제도를 만들어낼 수도 없었다. 그리고 지방의 행정관료들 사이에서는 상조금고를 강하게 밀어붙이면 새로운 문제가 불거질 수밖에 없다는 인식들이 널리 퍼져 있었다. 온정주의 빈곤구제 제도가 재정과 관리, 효율의 측면에서 이미 한계에 다다랐기 때문이다. 국가의 재정지원으로는 노동문제를 더 이상 해결할 수 없다는 점에 납세자 시민계급과 관료들이 이해관계를 같이하고 있었다. 더불어 상조금고 제도를 지지하는 세력이 따로 또 있었다. 공장을 세우면서 숙련노동자를 모집하고 있던 기업가들이었다. 상조금고의 정신이 새로운 공장규율에 적합한 직무훈련과 잘 어울렸기 때문이다. 그러므로 상조금고는 위험한 '목적변경'을 제도적으로 막을 수만 있다면, 노동을 기업에 묶어두는 훌륭한 방책이 될 수도 있었다.[100]

---

98) T. Offermann, *Arbeiterbewegung*, pp. 117 f.

99) 같은 책, p. 46.

100) H. J. Teuteberg, 앞의 책, pp. 115 ff., 204 ff.; R. Reichwein, *Funktionswandlungen der betrieblichen Sozialpolitik. Eine soziologische Analyse der zusätzlichen betrieblichen*

정책입안자들에게도 다른 길이 없었다. 사회정책 논의는 어쩔 수 없이 복지기구에 침투하는 불순한 정치이념과 지역의 경계를 넘어서는 조직망을 제거하는 방안에 다시 한 번 집중했다. 이제 새로 조직될 상조금고의 활동영역은 해당 지역과 직업 분야에만 한정되며, 따라서 그 경계를 넘어서는 상호접촉이나 상위단체 구성은 금지사항이었다. 그리고 이 기구가 그때까지 누려온 자치행정을 지역 행정당국의 감독이 대신하게 될 터였다. 이와 더불어 회원총회와 운영위원회 등의 '공화제 기구'를 그 무엇보다도 엄정하게 제재하는 방안이 기획되었다.[101]

1849년에 개정된 영업법의 보험관련 규정들이 그 귀결이었다. 상조금고의 설립과 운영에 관한 새로운 조항들을 통하여 이제 처음으로 설치될 '공장금고'에 산업체 노동자들을 가입시키는 방안이 마련되었다(§57). 이와 더불어 사용자는 고용자 보험료의 절반에 해당하는 분담금을 내도록 하는 의무를 졌는데(§58), 그것은 그때까지 어디에서도 시행하지 않았던 새로운 방식이었다. 그리고 새 규정들은 모든 산업체 노동자들의 보험가입을 강제하는 한편으로 특정한 보험조직을 지시하면서 '혁명의 시대'를 갓 지나온 사회상을 드러냈다. 그 원리는 결사와 집회를 금지하는 노동법규를 에돌아서 노동조합 운동의 한 수단으로 이용하던 자치행정을 미리 제압하는 목적에 충실한 것이었다.[102]

그 기획을 맡았던 프로이센 상공부장관 하이트A. von der Heydt는 그 입법을 '격앙된 시기에 마련한 사회정책 처방'으로 일컬었다. 그러나 그것은 오히려 '3월 혁명'의 파국에 이르러 시민운동 진영에서 뚜렷이

Sozialleistungen, Köln/Opladen 1965, pp. 78 ff.
101) T. Offermann, 앞의 책, p. 140.
102) 같은 책, pp. 82 ff.

나타났던 개혁의 염증에 편승한 것이었다. 이를테면 부퍼탈의 기업가들이 이미 1848년 9월에 국민의회의 해체를 요구했을 정도로 대부분의 자유주의자들은 혁명의 열기를 상실하고 있었다.[103] "나는 이 법을 옳다고 생각하지 않지만, 당분간 그것을 인정하는 일 외에 그 어떤 조처도 취할 수 없기 때문에 어쩔 수 없이 동의할 따름입니다." 부르주아 자유주의의 대표적 인물로 손꼽히던 한제만이 의회에서 했던 말이다.[104] 강제보험과 보험강제의 원리를 더욱 세밀하게 다듬었던 1854년의 상조금고 입법이 다시 프로이센 의회에 올랐을 때, 그때까지 자율적인 복지기구를 주장했던 에센의 철강기업가 하르코트F. Harkort도 실용주의의 근거에서 현실정치에 기울 수밖에 없었던 처지를 이렇게 설명했다.[105]

우리가 다루어야 할 주요 의제는 강제의 문제입니다. (……) 나는 개인적으로 강제를 그다지 옳게 여기지는 않습니다. (……) 그러나 만일 내가 여기에서 고백해야 한다면, 나와 나의 동료들이 이미 오래전에 그 기초를 세운 상조금고들을 아무런 강제 없이 설치하는 일이 전혀 불가능하다고 말할 수밖에 없습니다.

법령의 조항들은 틀림없이 '동시대 유럽의 사회입법에서 비슷한 사례를 찾아볼 수 없을 정도로' 앞서 나간 내용이었다.[106] 그렇더라도 효율성의 측면에서 또 다른 문제를 낳았다. 강제의 원리를 앞세웠던 정

---

103) R. Boch, *Wachstum?*, pp. 267 ff.
104) H. Volkmann, *Arbeiterfrage*, p. 46.
105) 같은 책, p. 69.
106) G. A. Ritter, *Sozialversicherung*, p. 20.

책입안자들의 기대와는 달리 그 법령은 노동문제를 잘 해결하기보다는 오히려 새로운 논쟁의 불씨가 되고 말았다. 자율적인 상조금고는 베를린을 제외한 대부분의 지역에서 끈질기게 되살아났으며, 어쩔 수 없이 행정규제 속에서 잠시나마 고개 숙인 강제보험 단체들도 금지된 상호 접촉의 경계선을 넘나들었다. 시민혁명의 물결 속에서 노동운동을 뜨겁게 달구었던 집단적 자치와 자조의 정신은 그렇게 여전히 식지 않은 채 적당한 기회를 엿보고 있었다.

4. 국민국가의 길목에서

그런 가운데서도 어김없이 '서로 다른' 시간이 시작되었다. 새로운 노동운동의 무대를 펼칠 수 있을 만큼 자유를 등에 업은 이른바 '신시대Neue Ära'가 찾아온 것이다. 언뜻 보면 그 시간은 우연히 찾아온 듯하다. 1858년에 병약한 프로이센의 국왕을 대신해 왕세자가 섭정에 오르면서 억압정치가 다소 수그러들고 자유주의 담론이 되살아났다. 또한 이듬해에 합스부르크 제국의 오랜 지배체제에 항거해 일어난 이탈리아 독립전쟁이 통일국민국가를 건설하는 민족운동의 승리로 끝나자, 그 파장으로 중부 유럽의 패권을 둘러싸고 열띤 각축전을 벌이던 오스트리아와 독일의 영방국가들 사이에서 '양보의 정치Konzessionspolitik'를 바라는 시대적 분위기가 생겨나게 된 것이다. 때마침 바이에른 국왕이, "나는 나의 국민과 의회와 더불어 화목하기를 원한다"고 선언하면서, 자유주의 정치개혁의 물꼬를 텄다. 이웃 바덴의 국왕도 자유주의 법치국가로 다가가는 사법개혁을 단행하면서 '온통 관료적 절대주의 정신

으로 강요했던' 행정체계를 고쳤다.[107]

　그러나 새 정치항로의 저변에서 이미 오래전에 새 시대를 준비하던 흐름이 있었다. 산업화의 물결이었다. 선진국들이 미처 경험하지 못했던 속도로 일어난 공업화와 자본시장의 활력, 우편과 교통망의 확장, 경제성장과 사회진보를 기대하는 분위기, 이 모든 사정은 '반동시대'의 억압정치와 함께 갈 수 없는 현상들이었다. 더욱이, 1834년에 시작한 관세동맹이 독일 영방국가들의 경계를 넘어서 1862년에 프랑스와 통상협정을 맺게 되었을 때, 자유경쟁 시장체제와 민족통일을 바라는 열기가 한껏 넘쳐날 수밖에 없었다. 바뀐 시대상황에 적응하는 자유주의 세력의 발걸음은 너무도 빨라서, '경찰국가Polizeistaat'에 저항하는 강령으로서 경제적 진보와 정치적 통일을 앞세웠던 독일 경제인총회 Kongreß deutscher Volkswirte가 1858년에 결성되었다. 그 연장선상에서 이듬해에는 독일 국민연합Deutscher Nationalverein이 '위대한 독일 조국의 자유로운 발전과 통일'을 기치로 출범했다. '자유와 통일Freiheit und Einheit'이 그렇게 시대적 슬로건이 되고 있었다.[108]

　국민국가의 건설에 뜻을 모은 자유주의 운동의 열기는 그 어느 곳보다 프로이센에서 뜨거웠는데, 1861년에 결성된 독일진보당Deutsche Fortschrittspartei이 그 용광로를 자청했다. 프로이센이야말로 새로운 산업자본과 변화된 국제관계의 중심지였으며, 그런 만큼 이미 중부 유럽

---

107) H.-U. Wehler, *Deutsche Gesellschafsgeschichte, III. Band: Von der Deutschen Doppel-revolution bis zum Beginn des Ersten Weltkrieges 1849~1914*(이하 *Gesellschaftsgeschichte*, III으로 약칭), München 1995, pp. 221 ff.; D. Langewiesche, *Liberalismus in Deutschland*, Frankfurt a. M. 1988, pp. 85 ff.

108) V. Hentschel, *Die deutschen Freihändler und der volkswirtschaftliche Kongreß 1858 bis 1885*, Stuttgart 1975; T. Offermann, *Arbeiterbewegung*, pp. 169 ff.

의 패권 다툼에서 단연 유리한 고지에 올라 있었다. 프로이센이 새로운 산업시대를 뜨겁게 달구었던 연료를 그토록 풍부하게 비축하고 있었다는 사실은 역사적 우연에 속한다. 1815년의 빈 협상에서 프로이센은 그다지 쓸모없어 보였던 루르 지역을 영토의 경계선 안에 넣었는데, 여기에 엄청난 규모의 탄층이 있으리라고는 당시에 그 누구도 알지 못했다. 양질의 루르 석탄에서 나온 코크스는 새로운 제련기술을 낳았으며, 이로써 프로이센은 철강대국으로 성장할 수 있었다. 독일 산업화의 역사적 성격을 결정한 거대 금융자본 또한 루르 경제권의 산물이었다. 나중에 영국의 저명한 경제학자 케인스가 "독일제국을 창조한 동력은 피와 쇠가 아니라 석탄과 쇠에서 비롯했다"고 공언했는데, 이 말이 철혈재상 비스마르크의 이미지보다도 역사적 사실에 더 잘 어울린다고 하겠다.[109]

이러한 물줄기의 한가운데에 있었던 프로이센은 통일독일의 물꼬를 텄던 관세동맹을 주도하면서 자유주의 세력을 패권정치의 소용돌이 한복판으로 끌어들였다. 섭정 빌헬름은 '윤리적 정복'을 천명하면서 '3월혁명' 이후에 억압정치를 이끌었던 만토이펠Th. von Manteuffel 내각을 해임하고 온건한 자유주의자들을 등용했으며, 국민국가로 한 걸음 더 내딛는 내정개혁을 약속했다. 새로운 정국에서 헌법이 다시 부활했다는 사실 이외에 아무런 실질적인 정치개혁이 이루어지지 않았음에도 자유주의자들은 이를 곧 '신시대'의 개막으로 환호하면서 10여 년 동안 움츠렸던 정치활동을 왕성하게 다시 시작했다. 이후 1858년 11월에 치

---

109) A. Gerschenkron, *Economic Backwardness in Historical Perspective*, Cambridge 1962, pp. 5~30; J. M. Keynes, *The Economic Consequences of the Peace*, London 1919, p. 75.

러진 선거에서 자유주의 세력은 의회를 완전히 석권함으로써 새 정치
항로에 거는 시민계급의 기대에 발맞추었다.[110]

문제는 오랜 세월 굳게 다졌던 프로이센의 지배체제가 국정의 연대
책임을 요구하는 의회정치와 어느 정도 가까운 거리를 유지하느냐에
달려 있었다. 1860년 2월 이래로 약 6여 년 동안 군비증강과 군제개혁
을 둘러싸고 국왕과 의회 사이에 심각한 '헌법분쟁'이 계속되는 과정에
서, '신시대'에 프로이센의 개혁군주가 진정으로 원했던 바가 분명히
드러나게 되었다. 자유주의 세력을 끌어들인 기대는 위에서 시작한 제
국통일의 과업에 '도덕적'으로 참여하는 일에 그쳤으며, 병무에 관한
결정은 마땅히 국왕의 고유권리로 남아야 한다는 것이었다. 당면한 국
정시비가 이렇게 의회의 정책심의권 문제를 넘어서게 됨으로써 자유주
의 진영 내부에서 새 정치항로의 방향을 두고 근본적인 질문이 제기될
수밖에 없었다. 일부 온건세력이 절대왕권의 테두리 안에서 그나마 가
능할지도 모르는 타협정치에 미련을 두고 있는 가운데 법치국가로 향
하는 정치개혁의 열망들이 하나의 정당으로 뭉치게 되었다. 1861년 6월
독일진보당은 그렇게 탄생했다.[111]

이 정치단체는 독일 최초의 정당으로 기록된다는 사실을 넘어서 이
전에 몇 갈래로 나뉘었던 자유주의 이념분파들을 하나의 대오로 재정
비했다는 역사적 의미를 지닌다. 여기에 사회적 자유주의를 포괄하는
'좌파Linksliberale'와 자본주의 시장질서를 적극적으로 옹호하는 '우파
Rechtsliberale' 그리고 주로 소시민의 이익정치를 대변하는 소수의 민주

---

110) D. Langewiesche, 앞의 책, pp. 85 ff.

111) H.-U. Wehler, 앞의 책, pp. 253 ff. ; H. A. Winkler, *Preussischer Liberalismus und
    deutscher Nationalstaat. Studien zur Geschichte der Deutschen Fortschrittspartei
    1861~1866*, Tübingen 1964.

주의 세력kleinbürgerliche Demokraten이 함께 모였는데, 그것은 이 시기에 뚜렷해진 세대교체 현상과 실용주의를 내세웠던 정치기류 덕택에 가능해진 일이었다. 1850년대 후반에 이르면 자유주의 진영 내부에서 관념주의 국가이론에서 벗어나 시민계급의 물질적 이해관계를 정치적 공동결정의 요구로 내세우려는 경향이 뚜렷해졌다. 이를테면 진보당의 이론적 지도자 트베스텐K. Twesten은 콩트의 실증주의에 근거하여, 국가란 "고유목적으로 자립하는 신비롭고 추상적인 존재이기보다는 여러 갈래로 얽힌 인간사회 유기체의 한 부분 또는 하나의 기능"에 지나지 않는다고 보면서, "정치적 자유가 없으면 산업의 자유와 사회적 자유도 불가능하다"는 주장에 이르렀다. 이 정당을 함께 세웠던 파우허 J. Faucher는 한 걸음 더 나아가 "경제적 상황이 곧 정치적 권리의 목표이며, 그 수단을 쟁취하려는 투쟁 속에서 정치생활로 나타나는 운동이 시작한다"는 주장에 아무런 망설임이 없었다.[112]

새로운 정당의 추진세력들이 거의 예외 없이 보호주의 전통을 물리치면서 자유무역의 원리를 굳게 따른다는 점에서, 개혁시대 이래로 프로이센이 추진한 상공업정책의 기조가 자유주의의 원리와 크게 어긋날 리 없었다. 더욱이 '헌법분쟁'의 북새통 가운데서도 프랑스와 통상협정(1862년)을 맺을 만큼 시대의 추세로 굳어졌던 관세동맹이 자유경쟁 시장체제에 큰 활력을 불어넣고 있었다. 이렇게 자유주의 세력은 이미 경제적으로 해방된 시민계급의 정치적 대변자로 우뚝 섰지만, 그러나 여전히 정치적 특권으로 남아 있는 구체제의 잔재를 용인할 수는 없었다. 진보당 사람들이 보기에, 특히 군비증강에 허비하는 비생산성 지

---

112) H. A. Winkler, 같은 책, pp. 17, 19.

출은 이제 소멸의 길에 들어서야 할 봉건지주Junkertum의 신분적 이해관계와 빈틈없이 엮여 있었다. 제국 군대가 늘 그 세력의 바탕이었다. 이런 배경에서 군비문제를 둘러싼 '헌법분쟁'이 계급투쟁의 모습을 띠었으며, '진정한 투쟁'은 곧 봉건지주와 국민 사이의 투쟁이라는 공식이 가능해졌다. 이런 식으로 자유주의 세력은 스스로 '국민과 국가의 실질적 대변자로서' 구체제의 파당과 투쟁하는 정당성을 얻었다.[113]

그러나 그 말들은 그야말로 정치적 수사에 그칠 뿐이었다. 진보당 사람들은 사실상 결코 급진적이라 할 수 없는 국민국가의 미래를 그리고 있었다. 진보당은 개별 분파마다 조금씩 견해를 달리했으나, '자유와 통일'이라는 슬로건에 걸맞은 미래상은 내각책임을 보장하는 입헌군주제에 두고 있었다. 새 정당을 이끌던 명망가들의 연설과 글 가운데 공개적으로 드러난 헌정 모형이 '3월 혁명'에 맞닿아 있었다기보다는 프로이센의 '개혁시대'로 더 거슬러 올라갔다는 사실에서도 그 점은 분명했다. 좌파 자유주의 이론가 발덱B. F. Waldeck이 1863년 의회에서 '융커 지배체제에 단호히' 맞서는 '민주주의 왕정'을 주장했는데, 이는 19세기 초반 프로이센의 '계몽군주'가 명재상 슈타인Freiherr K. von Stein과 하르덴베르크K. A. von Hardenberg에게 과감한 개혁정치를 맡겼던 예를 본보기로 삼은 것이었다.[114]

진보당이 애썼던 정책과제들이 공민권을 보장하는 법치주의 실현에 최종목표를 두었더라도 예산심의권과 내각책임제로 요약되는 부분적 권력분립의 경계선을 넘어설 수는 없었다. 신생 자유주의 정당은 어느

---

113) 같은 책, p. 18.
114) *Stenographischer Bericht über die Verhandlungen des preußischen Abgeordneten Hauses*, II(1863/64), p. 854.

모로 보든 분명히 저항정당은 아니었다. 그러나 그러한 정당마저도 함께 갈 수 없을 정도로 '신시대'는 요동하고 있었다. 진보당이 1862년 선거에서 다시 승리한 여세를 몰아 군제개혁을 빌미로 내각을 압박했을 때, 그 '개혁군주'는 프랑스에 머물던 비스마르크를 수상으로 불러들였다. 국왕의 뜻은 자유주의를 꺾는 데 있었다.[115] 알트마르크의 유서 깊은 지주가문에서 태어난 비스마르크는 동부 독일의 전형적인 융커체제에 강한 애착을 지닌 한편, 귀족가문의 전통에 어울리지 않게 대학에서 근대 국가학을 공부하는 파격을 보이기도 했다. 그는 극단적인 보수주의자로서 '3월 혁명' 시기에 친위 쿠데타를 꾀하던 청년 왕당파를 이끌기도 했으나 프로이센의 패권을 위해 '경제문제를 모든 정치의 기본요소로' 삼아야 한다는 현실정치에 차츰 다가섰다. 바로 그 점에서 비스마르크는 '프로이센의 역사'를 그대로 유지하면서 자유주의 진영에 맞서게 될 기대를 한 몸에 모을 수 있었다. 그의 베를린 귀환은 사실상 '신시대'가 종말에 이르렀음을 의미했다. '철혈재상'의 이미지를 뚜렷이 새겼던 1862년의 의회연설에서 앞으로 그 탁월한 책략가가 이끌고 나아갈 정국의 향방이 뚜렷이 드러났다. 그것은 군주와 국민이 함께 가는 '자유와 통일'이 아니라 오직 '패권전쟁'으로 쟁취하는 제국 통일의 길이었다.[116]

독일이 요구하는 것은 프로이센의 자유주의가 아니라 프로이센의 지배력입니다. (……) 프로이센은 힘을 결합하고 응집해야만 하는데, 그 좋았던 기회는 이미 몇 차례 지나가 버렸습니다. 빈 협정에 따르는 프로

---

115) H. A. Winkler, 앞의 책, p. 24.
116) O. v. Bismarck, *Werke in Auswahl*, III, Darmstadt 2001, p. 3.

이센의 경계는 국가가 건전하게 존립하는 데 결코 유리한 것은 아닙니다. 오늘날 중대한 문제들은 연설과 다수결만으로 해결될 수는 없습니다. 이러한 점은 이미 1848년과 1849년에 커다란 오류로 밝혀진 바 있습니다. 그것들은 오직 쇠(鐵)와 피(血)를 요구할 따름입니다.

진보당이 예산안 승인과 군제개혁을 서로 주고받자는 비스마르크의 타협안을 거부하자 곧 '철혈재상'은 의회의 정회와 언론탄압으로 맞섰다. 그런 와중에 법치국가의 이상은 절대주의 지배체제의 현실 앞에서 다시 한 번 크게 흔들릴 수밖에 없었다. 신생정당으로서는 너무 빨리, 너무나 불리한 상황에서 기로에 처한 셈이었다. 비스마르크와 장관 대부분이 여전히 자유주의 시장경제의 원리를 굳게 지키고 있었다는 점에서 타협의 여지가 전혀 없는 것은 아니었다. 그러나 자유주의 세력이 '온 국민'을 대표하는 정당성을 버리지 않는 한 융커 지배체제를 거부하는 투쟁의 수사법도 멈출 수 없었다. 어쩔 수 없이 권력관계를 재편해야 한다면 대중동원의 가능성도 두드려보아야 마땅했을 것이다. 그러나 비스마르크 '패권전쟁'이 승승장구하면서 통일제국으로 진군하는 동안, 진보당 안에서는 아무런 정체성 논쟁도 일어나지 않았다. 진보당 사람들이 아직 갈피를 잡지 못했던 탓이었다. 그렇게 어정쩡한 처지에서도 몇몇 지도자들이 '신시대'의 바람을 타고 되살아난 노동운동 진영으로 눈길을 돌리기 시작했다.

재빠르게 새 정치무대로 돌아왔던 시민세력의 발걸음을 따라 약 15년 남짓 혹독한 추위를 견뎌낸 노동운동 진영도 오랜 동면에서 깨어났다. 1862년에 대회를 열었던 라이프치히 식자공조합을 뒤따라 독일 여송연노동자 총연맹(1865년), 독일 식자공협회(1866년), 독일 재봉사 총연맹(1867년) 등 대규모 전국단위 노동조합들이 다시 기지개를 켰으며, 곧이어 건축, 금속제조, 방직, 피복, 광업 등의 영역에서도 활발한 조직운동이 일어났다. '3월 혁명' 기간에도 그랬듯 여전히 담배노동자와 식자공이 제대로 된 '노동조합의 시대'를 이끌면서 '조직적이며 정신적인 연속성'을 자랑했다.[117] 예나 마찬가지로 새로 태어난 노동조합들도 한결같이 상조금고에 뿌리내리고 있었다. 그 모범을 보였던 라이프치히 식자공조합은 '더 확장되고 더 자유로운 상조조직'이 연대활동을 이끄는 수단이 되었다는 사실을 숨기지 않았다. 공장 노동인력의 조합조직을 전형적으로 보여주었던 독일 기계·금속 노동자연맹도 이미 1849년에 설립한 상조금고에서 출발한 것이었다. 1862년에 모두 1만 2,384명의 공장노동자를 불러 모은 이 단체는 1868년에 중앙단위의 노동조합으로 변신했으며, 그때 상조금고 회원 모두가 곧바로 조합원 자격을 얻었다. 1865년에 다시 태어난 독일 여송연노동자 총연맹 또한 전국단위의 상조금고 연합회를 결성하는 문제를 첫번째 과업으로 정했으며, 조합원이라면 반드시 여송연노동자 질병금고에 가입해야만 하는 의무조항을 정관에 밝히기도 했다. 지역에 흩어진 상조금고들이 한데 뭉쳐서 만든 재봉사 노동조합도 같은 줄기에서 '전체 질병금고와 사망금고를 보험연맹 하나로 통합하는' 강령을 정했다.[118]

이러한 노동조합 운동의 모델은 직업 경계선이 곧 상조금고의 경계선이 되는 조직원리를 굳게 지키면서 배타적인 수련공조합의 맥을 이었다. 그러면서 그것은 이른바 '프로이센 모델'(1854년)의 대척점에 섰

117) U. Engelhardt, *"Nur vereinigt sind wir stark,"* Die Anfänge der deutschen Gewerkschaftsbewegung 1862/63 bis 1869/70, I, Stuttgart 1977.
118) *Quellensammlung*, vol. I-5, pp. 1~3, 701~12; U. Engelhardt, 같은 책, pp. 200~373; U. Frevert, *Krankheit*, pp. 314 f.

는데, 무엇보다도 자치행정의 보험관리가 사용자의 영향력이나 국가의 통제를 맥없이 만들었기 때문이었다. 노동조합의 상조금고는 그렇게 개별 지역의 행정조례에 매여 있던 강제보험과 나란히 서게 되었다. 그러자 몇 가지 문제가 불거졌다. 먼저, 자치기구들이 강제보험을 갈음할 만큼 실질적인 복지기능을 지니고 있느냐의 질문이 제기되었다. 상조금고의 자율성은 외부의 간섭이나 도움을 멀리할 때 비로소 가능했던 것이며, 이는 곧 보험당사자가 그만큼 더 부담해야 한다는 뜻이었다. 아닌 게 아니라 상조금고 회비가 강제보험보다도 훨씬 높게 매겨지는 추세였다. 그리고 그다지 높지 않았던 임금수준과 자꾸 커지는 상해부담을 보더라도 그 보험성과란 겨우 '뜨겁게 달구어진 바위에 떨어지는 한 방울의 물'에 불과했을 것이다.[119] 자율적 상조금고는 이처럼 노동의 안전장치에 큰 무게를 두기보다는 노동조합 운동을 끓어오르게 하는 효소작용에 더 많이 기울어 있었다. 바로 그 점 때문에 앞으로 두고두고, 마침내 노동운동 진영이 강제보험을 수용할 때까지, 상조금고의 복지효능과 자치원리 사이에서 엇갈린 논쟁이 끊이지 않게 된다.

그다음으로 상조금고가 강제보험과 법률상 나란히 설 수 있느냐의 질문이 생겼다. 독일 미장공 총연맹이 강제보험이야말로 '자유롭게 스스로 결정하여 탄생한 노동조합의 발전에 극도로 해로운' 제도라고 비판했듯이,[120] 상조금고의 자율성은 곧 노동계급의 해방을 의미했다. 그 사안은 다른 한편으로 어느 정도로 사회적 자율성을 인정해야 하는가의 질문과 더불어 산업화 단계의 정치개혁과제와 맞물리게 되었다. 그런 점에서 상조금고의 자율성 문제는 산업사회를 맞이한 정당정치의

---

119) F. Tennstedt, *Proleten*, p. 222.
120) *Social-Demokrat*, no. 35(1869. 3. 21.).

풍향기가 되었다. 말할 나위 없이 진보당이 그 문제에 뛰어들었던 것이다. 신생 자유주의 정당은 뒤늦게 상조금고의 자치행정을 규제했던 1854년의 입법을 거세게 비판했는데, 그것이 길드준칙을 되살려 스스로 규제하는 시장질서를 교란시켰다는 이유를 들었다. 어떤 이는 좀더 거친 목소리로 보험강제와 사용자의 기여의무를 고귀한 개인주의에 적대하는 '관료 사회주의bürokratischer Sozialismus'라고 헐뜯었다.[121] 진보당은 이러한 과정을 거쳐 1861년 감시와 통제의 권위주의에 저항하는 공민 Staatsbürger의 이상을 담은[122] 개정 영업법안을 프로이센 의회에 올렸다.

　　강제적 보험가입과 강제적 분담금 의무는 정당하게 얻은 재산의 일부를 처분할 수 있는 개개인의 권리를 강탈하기 때문에 기각되어야 마땅하다. 아무리 평범한 인간이라 할지라도 자신의 건전한 판단력에 따라 아무런 후견 없이도 강제를 인정하지 않는 상조기구에 가입하기를 원한다. (……) 이 밖에도 사용자를 강제로 (보험기구에) 끌어들이는 일은 그 누구라도 단순히 관용을 강요할 수 있다는 원리에서 법률적 정당성에서 벗어나며, 그러한 제도는 또한 한 영업체를 정비하는 데는 시간과 운세가 따라야 하기 때문에 경제적 측면에서도 폐기되어야 마땅하다. 눈앞의 이익에만 급급한 기업가가 아니라면 먼저 나서서 노동자들의 신체적·정신적 복리를 꾀할 수 있는 가능성을 찾게 될 것인데, 그것은 기업가들이 그렇게 함으로써 가장 훌륭하고 풍성한 성과를 올릴 수 있다는 사실을 너무나 잘 알고 있기 때문이다.

---

121) H. Volkmann, *Arbeiterfrage*, pp. 124 f.
122) "Antrag Müller(Demmin)-Reichenheim vom 31. Januar 1861 auf Annahme eienes Gewerbegesetzentwurfes," in *Sammlung sämtlicher Drucksachen des Hauses der Abgeordneten*, vol. 1(1861), no. 20, p. 31.

그 뒤로 정치권의 사회정책 논쟁은 자율과 통제라는 서로 상반된 원리를 둘러싸고 시끄럽게 이어졌다. 주무부서 상공부 공무원들은 "거주 이전의 자유와 지방 행정당국의 구빈책무 사이의 충돌에서 발생하는 난관을 극복하기 위해서" 여전히 상조금고를 규제하는 방안에 기울어 있었다.[123] 온정주의 후견에 미련을 둔 보수주의 세력은 예나 마찬가지로 노동인력을 통제하는 경찰기능에만 집중했다.[124] 그때 진보당의 노동문제 전문가 슐체가 중재안을 내면서 역사적인 북독일연맹[125]의 영업법(1869년)이 성사되었다. 그 '개정 영업법'은 사회통합의 미명 아래 노동을 통제하는 국가의 의지와 한없는 경쟁법칙의 시장경제에 너무 기운 자유주의 사이의 타협점이었다. 그 법령의 새로운 노동관계 조항은 노동의 단결권과 단체행동권을 허용함으로써(§152) 노동조합 운동의 합법성을 인정했다. 이와 함께 바뀐 보험관계 조항들은 여전히 보험강제의 원칙을 지키면서도(§140) 강제보험의 대안을 허용함으로써 자율적인 상조금고를 인정했다(§141). 보험가입의 의무를 지닌 노동자들은 이제 해당 지역의 행정당국이 지정한 보험금고에 가입할 수도 있지만, 자율적으로 '기타' 조직에 가입하여 문서로 이를 증명할 때는 강제보험의 짐을 벗을 수 있었다.[126]

국민국가로 가는 길목에서 자유주의는 이와 같이 큰 승리를 얻었다.[127] 궁핍한 시대를 견뎌낸 노동조합들도 거침없이 새로운 무대를 열

---

123) "Motive zum Entwurf der Gewerbeordnung von 1869," in *Stenographische Berichte des Deutschen Reichstages des Norddeutschen Bundes*, vol. 3(1869), Berlin, p. 125.

124) H. Volkmann, 앞의 책, pp. 132 f.; U. Frevert, 앞의 책, pp. 176 f.

125) 이른바 프로이센 패권전쟁의 승리 끝에 독일제국(1871년)의 전 단계로 1866년에 결성되었다.

126) H. Volkmann, 앞의 책, pp. 184 ff.

수 있게 되었다. 다시 한 번 노동운동이 자유주의의 빚을 진 셈이었다. 시민운동 진영도 버젓이 일하는 사람들을 끌어들이는 진보정치의 기반을 말하고 있었다. 노동조합의 집단적 자조원리가 개인의 자립성을 강조하는 자유주의 신념과 어떻게 어우러져야 할까? "거주이전의 자유와 영업의 자유가 보장되는 곳에서라면 여기저기서 걱정하는 빈곤이 나타날 리 없으며, 더욱이 자유로운 경제도약을 방해하는 성가신 프롤레타리아가 증가하거나 자라날 수 없다." 당시 노동조합들을 자유주의의 우산 속으로 끌어당기는 방법에 골몰했던 슐체가 했던 말이다.[128] 그의 기대대로 일이 풀렸다면, 사회민주당이 그렇게 빨리 탄생하지는 않았을 것이다.

---

127) H.-G. Fleck, *Sozialliberalismus und Gewerkschaftsbewegung. Die Hirsch-Dunckerschen Gewerkvereine 1868~1914*, Bonn 1994, pp. 100 ff.

128) T. Offermann, *Arbeiterbewegung*, pp. 232~33.

제4장 갈라서는 길

1. 사회민주당의 탄생

　자유주의 진보당이 '온 국민'의 대변자로서 프로이센의 오랜 융커 지배체제에 맞서는 전선을 형성했다는 점에서, 자율적 복지기구 정책은 정당정치의 지평을 넓히려는 전략적 기획에 맞닿아 있었다. 그러나 매번 의회의 정회사태와 대대적인 언론탄압이 시민권을 보장하는 입법계획을 방해할 때마다, '국민과 함께 가는' 자유와 통일의 이상은 견고한 왕정체제의 현실 앞에서 크게 흔들릴 수밖에 없었다. 이러한 처지에서 자유주의 진영은 노동조합 운동과 더불어 되살아나 점점 세를 더하고 있던 노동자교양협회Arbeiterbildungsverein에 눈길을 돌리기 시작했다. 그때 진보당 사람들은 복지기구의 자율성을 매개로 교양과 노동을 한데 묶는 '국민연합'을 구상했는데, 그 바탕에서 대중정치를 펼친다는 전략이었다. 진보당을 이끄는 이념에 따르면, 노동계급은 원론적으로 시민계급과 더불어 '모든 특권을 물리치면서 노동하는 국민arbeitende Nation'에 속했으며, 따라서 노동인력을 국민국가 운동에 끌어들이는 사안이 이론논쟁으로 번질 가능성은 희박했다. 문제는 아직도 1848년의 어두운 그림자가 채 가시지 않은 가운데 지배세력에 맞서는 개혁연대가 실질적으로 시민대중의 '적색공포'를 일깨운다는 점에 있었다. 이러한 사정에서 노동자교양협회가 큰 주목을 끌었다. 이 단체는 시민들이 돈과 장소를 대면서 가르치는 일도 맡았던 일종의 야학이었다. 전국의 산업도시라면 어디서나 흔했던 이 모임의 이름에 어김없이 '교양 Bildung'이라는 말이 붙었는데, 그 속에 이미 시민계급의 기대가 담겨 있었다. 노동계급이 '시민다운 자각과 생활양식'을 내리받는다는 의미를 지녔던 이 단체의 이름만큼이나 체제전복의 위기감을 무마하기에 더 좋은 진정제는 없었을 것이다.[1]

1820년대에 처음으로 교양시민의 독서클럽에 뿌리내리기 시작한 노동자교양협회는 말 그대로 노동자들에게 '교양'을 심어주는 교육기관이었다. 자조와 사회진보의 힘을 상징했던 그 이름은 동시대 자유주의자들의 신념을 품고 있었다. 이렇게 기치는 드높았지만, 실제로 그 단체들은 대부분 주변의 노동자들이 밤에 모여 함께 책을 읽거나 지역명사들의 연설을 듣곤 하던 그런저런 모임이었다. '3월 혁명' 이후에 공안정국이 시작되자 이런 모임마저도 모두 된서리를 맞고 말았다. 슈테판 보른과 같은 몇몇 '혁명가들'이 거기에서 자라났기 때문이었다. 그러다가 1860년대 초반에 자유주의 정치가 되살아나자 교양교육 운동도 한 가지로 크게 번성했다. 뒤에 곧 사회민주당을 세우게 되는 아우구스트 베벨이 마침 그 무렵에 어느 노동자교양협회에 나가고 있었다. 그는 나중에 자서전을 쓰면서 그때 그런 야학모임이 마치 '따뜻한 여름비 뒤

1) T. Offermann, *Arbeiterbewegung*, pp. 280 ff.

에 땅에서 솟아난 버섯처럼' 왕성했다고 기억했다.[2]

그렇게 새로 문을 연 노동자 학교가 수공업 기술자나 산업체 숙련공에게 '교양'의 힘을 전수하고 있었다는 사실이 진보정치 세력의 눈길을 끌었다. '위험한 대중'과 분리되는 이들보다 더 잘 조직되고 정신적으로 성숙한 국민국가 운동의 동반자들을 구하기는 힘들었을 것이다. 이러한 이유로 진보당의 창립멤버 중에서 상당수 명망가들이 노동자교양협회를 직접 세우거나 주요 연사로 활동했다. 그곳에 모이는 엘리트 노동세력에게는 배타적으로 누리는 여러 가지 특권, 이를테면 '잘 꾸며진 집회장소, 풍부한 장서를 갖춘 도서관, 조직적으로 관리되는 소풍행사, 상조금고' 등이 강력한 유인제가 아닐 수 없었다. 그것들이 거의 전부 "후원자들의 쌈짓돈으로 유지된다"는 점에서 그 매력은 더욱 컸을 것이다. 그러면서 이 학교들은 대부분 노동자의 잠재된 능력을 일깨운다는 목표 아래 역사, 지리, 언어와 문화, 자연과학, 사상사 등의 '세계관 교양과목'과 더불어 숙련노동자의 직무와 관련된 경제, 기술, 위생 분야 등의 교과과정을 채택하고 있었다. 정기적으로 개설된 그 교과목들이 신분상승의 기쁨을 주었을 뿐만 아니라 실질적으로 노동시장 적응력을 높이는 지식수련에도 큰 도움이 되었던 것이다.[3]

그러한 교양교육 운동이 자유주의 정치를 밑받침해야 한다는 점에서 '3월 혁명'을 거치는 동안 시민사회의 곳곳에 드리워진 '적색공포'를

2) A. Bebel, *Aus meinem Leben*(이하 *Leben*으로 약칭), Berlin(East) 1980, p. 52.

3) Sh. Na'aman/H. P. Harstik, *Die Konstituierung der deutschen Arbeiterbewegung. Darstellung und Dokumentation*(이하 *Konstituierung*으로 약칭), Assen 1975, p. 42; E. Schlaepler, "Linksliberalismus und Arbeiterschaft in der preußischen Konfliktzeit," in R. Dietrich/G. Oestereich(eds.), *Forschungen zu Staat und Verfassung. Festgabe für Fritz Hartung*, Berlin 1958, p. 391.

걷어내야만 하는 시대적 과제를 지니고 있었다. 진보당을 이끄는 사람들은 노동문제를 "단순히 먹고사는 문제를 뛰어넘는 문화적 문제"로 보면서, "다만 문명의 수준이 높아지고 교육과 덕성으로 인간성이 끊임없이 진보함으로써" 그것이 점차 해결되리라고 보았다. 그들은 이러한 인식에서 인간의 자의식과 존엄성을 일깨우는 교양을 거듭 강조하면서 노동계급이 "적절한 지도와 안내를 통해 시민사회에서 더 높은 도덕적 기준을 달성함으로써 해로운 조직으로 이끌리는 유혹을 막도록 모든 수단을 활용해야 한다"는 교육지침을 마련했다.[4]

그렇게 훈련된 노동자들이 자유주의 진영의 '보조병력'으로서 함께 국민국가의 전선으로 나서기 위해서는 노동운동과 시민계급 사이에 갈라진 틈이 없을 때 가능한 일이었다. '국민적' 동맹에 이르는 지름길은 말할 나위 없이 노동계급의 사회적 해방을 향해 한 발짝 더 앞으로 내딛는 시민정당의 발걸음에 있었겠지만, 그것은 이념에서나 실제로나 거의 불가능한 일이었다. 진보정치 세력은 '자조의지'를 길러내는 교양을 노동자 교육의 기치로 내세우는 가운데에서 이 어려운 과제의 실마리를 찾고자 했다. "스스로 책임지는 인간만이 자유로운 인간이 될 수 있으며, 바로 이 원리 속에서 시민과 경제인력의 양 극점이 하나로 합쳐질 수 있다." 진보당에서 노동문제를 맡고 있던 슐체가 한 말이다.[5] 이렇듯 상조금고의 자치행정을 가로막았던 강제보험 제도가 노동조합의 거센 저항을 불러일으키는 가운데 자립과 자조를 앞세운 자유주의 이념이 1869년의 새 영업법을 감쌀 수 있었다.

---

4) Th. S. Hamerow, *The Social Foundations of German Unification 1858~1871: Ideas and Institutions*, Princeton/London 1969, pp. 174 f.
5) T. Offermann, 앞의 책, p. 215.

그러나 자유주의 세력이 노동의 자결권을 보장하는 법치국가를 향해 바쁜 걸음을 내딛는 동안 '독립적이고 강력하며 성공적인' 노동자 정당[6]이 바로 그 텃밭에서 싹을 틔우고 있었다. 부르주아 개혁가들이 애써 가꾸어온 노동자교양협회는 결코 원치 않았던 '혁명가들의 학교'로 바뀌어갔으며, 그곳에서 수많은 노동운동의 지도자들이 새로운 사회민주주의 정치이념과 조직과제를 스스로 깨달았던 것이다.[7] 왜 자유주의 진영은 "엘리트 노동자들을 시민계급에 묶어둠으로써 광범위한 대중을 지배할 수 있는 힘을 키우고 새로운 사회질서의 위협을 손쉽게 물리칠 수 있는 방안"을 그토록 찾았음에도[8] 사회민주주의 노동운동의 급상승을 막을 수 없었을까? 한마디로 '온 국민'의 기치 아래 노동계급을 끌어들이는 일이 틀어졌기 때문이며, 그 근본적인 문제점은 무엇보다도 자유주의 진보정치의 내부에 있었다. '국민적' 연대세력을 내세웠던 교양운동 가운데 뭔가 다른 속셈이 숨어 있었다는 뜻이다. 시민세력이 이끌었던 노동자교양협회들은 한결같이 정치교육을 꺼렸다. 그 진정한 목적이 노동계급의 정치적 계몽에 있었다기보다는 교양이념을 매개로 일하는 사람들을 자본주의 사회질서에 묶어두는 데 있었기 때문이다. 자립과 자조를 바탕으로 노동계급을 '성실한 시민으로 양성한다'는 교육방침은 결국 엘리트 노동세력을 중산층 이념에 길들여서 자율적 노동운동의 가능성을 미리 가로막는 수단에 지나지 않았다. 대부분의 야학모임에는 재정을 후원하면서 강의를 맡았던 지역의 명망가들이 명예회원으로 가입하여 노동계급과 시민계급 사이의 경계선을 분명히 가르

---

6) J. Kocka, *Lohnarbeit*, p. 193.
7) 같은 책, p. 170.
8) "Das neueste Zerwürfnis der liberalen über die soziale Frage," in *Historisch politische Blätter* 52/1863, p. 72(T. Offermann, 앞의 책, p. 256에서 재인용).

고 있었다. 수업 중에 늘 가르치는 사람과 배우는 사람이 구별되고 있었기 때문이다. 그때 교양은 이미 교육받은 사람과 아직도 정치적으로 깨닫지 못한 노동자회원을 사회적으로 구분하는 선이 되었다. 명예회원들은 그렇게 '교사와 학생 관계'를 이상화하는 가운데 교과과정뿐만 아니라 협회규정에서도 정치토론을 배제할 수 있었다.[9]

"몇몇 현학자가 우리에게 전반적인 복지가 점점 향상되리라고 가르쳤지만, 우리는 그들의 이론을 따를 수 없다." 라이프치히의 젊은 제화공 팔타이히 J. Valteich가 1862년 8월에 지역 명망가들의 노동자교양협회에 '대항하여' 새 단체를 만들면서 했던 말이다.[10] '전진Vorwärts'이라고 불린 새 교양학교는 독립적이며 정치적인 노동운동의 신호탄이었다. 유서 깊은 이 산업도시에서 일어난 일을 본받아 베를린, 함부르크, 프랑크푸르트, 만하임 등의 대도시들에서도 여러 야학모임이 마치 봇물처럼 속속 연합집회를 열면서 노동자교양협회의 독립을 선언했다. 이 무렵에 다시 태어난 노동조합들과 마찬가지로 새로운 교양협회운동에서도 자치행정의 상조금고가 여전히 '노동운동의 해방의지와 계급의식을 일깨우는 귀감'이 되었다. 그 자율적 기구가 '인간사회에서 노동자가 마땅히 누려야 할 지위의 정당성을 보장해주는' 권리의 상징이었으며 필요하다면 곧바로 '투쟁금고'로 바뀔 수도 있었기 때문이다. 그 맥락에서 1863년 2월에 열린 함부르크 노동자교양협회 대회는 '전 독일 중앙상조금고'를 설립하자는 결의를 선언했다.[11]

---

9) Th. Welskopp, *Das Banner der Brüderlichkeit. Die deutsche Sozialdemokratie vom Vormärz bis zum Sozialistengesetz*(이하 *Banner*로 약칭), Bonn 2000, pp. 235 f.; T. Offermann, 같은 책, p. 262.
10) Sh. Na'aman/H. P. Harstik, *Konstituierung*, p. 171.
11) 같은 책, pp. 458, 841.

이렇게 새로운 교양협회 대회들이 '스스로 해방하는' 발걸음을 재촉했지만, 처음부터 자유주의 진영과 완전히 갈라서는 프로그램을 기획할 수는 없었다. 대부분의 집회에 올랐던 핵심의제는 영업과 거주이전의 자유, 복지기구의 확대, 노동의 권리 같은 요구사항에 머물렀을 따름이다. 그리고 주요 연사로 나섰던 사회개혁가들은 변함없이 자유주의와 함께 가는 노동자교양협회의 '올바른' 방향을 역설하고 다녔다. '독립적' 노동운동은 여전히 진보당의 그늘 속에 있었다.[12] 그런 가운데 1863년 봄에 철학자이자 저널리스트인 페르디난트 라살이 혜성처럼 등장했다. 그때까지 노동운동의 바깥에 머물렀던 그 인물이 노동자대회의 물줄기를 바꾸어놓았다.[13]

그때 라이프치히 노동자교양협회들은 '전진'을 중심으로 전국노동자대회를 기획하고 있었다. 대회의 준비를 맡았던 중앙위원회가 라살을 연사로 초빙했는데, 여러 신문에서 날카로운 사회비평으로 문명(文名)을 날리던 그 인물은 이름에 걸맞게 먼저 한 편의 '공개서한'[14]을 발표했다. 나중에 더욱 유명해진 그 팸플릿은 헤겔 철학과 사회적 보수주의에서 공상적 사회주의와 급진적 민주주의에 이르는 복잡한 그의 사상 궤적을 담고 있었다. 그는 1862년 봄에 노동문제의 시평에 주력하는 동안 런던에 망명 중인 마르크스를 찾아가 직접 만나기도 했지만, 두 사람 사이에 어떤 지적 교류는 없었던 듯 보인다.[15] "노동자신분

---

12) T. Offermann, 앞의 책, pp. 394 ff.

13) D. Lehnert, *Sozialdemokratie zwischen Protestbewegung und Regierungspartei 1848~1983*(이하 *Sozialdemokratie*로 약칭), Frankfurt 1983, pp. 44 ff.

14) F. Lassalle, "Offenes Antwortschreiben an das Zentralkomitee zur Berufung eines allgemeinen deutschenArbeiterkongresses zu Leipzig, 1863," in D. Dowe/K. Klotzbach (eds.), *Programmatische Dokumente der deutschen Sozialdemokratie*(이하 *Dokumente*로 약칭), Bonn 2004, pp. 102~32.

Arbeiterstand은 스스로 독립정당을 건설해야 하며, 보통·평등·직접 선거권을 이 정당의 원칙적인 구호와 깃발로 삼아야 한다." 이는 라살이 '공개서한'에서 노동자 정당의 이정표로 제시하며 했던 말이다. 이 글에서 노동자신분이 의미한 사회세력은 다름 아닌 빈곤대중이었다. 따라서 노동자들의 계급적 위상이 독립적인 노동자 정당의 당위성으로 연계되지는 않았다. 그러면서 그는 "평균 노동임금이란 항상 필요 생계비 이하로 떨어진다"는 '임금철칙'을 세웠다. 그 유명한 원리에 따르면 노동조합과 상조금고는 혁명노선의 이탈이자 견고한 조직의 위협이 될 뿐이었다. 그 줄기에서 그는 파업운동을 거부했다. 어느 모로 보든 그의 주장들은 마르크스주의 이론과는 먼 거리에 있었다.[16] 오히려 그를 동시대 국가사회주의에 더 많이 기울었던 인물로 보아야 옳을 것이다. 그가 국가의 신용대부로 설립하게 될 생산협동체를 핵심 프로그램으로 제안했기 때문이다. 그는 그 과제의 실행방향을 모호하게 설정하는 한편, 거기에 개입하는 국가의 정책이 선거제도의 혁신으로 가능할 것이라고 기대했다. 바로 이 점에서 라살과 보수주의자들 사이에 잠깐이나마 긴밀한 교류가 있었으며, 비스마르크가 그의 구상에 깊은 관심을 보이기도 했다.[17]

그런 탓에 '공개서한'은 마르크스를 비롯한 사회주의자들과 몇몇 노동운동 지도자들의 반발을 불러일으켰다. 그럼에도 그 팸플릿은 전국

---

15) S. Miller, *Das Problem der Freiheit im Sozialismus. Freiheit, Staat und Revolution in der Programmatik der Sozialdemokratie von Lassalle bis zum Revisionismusstreit*(이하 *Problem*으로 약칭), Berlin/Bonn-Bad Godesberg 1977, pp. 25 ff.

16) 마르크스는 "노동임금을 규정하는 법칙이란 대단히 복잡하며 상황에 따라 (……) 상당히 탄력적이다"라는 주장과 함께 라살의 이론을 반박했다(MEW, 34, p. 128).

17) G. A. Ritter, *Sozialversicherung*, p. 21.

노동자대회를 기다리던 수많은 노동자를 북돋우고도 남았다. 독립된 노동자 정당을 건설하자는 주장 하나만으로도 충분했던 것이다. 라살의 연설에 감동한 청중이 그 이름을 연호하는 가운데 1863년 5월 23일의 라이프치히 전국노동자대회는 마침내 인류역사에서 처음으로 노동자 정당을 세웠다. 바로 독일 전체 노동자연맹Der Algemeine Deutsche Arbeiterverein(이하 노동자연맹)이었다. 그 대회는 라살의 제안을 모조리 받아들이면서 그를 의장으로 추대했다. 앞으로 5년 동안 재정과 당직 임명의 재량권을 모두 당의장이 행사한다는 결의도 뒤따랐다.[18] 첫 노동자 정당은 그렇게 아무 거리낌 없이 나아갈 수 있었지만, 그 항로는 그때까지 노동운동 진영이 애써 닦아온 자립의 길을 에도는 것이었다. 정관에는 노동조합이나 교양교육 운동에서 '자기해방'의 상징이 되었던 자율적 기구들에 대해 한마디 언급도 없었다. 그렇다고 대안이 될 만한 조직과제가 들어 있는 것도 아니었다.[19] 좋은 바람을 타고 돛은 올랐으나 갈 길은 혼미했던 것이다. 이러한 점은 노동대중과 빈곤대중을 나누어 볼 수 없었던 라살주의 이론 속에 이미 들어 있었다. 라살이 핵심 동원대상으로 생각한 '노동자신분'의 개념은 최저 생계수단도 누리지 못하는 광범위한 빈민층을 의미했다. 빈곤상태 그 자체가 곧바로 정당의 기반으로 이어지지 않는다는 점에서, 그의 동원전략은 오히려 '부정적' 통합요인에 매여 있었다고 볼 수 있겠다. 그즈음에 숙련기술에 자부하고 더 나은 삶을 희망하며 자조정신으로 무장한 '능동적' 노동세력이 이미 정치무대에 나설 채비를 갖추고 있었다는 점을 그

---

18) T. Offermann, 앞의 책, pp. 481 ff.
19) "Statuten des Allgemeinen Deutschen Arbeitervereins, beschlossen auf der Gründungs-versammlung in Leipzig 1863," in D. Dowe/K. Klotzbach(eds.), 앞의 책, pp. 133~36.

가 제대로 보지 못했던 것이다.[20]

신생 노동자 정당의 '부정적' 동원전략은 그 사회적 구성에서 그대로 드러났다. 당원들 가운데 다수세력은 주로 프로이센의 농촌지역에 흩어져 있던 방직공과 가내수공업자, 산업화 과정에서 직업 전망을 점점 상실해가던 제화공, 재봉사, 목공 등의 도회지 노동자들이었다. 이 부문의 노동세력이 자조와 교양의 성취로 사회적 상승을 바라보게 될 기회가 상대적으로 엷었다는 점에서 국가부조의 프로그램 또한 하나의 시대적 요청이라 부를 수 있었다.[21] 그러나 라살과 그를 따르는 사람들은 자조의 조직과제에서 너무 멀리 빗나갔으며, 그런 만큼 지나치게 국가사회주의에 기울어 있었다. 정치 우위의 정강은 민족문제의 논의에도 그대로 이어져서, 당의 독일통일 정책은 '내부의' 자유보다는 '외부로 향하는' 자유에 더 큰 의미를 두었다. 라살이 갑작스럽게 사망하자[22] 그 추종세력은 사실상 비스마르크의 패권전쟁을 인정하는 편에 서고 말았다.[23]

라살의 노동자연맹은 이렇듯 '스스로 해방하는' 자율적 복지기구를 매개로 전국단위의 통일전선을 이룩하려던 노동자대회 운동을 가로막고 말았다. 대부분의 노동자교양협회들은 어쩔 수 없이 잠정적이나마 자유주의 동조세력으로 남았으며, '자기해방'의 정책과제에서 이탈했다는 이유로 라살주의 항로에 동참하지 않았다. 이 단체들이 노동자연

20) F. Tennstedt, *Proleten*, pp. 183 ff.
21) D. Dowe, "Die deutsche Sozialdemokratie von den Anfängen bis zum ersten Weltkrieg," in K. J. Rivinus(ed.), *Die soziale Bewegung im Deutschland des 19. Jahrhunderts*, München 1978, p. 43.
22) 라살은 당 창립 이듬해, 결투 끝에 사망했다.
23) C. Stephan, "Die Lassalleanismus-Legende," *in Protokoll und Materialien des Allgemeinen Deutschen Arbeitervereins(inkl. Splittergruppen)*, Berlin/Bonn 1980(reprint), p. XI.

맹의 창립에 이어서 곧바로 느슨한 전국단위 협의체를 구성했는데, 그
이름은 독일 노동자협회 연합대회Vereinstag Deutscher Arbeitervereine(이
하 연합대회)였다. 나중에 이 연합대회는 1869년 사회민주주의 노동당
Sozialdemokratische Arbeiterpartei의 모태가 되었다. 이렇게 따로 구성된
노동자대회는 매년 한 차례 대의원대회를 열었으며, 몇 년 사이에 약
100여 개 교양협회와 2만 명을 넘긴 회원을 확보하면서 정당의 꼴을
갖추었다. 연합대회는 몇 가지 점에서 경쟁관계에 있던 노동자연맹과
다른 모습을 보였다. 노동자연맹이 주로 프로이센에서 지지세력을 확
보하고 프로이센 중심의 소독일 통일을 지향했던 반면, 작센과 남부
독일에 주요 기반을 둔 연합대회는 프로이센의 헤게모니에 저항하여
오스트리아를 포함하는 대독일 통합 또는 연방주의를 지지하는 편에
기울어 있었다. 두 단체의 사회적 구성에서도 차이점이 적지 않았다.
연합대회에 참여한 회원들은 거의 대부분 전문기술을 갖춘 숙련노동자
나 수공업기술자였다. 이들은 비록 산업자본주의의 발전에 위기의식을
느끼기는 했지만, 라살의 동조세력에 비해 경제적 성취와 사회적 상승
에 더 큰 기대를 걸었던 노동세력이었다. 이들은 교양과 자조의 원리
로 노동시장의 적응력을 높이는 조직과제에 힘을 쏟는 것만큼이나 노
동의 자결권을 침해하는 국가개입에 민감했다. 이러한 배경에서 상
조금고의 자율성을 지키는 정책과제가 늘 연합대회의 핵심의제로 올
랐다.[24]

노동자교양협회들의 연맹운동을 부추긴 열기는 1862년의 대도시 노

---

24) T. Offermann, 앞의 책, pp. 487 ff.; D. Dowe, 앞의 글, p. 46; Sh. Na'aman, "Arbeitervereine,
Arbeitertage und Arbeiterverband- Drei Etappen auf dem Weg zur Arbeiterpartei," in
D. Dowe(ed.), Berichte über die Verhandlungen der Vereinstage deutscher Arbeitervereine
1863~1869, Berlin 1980, pp. IX~LI.

동자대회들처럼 '자기해방'의 기치를 내세운 '독립적' 노동자 정당의 기대에서 비롯한 것이었다. 그러나 그와 같은 단호한 수사처럼 일이 순조롭게 풀리지는 않았다. 어김없이 노동자대회에 참여했던 자유주의 개혁가들은 새 연합대회를 여전히 '진보당과 연방주의자들의 정치적 예비군'으로 여기고 있었다. 프랑크푸르트에서 열린 첫번째 대의원회의가 벌써 '독립적' 노동자 정당의 어지러운 항로를 예고했다. 오랜 공방 끝에 핵심의제로 오른 상조금고 논의가 아무런 결론 없이 다음 회기로 연기되었던 것이다. 문제의 본질은 교양이념과 계급의식 사이에 깊이 파인 골에 있었다. 이를테면 명망가 지도부는 자치행정이 자본을 적립하지 못하도록 상조금고 운영을 사적 보험회사에 맡기는 방안을 냈다. 그러자 노동자대표들은 '3월 혁명기' 노동자형제단의 본보기에 따라 스스로 비축하는 노동의 권력에 더 큰 기대를 걸었다.[25] 그러니 논쟁은 끝도 없이 겉돌 수밖에 없었다. 그렇지 않아도 느슨했던 연합대회는 갈피를 잡지 못한 채 이리저리 흔들리고 있었다. 이때 두 인물이 등장했다. 바로 사회민주주의 역사에 길이 남을 베벨과 리프크네히트였다.

선반공 베벨의 이력은 초기 사회민주주의의 궤적 그 자체로 봄직하다.[26] 일찍이 부모를 여읜 탓에 어쩔 수 없이 어린 나이에 선반세공을 수련했던 베벨이 남부의 여러 도시를 편력하다가 우연히 라이프치히에서 일자리를 찾았을 때, 새 노동자교양협회를 창설하는 대중집회가 이 스무 살 갓 넘긴 예비 '혁명가'를 기다리고 있었다. 그가 직접 정기구독하던 신문을 보고 이 집회에 참석했다는 사실이 이채롭다. 이 집

---

25) Sh. Na'aman, 같은 글, p. XXI.
26) 베벨은 자서전[*Aus meinem Leben*, Berlin(East) 1980]에 자신의 이력을 상세히 기록했다.

회에 이어서 곧 1861년 2월에 지역 명망가들의 사교클럽 기술교육협회의 한 지부로서 교양협회가 탄생했으며, 베벨도 곧바로 여기에 참여했다. 1년도 채 지나지 않아 교양협회는 회원들의 '완전한 자율성'을 둘러싸고 분쟁에 휘말렸으며, 젊은 노동자들은 '3월 혁명'에 직접 참여했던 베테랑 민주주의 전사들과 더불어 시민계급 명망가 학교에 대항하여 새로운 단체

아우구스트 베벨

를 결성했다. 이 단체가 바로 앞에서도 이야기한 바 있는 그 유명한 '전진'이었다. 베벨은 새 조직을 이끌던 팔타이히를 뒤따랐는데, 이 일이 그가 사회민주주의의 역사 한가운데로 뛰어드는 계기가 되었다. '전진'은 말 그대로 전국노동자대회의 전진기지가 되었으며, 라살을 노동자 정당의 무대로 끌어들인 라이프치히 중앙위원회의 핵심조직이기도 했다.[27]

처음에 베벨은 중앙위원회의 주요 멤버로서 라살의 '공개서한'을 검토하는 회의에 적극적으로 참여했다. 또한 그는 노동자연맹을 의결한 라이프치히 노동자대회에서 라살의 연설을 듣기도 했다. 그러나 그는 라살을 따르지 않았다. 당시 정치지형에서 라살의 핵심 프로그램이 기대에 못 미친다는 이유에서였다. 베벨은 곧이어 라이프치히 교양협회들을 대표하여 연합대회의 대의원이 되었지만, 새로운 조직에도 크게

---

27) T. Offermann, 앞의 책, pp. 374 ff.

실망하고 말았다. 새로 세운 연합대회가 라살주의 노동자 정당에 맞서는 대안조직이라는 단 한 가지 목표 이외에 그 어떤 전망도 보여주지 못했기 때문이다. 따라서 그는 지역운동에 눈을 돌렸으며, 바로 거기에서 사회민주주의 지도자로 거듭날 수 있었다. 노동자연맹이 창설된 이후 라이프치히의 '전진'은 1865년에 라살을 따르지 않았던 세력을 따로 모아서 새로운 노동자교양협회로 거듭났으며, 베벨이 새 단체의 의장이 되었다. 대안으로 모인 이 단체가 첫 사업으로 작센 영업법 개정운동에 뛰어들었다는 점이 흥미롭다. 노동자들의 복지기구에 개입하는 수공업 장인의 감독권한을 폐지하는 법 개정이 첫 '정치투쟁'의 과업이었다. 그러면서 베벨과 새 단체는 '스스로 해방하는' 노동운동의 맥을 이었다. 1867년 가을에 상조금고의 외부간섭에 맞서는 작센 노동자들의 저항운동이 거세게 일어났을 때, 라이프치히 노동자교양협회가 그 중심에 있었다. 이 도시의 상공회의소가 영업법 개정을 지지하는 가운데, 정부 당국도 베벨이 제안한 입법안을 호의적으로 받아들였다. 마침내 1868년 6월에 작센 부조금고 관련 법령이 제정되면서 상조기구의 자치행정이 인정되었다. 상조금고 투쟁이 이와 같이 큰 성공을 거두는 과정에서 라이프치히 노동자교양협회는 다시 한 번 정치적 노동운동의 중심에 섰다. 연합대회가 수많은 시민계급 명망가를 제쳐두고 20대 초반의 베벨을 의장으로 추대할 정도로 그는 전국적으로 이름을 날리고 있었다. 이와 같은 성과를 계기로 베벨은 이듬해에 리프크네히트와 함께 연합대회를 노동당으로 바꾸는 계획을 완수했다.[28]

리프크네히트는 전형적인 교양시민의 가계를 이어받아 대학에서 언

---

28) Ch. Eisenberg, *Gewerkschaften*, pp. 177 f.

어학과 철학을 전공한 후 교사로 사회생활을 시작했다. 대학시절에 공화주의와 공상적 사회주의 사상에 기울었으며, 1848년 '3월 혁명'에 적극적으로 가담한 전력으로 잠시 구금되었다가 12년 동안이나 런던에서 망명생활을 하기도 했다. 그곳에서 그는 망명가들의 혁명단체 공산주의연맹에 가담했으며, 마르크스와 가깝게 지냈다. 1862년 해빙기의 사면으로 귀국할 수 있었던 그는 이듬해에 라살의 노동자연맹에 가입하고는 1864년부터 이 당의 기관지 『사회민주주의자』의 편집인으로 활동했다. 그러나 그는 곧바로 프로이센의 패권전쟁을 인정하고 나섰던 지도부와 마찰을 빚고 그 자리에서 물러나야 했으며, 아울러 당에서도 쫓겨났다. 거기에서 그치지 않고 그는 반정부 언론활동을 이유로 프로이센에서도 추방되었다. 그는 몇몇 도시를 전전하다 라이프치히에 정착했는데, 그곳에서 지역 노동자교양협회를 이끌던 베벨과 운명적으로 만날 수 있었다.

"그가 없었더라도 나는 사회주의자가 되었을 것이다." 베벨이 자서전에서 리프크네히트를 두고 했던 말이다. 14년의 나이차를 둔 두 사람이 선생과 학생으로 만나지는 않았다는 뜻일 것이다. 그럼에도 베벨이 그와 깊이 사귄 덕택에 "사회주의자로 빨리 전환했다"고 하니, 사회민주주의 정당의 길목에서 만난 이 두 사람은 틀림없이 학식과 현장경험을 서로 나누면서 부족한 면을 채웠을 것이다. 그 시절 대부분의 노동자들처럼 베벨은 아직 마르크스주의 이론을 잘 몰랐고, 노동운동의 지침으로 받아들이지도 않았다.[29] 리프크네히트 또한 걸출한 이론가이

---

29) 베벨은 1859년에 나온 『정치경제학 비판 요강』을 읽어보려고 했지만, 너무 어려워서 포기했다고 한다. 그리고 『공산당 선언』을 비롯한 마르크스의 주요 저작들은 1870년대 초반에야 비로소 현장 노동운동가들에게 알려지기 시작했다.

기보다는 현장정치에 더 많이 기울어 있었다는 점에서, 두 사람의 주요 관심사는 자연스럽게 노동운동의 현실과제로 쏠렸다. 다만 베벨은 이즈음에 국제노동자협회(제1차 인터내셔널)의 창립을 축하한 마르크스의 메시지를 '즐겁게' 읽었다고 했는데,[30] 이 점이 의미심장해 보인다.

이 메시지는 마르크스의 다른 저작들에 비해 확실히 덜 이론적이었지만, 그가 『자본론』 제1권의 출간을 앞두고서 확고하게 다진 잉여가치론에 따라 혁명운동의 방향을 구체적으로 설정한 문건이었다. '계급투쟁'이 계급대립을 날카롭게 발전시키면서 혁명운동으로 나아가는 사회정치적 행동들의 '총화'라는 논지는 이미 『공산당 선언』(1848년)에서 중심명제로 자리잡았다. 문제는 구체적 실행과정이었다. 1860년대에 이르러 마르크스는 그 무렵 점점 세를 더해가던 영국의 노동조합들에 주목할 수 있었으며, 그 단체들을 곧 '이상적' 계급조직으로 보았다. 노동조합이란 '노동계급의 완전한 해방, 곧 임금제도의 궁극적 폐지에 소용되는 지렛대'라는 생각이었다. 계급대립의 정치화가 혁명의 길을 예비한다는 점에서, 정당과 노동조합은 기능적으로 나뉠 수 없으며, 그러므로 '정치적' 노동조합이 계급토대 위에 세워진 통합조직으로서 '노동하는 계급의 경제적 해방'을 달성하게 될 터였다. 이러한 생각 끝에 마르크스는 국민국가의 경계를 넘어 혁명자원을 한곳으로 통일하고 초보적인 노동자 세력을 혁명이념으로 훈련하게 될 국제노동자협회 건설을 촉구했던 것이다.[31]

베벨과 리프크네히트가 나란히 국제노동자협회에 가입했다는 사실로

---

30) A. Bebel, *Leben*, p. 108.
31) K. Marx, "Inauguraladresse der Internationalen Arbeiterassoziation, 1864. Definitive Statuten der Internationalen Arbeiterassoziation, beschlossen auf dem Internationalen Kongress in Genf 1866," in D. Dowe/K. Klotzbach(eds.), *Dokumente*, pp. 137~49.

보건대, 두 사람은 틀림없이 이 문건을 두고 깊이 의견을 나누었을 것이다. 그렇다면 두 사람은 정말 마르크스의 학생이었을까? 두 사람이 노동조합과 노동당의 관계를 설정했던 방식 가운데 문제의 해답이 들어 있을 것이다. 동시대의 여러 문건은 베벨과 리프크네히트가 실제로 작센의 산업지역에서 노동조합의 건설에 매우 열성이었다는 사실을 기록하고 있다.[32] 이를테면 리프크네히트는 1868년 10월에 라이프치히 노동자대회에서 영국의 모형에 따르는 노동조합 건설을 역설한 바 있었다. 그리고 베벨은 그 다음 달에 열린 '인터내셔널 대회'(1866년)의 결의에 따라 독일 노동조합 운동에 적용할 모범규약을 발표했다. 투쟁금고, 노령보험, 질병금고 등의 집단적 자조기구에 뿌리내리게 될 노동조합의 모형은 이미 앞에서 언급한 작센 영업법 개정투쟁의 경험을 반영한 것이었다.[33] 그때 베벨은 지역의 노동자교양협회가 일종의 통합기구로서 기존 상조기구와 새로 건설되는 노동조합 사이를 서로 연결하는 돌쩌귀 역할을 맡아야 한다고 보았는데, 그 점이 중요해 보인다. 이로 인해 노동조합은 마르크스의 명제에 따르는 자기목적을 상실하고, 노동자교양협회에 종속했기 때문이다. 1868년에 마지막으로 열린 '연합대회'에서 대부분은 그러한 기조를 올바른 정당운동의 방향으로 인정했다. 교양협회가 '정치적' 노동조합으로 바뀌기보다는 오히려 노동조합이 사회민주주의 정치의 '신병학교'가 되어야 한다는 의견이 대세를 이루었던 것이다.[34] 그리고 인터내셔널의 기능과 성격을 둘러싼 논쟁에서도 그들은 마르크스의 지침에서 어긋나 있었다. 베벨은 원칙적

---

32) Th. Welskopp, *Banner*, pp. 258 ff.
33) A. Bebel, *Über Gewerkschaften*, Berlin(East) 1988, pp. 8~34.
34) Th. Welskopp, 앞의 책, p. 687.

으로 국제적 소통망이 필요하다고 인정했지만 이념적으로 지도하는 상위조직을 꺼리는 편이었다. "그 이름을 쓰는 것은 그러한 경향성을 드러낸다는 데에 주요 의미가 있다"고 했듯이, 베벨은 인터내셔널에 동참하는 일을 하나의 상징행위로 보았을 따름이었다.[35]

이러한 행보에서 드러나듯, 베벨과 리프크네히트가 국제노동자협회 문건에서 대중운동의 새로운 추진력과 가능성을 발견했더라도 처음부터 마르크스의 혁명이론을 받아들이지는 않았던 것으로 보인다. 이들이 의기투합했던 방향은 결국 민주주의 민중운동demokratische Volksbewegung이었으며, 지역 노동자교양협회들의 연합세력이 그 중심에 서 있었다. 그 줄기에서 두 사람은 1866년에 급진파 민주주의자들과 힘을 합쳐 작센 민중당Sächsische Volkspartei을 먼저 창립하고 이듬해에 나란히 북독일연맹 의회에 진출할 수 있었다. 베벨도 리프크네히트도 아직 마르크스의 혁명이론을 잘 몰랐거나 거꾸로 읽었던 까닭에 계급투쟁의 대명제에서 그렇게 멀리 벗어났을까? 두 사람 모두 노동운동의 현장에 더욱 주목한 실천가들이었다는 사실에서 형성기 사회민주주의 정치의 역동성을 읽을 수 있을 것이다. 마르크스의 이론에서 프롤레타리아 혁명은 '사회적' 계급투쟁의 '정치적' 결과다. 이 사회적 운동의 발아현장은 자본주의 생산양식의 성장동인과 위기의 진원을 함께 품고 있는 거대산업이며, 그러므로 계급투쟁은 그것을 '거스르지gegen' 않고 그 '속에in' 있게 된다. 이러한 점에서 마르크스의 혁명이론은 수공업의 협동조합에 뿌리내린 공동체사회주의Assoziationssozialismus와 명백한 선을 그을 수밖에 없었다. '연합대회'가 산업자본주의의 발전을

---

35) A. Bebel, *Leben*, p. 169.

거스르는 수공업 영역에 중심세력을 두었다는 점에서, 마르크스의 혁명이론은 현장의 실천에 그대로 접목될 수 없었다. 노동자교양협회가 매개했던 정치적 노동운동은 무엇보다도 '계급투쟁 의식이 결여된 계급의식'에 기댈 수밖에 없었으며, 그것이 가장 급진적인 형태로 표출되더라도 공동체사회주의를 넘어설 수는 없었던 것이다.[36]

1869년 8월 7일 아이제나흐에서 열린 노동자회의에서 연합대회 조직을 물려받은 사회민주주의 노동당(이하 노동당)은 이러한 배경에서 탄생했다. 한 해 전에 열린 마지막 연합대회에서 정지작업은 이미 끝나 있었다. 그 대회에서 다수세력이 국제노동자협회에 가입하자는 베벨의 의견을 받아들이자 자유주의 명망가들은 설 자리를 잃고 말았다. 그러면서 처음으로 노동조합을 정당운동에 끌어들이는 방안이 의제로 올라와 원칙적 합의에 이르렀다. 노동조합을 지도하는 독일 모형의 노동당이 그때부터 돛을 올린 셈이었다. 새 정당의 정강정책도 오랜 논쟁 끝에 뼈대를 갖추었다. 또 하나의 사회민주주의 정당은 그렇게 자유주의 세력을 내몰았던 연합대회와 작센 민중당의 통합조직에 라살주의 노동자연맹의 일부 이탈세력을 합친 모양으로 탄생했다. 창당대회에서 결의한 새 정당의 프로그램도 그 조직의 모양처럼 민중민주주의와 협동체사회주의를 합성하고 마르크스주의 혁명이론의 용어들로 무늬를 입힌 여러 빛깔의 선언이 되었다. '계급지배를 걷어 없애면서' 건설하게 될 '자유로운 민중국가'가 당의 목표라는 중심강령이 그러한 성격을 압축해서 드러냈다. 그리고 "정치적 자유는 노동하는 계급의 경제적 해방을 위한 필수 전제조건이 되며," 사회문제의 해결은 "오직 민

---

36) D. Lehnert, *Sozialdemokratie*, p. 54; Th. Welskopp, 앞의 책, p. 680.

주주의 국가 안에서 가능하다"는 선언은 '사회적 계급투쟁'이 정치적 민주화에 선행한다는 마르크스의 대명제를 거꾸로 받아들인 것이었다. 국제노동자협회의 상징적 지도자 마르크스의 위상은 그렇게 경쟁적인 라살주의 정파를 겨냥하는 통합노선의 도덕적 역할에만 한정되었다. 그러나 실천정치의 지평에서 볼 때 하나의 정당이 어떠한 이데올로기 경향을 따라야 하는가의 문제는 구체적인 정책과제보다도 더 중요하다고 볼 수는 없을 것이다. 선거권, 신분제 철폐, 국가와 종교의 분리, 단결권처럼 대부분 시민사회의 요청을 담은 새 노동당의 실행기획들은 자유주의 진보정치의 프로그램과 크게 다르지 않았다. 다만, 정강정책의 마지막 조항에 국가의 신용대부로 세워질 '생산공동체' 요구를 기록하여 가까운 장래에 결코 실현할 수 없는 공상적 사회주의 색채를 가미했을 따름이었다. 흥미롭게도, 연합대회의 대의원회의에서 깊이 논의했던 노동조합 문제가 프로그램의 조항에 오르지 않았다. 이는 곧 새 노동당이 경쟁관계에 있던 노동자연맹과 마찬가지로 자조의 사회정책 과제보다는 여전히 보편적인 정치투쟁에 더 큰 무게를 두었다는 사실을 의미한다.[37]

새로 탄생한 노동당은 이렇듯 국제노동자협회에 가담했다는 점을 제외하면 처음부터 라살주의 노동자연맹과 완전히 갈라서는 길을 걸었던 것은 아니었다. 오히려 뚜렷하게 갈리는 정책노선이 없었던 탓에 두 노동당은 지나치게 선명성 경쟁으로 나아간 듯 보인다. "사회민주주의 노동당은 그 어떤 정파와도 동맹하거나 타협하지 않는다." 창당 이듬해에 열린 첫 당 대회에서 리프크네히트와 베벨의 이름으로 올랐던 결

---

37) *Protokoll über die Verhandlungen des Allgemeinen Deutschen Sozialdemokratischen Arbeiterkongresses zu Eisenach am 7., 8. und 9. August 1869*, Leipzig 1869, pp. 28 ff.

의문에 들어 있는 문구다.[38] 선동정치의 목적이 일반적으로 지지기반을 확대하는 데 있다면, 노동당의 보편적 정치투쟁은 명백히 실패한 사업이었다. 몇 년이 지나도록 좀처럼 당원이 늘지 않았기 때문이다.[39] 이런 가운데 1870년대 초반 들어 독일의 정국이 변하면서 두 노동당도 갈등을 풀어버릴 기회를 맞게 되었다. 1871년에 프로이센이 프랑스와 벌인 전쟁에서 승리하면서 통일 독일제국을 건설했을 때, 민족통일의 방향을 두고 두 노동당을 갈라놓았던 분쟁의 불씨는 점차 사그라질 수밖에 없었다. 두 당은 한목소리로 프랑스를 무력으로 제압하고 알자스로렌을 강제로 빼앗은 프로이센의 침략전쟁을 성토했으며, 전쟁의 승리 끝에 얻은 민족주의 물결을 걱정했다. 그리고 때마침 발생한 대대적인 파업운동이 다시금 공안정국을 불러왔다. 1872년 한 해만 무려 10만명 이상의 참가자를 기록한 파업운동이 일어났다. 이 모든 것이 노동자 정당의 선동 탓은 아니었는데도, 1848년의 '붉은 유령'이 되살아났다. 1874년에 수십 명의 노동당 지도자가 구속되었고, 특히 노동자연맹은 프로이센 영역 밖으로 쫓겨나는 처벌을 받기도 했다. 이러한 위기사태는 다음 해에 두 노동당이 하나로 뭉치도록 길을 재촉했다.[40]

분쟁의 주요 쟁점이 이미 해소되었으며 상황이 위급했던 만큼, 1875년 5월에 고타에서 열린 합당대회에서 두 노동당은 순조롭게 새로운 정강정책을 짜면서 새로운 통합정당으로 거듭났다. 언론뿐만 아니라

---

38) *Protokoll über den ersten Congreß der Sozialdemokratischen Arbeiterpartei zu Stuttgart am 4., 5., 6., und 7. Juni 1870*, Leipzig 1870, p. 18.
39) 전당대회에 참석한 대의원들이 대표하는 당원 수로 계산했을 때, 창당 당시 노동당의 당원은 1만 명가량 되었으며, 1875년에 노동자연맹과 합당할 시점에도 그 수치는 약 9,000명에 머물러 있었다.
40) D. Lehnert, 앞의 책, pp. 61 ff.

당사자들도 스스로 사회민주당이라고 부른 독일 사회주의 노동당Die Sozialistische Arbeiterpartei Deutschland(이하 사회민주당)은 그렇게 돛을 올렸다.[41] 새 정당의 기조작업을 맡았던 리프크네히트가 '이상적이기보다는 실천적인 절충 프로그램'의 기획을 강조했듯, 새 정강에는 마르크스 책에서 빌린 용어들이 거의 사라진 가운데 라살주의 문구가 가득했다. 이를테면 임노동 제도를 없앰으로써 이룩하는 '임금철칙의 분쇄 Zerbrechung des ehernen Lohngesetzes'를 '자유로운 국가, 사회주의 사회, 착취 지양' 등과 같은 선상의 정책과제로 배열한 강령 조항들이 곧 그것이었다. 구체적 정책과제 조항들은 대부분 옛 노동당과 노동자연맹의 프로그램들을 합성한 내용이었다.[42]

마르크스가 그 '고타강령'을 보고 크게 실망했다는 사실도 하나의 역사기록이다. 그는 그 내용을 잘못된 이론에서 출발한 라살의 문구들과 노동당의 통속적 민주주의, 공상적 사회주의가 한데 어우러진 반(反)혁명선언이라고 혹평했다. 엥겔스는 특히 '프롤레타리아 본래의 계급조직인' 노동조합을 단 한 마디도 언급하지 않은 프로그램의 결함을 지적하면서 베벨로 하여금 이를 재고하도록 촉구했다. 베벨은 다만 상조금고의 '완전한 자치행정volle Selbstverwaltung'을 정책과제의 마지막 조항으로 올렸을 따름이다.[43] 신생 사회민주당은 이렇듯 마르크스주의 혁

---

41) 오늘날까지 이어지는 사회민주당의 이름은 1890년에야 비로소 시작되었다. 그러나 이미 1870년대부터 언론과 정부문서에서는 사회민주당이라는 이름으로 통했다.

42) *Protokoll des Vereinigungs-Congresses der Sozialdemokraten Deutschlands, abgehalten zu Gotha, vom 22. bis 27. Mai 1875*(이하 *Protokoll des Vereinigungs-Congresses*로 약칭), Leipzig 1875, pp. 33 ff.

43) K. Marx, "Randglossen zum Programm der deutschen Arbeiterpartei," in MEW, 19, pp. 15~32; "Friedrich Engels an August Bebel, London 18./28. 3. 1875," 같은 책, p. 6; *Protokoll des Vereinigungs-Congresses*, p. 53.

1875년 고타에서 열린 통합전당대회를 기념한 선전 사진

명이론과 아주 먼 거리에 있었지만 '전복정당Umsturzpartei'의 혐의에서 벗어날 수는 없었다. 노동조합들이 노동당의 통합전선에 따라 한데 뭉치는 방향으로 나아가면서 사회 분위기가 '적색공포'로 더욱 험악해졌기 때문이다. 사회민주주의의 우산 아래 모이기 시작했던 노동조합들은 마르크스와 엥겔스의 걱정과는 달리 라살주의 임금철칙의 교시와

어긋나는 방향으로 나아갔다. 이 과정에서 이전처럼 여전히 자율과 자조의 사회원리가 조직과제의 핵심의제로 떠올랐다. 그러니 노동조합들을 뒤쫓던 경찰당국도 우선적으로 그 '버팀목'인 상조금고들을 감시와 처벌의 대상으로 삼을 수밖에 없었다. 처음으로 노동조합과 상조금고 문제를 노동당의 주요 정책과제로 올린 베벨조차도 그 사안이 사회주의자법(1878년)과 사회보험법들(1883~89년)의 제정에 이르기까지, 그리고 그 이후에도 오래도록 계속해서 노동정치의 주요 쟁점이 되리라는 점을 아마도 전혀 짐작하지 못했을 것이다.

2. 공안정치

독일제국 정부가 '공안을 해치는' 사회민주주의 운동에 재갈을 물렸던 1878년의 특례법을 발의하기 불과 몇 달 전에 사회민주당의 기관지 『전진』에는, "새로운 형태의 조직이 선전활동에 새로운 생기를 불어넣는다는 확고한 생각에서 필요하고 유익한 곳이면 어디든지 질병과 사망사태에 대비하는 금고를" 계속 설립해야 한다는 주장이 실렸다. 이는 곧 "경찰당국이 어떤 이유에서건 노동조합을 해체하더라도" 적법하게 설치된 복지기구만은 어떻게 할 수 없으리라는 기대의 표현이기도 했다.[44] 1878년 9월 국회 본회의에 올랐던 이른바 사회주의자법[45]의 초안은 『전진』에 실린 주장에 화답이라도 하듯 여러 사회민주주의 기관을 금지령 대상으로 규정하는 가운데, 해당 설치법규의 "의도를 쉽게

---

44) *Vorwärts*, no. 65(1878. 6. 5.).
45) 이 법안의 정식명칭은 '공안을 해치는 사회민주주의 동원에 관한 법률'이었다.

좌절시킬 수 있기에 (……) 특별히 주목되는" 상조금고를 형사상 처벌의 예외 사안으로 남겨두지 않았다. '3월 혁명' 이후의 반동시기에 '국가 속의 국가'를 추적했던 공안정치는 1869년의 영업법으로 단결의 권리와 노동조합의 합법성이 보장되었음에도 자율적 복지기제마저 강력히 제재하면서 완전히 되살아났다.[46]

이러한 억압정책이 정치적 노동운동의 형성기에 나타난 시민사회의 '적색공포'에 기댔다는 점에서, 사회민주주의 정치가들이 스스로 이를 자초했다는 사실 또한 주목해야 할 내용이다. 이를테면 베벨은 1871년 5월 의회의 단상에 서서 파리 코뮌을 지지하는 가운데, "파리 프롤레타리아의 군가가 전 유럽 프롤레타리아의 군가가 될 것이다"라고 찬탄하면서 프랑스 수도에 세워진 혁명정부를 '하나의 작은 전초전'에 다름없다고 선언한 적이 있었다.[47] 비스마르크는 1878년 9월 국회 사회주의자법 심의회의 기조연설에서 "프랑스 코뮌을 정치적 골격의 모범으로 삼자고 비장하게 호소한" 베벨의 연설을 듣고 사회민주주의에 적대감을 키우게 되었다고 토로했다.[48]

바로 그 순간부터 나는 우리를 위태롭게 하는 위험을 파악하느라 고심해왔습니다. 그전에 나는 몸이 아팠거니와 전쟁을 치르느라 이 문제에 몰두할 틈이 없었습니다. 그러나 저 코뮌을 불러낸 선언은 이치를 깨닫게 하는 한 줄기 빛이 되어서, 그때부터 나는 사회민주주의 본령에는 국가와 사회가 정당하게 방어해야만 하는 적대적 요소가 깃들어 있다는 점

---

46) "Entwurf eienes Gesetzes gegen die gemeingeführlichen Bestrebungen der Sozialdemokratie mit Motiven, 1878 September 9," in *Quellensammlung*, vol. I-5, pp. 544 ff.

47) A. Bebel, *Reden*, vol. 1(1970), p. 150.

48) O. v. Bismarck, *Werke in Auswahl*, VI-2, Darmstadt 2001, pp. 205 f.

을 감지하게 되었습니다.

사회민주주의자들의 과격한 발언이 '붉은 공화국'의 경각심을 불러일으켰다는 점은 어느 정도 사실로 보인다. 그럼에도 '철혈재상' 비스마르크의 명성에 부정적 이미지를 덧씌웠던 사회주의자법이 부적절한 연설 몇 마디에서 비롯했다고 단정할 수는 없을 것이다. 기존 형사법의 범위를 넘어서는 비상조처의 필요성은 '위험한' 정치노선에 가까이 다가서고 있던 노동조합들의 전국단위 결합운동 속에 이미 뿌리내려 있었다. 노동조합의 정치적 지향성은 베벨의 모범규약에 따라 정당운동의 물결에 편승한 '아이제나흐 노선'의 노동조합들에만 한정되지 않았다. 처음에 노동조합 동원을 이론적으로 거부했던 라살 진영에서도 이러한 경향이 대세를 이루었던 것이다.

임금인상이라는 목표에만 매달리는 노동조합의 파업을 거부한 '임금철칙'은 노동당 통합 이전이나 이후에도 여전히 라살주의 노동당의 도그마로 자리잡고 있었다. 그럼에도 1868년 이래로 이 정파 내부에서 '파업의 선동효과'를 주요 동원전략으로 인정하는 당론이 주류를 형성하기 시작했다. 이렇듯 갑작스럽게 당론이 바뀐 까닭은 1868년 7월에 당 의장이 프로이센의 단체법을 어긴 죄로 구속되면서 대안조직이 절실히 필요해졌기 때문이다. 1850년의 정치적 반동시기에 제정된 이 법은 대체로 선거운동 이외의 정치집회나 선전활동을 금지하고 있었으며, 이런 이유로 라살파의 노동자연맹이 어쩔 수 없이 상대적으로 자유로운 작센의 라이프치히에 둥지를 틀 수밖에 없었다. 이 당이 주로 프로이센의 노동자들을 주요 기반으로 설립되었다는 점에서 억압적인 단체법을 우회하는 선동정치 기획이 시급해졌으며, 이즈음에 경제적 결사의 자유에 너그러웠던 프로이센의 영업규정 입법과정의 틈바구니에서 노동조합의 전략적 기능에 주목하게 되었다. 그리고 또한 앞에서도 언급했듯이 이해에 경쟁정파의 베벨이 작센의 상조금고 캠페인에서 커다란 성공을 거두자, 단체법의 마름쇠를 피해 기존 상조금고 조직을 노동조합과 정당정치의 목적에 결합하는 기획이 동원전략의 주축으로 설정되었던 것이다. 이렇게 하여 모두 12개의 산별단체가 노동자연맹의 산하에 결집했으니, 서로 경쟁하는 두 노동당 사이의 조직적 차별성은 이미 통합 이전에 사라진 셈이었다.[49] 1871년과 1873년 사이에 대대적으로 발생한 파업의 물결과 이어서 불어 닥친 탄압의 역풍 속에서 정치지향의 노동조합들Richtungsgewerkschaften은 처음으로 조직역량의 시험대에 오르는 계기를 맞이했다. 이 기간에 무려 808건에 이르렀던 노동쟁의는 제국통일의 상승기류를 탄 투자 붐과 프랑스의 전쟁배상금 유입으로 과열된 경기 국면에서 합당한 성장의 몫을 나누어 갖지 못한 기층의 저항운동이었다. 연인원 17만 5,000여 명이 파업운동에 가담했으며, 합산한 파업일수가 무려 7,000회에 이르렀고, 한 번에 1,500명 이상이 참여한 대형쟁의가 22건에 이르렀다는 통계수치에서 노동조합 운동의 응집력을 짐작할 수 있겠다.[50] 거의 대부분의 지역과 직종, 전체 산업 분야에 퍼졌던 이 파업운동은 근대화 과정에서 노동운동이 달성한 하나의 '대단한 질적 도약'으로 기록될 만했다.[51]

이러한 과정에서 사회주의나 계급투쟁의 수사가 쟁의조직의 응집력

49) Ch. Eisenberg, *Gewerkschaften*, pp. 179 ff.
50) L. Machtan, *Streiks und Aussperrung im Deutschen Kaiserreich, 1871~1875*, Berlin 1984, pp. 478 ff.
51) H. Grebing, *Arbeiterbewegung. Sozialer Protest und kollektive Interessenvertretung bis 1914*, München 1985, p. 56.

에 어느 정도 기여한 사실은 분명했지만, 각축하던 두 노동당이 직접 파업을 조직했거나 선동한 흔적은 미미해 보인다. 그리고 노동조합과 파업운동의 관계는 다소 복잡했다. 처음부터 노동조합의 지원으로 시작한 식자공 파업운동은 1873년 초에 전국적인 단체협약을 이끌어내면서 가장 뚜렷한 성공사례를 남겼다. 이 외에도 건축, 연초, 재단 등의 영업부문에서 지역단위의 노동조합이 직접 파업을 조직한 경우도 있었다. 그러나 대부분의 쟁의는 노동조합과는 아무런 관련 없이 일시적인 투쟁조직에 따라 진행되었다. 몇몇 성공사례를 제외하면 대다수 노동조합은 파업을 지원하기에는 조직역량도 투쟁기금도 부족했다. 그리고 조합운동에 필요한 회비납부의 도덕성과 구성원의 규율의무가 오히려 파업운동의 장애가 되곤 했다.[52]

이처럼 정치지향의 노동조합들은 처음부터 급진적인 생디칼리즘 syndicalisme 운동과 일정한 거리를 유지하고 있었다. 그러나 그 덕택에 노동당과 노동조합들이 공안정치의 표적에서 벗어날 수 있었던 것은 아니었다. 현실은 정확하게 그 반대로 흘렀다. 사태의 북새통 가운데서 친(親)기업 언론들은 앞 다투어 파업을 하나의 역병현상으로 묘사했다. "전염병에 감염된 노동운동" 탓으로 "우리 노동인력은 열병을 앓고 있으며, 그 뇌는 경제적 광증으로 가득 찼다." 이와 같은 신문 보도

---

52) Th. Welskopp, *Banner*, pp. 278 ff.; K. Tenfelde, "Die Entstehung der deutschen Gewerkschaftsbewegung. Vom Vormärz bis zum Ende des Sozialistengesetzes," in U. Borsdorf(ed.), *Geschichte der deutschen Gewerkschaften. Von den Anfängen bis 1945*, pp. 123 ff.; L. Machtan, "Zur Streikbewegung der deutschen Arbeiter in den Gründerjahren(1871~1873)," in *Internationale wissenschaftliche Korrespondenz zur Geschichte der deutschen Arbeiterbewegung*, vol. 14(1978), pp. 419~42; "Über die Streiks," in *Neuer Social-Demokrat*, no. 61(1871 November 19), *Quellensammlung*, vol. I-4, pp. 219~21.

문구는 그저 하나의 예에 불과했다. 파업의 원인을 외부에서 침투한 '병원균'에서 찾는 수사법은 결국 사태의 책임을 모두 사회민주주의 진영에 떠넘기려는 목적에 들어맞았을 뿐이다. 그리고 한 기업언론은 점점 늘어나는 노동분쟁이 '계급갈등을 부추기고 그 중독을 퍼트리는 사회민주주의 선전의 영향력에서' 비롯했다는 비난을 숨기지 않았다. 기업가들은 한결같이 '경제적 콜레라를 막아낼' 국가개입을 요구했는데, 그것은 대체로 영업법에 규정된 단결권을 유보하고 노동운동을 감시하는 공안기관의 기능과 권력을 더 키우는 방안에 집중하고 있었다.[53] 그 연장선상에서 막데부르크 검찰청의 검사 테센도르프H. Tessendorf는 상부에 올린 보고서에서 가차 없는 공안정책을 다음과 같이 역설했다.[54]

노동자들은 근래에 그러하듯이 <u>오직 사회민주주의 선동정치에 따라 조직되고 이끌리게 됨으로써</u>, 그리고 그것을 통해 심대한 정치적 의미를 획득하는 동시에 아주 중요한 국가적 관심사를 의문하게 되면서 오늘날의 파업에 동기를 부여하고 있다. (……) <u>파업에 나서는 노동자들에게는 유용하고 법률로 허용된 수단이 주어져 있으며</u>, 따라서 애석하게도 그들은 자신들에게 거의 대부분 승리를 가져다주는 이 수단을 정당하게 손아귀에 움켜쥐게 된다. (……) 국가적 이해관계에서 보면 오늘날 문제시되는 파업들과 관련하여 소급적용이 바람직해 보인다. 왜냐하면

53) L. Machtan, "'Giebt es kein Perspektiv, um diese wirtschaftliche Cholera uns vom Halse zu halten?' Unternehmer, bürgerliche Öffentlichkeit und preußische Regierung gegenüber der ersten großen Streikwelle in Deutschland(1869~1874)," in *Jahrbuch Arbeiterbewegung*, N. F., Frankfurt 1981, pp. 54~55.

54) "Bericht des Staatsanwaltes beim Stadt- und Kreisgericht in Magdeburg Hermann Tessendorf an die Regierung Magdeburg, 1971 September 5," in *Quellensammlung*, vol. I-4, pp. 191~96.

그 파업들이 사회민주주의 정당의 생성과정에서 배태되었으며, 그 지도
자들이 이미 공개적으로 천명한 의도들 속에 자리잡은, 공안과 국가를
위협하는 씨앗을 숨기고 있기 때문이다. 그러므로 적용 가능한 모든 법
률적 수단을 동원하여 미연에 그 싹을 잘라냈어야 마땅했을 것이다(밑
줄은 원문).

그저 그런 한 지방의 검찰관이 이 문건 하나로 '사회주의자 저격수
Sozialistentöter, Sozialistenfresser'[55]라는 명성을 얻으며 전국적 인물로 떠
올랐다는 사실이 당시의 시대상황을 잘 보여준다고 하겠다. 동시대 문
헌들이 그 시절을 '테센도르프 시대Ära Tessendorf'라고 기록했을 정도
로, 사회주의자법 기획에 끼친 그의 영향력은 지대했다.[56] 이를테면 프
로이센의 내무부장관 오일렌부르크F. Graf zu Eulenburg는 문제의 테센도
르프 보고서를 지방 행정기관에 내려 보낸 1872년 9월의 지시회람을
통해, 특히 '형사법에 허용된 강제수단들을 신속하고 단호하게 집행하
여' 단결권을 오용하는 파업운동에 '결연히 대처해야만 할 공무원들의
의무'를 촉구했다.[57] 그는 더 나아가 기존 법망으로는 '공공질서와 안
전을 위협하는' 불순세력을 완전히 포획할 수 없다는 생각에서 이미
사라진 계약위반법[58]을 되살리는 입법안을 기획했는데, 그것은 기업가
들과 일선 공안기관의 요구사항을 거의 그대로 반영한 것이었다.[59]

---

55) A. Bebel, *Leben*, p. 412.

56) *Quellensammlung*, vol. I-4, pp. 217, 234, 302~305, 317, 333, 507.

57) 같은 책, pp. 332~34.

58) 프로이센 최초의 영업법(1845년)에 들어 있는 이 법규는 '불법으로' 작업장을 떠나거나 작
업을 거부하는 행위를 사용자의 재산권을 침해한다는 근거에서 형사처벌의 대상으로 규정했
다. 이 조항은 자유주의의 영향으로 개정된 1869년의 영업법에서 삭제되었다.

59) "Votum des preußischen Ministers des Innern Friedrich Graf zu Eulenburg für das

1869년의 영업법에 들어 있는 단결권의 예외조항들이 이미 파업을 제재하기에 충분했다는 점에서, 새로운 입법은 하나의 특례조항으로서 비상수단 구실을 했다.[60] '공안을 해치는' 사회민주주의 탄압조처는 그렇게 벌써 오래전에 예비했던 길에 들어서고 있었다.

1874년에 비스마르크의 이름으로 국회에 올랐던 그 입법안이 다수 세력을 유지했던 자유주의 정당의 반발로 실패하자, 이미 그동안에 베를린 검찰청의 정치범 담당검찰관으로 자리를 옮긴 테센도르프의 화려한 무대가 열렸다. "사회주의 정당이 더는 발을 붙이지 못하도록 우리는 사회주의 조직을 박살 낼 것이다." 그가 어느 사회민주주의 지도자를 기소하면서 했던 말이다.[61] 이 말처럼 그의 임무는 단체결성에 관련된 기존 제재규정들을 엄격하게 집행하는 데 있었다. 수많은 사회민주주의자와 노동단체를 법망에 얽어 넣었던 그의 말을 한 토막 더 들어보자.[62]

우리는 단체법을 갖고 있다. 이 법이 존속하는 한 이를 준수해야 하며, 여기에 반발하면 의당 처벌된다는 점이 사회민주주의의 이해관계와 관련될 것이다. 누구나 단체를 결성할 수 있지만, 그것들이 중앙으로 집중하거나 조직화될 수는 없다. 나는 그렇게 할 수 있는 곳이라면 어디서든 모든 중앙집중과 조직화에 맞서 엄격하게 법률을 집행할 것이다.

Staatsministerium, 1873 April 17," in *Quellensammlung*, vol. I-4, pp. 379~84.

60) 독일제국의 헌법에 그대로 수용된 영업법Gewerbeordnung의 예외조항들은 단체행동과 단체협상을 허용했으나(§152), 단체협상의 법률적 효력을 부여하지 않은 채(§152, 2) 노동조합이 개별 조합원의 단결의무를 종용하는 그 어떠한 수단도 특별 형사범의 대상이 되도록 규정함으로써(§153) 파업운동을 제재하는 대표적 악법으로 기능했다(같은 책, pp. 57~58).

61) A. Bebel, 앞의 책, p. 462.

62) H. Müller, *Organisationen*, p. 371.

(……) 우리는 집회의 권리를 허용하며, 따라서 사회민주주의자들은 10만 명까지도 한데 모을 수 있다. 그러나 이들도 중앙으로 집중하거나 조직화될 수는 없으며, 국가 속의 국가 건설은 금지된다.

그는 정말로 엄격하게 해당 법령을 집행했다. 그래서 1874년 한 해만도 프로이센 영역에서 그의 기소에 따라 87명의 라살파 사회민주주의자들이 문제의 단체법을 어긴 죄로 모두 합쳐 211개월 3주간의 징역형을 받았다. 이와 더불어 노동자연맹의 베를린 지부가 강제로 해산되었던 일은 이미 앞에서 언급한 바와 같다. 노동당의 베를린 당원들도 거의 비슷한 처벌을 받았다. 전국조직을 갖춘 모든 노동조합도 스스로든 강제로든 해산할 수밖에 없었다.[63] 도대체 이런 상황에서 어떤 조직이 살아남을 수 있었겠는가. 지역단위의 노동조합들과 노동당의 지방 선거조직Wahlverein을 제외하면 테센도르프의 화살을 피할 수 있었던 사회민주주의 조직은 단 하나도 없을 지경이었다. 다행히도 두 노동당의 중앙조직은 프로이센의 바깥에 자리하고 있었다.

그러나 이 유명한 '사회주의자 저격수'가 자신도 깨닫지 못하는 사이에 서로 각축하던 두 노동운동 진영을 한곳으로 이끄는 '길잡이'가 되었으니,[64] 참으로 역설적인 상황이라 이를 만하다. 두 노동당과 마찬가지로 노동조합들 또한 지향하는 정치노선의 차이를 넘어서 위로부터 내려오는 거센 압력에 힘을 합쳐 마주서야만 했다. 정당정치의 동향과는 무관하게 노동조합 진영을 단일대오로 재편성하려는 운동이 노동탄

---

63) 같은 책, pp. 365 ff.; A. Bebel, 앞의 책, p. 414.
64) 베벨이 자서전의 한 소절에서 그렇게(Tessendorf als Bahnbrecher der Einigung) 표현했다(A. Bebel, 같은 책, pp. 412~28).

압의 강도에 따라 점점 탄력적으로 진행되었던 것이다. 이미 1871년에 함부르크 목공노동조합 위원장 요크Th. York가 정파를 초월한 노동조합 연맹Gewerkschafts-Union을 기획했지만, 그것은 그다지 큰 반향을 불러일으키지는 못했다. 이후에도 이러한 시도가 몇 차례 있었지만 여전히 지지부진했을 따름이었다. 그러다가 드디어 공안정치가 기승을 부리던 1874년에 막데부르크에서 열린 노동조합 대표자회의에서 통합 프로그램이 결실을 보게 되었다. 앞으로 산업별 전국연맹과 특정 분야 노동조합들을 아우르게 될 상위조직Dachorganisation은 투쟁금고와 구제금고 등의 상조기구를 '강화하고 확대한다'는 방침을 첫번째 과제로 정했다. 중앙단위의 직업알선 기구를 설치하고 노동조합의 독립적인 기관지를 발행하는 과제 또한 주요한 기획이었다. 그러나 무엇보다도 노동조합의 결합운동 그 자체가 노동당 통합의 밑거름이 되었다는 사실에 더 큰 의미가 있었다. 이러한 정지작업 덕택에 1875년의 고타 합당대회 직후에 열린 전국노동조합대회에서 1,266개 지역에 걸쳐 모두 4만 9,000여명의 회원을 거느린 23개 산업별 전국연맹과 7개 지역단체가 하나의 대오를 형성할 수 있었다.[65]

이렇게 연대조직으로 모이기 시작한 노동조합들이 기껏해야 전체 노동인구의 2.5퍼센트를 대표했다는 점에서 고타 합당대회의 역사적 의미를 지나치게 부풀릴 수는 없을 것이다. 그러나 조금만 더 멀리 내다보면 그러한 연대운동이 미래 노동정치의 발전과정에 뚜렷한 영향을 끼쳤다는 사실 또한 지나쳐버릴 내용은 아닐 것이다. 사회민주주의 진영이 중앙으로 힘을 모으는 과정에서 노동현장의 조직과 정당 사이의

---

65) H. Müller, 앞의 책, pp. 292 ff., 349 ff., 372 ff.

관계를 새롭게 설정하게 되었을 때, 노동조합의 실용주의 경향이 분명하게 드러났다는 점이 곧 그것이다. 다른 한편으로는 사회민주주의 정당의 우산 아래에서 진행된 노동조합의 단일대오 운동이 사회주의자법과 사회보험입법이라는 억압과 회유의 변주곡을 울리게 된 주요 계기를 마련했다는 사실도 따로 주목할 만한 내용이다.

노동당과 노동조합의 관계를 매듭짓는 문제는 두 조직세력이 나란히 상승기류를 탔던 1860년대 이래로 사회민주주의 원리의 쟁점이었다. 수사로만 본다면 두 세력은 '노동계급의 해방'이라는 하나의 구호로 뭉쳐 있었다. 그러나 자본주의 체제 안에서 탄생한 노동조합은 태생적으로 한계를 지니고 있었다. 바로 노동운동을 시작하는 출발점에서부터 혁명과 개혁 사이의 긴장이 도사리고 있었던 것이다. 노동당의 태동기에는 그 문제가 잠시 드러나지 않았을 뿐이었다. 라살주의 진영은 처음에 노동조합의 활동을 '풍차의 날개에 저항하는' 어리석은 싸움으로 보았다. 경쟁관계에 있던 베벨과 리프크네히트가 노동조합의 역할에 더 큰 무게를 두긴 했지만, 이들에게도 노동조합은 노동당의 '식민지'와 다를 바 없었다.[66] 그런 가운데 노동조합들이 스스로 추진한 통합운동은 전략적으로 두 운동세력 사이의 형평성과 역할분담을 꾀한 담론 형성 과정이었다. 이 운동을 이끌던 요크가 이미 1872년에 "통일적인 노동조합 세력의 중립적 토대 위에서 성공적이며 강력한 저항의 전제조건을 마련하자"고 제안했는데, 그것이 오늘날까지 이어지는 독립적 노동조합 운동의 출발점이 되었다. 그 연장선상에서 1875년의 통합노

---

66) H.-J. Steinberg, "Die Entwicklung des Verhältnisses von Gewerkschaften und Sozialdemokratie bis zum Ausbruch des Ersten Weltkrieges," in H. O. Vetter(ed.), *Vom Sozialistengesetz zur Mitbestimmung. Zum 100. Geburtstag von Hans Böckler* (이하 *Sozialistengesetz*로 약칭), Köln 1975, p. 122; Th. Welskopp, *Banner*, pp. 269 f.

조대회가 독립적인 중앙위원회를 건설함으로써 노동조합과 노동당의 관계를 새롭게 정립했다.[67]

고타에 모인 노동조합들은 한결같이 '정치에서 멀리 벗어나는' 운동 방향의 '불가피성'에 동의했다. 그리고 또한 모두 사회민주당에 가입하자는 결의안이 뒤따랐는데, 사회민주당이야말로 "노동자의 정치적 · 경제적 처지를 온전히 인간답게 만들어줄 수 있다"는 이유에서였다. 이러한 야누스적 얼굴의 이면에는 노동조합의 중립성 요청으로 연대운동을 탄압하는 공안당국의 화살을 피해가려는 절박감이 들어 있었을 것이다. 그러면서도 "오늘날의 사회조직 테두리 안에서 노동자에게 방어와 구호의 수단을" 제공하고 "사회주의 미래생산의 씨앗을 심기" 위해 사회민주당의 울타리가 절실했다. 정당정치에 참여하는 조건으로서 "오로지 노동자를 위하고 노동자의 이해관계 속에서만" 작용하도록 "정강정책이 충분히 보장해야만 한다"는 전제를 내세웠는데, 그 가운데 노동조합의 점진적 실용주의 경향이 들어 있었다. 그것은 곧 노동의 여건을 개량하는 현장활동과 이념투쟁에 헌신하는 정당정치의 역할분담과 다르지 않았다.[68] 20세기의 전환기에 이르러 노동운동의 진로를 두고 사회민주주의 진영 안에서 격렬했던 이데올로기 논쟁은 이때 이미 시작되고 있었던 것이다.[69]

고타 합당대회 이후에 하나의 통합조직으로 거듭난 산업별 노동조합들은 그러한 결의에 따라 실용주의 노선을 분명히 드러냈다. "사용자

---

67) H. Müller, 앞의 책, pp. 295 ff.(인용은 p. 301).
68) 같은 책, pp. 381 ff.; K. Schönhoven, *Arbeiterbewegung und soziale Demokratie in Deutschland. Ausgewählte Beiträge*(이하 *Arbeiterbewegung*으로 약칭), Bonn 2002, pp. 42 ff.
69) 제7장 1절 참조.

들에게 전쟁을 선언할 것이 아니라 조용하고 합법적인 방식으로 우리의 처지를 개선해야 한다. 동맹세력인 사용자들이 우리의 존재에 가하는 비난을 되돌리는 일이 빈틈없는 조직결성에 반드시 필요하다."[70] 라살주의 노선과 인터내셔널 지지세력으로 갈라섰던 조직들을 한데 모아서 전국단위 상위단체로 묶었던 목공노동조합 연맹의 결의문에 들어 있는 말이다. 이렇듯 자본과 함께 가는 이른바 노동조합주의는 에돌 수 없는 길이었다. 그럼에도 '계급해방'의 깃발 아래 한데 모였던 노동조합들은 이데올로기와 실천 사이의 괴리를 메워야 하는 과제마저 피할 수는 없었다. 통합운동의 한가운데에 있었던 함부르크의 요크는 여전히 전통에 따라 '단결을 보장하기에 유일하고 가장 효과적인 수단'으로 상조금고를 지적했는데, 오로지 이 기구야말로 '스스로 해방하는' 계급의식과 삶의 권리를 외치는 현장의 요구를 아무런 모순 없이 결합할 수 있었기 때문이었다.[71] 요크를 도와 고타 합당대회의 주역으로 활동했던 함부르크의 가입A. Geib[72] 또한 "이상적 혹은 계급적 이해관심뿐만 아니라 비할 바 없이 중요한 물질적 이해관계가 노동자들을 노동조합에 묶어둔다"는 근거에서, 상조기구가 '노동조합 운동의 버팀목'이 되어야 한다고 주장했다.[73]

이미 앞에서도 몇 차례 말했듯이, 1860년대에 되살아났거나 새로 생긴 노동조합들은 한결같이 상조금고에 뿌리내리고 있었다. 그리고 흩어졌던 여러 조직이 산업별 중앙연맹으로 한데 뭉치기 시작하자 상조

70) A. Bringmann, *Geschichte der deutschen Zimmerer-Bewegung. Zweiter Band*(이하 *Geschichte*로 약칭), Stuttgart 1905, p. 125.
71) Th. York, "Korrespondenz aus Hamburg," in *Volksstaat*, no. 65(1871. 8. 12.), p. 198.
72) 제6장 1절에서 이 인물의 특이한 이력과 활동을 보게 될 것이다.
73) H. Müller, 앞의 책, p. 402.

금고들도 따라서 지역경계를 넘어서려는 경향을 보였다. 1870년대 초반에 산업별 연맹이 실제로 중앙단위의 상조조직을 건설한 예가 드물지 않았지만, 그것이 지속적으로 제 역할을 다한 사례는 거의 없었다. 그때까지도 여전히 남아 있던 수공업적인 지역분산의 유산이 복지기구의 통합을 늦춘 원인 중 하나였다. '중앙에 집중하는' 모든 단체를 일일이 추적한 국가의 감시기제 또한 이에 못지않게 커다란 장애가 되었다. 그러다가 고타 통합노조대회 이후에 산업별 연맹조합이 탄생하면서 '통일적이며 한곳으로 모이는' 이른바 '중앙금고Zenralkasse'의 설립이 새로운 추진력을 얻게 되었다.[74) 때마침 1876년에 구제금고법이 새로 제정되었다. 이 법령은 몇 가지 제약조건을 담고 있었지만 중앙으로 모이는 복지기구에 큰 힘을 보탰다.

1869년 영업법이 아우르고 있던 상조금고 조항들을 보완한 구제금고법[75)은 다소 복잡한 정책논쟁의 산물이었다. 앞에서도 보았듯이, 자유주의의 영향으로 탄생한 영업법은 지방조례로 특정 보험조직의 가입을 강제했던 옛 프로이센 법령의 원리를 허물고 보험대상자들이 자율적으로 '기타의 금고'에 가입하여 이 내용을 해당 관청에 등록하면 강제보험의 대상에서 벗어날 수 있도록 규정했다. 그러나 그 법령이 대안금고의 조건이나 범주를 구체적으로 명기하지 않았던 탓에, 행정적·법률적 시비가 끊이지 않았다. 지역의 실무담당 관청이나 중앙의 주무

---

74) A. Bringmann, 앞의 책, pp. 129 f.
75) 정식명칭은 '등록된 구제금고 관련 법령'이다. 그 적용범위가 주로 건강보험에 한정되었던 까닭에 동시대 언론이나 공식문서에서는 질병금고법이라는 용어가 함께 통하기도 했다("Gesetz über die eingeschriebenen Hilfskassen, 1876 April 7," in *Quellensammlung*, vol. I-5, pp. 477~87; "Gesetz, betreffend die Abänderung des Titels VIII der Gewerbeordnung," 같은 책, pp. 488~91).

부서는, 공공의 책임영역에 속하는 모든 사적 단체가 행정관리 대상이라는 근거에서, '기타의' 범위를 다만 법률에 정한 상조금고로 한정했다. 이대로라면 노동조합의 상조금고가 해당 관청의 인가를 얻지 못했을 때, 그 자치행정의 재량은 영업법의 해당 조항들의 범주를 넘어서 형법에 규정한 처벌대상이 되었다.[76] 따라서 어느 노동조합들의 상조금고가 어떠한 조건으로 해당 관청에 등록할 수 있느냐의 문제를 두고 법정 다툼이 줄을 이었던 것이다. 다행히도 법원의 판정은 거의 매번 상조금고에 개입하는 행정의 재량권 범위를 다만 외형적 법률보호에 한정한다는 법리에 따라 '허가'를 얻지 못해 형법에 적용된 상조금고도 자치행정을 인정했다.[77] 그러니 중앙의 주무부서도 강경했던 행정처분에서 한 발짝 물러날 수밖에 없었다. 1874년 5월 8일 프로이센 상공부 장관은 지역 행정당국에 '훈령'을 내려 보내면서 문제의 영업법 조항들을 '너그럽게 운용하기를' 권고하는 동시에 상조금고 회원들을 '더는 괴롭히지 말도록' 지시했다.[78]

이로써 노동조합의 복지기구는 인가처분의 청원에 매이지 않게 되었으며, 단순히 설립 그 자체만으로도 스스로 허가를 취득한 것으로 여기게 되었다. 이렇듯 사정이 행정규제로는 되돌릴 수 없게 되었을 때, 새로운 규범을 갖춘 보험입법이 불가피해졌다. 상공부 관료들 사이에

---

76) 이러한 점은 프로이센의 상공부장관과 내무부장관이 법무부장관에게 보낸 다음의 편지에서 분명히 확인할 수 있는 내용이다. "Schreiben des preußischen Handelsministers Heinrich Graf von Itzenplitiz und des Ministers des Innern Friedrich Graf zu Eulenburg an den Justizminister Dr. Adolf Leonhardt, 1871 Juli 8," 같은 책, pp. 164~67.

77) 1870년 9월 22일 스테틴 지방법원의 판정 외에 몇 가지 사례는 같은 책, pp. 153~56, 179~81, 232~34에서 참조할 수 있다.

78) "Erlaß des preußischen Handelsministers Dr. Heinrich Achenbach an die Regierung Breslau, 1875 Mai 8," 같은 책, pp. 269 f.

서는 어차피 이런 마당에 자조원리를 보장함으로써 '긍정적' 사회정책의 기틀을 마련하자는 의견이 지배적이었다.[79] 이와는 달리 상조금고 자치행정의 '정치화'와 복지기금의 '오용'을 방지하기 위해 자율금고를 노동조합으로부터 '격리하는Kassentrennung' 방안이 또 다른 기류를 형성하고 있었다.[80] 대체로 내무부의 고위 관리와 공안기관, 그리고 일부 민족자유당[81] 진영의 지지를 받은 이 기획의 핵심내용은 상조금고를 감시하는 국가기제를 강화하는 데 있었다. 그렇게 몇 년을 끈 정책논쟁 끝에 1876년의 구제금고법이 탄생했다. 자율금고의 '불순한' 동기를 둘러싸고 논란이 없지는 않았으나, 결국 임의부조fakultative Selbsthilfe라는 정책과제가 대세를 이루었던 근거는 지역 행정당국의 빈민구제를 넘어서서 노동력 재생산을 확산시켜야만 하는 그 효율성 문제에 있었다.[82] 이 법령은 구성원의 자발적인 동기와 운영의 자기책임성, 국가와 기업의 간섭에서 자유로운 자치재정과 자치행정을 보장하면서 영업법에 정한 규제조항들을 뛰어넘었다. 특히, 여러 상조금고가 자율적으로 하나의 연맹기구를 세울 수 있도록 허락한 내용(§35)은 적어도 복지행정의 영역에서 단체법의 적용 여부와 관련한 시빗거리를 없애는 조처였다. 그럼에도 다른 한편으로는 여전히 상조금고의 '부수목적'을 철저히 금지하면서(§13) 프로이센 사회정책의 부정적 전통에 충실했다. 새

---

79) *Die unter staatlicher Aufsicht stehenden gewerblichen Hülfskassen*, pp. IV~V.

80) "Votum des preußischen Ministers des Innern Friedrich Graf zu Eulenburg für das Staatsministerium, 1876 März 8," in *Quellensammlung*, vol. I-5, pp. 473~75.

81) 1860년대 초반의 프로이센 헌법분쟁 과정에서 진보당에서 갈라져 나온 이 정당은 많은 측면에서 비스마르크 지배정치의 우군이었다.

82) 이 법이 정한 급여보험 규모(가입자가 병이 들거나 다쳐서 일을 쉬게 되면 최장 13주 동안 매일 적어도 임금의 절반 이상을 지급한다)는 오늘날의 보장수준에 훨씬 못 미치지만, 그 정도면 정신적으로나 물질적으로 빈민구제의 복지수혜를 훨씬 능가한 성과였다고 볼 수 있을 것이다.

구제금고법의 내용이 많은 부분에서 '완전한 자치행정'을 바라는 노동운동 진영의 요청을 수용한 듯 보이나, 그 숨은 의도는 오히려 '교육적' 복지기구의 설립을 북돋우는 우회전술로 사회민주주의 물결을 막는 데 있었다.[83] 만약 그렇게 되었다면, 복지정치의 동력도 거기에서 멈췄을 것이다. 새 법령이 시행되자마자 곧 노동조합의 자율금고는 전국단위의 연맹으로 발전하면서 세력을 넓히기 시작했다. 그러나 수치로 봤을 때 그 비중은 아직 대단히 미미했다. 1878년에 이르기까지 사회민주주의 노동조합들은 모두 16개의 '중앙금고'를 설치하여 약 3만 3,700여 명의 보험회원을 거느릴 수 있었다.[84] 이 규모는 이미 1874년에 5,239개의 보험조합과 86만 9,204명의 회원을 기록한 지방조례의 강제보험과 대비된다.[85] 더욱이 노동조합의 자율금고는 재정적으로도 사용자가 기여의 상당 부분을 분담하는 강제보험과 경쟁할 수 없었다. 그런데도 상조금고 문제가 시대적 쟁점이 되었던 이유는 그것의 정치적 의미에 있었다. 보험법령의 테두리 안에서 자주 열렸던 조합원총회와 운영위원회, 보험집행부 선거가 정치적 학습장이 되었던 것이다.[86]

'사회주의 선전의 물길을 훨씬 더 넓히려는' 이 '위험한' 집회들을 공안의 눈길이 그냥 지나쳤을 리 만무하다. 문제의 프로이센 단체법은 결코 녹슨 칼이 아니었다. 1877년 12월에 목공노조의 중앙구제금고가 베를린에서 열릴 회원총회를 소집했을 때 있었던 일이다. 베를린 경찰당국은 "등록된 질병금고의 가면 속에 법률과 행정권위를 농락하려는

---

83) F. Tennstedt, "Einleitung," in *Quellensammlung*, vol. I-5, p. XXXVIII.

84) 같은 책, p. XXXVI.

85) *Die unter staatlicher Aufsicht stehenden gewerblichen Hülfskassen*, pp. III~V.

86) G. Stollberg, "Die gewerkschaftsnahen zentralisierten Hilfskassen im Deutschen Kaiserreich," in *Zeitschrift für Sozialreform*, vol. 29(1983), pp. 339~69.

위험한 정치적 의도를 숨기고 있다"는 근거에서 이 집회를 금지했다.[87] 그곳 경찰청장의 눈에는 보험법에 허용된 자치행정의 구제금고가 사회민주주의의 수중에 있는 한 금지된 정치단체의 대체조직이나 다를 바 없었던 것이다. 공안당국이 빼어든 전가의 보도인 단체법에 따르면 공공영역에 관련된 모든 집회가 감시와 처벌의 대상이었다. 이 무기로 집회는 서둘러 진압될 수 있었다. 그렇지만 공과 사의 영역구분이 모호하다는 점에서 매번 복지기구 집회의 위법성을 색출하는 문제가 그렇게 간단하지만은 않았다. 그리고 사회정책의 허용법규에 저촉하는 이 법의 금지조항이 새로운 법리논쟁을 불러일으킬 것임에 틀림없었다. 더군다나 이 제재수단은 구제금고법과는 달리 프로이센 바깥의 제국영역에는 미치지도 못해서 비교적 안전한 곳에 숨어든 '사회주의 구제금고'를 실질적으로 모두 추적할 수도 없었다. 바로 이러한 문제들에서 새로운 특례법이 생겨날 수 있었다. 프로이센 내무부장관은 목공노조 구제금고의 회원총회와 관련한 베를린 경찰청장의 보고서를 접하고 작심한 비상기획을 상공부장관에게 다음과 같이 통고했다.[88]

지역의 경찰당국은 (보험법의 보호를 받고 있는) 구제금고의 회원들을 그 자체로서 감시의 대상으로 삼을 수는 없을 것입니다. 그러한 (복지) 단체를 폐쇄하더라도 아무런 소용이 없습니다. 이번 달 24일에 고타에

87) A. Bringmann, *Geschichte*, pp. 160 ff.; "Bericht des Berliner Polizeipräsidenten Guido von Madai an den stellvertretenden preußischen Minister des Innern Dr. Rudolf Friedenthal, 1878 Januar 29," in *Quellensammlung*, vol. I-5, pp. 528~31.

88) "Schreiben des stellvertretenden preußischen Ministers des Innern Dr. Rudolf Friedenthal an den preußischen Handelsminister Dr. Heinrich Achenbach, 1878 März 3," 같은 책, pp. 532~33.

서 열리게 될 사회주의자대회[89]에서 노동조합의 중앙연맹을 설치하는 기획이 은밀하게 진행되고 있는 것처럼 법망을 피해 갈 가능성은 더욱 커지게 되었습니다. 그러한 중앙연맹은 자칫 폐쇄될 사태에 대비하여 등록된 중앙금고를 설치하는 데 조금도 주저하지 않을 것입니다. 그러므로 제국수상께 이 사태를 잘 설명드리고서 모든 영방국가에 두루 미치도록 (구제)금고에 관련한 특별 규정들을 공포하도록 촉구할 계획입니다.

1878년 10월 21일의 사회주의자법은 그렇게 준비되었으며, '금지되어야 마땅한' 여러 사회민주주의 기관 중에서 상조금고가 '특별히 주목해야 할' 감시의 대상으로 지정되었다. 이 법이 시행되자마자 곧 전국단위 노동조합 17개와 더불어 중앙금고 5개, 지역상조금고 14개가 폐쇄되었다.[90] 나머지 상조조직들도 '비상한 국가 감시체제 아래' 겨우 살아남을 수 있었다. 사회보장 측면에서 볼 때 이러한 사정은 임의부조의 실책을 의미했다. 따라서 기존 강제보험을 주축으로 전반적인 복지정치의 얼개를 다시 세워야만 했다. 1880년대의 역사적인 보험입법들은 이러한 상황에서 탄생했다.

---

89) 1878년 2월 24~25일에 열린 이 노동조합대회에서 산업별 노동조합의 중앙연맹을 확대하는 방안이 의제로 선정되었지만, 경찰당국의 방해로 다음 회의로 연기된 바 있었다(W. Albrecht, *Fachverein—Berufsgewerkschaft—Zentralverband. Organisationsprobleme der deutschen Gewerkschaften 1870~1890*, Bonn 1982, pp. 238 ff.).

90) "Runderlaß des preußischen Ministers des Innern Botho Graf zu Eulenburg an die Bezirksregierungen und Landdrosteien, 1878 Juli 25," in *Quellensammlung*, vol. I-5, pp. 542~43; "Entwurf eines Gesetzes gegen die gemeingefährlichen Bestrebungen der Sozialdemokratie, 1878 September 9," 같은 책, pp. 544~46; "Gesetz gegen die gemeingefährlichen Bestrebungen der Sozialdemokratie, 1878 Oktober 21," 같은 책, pp. 554~56; F. Tennstedt, "Einleitung," 같은 책, p. XLIX; O. Atzrott, *Sozialdemokratische Druckschriften und Vereine*, Berlin 1886(Reprint 1971).

제5장 자율인가, 통제인가

1. '비스마르크 사회보험'?

　사회주의자법의 국회의결을 눈앞에 둔 시점에 있었던 일이다. 프로이센 정부는 사회민주주의를 억누르는 공안입법만으로는 뭔가 일이 제대로 풀리지 않으리라고 여긴 듯 분주하게 움직이고 있었다. 1878년 9월 11일에는 내각의 이름으로 "사회주의 운동에서 발원한 위험에 직면하여 지속적이고 병리학적이며, 악의 뿌리를 아예 없애도록 진력해야 하는 국가의 대응과제가 지금 추진하고 있는 억압적인 비상조처에만 머물 수 없다"는 성명이 나왔다. 이어서 곧 해당 부서들은 질병금고를 확대하거나 사용자 배상책임을 강화하는 등의 '긍정적' 사회정책과제로 사회민주주의 특례법을 보충하는 방안을 찾기 시작했다. 이듬해에는 제국수상이 자신의 이름으로 영방국가 공사들에게 내려 보낸 훈령에서 '억압조처의 보완에 반드시 필요한 실천적 개혁'의 필요성을 역설했다.[1] 그리고 드디어 1881년 11월 17일, 비스마르크 자신이 직접 구상한 그 유명한 '황제교서Keiseriche Botschaft'가 이러한 일련의 예보를 기정사실로 공포했다. 프로이센의 사회정책과제를 총괄했던 어느 고위관리가 그것을 '마그나 카르타'로 명명했을 정도로 정부의 해당 부서 안에서는 그 울림이 매우 컸던 모양이다. "사회적 폐단이란 단지 사회민주주의 과격행위를 탄압함으로써 척결되는 것이 아니라, 노동자복지를 적극적으로 추진할 때 척결될 수 있다." 이러한 주장과 함께 이른바 '비스마르크 사회보험'의 구체적인 윤곽을 밝혔다는 점에 그 선언의 역사적 의미가 있었다.[2] 동시대 저명한 국민경제학자 슈몰러의 표현대로 '사회정책의 세계사적 전환'[3]을 이룬 건강보험과 산재보험, 노령 및 상해보험의 기획이 바로 여기에서 출발했던 것이다.

비스마르크가 첫번째 사회입법으로 기획한 산재보험법 초안에는, "국가란 오직 유복한 사회계급의 보호를 위해서만 창안된 것이 아니라 무산계급의 요구와 이익에도 봉사하는 복지기구"이며, 국가의 행정기관을 통해 운영되고 관리되는 보험제도 수립이 곧 "인륜과 기독교의 의무이자 국가를 수호하는 정치의 과제"라는 설명이 뒤따랐다.[4] 이러한 도덕적 수사로만 볼 때 그를 냉혹한 철혈재상으로 부르기보다는 따뜻한 복지재상으로 불러야 마땅할 것이다. 그러나 그가 이미 폐단을 드러낸 기존 사회보험 법규들의 문제점을 오랫동안 방치했으며, 더군

---

1) "Votum des Vizepräsidenten des preußischen Staatsministeriums Otto Graf zu Stolberg-Wernigerode, 1878 September 11," in *Quellensammlung*, vol. I-1, pp. 508~13; "Vertraulicher Runderlaß des Reichskanzlers Otto Fürst von Bismarck an die preußischen Gesandten bei den deutschen Höfen," 같은 책, pp. 567~69.

2) "Allerhöchste Botschaft Kaiser Wilhelm I. zur Eröffnung der I. Session des 5. Reichstags mit Bericht über Eröffnung, 1881 November 17," in *Quellensammlung*, vol. II-1, pp. 61~65; F. Tennstedt, "Vorgeschichte und Entstehung der Kaiserlichen Botschaft vom 17. November 1881," in *Zeitschrift für Sozialreform*, vol. 27(1981), pp. 663~735.

3) G. A. Ritter, *Sozialversicherung*, p. 11.

4) *SBR*, 1881, vol. III, pp. 222 ff.

다나 포괄적 사회정책 개혁을 주장한 정치권과 시민사회의 제안들을 온통 거부하고 있었다면, 노동계급의 보호에 '봉사한다'는 그의 복지정책 기획을 어떻게 이해해야 할까? 1884년의 산재보험법에 앞서 제정된 보상책임법Haftpflichtsgesetz의 사례에서 이 문제를 먼저 살펴보자.

1871년에 제정된 이 보험법령은 기업에서 발생하는 재해나 상해의 예방책임을 사후보상으로 대체했다는 특징을 지니고 있었다. 이러한 방식의 보험제도는 산업인력의 증가와 기계설비의 확장으로 산재사고 발생률이 급격히 높아지면서 시행과정에서 많은 문제점을 드러냈다. 이를테면 노동자가 작업장에서 입은 상해로 말미암아 배상을 청구할 때 그 일이 기업의 과실로 발생했다는 사실을 반드시 입증해야만 했는데, 과실증거를 요구했던 이러한 규정은 증명능력이 부족한 노동자에게 대단히 불리한 것이었다. 해당 노동자가 스스로 재해의 원인을 규명하기 위해 작업장이나 작업설비의 상태를 점검하는 일은 기술적으로 대단히 어려웠을 뿐만 아니라, 동료 노동자들이 재판상의 불이익과 해고를 두려워하여 사고경과의 증언에 매우 소극적이었기 때문이다. 이 법은 또한 과실책임의 한계를 막연하게 규정하여 종종 몇 년씩 걸리는 사용자와 고용자 사이의 법정분규를 일으켰다. 이 시기 산재노동자의 20퍼센트만이 법정의 판결로 보상혜택을 받았다는 사실에서 그 한계를 잘 읽을 수 있겠다.[5]

1870년대에 시민사회와 정치권에서 분분했던 사회정책 논쟁은 바로 이러한 문제점들 때문에 일어났던 것이다. 누구보다도 종교인들이 그 사안에 열성이었다. 『노동자 문제와 기독교』라는 저술로 유명했던 케

---

5) E. Wickenhagen, *Geschichte der gewerblichen Unfallversicherung, Textband*, München/ Wien, 1980, pp. 29 ff.

틀러Kettler 주교는 일찍이 노동인력의 인간성 회복에 고심하면서 인도주의 사회정책을 외친 바 있었으며, 그 뒤를 따랐던 가톨릭 사제들은 몇 차례의 성직자회의와 의회청원서를 통해 당면한 사회문제를 제도적으로 해결하는 방안을 촉구했다.[6] 개신교 성직자들은 좀더 보수적인 입장에서 사회문제에 접근했으며, 노동계급을 사회주의, 무신론, 공화주의로부터 분리시켜 왕정체제의 지지세력으로 끌어들이려는 계획 아래 1877년에 종교적이며 입헌군주제에 뿌리내리는 '사회개혁 중앙연맹'을 창설한 적도 있었다.[7] 이들보다 더 이론적이며 적극적인 사회개혁을 추구한 한 무리 사회과학자들은 1872년에 '사회정책학회Verein für Sozialpolitik'를 설립하면서 구체적 개혁입법을 향한 학문적 기초를 마련했다. 동시대 언론들이 흔히 '강단사회주의자들Kathedersozialisten'이라고 불렀던 이들은 부르주아 사회개혁 진영을 크게 북돋았던 저술과 학회활동으로 도덕적이며 초당파적인 국가개입을 적극 옹호했다.[8]

이 무렵에 여러 다양한 사회세력이 각각의 사회문제 개선책을 내놓았지만, '예방적 노동자보호입법prophylaktische Arbeiterschutzgesetzgebung'이라고 불렀던 정책과제가 그러한 논란의 핵심이 되었다.[9] 국가의 적극적 개입으로 당면한 사회문제의 해결을 염원한 이들 사이에서 노동자보호란 산업재해와 산업질병, 상해위험에 대처하는 사용자의 포괄적인 '예방책임Gefährdungshaftung'을 의미했으며, 그것은 구체적으로 공장의 위생

---

6) K. Tenfelde, *Sozialgeschichte der Bergarbeiterschaft an der Ruhr im 19. Jahrhundert*, Bonn 1981, pp. 464~70.

7) G. A. Ritter, 앞의 책, p. 23.

8) R. vom Bruch(ed.), *Weder Kommunismus*, pp. 61 ff.

9) 노동자보호입법은 종종 표준노동일Normalarbeitstag의 규정과 관련된 영국의 공장법Factory Acts 사례에 따라 공장입법Fabrikgesetzgebung으로 통하기도 했다.

환경 개선, 상해예방시설 완비, 표준노동일 제정, 휴일노동 금지, 아동 및 부녀 노동을 엄격히 제한하는 제재조처, 이러한 사항들을 감독하게 될 행정권 강화 등의 정책과제들을 아우르고 있었다.[10] 이러한 제안에 정당들도 호응했다. 중앙당, 보수당, 사회민주당[11]이 1877년도 회기에 각각 국회에 제출한 노동자보호입법안들은 시민사회에서 쟁점이 된 의제들을 거의 그대로 포함하고 있었다.[12] 이러한 분위기에서 정부의 사회정책 공무원들도 나섰다. 그들 사이에서 우선 산업재해 부문에 한정하더라도 예방조처의 법률적 기반을 조성할 수 있으리라는 기대가 퍼지게 된 것이었다. 1878년 1월에 상공부장관의 이름으로 제출한 보상책임법 수정안은 그러한 내용을 담아서 기업의 공장재해 신고 의무와 사용자의 예방책임을 강화하도록 기획한 것이었다.[13]

이러한 제안들 속에서 이전보다 훨씬 전향적인 노동자보호입법이 폭넓은 여론의 지지를 얻었던 시대적 분위기를 읽을 수 있겠다. 그러한

---

10) L. Machtan/H.-J. von Berlepsch, "Vorsorge oder Ausgleich- oder beides," in *Zeitschrift für Sozialreform*, vol. 32(1986), pp. 262 ff.

11) 가톨릭의 정치세력을 결집한 중앙당은 당내 노동정책 전문가 갈렌Galen의 제안에 따라 노동자대중의 지지기반을 확보할 목적으로 가톨릭 사제들의 개혁적 사회운동을 흡수했으며, 보수당의 사회정책은 개신교 진영의 보수적 사회운동을 반영한 것이었다. 사회민주당은 공장입법 운동을 노동자들의 계급의식을 드높이는 '정치적' 노동운동과 결부시켰다. 진보당은 대체로 공장입법에 소극적 관심을 보이는 가운데 자율적 보험제도에 집중했으며, 제국통일 과정에서 비스마르크에 적극 협조한 국민자유당은 1884년의 산재보험법이 제정되기 이전에는 보험제도나 공장입법을 두고서 분명한 정책과제를 발표한 적이 없었다.

12) *SBR*, 1877, vol. III(Aktenstück, no. 20, p. 48; Aktenstück, no. 74, p. 274; Aktenstück, no. 77, pp. 276 f.; Aktenstück, no. 92, pp. 316 ff.).

13) "Denkschrift zur Revision des Haftpflichtgesetzes vom 7. Juni 1871 mit drei alternativen Gesetzentwürfen für den preußischen Handelsministe Dr. Heinrich Achenbach, 1878 Januar 31," in *Quellensammlung*, vol. I-2, pp. 57~71; "Schreiben des preußischen Handelsministers Dr. Heinrich Achenbach an den Reichskanzler Fürst Otto von Bismarck, 1878 Februar 12," 같은 책, pp. 71~73.

사정을 마주한 비스마르크도 여론의 추이를 그냥 보고서 지나칠 수는 없었을 것이다. 우선 그의 말은 의미심장했다. 시민사회와 정당들, 정부의 주무부서도 한목소리로 주장한 산업병리학적인 예방조처가 "우리의 산업뿐만 아니라 사회적 안위에도 대단히 위협적이며," 그러므로 "나에게 가능한 모든 수단을 동원하여 이를 막을 수밖에 없는" 한갓 공상에 그칠 따름이라는 것이었다.[14] 그가 볼 때 산업규제란 '정치혁명'만큼이나 불순하고 위험한 사안이었다. 생산비 상승을 불러올 노동력 보호조처들이 독일 산업의 해외경쟁력을 크게 약화시킬 것이라는 근거에서 그렇게 보인다는 주장이었다. 설사 말은 그렇게 했더라도 이제 예전처럼 미온적 수단만으로는 사회개혁을 요구하는 시민사회와 정당들을 더는 무마할 수 없다는 사정이 너무나 분명했을 것이다. 그러나 문제는 그가 '긍정적 노동자복지'라는 화려한 수사를 남발했음에도 '위험한' 산업규제를 에돌아가는 지름길을 아직 찾지 못했다는 사실에 있었다. 이럴 즈음에 동병상련의 자본가 진영이 산업계의 큰 근심을 자아내는 책임예방의 확대를 대신하여 새로운 공적 보험제도를 제안했다. 보쿰의 철강기업가 바레L. Baare가 그러한 내용을 담은 '진정서'를 냈는데, 그 문건이 1884년 산재보험법의 기초가 되었다.

바레는 1880년 4월 30일 정부에 제출한 이 유명한 문서에서 보험가입의 법적 강제, 보험조직과 업무를 관장하게 될 제국보험공단 설립, 사용자, 고용자, 국가가 균등하게 부담하는 보험재정 등을 뼈대로 새로운 산재보험을 제안했다.[15] 바레가 그 문서를 제출할 때까지 '비스마

---

14) L. Machtan/H.-J. von Berlepsch, 앞의 글, p. 268.

15) L. Baare, "Promemoria, betr. Versicherung der Arbeiter gegen Unfall und Beschädigung während der Arbeit beim Bergbau, bei der Industrie und sonstiger Gewerbetätigkeit sowie bei Landwirtschaft," in *Stahl und Eisen*, no. 7(1882), p. 275; W. Vogel, *Bismarcks*

르크 사회보험'은 아무런 꼴도 갖추지 않았던 것으로 보인다. 왜냐하면 그해 8월 28일에 열린 프로이센 내각회의에서 제국수상이 처음으로 산재보험법의 입안계획을 밝히면서, 바레의 제안을 긍정적으로 수용했기 때문이다.[16]

(새로운 보험제도의 입안과정에서) 산업의 존립 가능성을 보장해주는 올바른 방도를 강구하는 것이 중요하다. 우선 법률과 실질적 부조의 필요성에 주목해야만 할 것이다. 사용자, 노동자, 공공 빈민구제단체를 적절히 끌어들이는 보험제도를 통해 아마도 상당히 만족할 만한 조건에 이를 수 있을 것이다. 그러나 민간 보험조직들은 여하간 이러한 과제의 해결에서 배제되어야 한다.

새로운 보험제도를 기획하는 과정에서 상공부의 고위 관료들은 정부의 입법안이 산업의 이해관계를 지나치게 반영한다는 비판을 삼가지 않았다. 그러나 자본과 동행하려는 비스마르크의 의지는 단호했다. 그가 스스로 상공부장관직을 겸임하면서 바레에게 입법 초안을 의뢰했던 것이다.[17] 제1차 산재보험법안은 그렇게 한 유력한 기업가의 손을 거쳐

Arbeiterversicherung. Ihre Entstehung im Kräftespiel der Zeit(이하 *Arbeiterversicherung*으로 약칭), Braunschweig 1951, pp. 40 ff.; W. Bacmeister, *Louis Baare. Ein westfälischer Wirtschaftsführer aus der Bismarckzeit*, Essen 1937, pp. 225 ff.; Th. Baare, "Die Anfänge der deutschen Sozialgesetzgebung. Ein archivalischer Beitrag zu den Beziehungen Bismarcks zu L. Baare," in *Gelbe Hefte*, vol. 9(1934), pp. 549~61.

16) "Sitzungsprotokoll des Staatsministeriums, 1880 August 28," in *Quellensammlung*, vol. I-2, pp. 235~38.

17) "Notizen des Kommerzienrats Louis Baare, 1880 September 18," 같은 책, pp. 239~40; O. Quandt, *Die Anfänge der Bismarckschen Sozialgesetzgebung und die Haltung der Parteien(Das Unfallversicherungsgesetz 1881~1884)*(이하 *Anfänge*로 약칭),

의회에 제출되었는데,[18] 그것은 대단히 이례적인 일이었다. 비스마르크가 '통일적이며 올바르다'고 호평한[19] 이 초안은 바레 개인의 작품이기보다는 독일 철강기업조합Verein Deutscher Eisen- und Stahlindustrieller과 독일 산업가중앙연맹Centralverband Deutscher Industrieller[20]의 대표자회의를 거치면서 자본의 이해관계를 반영한 경제단체의 공식정책이었다.[21] 이는 비스마르크 사회정책의 향방을 정확히 읽을 수 있는 대목이라 하겠다. 먼저 자본 측의 주장을 들어보자.

철강기업 측은 우선 보상책임법의 결함과 한계에서 새로운 산재보험의 필요성을 찾았다. 기존 상해보상 방식은 사용자에게 '엄청난 경제적 희생'을 강요했을 뿐만 아니라, 노동복지를 증진하여 고용자와 사용자 사이의 관계를 개선하기는커녕 오히려 '사용자와 시민사회를 대하는 노동자의 적개심만을 부추기는' 결과를 낳았을 따름이라는 것이다. 철강기업들은 이렇게 비판하는 한편으로 '파손된 시민사회의 평화를 다

Berlin 1938, p. 13.

18) L. Barre, *Gesetzentwurf betreffend die Errichtung einer Arbeiterunfallversicherungskasse*, Bochum, 1880. 바레는 첫 '진정서'에서 사용자, 노동자, 지방자치단체가 각각 보험료의 3분의 1을 분담하는 방안을 제시했으나, 산재보험법의 초안에서는 지방자치단체와 노동자 분담금을 각각 4분의 1로 줄이면서 사용자의 부담을 2분의 1로 증가시켰다.

19) H. v. Poschinger(ed.), *Aktenstäcke zur Wirtschaftspolitik des Fürsten Bismarck*, vol. 2, Berlin 1890, p. 28.

20) 1874년에 철강기업들은 루르와 실레지엔 지방의 대자본을 주축으로 전국 규모의 철강기업조합을 결성하여 대대적인 보호관세 운동을 전개했으며, 그 결과로 1879년에 새로운 보호관세 제도가 들어섰다. 이 과정에서 철강기업들은 1876년에 보호관세 제도를 옹호하는 여타의 산업부문을 포섭하여 독일제국에서 가장 강력한 경제적 압력단체가 되었던 독일 산업가중앙연맹을 결성했다. 필자의 책, *Industrielle Interessenpolitik im frühen Kaiserreich. Der Verein Deutscher Eisen- und Stahlindustrieller 1874~1895*, Inaugural-Dissertation, Uni. Bielefeld 1987.

21) Bundesarchiv Koblenz, R. 13 I/16: "Generalversammlung des Vereins Deutscher Eisen- und Stahlindustrieller, 8. 12. 1880."

시 구축하기 위해서는' 적절한 제도개선을 통해 '노동자계급을 시민사회와 화해시킬 필요성이' 시급하다고 주장했다. 이어서 '노동력의 고용'이란 단순히 개별 기업의 이해관계에 한정되지 않으며 '더욱 본질적으로 전체 시민사회의' 공익과 밀접히 관련된다는 전제에서, 국가가 노동자를 상해와 재해의 위험으로부터 '보호하여' 사회복지를 실현할 '인도주의적 책임'을 완수해야 한다는 정책과제가 뒤따랐다. 국가가 보험업무를 관장할 공공기관을 설립하면서 보험재정의 일부를 부담하는 방안이 그 핵심내용이었다. 같은 맥락에서, '산업평화Frieden im Betrieb'와 '사회평화sozialer Frieden'를 유지해야 할 '도의적 책임'을 진 노동자들 또한 일정한 보험비용을 나누어 부담해야 한다는 논지도 나왔다.[22]

철강기업가들은 이러한 복지의 논리에 더해 기간산업의 경기부양에 미칠 공적 보험제도의 효과를 강조했다. 그 주장에 따르면, 국가관리의 통합보험제도는 좀더 안정된 노동력 수급을 보장하여 인접 산업국과 비교해서 아직도 기술수준이 뒤처진 독일 중공업의 해외경쟁력을 크게 키울 수 있는 효과적인 방책이었다. 그 줄기에서, 루르 지방의 대표적인 철강기업 뫼닉스Phönix, AG für Bergbau und Hüttenbetrieb의 이사장으로 있으면서 국회에 진출했던 제르배스A. Servaes는 기업의 재정부담을 먼저 고려하는 사회정책을 역설했다.[23]

이 세상 어디에도 독일처럼 그렇게 사용자나 국가에게 노동자를 위한 부담을 과중하게 지우는 나라는 없는데, 바로 이 독일에서 그러한 부담

---

22) Bundesarchiv Koblenz, R. 13 I/172: "Petition des VDESI an den Reichstag v. 9. 5. 1881."; L. Baare, 앞의 책; H. A. Bueck, "Die Kranken- und Unfallversicherung der Arbeiter," in *Stahl und Eisen*, no. 7, pp. 275 f.

23) "Reichstagsrede Servaes," in *SBR*, 1881, vol. III, p. 1723.

을 져야만 한다는 요구들이 점점 더 커지고 있습니다. (……) 산업이 노동을 위해 상당히 가벼운 부담을 지고 있는 다른 나라들과 비교함으로써 여기 이 독일의 경우 산업이 상당히 무거운 부담을 지고 있다는 사실을 여러분이 비로소 알게 된다면, 여러분이 나서서 기업과 산업의 자본투자를 말리게 될 사태가 올까 염려됩니다. 그렇게 된다면 모든 사람이 독일에서 기업가가 되기를 꺼릴 것이며, 수출증대는 더는 기대해볼 수도 없을 것입니다.

산업재해의 보상책임에 국가와 노동을 함께 끌어들인 자본 측의 보험입법안이 1870년대의 경제공황 이래로 철강공업이 직면했던 경제적 상황을 담고 있었다는 점에서, 이 또한 시대적 요청으로 볼 수 있었다. 철강기업은 강철수요가 급격히 증가했던 1860년대 말과 1870년대 초의 호황국면에 막대한 고정자본을 투하해 새로운 생산시설을 갖추었으나, 그 때문에 늘어난 생산량은 내수시장의 소비와 수요를 훨씬 초과하여 만성적인 '과잉생산 공황'을 초래했던 것이다. 이처럼 투하자본을 단기간 내에 회수할 전망이 불투명한 상황에서 철강기업들은 곧바로 비용가격의 상승을 의미하는 생산감소를 무릅쓰기보다는 오히려 설비시설을 가능한 한 완전 가동하여 고정자본의 회전기간을 단축하는 경영전략을 세웠다. 그 때문에 이전보다 더욱 증가하게 될 잉여생산의 처리가 시급한 과제로 등장했으며, 내수시장과 해외시장 사이의 가격차를 이용하는 덤핑수출이 대세로 굳어졌던 것이다. 따라서 철강기업들은 카르텔과 신디케이트를 결성하여 내수시장의 독점가격을 형성하는 한편, 생산구조를 합리적으로 개선하여 비용부담을 가능한 한 줄이게 될 '고속가동방식Schnellbetrieb'을 앞 다투어 채택했다.[24]

공정시간을 최소한도로 단축하고 생산설비의 가동시간을 최대한도로 연장함으로써 비용가격을 절감하는 새로운 생산방식에서 노동력은 생산성의 요인이라기보다는 비용요인으로 여겨졌으며, 이 과정에서 노동집약과 노동강도가 모두 높게 올라갈 수밖에 없었다. 여기에 더해 제선에서 압연에 이르는 철강공업의 공정은 고열과 고압가스로 움직이는 기계들로 말미암아 상당히 높은 산재위험을 안고 있었다. 철강기업들은 이처럼 노동력을 효율적으로 이용하여 비용절감의 효과를 키우는 생산구조의 합리화 덕택에 서서히 경제공황의 그늘에서 벗어날 수 있었지만, 노동자들은 위험하고 비위생적인 공장 환경에서 장시간의 노역에 시달려야 했다. 이런 사정에서 자연히 늘어날 수밖에 없었던 상해사고와 산업질병은 무엇보다도 기업 내부의 시급한 문제점이었다.[25]

이런 상황에서 총자본이 개별 자본의 지나친 경쟁으로 너무 심하게 훼손되는 사회적 노동력을 보호하기 위해 국가 개입을 요구한다는 점이 자본주의 발전의 숨은 법칙이기도 하다. 그러한 정책과제가 아마도 동시대 사회적 여론에서 나왔던 공장입법이었다면 가장 큰 효과를 보았을 것이다. 그러나 만성적 경기침체 국면에서 "충분한 생산량을 달성하기 위해서는 손해를 보면서도 해외시장에 나서야만 했던"[26] 철강기업의 눈으로 볼 때, 예방책임 비용은 곧 수출시장 경쟁력에 커다란 영향을 끼치게 될 전체 비용가격의 상승을 의미했다. 그런 사정으로

24) U. Wengenroth, *Unternehmensstrategien und technischer Fortschritt. Die deutsche und die britische Stahlindustrie 1865~1895*(이하 *Unternehmensstrategien*으로 약칭), Göttingen/Zürich 1986, pp. 73 ff.
25) Bundesarchiv Koblenz, R. 13 I/171: "Unfallstatistik der Eisen- und Stahlindustrie, hergestellt von dem Verein Deutscher Eisen- und Stahlindustrieller, 22. 2. 1882."
26) *Protokolle über die Vernehmung der Sachverständigen durch die Eisen-Enquete-Kommission*, Berlin 1878, p. 239(Hoesch).

인해 공적 산재보험이 '예방적 노동자보호입법'의 대안이 될 수 있었다. 국가의 보조금과 행정관리로 운영하는 보험제도는 개별 기업의 후생복지제도보다도 더욱 효율적으로 노동력 재생산을 보장할 수 있는 방안이었던 것이다. 더욱이 그러한 제도는 재정, 운영, 조직을 제국보험공단으로 통합함으로써 철강기업에 늘 있기 마련인 산재와 상해의 위험을 전체 산업 분야로 분산할 뿐만 아니라 개별 기업의 사회적 비용을 낮추는 장점도 지니고 있었다.[27]

이러한 공적 보험제도는 강제의 원리로 운영된다는 점에서도 특히 가격협정과 생산협정으로 시장과점을 꾀하는 독점대기업의 이해관계와 잘 어울릴 수 있었다. 노동력 재생산 비용을 전체 기업에 공평하게 나누는 보험방식은 균일한 상품가격을 이루면서 비합리적인 가격경쟁을 멈추게 하는 효과를 지니기도 했다. 더욱이, 국가보조금이 철강기업 측의 주장에 따라 상대적으로 높은 산재부담을 안고 있던 장치산업에 집중된다면, 그 돈은 특정 기업에 유리한 일종의 수출금융이 될 것이었다. 내수시장의 독점가격을 기반으로 덤핑수출을 추진하던 철강기업의 눈으로 볼 때, 이러한 통합관리체계의 보험제도는 수출상품의 단위원가를 올리기보다는 오히려 해외경쟁력을 높일 수 있었다.[28]

이처럼 새로운 산재보험은 철강산업의 경기정책과 밀접한 관련을 맺고 있었을 뿐만 아니라 기업합리화 전략으로 새롭게 나타난 노무관리의 변화에도 부응한 것이었다. 산업화 초기 철강공장에서는 한 명의 숙련공과 몇몇 보조공이 한 작업팀을 이루었는데, 그것이 노동조직

---

27) Bundesarchiv Koblenz, R. 13 I/171: "Petition des Vereins Deutscher Eisen- und Stahlindustrieller an den Reichstag, 9. 5. 1881."
28) Bundesarchiv Koblenz, R. 13 I/80: "Protokoll der Vorstandssitzung des Verein Deutscher Eisen- und Stahlindustrieller, 27. 2. 1882."

organisation of work의 기초단위가 되었다. 개개의 공정단계에 따라 각각 나뉜 작업팀은 대체로 상호 독립적으로 자율적인 노동과정을 분담했다. 이러한 노동조직체계는 경제공황 이후의 합리화 전략에 따라 독립된 개개의 공정과정을 경영 측의 포괄적인 통제체계로 한데 묶어야 할 필요성에 따라 차츰 일관관리체계로 바뀌게 되었다. 이렇게 공정과정의 연속성을 요구하는 고속가동방식에 따라 숙련공에 의존하던 옛 인격적 통제는 위계질서의 직무체계에 기초한 제도적 통제에 그 자리를 내주었다. 이러한 배경에서 추진된 산재보험은 국가와 노동을 새 조직원리에 끌어들임으로써 초기 위계적 관리체계의 취약점을 보강한다는 기획과 잘 맞았던 것이다. 노동, 자본, 국가가 함께 참여하는 공적 보험은 사용자와 고용자의 연대감을 키우면서 기업의 뜻대로 노동자들을 통제하기에 알맞은 정책이었다. 그러면서 '위험한' 사회민주주의로부터 노동자들을 '보호'하는 한편, 궁극적으로는 노동정책의 개혁을 다만 사회보험에 한정하는 효과도 기대할 수 있었던 것이다.[29]

이제 이러한 배경 속에서 비스마르크의 황제교서를 다시 읽으면 그 진면목이 제대로 드러날 것이다. 거기에 담긴 온갖 도덕적 수사의 이면에는 주요 생산계급들을 국가기제 안으로 끌어들여 효율적으로 통제하는 지배정치의 목표가 숨어 있었던 것이다. 비스마르크의 구상 속에서 '국가를 수호하는' 중추세력이란 수출산업을 선도하는 대기업들과 거기에서 비교적 안정된 일자리를 누리던 노동자들이었다. 따라서 이들 산업세력이야말로 사회민주주의의 위험에서 안전하게 격리되어야 마땅했다. 비스마르크의 눈에 각인된 '사회민주주의 책동'은 기업의 생

---

29) H.-P. Ullmann, "Industrielle Interessen und die Entstehung der deutschen Sozialversicherung," in *Historische Zeitschrift*, vol. 229(1979), pp. 574~610.

산력과 노동의 근로의지를 낮추어서 독일 산업의 해외경쟁력을 잠식할 뿐만 아니라 마침내 실업사태를 오래 끄는 위기의 진원지나 다를 바 없었다. 따라서 사회민주주의의 감염을 '예방하는' 사회보장의 혜택이 대기업 노동자들에게 먼저 돌아가야만 했다. 비스마르크는 의회단상에 직접 나가서 그러한 지배정치의 과업을 완수하게 될 산재보험의 필요성을 이렇게 역설했다.[30]

산재보험법안이 대기업을 위한 일종의 보조금이라고 주장하는 사람들이 있습니다. 왜 이 사람들이 그렇게 정부가 맹목적이면서 편파적으로 대기업을 옹호하고 있다고 속단하는지, 저로서는 그 이유를 잘 모르겠습니다. 대기업가들은 대체로 숙명적으로 축복받은 사람들입니다. 그리고 이러한 사실을 다른 사람들은 그다지 좋게 여기지 않습니다. 그러나 만일 누군가가 대기업의 존재를 약화시키고 또 위협하고자 한다면, 그것은 경솔한 실험행위가 될 것입니다. 만약에 우리가 지금의 대기업을 도산하도록 방치하거나 외국의 기업과 더는 경쟁할 수 없도록 만든다면, 우리는 자신들만큼 잘사는 사람들을 달갑게 여기지 않는 모든 사람으로부터 박수갈채를 받게 될 것입니다. 그러나 대기업가들이 파산한다면, 노동자들은 어떻게 될까요?

이 연설은 명백히 국가와 자본이 함께 가는 복지정치의 향방을 밝힌 것이었다. 숙련노동력 재생산의 제도적 보장, 안정된 노동력 수급을 통한 자본축적체계의 확립, 근본적 사회개혁을 우회하여 노동계급을

---

30) "Rede in der 28. Sitzung des Deutschen Reichstags am 2. April 1881," in O. v. Bismarck, *Werke in Auswahl*, VIII, Darmstadt 2001, pp. 514~35(인용은 p. 526).

국가와 기업에 묶어두는 통제기제 등, 이 모든 정책과제는 경제공황을 극복하고 새로운 도약단계에 이르려는 철강기업의 합리화 정책뿐만 아니라 기간산업의 해외경쟁력을 바탕으로 세계시장의 패권을 기대한 비스마르크의 경제정책에도 잘 들어맞는 것이었다. 이에 따라 새로운 사회보험은 반드시 강제의 원리에 뿌리내려야 했으며, 그 재정과 관리의 짐을 국가가 부담해야 마땅했던 것이다. 비스마르크는 정당 대부분이 그러한 정책과제에 비판적이라는 사실을 잘 알고 있었다. 그럼에도 그는 그 원리를 스스럼없이 '적절하고 이성적인 국가사회주의'라고 일컬었다.[31] 그가 마음 깊이 생각했던 복지국가의 이상은 궁극에는 핵심 노동인력을 '국가연금 수혜자Staatsrentner'로 삼는 공적 보장제도에 있었다. 그렇게 되면 국가급여에 거는 기대와 더불어 혁명의 충동이 사라지면서 노동과 국가의 밀월관계가 오래도록 유지될 터였다. 1881년에 한 언론인과 가졌던 대담에서 밝혔듯이, 비스마르크는 '무산계급의 현실만족'에 지출하는 '막대한 국가예산을 결코 비싼 대가로' 보지 않았다.[32]

우리가 (담배, 맥주, 브랜디 등의 기호품에 매기는 높은 과세로 얻게 될) 세입을 불안정한 생활 때문에 국가에 적대하는 우리 노동자들의 미래를 보장하기 위해 지출한다면, 그것이 곧 우리 자신의 미래를 보장하는 동시에 우리 자신을 위한 훌륭한 투자가 되는 것이다. 이로써 우리는 50년 내에, 아니 어찌 보면 10년 안에도 닥칠 수 있는 혁명을 사전에 예방할

---

31) "Berichtsentwurf des bayerischen Gesandten in Berlin Hugo Graf von und zu Lerchenfeld-Koefering an den bayerischen Außenminister Kraft Freiherr von Crailsheim, 1880 Dezember 18," in *Quellensammlung*, vol. I-1, p. 598.

32) "Gespräch mit dem Journalisten Moritz Busch am 21. Januar 1881 in Berlin," in O. v. Bismarck, *Werke in Auswahl*, VI, pp. 491 ff.

수 있게 된다. 이 혁명이 단지 몇 달만 성공하더라도 직접적이든 간접적이든 우리의 산업을 교란함으로써 예방책에 소요되는 비용을 훨씬 능가하는 지출을 요구하게 될 것이다.

비스마르크는 이렇게 1878년에서 1889년에 이르는 여러 막의 정치무대에서 스스로 카리스마 넘치는 연출가를 맡았다. 그의 기획대로라면 갈채와 환호 속에서 걸출한 몇몇 자본가가 주연을 맡는 가운데 대기업 노동자들이 조연으로 대거 등장하는 큰 무대가 펼쳐져야 옳았다. 그러나 늘 과도한 연출은 실패하기 마련이다. 비스마르크는 1889년의 노령 및 상해보험을 완성하자마자 정계에서 물러난 뒤에 자신의 이름으로 완성한 이 보험제도에 눈길조차 주지 않을 정도로 크게 실망하고 있었다. 만년에 자신의 치적과 시대적 고뇌를 상세히 기록한 비망록에서 그는 사회보험에 대해서는 단 한 마디도 언급하지 않았던 것이다.[33] 그의 상실감은 도대체 어디에서 비롯했을까?

2. '조정하는 노동정치'

제1차 산재보험법안에 담긴 비스마르크의 국가사회주의 기획은 정당정치의 장벽을 넘지 못한 채 결국 좌절되고 말았다. 어찌 보면 일찍부터 의회주의를 혐오했던 그의 정치이력 속에 이미 그 길이 준비되고 있었을지도 모른다. 대부분의 정당들이 완강하게 그의 지배정치에 반발

---

33) O. v. Bismarck, *Gedanken und Erinnerungen*; L. Gall, *Bismarck. Der weiße Revolutionär. Biographie*, p. 648.

했던 것이다. 국가주도의 강제보험을 원칙적으로 거부했던 진보당과 사회민주당뿐만 아니라, 그로 말미암아 '인간의 자기책임 의식과 도덕적인 생활태도가 마비될' 것을 우려했던 가톨릭의 중앙당,[34] 그리고 심지어 비스마르크를 전폭적으로 지지하리라고 기대되었던 민족자유당과 보수당의 반대에 부딪혀 첫번째 사회입법안은 결국 무산되고 말았다. 비스마르크의 지배정치 기획을 보는 정당들의 시각은 정파의 이해관계에 따라 각각 달랐지만, 이들 사이에서 일치했던 반론은 그 입법안을 둘러싸고 있는 국가사회주의의 성격에 집중되어 있었다.[35] 그리하여 중앙정부의 권력을 지나치게 강화하게 될 제국보험공단과 공적 보험재정이 먼저 거부되었던 것이다. 의회와 정부 사이의 타협으로 제국보험공단은 업종과 지역에 따라 각각 분리되어 설치될 직업조합 또는 지역 보험공단으로 대체되었다. 산재보험을 지원하는 공공기여는 전면 삭제되었으며, 기업이 모든 재정을 떠맡는 보상책임이 그 원리로 굳어졌다. 그러면서 비스마르크가 심혈을 기울인 '국가연금' 기획 또한 미미한 국가보조금으로 변경되고 말았다.[36]

비스마르크는 산재보험과 노령보험을 감쌌던 지배정치의 원리가 송두리째 무너지지는 않았다는 사실에 만족할 수밖에 없었다. 이를테면 노동계급을 국가에 묶어두려는 정책목표, 공장노동자에게 무게중심을 둔 사회보장의 범위, 국가의 감독 아래 조직되는 보험조합의 강제원리, 수출 대기업의 경쟁력을 돕는 노동력 재생산 기제 등, 적어도 이러

---

34) W. Vogel, *Arbeiterversicherung*, pp. 61 f.

35) G. A. Ritter, *Sozialversicherung*, pp. 48 ff.

36) O. Quandt, *Anfänge*, pp. 30 ff.; J. Umlauf, *Die deutsche Arbeiterschutzgesetzgebung 1880~1890. Ein Beitrag zur Entstehung des sozialen Rechtsstates*, Berlin 1980, pp. 47 ff.

한 핵심내용들은 그의 의지대로 실현되었다. 그러나 세 가지 입법안들 중에서 가장 먼저 제정된 건강보험법은 비스마르크의 의도에서 완전히 벗어난 것이었다. 그는 원래 산재보험을 주축으로 하는 통합보험체계를 기획했으며, 당연히 독립적인 건강보험체계는 처음부터 안중에도 없었다. 비스마르크가 스스로 '사생아'로 비하했던[37] 건강보험법은 제1차 산재보험법안이 좌절된 직후에 전격적으로 의회에 올랐다. 그리고 제일 먼저 성사된 그 입법은 그의 법안발의권과는 무관하게 의회의 의결을 거친 주요 법안으로 기록되었다.[38] 오늘날까지도 이어지는 이 법률의 당사자 책임성, 자치행정, 탈중심의 원리는 비스마르크의 핵심의제를 정면에서 반박한 내용이었다. 그가 자신의 이름으로 이룩한 사회입법안들을 스스로 '의회와 고위 관료 사이에서 태어난 사생아'라고 혹평했을 때, 그 비난의 표적은 무엇보다도 건강보험법이었을 것이다. 그러나 정당정치의 장벽만이 국가사회주의의 진로를 가로막고 있었던 것은 아니었다. 정부의 관료조직 내부에서, 그것도 바로 사회정책과제를 담당한 제국수상의 최측근들 사이에서 국가사회주의 기획은 그다지 좋은 반향을 불러일으키지 못했던 것이다. 이들 중에서도 산재보험법과 더불어 건강보험법 초안을 직접 작성했던 테오도르 로만Theodor Lohmann이 독일 복지정치의 역사에서 큰 이름을 남겼다.

프로이센 상공부에서 오랜 기간 사회정책 보고서를 담당한 로만이 제국수상의 지시에 따라 처음으로 기안한 산재보험법은 기업과 노동

---

37) "Brief des Geheimen Oberregierungsrates Theodor Lohmann an den Schuldirektor Dr. Ernst Wyneken, 1882 Juni 22," in *Quellensammlung*, vol. II-2, 1, pp. 245~47; "Brief des Geheimen Oberregierungsrates Theodor Lohmann an Professor Dr. Lorenz von Stein, 1882 Juni 22," 같은 책, pp. 247~50.
38) F. Tennstedt, "Einleitung," 같은 책, p. XXXVIII.

자, 지역의 빈민구호단체가 각각 재정을 공평하게 분담하는 책임보상을 핵심과제로 설정했다.[39] 보험관리의 연대책임과 공동참여의 대가로 노동자가 보험부담을 균등하게 져야 한다는 구상은 그때까지 관료조직 내부에서 거의 거론하지 않았던 획기적인 발상이었다. 그리고 관료생활을 시작하면서부터 유별스레 국가권력의 중앙집중과 직접통제를 혐오했던 그가 문제의 국가수당과 제국보험공단을 옳다고 여길 리 만무했다.[40] 제1차 정부 초안이 의회정치의 벽에 좌절되고 말았을 때, 그 누구보다도 이를 반긴 인물이 또한 로만이었다. 자신의 수중으로 되돌아온 입법안이 새로운 기회가 되었던 것이다. 의회의 심의과정에서 문제의 국가사회주의 규정들 외에도 이른바 급여유예기간Karenzzeit이 또 다른 쟁점으로 떠오르게 되면서, 책임보상의 규모와 조건을 다시 조정할 수밖에 없었다. 정부 초안은 산재상해에 대한 보험급여가 사건발생 5주째부터 시작되도록 규정했는데, 4주에 이르는 유예기간의 책임소재가 공중에 뜬 셈이었다. 이러한 문제점의 해결책으로 새로운 건강보험법이 등장했으니, 이를 두고 이름 붙인 '사생아'라는 표현은 그다지 틀린 말이 아닐 것이다.[41]

좌절된 국가보험 기획에 크게 실망한 터에 마침 와병 중에 있었던 비스마르크는 건강보험법의 내용에 거의 관심을 두지 않았다. 이 틈바구니에서 아무런 간섭 없이 새로운 입법안을 초안했던 로만은 산재보험

39) "Erstfassung des Entwurfs eines Gesetzes betr. die Versicherung der in Bergwerken, Fabriken und anderen Betrieben beschäftigten Arbeiter gegen die Folgen der beim Betrieb sich ereignenden Unfälle, 1880 September 23," in *Quellensammlung*, vol. I-2, pp. 245~53.

40) H. Rothfels, *Lohmann*, pp. 48 ff.; W. Vogel, 앞의 책, pp. 92 ff.

41) F. Tennstedt, "Einleitung," in *Quellensammlung*, vol. II-2, 1, pp. XXVI ff.

에 적용되는 유예기간을 13주로 늘려 잡으면서 건강보험의 독자적인 기능을 크게 늘렸다.[42] 새로운 규정에 따라 보험가입자들은 다치거나 병들면 앞으로 이 기간 동안 임금의 절반에 해당하는 상병수당에 더하여 무상의 의사진료와 처방약제를 보장하는 현물급여, 적어도 3주간 지급되는 임산부의 출산수당을 받게 될 터였다. 건강보험법에 담은 로만의 구상은 단순히 기술상의 과제에만 머물지 않았으며 비스마르크의 국가사회주의 원리를 뒤집는 방향으로 나아갔다. 이를테면 지역이나 직종에 따라 분산되어 설치될 보험조합의 구성원리는 명백히 과도한 국가개입과 중앙통제의 효율성에 대해 회의하고 이에 반발했던 내용이었다. 더욱이 국가부조를 완전히 배제한 채 3분의 1에 달하는 기업의 부담을 제외한 나머지 할당(3분의 2)을 보험당사자가 스스로 책임지는 재정방식은 노동자의 무상보험을 원했던 비스마르크의 의도에서 아주 멀리 벗어난 것이었다.[43] 이와 같은 수혜자 부담의 원리는 명목상 지역 행정단위의 재정을 압박했던 '공적 빈민구제의 부담을 가볍게 하는 조처'에 상응했지만,[44] 그것은 근본적으로 '조정하는 노동정치versöhnende Arbeiterpolitik'로 향했던 로만의 오랜 기대지평에 실려 있었던 것이었다. 그는 이미 1870년대 초반에 상공부에서 관료생활을 시작하던 즈음부

---

42) "Denkschrift des Geheimen Oberregierungsrats Theodor Lohmann für den Direktor im Reichsamt des Innern Robert Bosse, 1881 Juli 5," in *Quellensammlung*, vol. I-5, pp. 615~20.

43) 비스마르크는 대부분 노동자의 기여로 충당하는 보험재정 방식을 '원칙적으로 받아들일 수 없다는 견해에서' 내각에 내려 보낸 훈령을 통해 기업(3분의 2)과 국가(3분의 1)가 보험료를 분담하거나 기업이 모두 부담하는 건강보험을 지시했다. 그러나 로만은 이를 따르지 않았다("Direktiven des Reichskanzlers Otto Fürst von Bismarck für den Staatssekretär des Innern Karl Heinrich von Boetticher, 1881 November 7," in *Quellensammlung*, vol. II-2, 1, p. 44; F. Tennstedt, *Proleten*, pp. 305 ff.).

44) F. Tennstedt, 같은 책, pp. 305 ff.

터 노동문제를 '문화문제'로 보면서, "노동자들이 지적이며 도덕적인 교양을 쌓아 공공복리에 두는 자기책임과 공동결정의 의식을 함양하게 되면, 수평적 권력관계가 위험하지 않은 수준에 이르게 된다"는 견해를 피력한 바 있었다.[45]

이러한 연장선상에서 노동과 자본이 함께 자율적으로 보험조직을 관리하는 자치행정의 원리가 건강보험법을 감쌀 수 있었던 것이다. 그 내용은 의외로 간단했다. 보험조합들은 최상위기구로서 조합원총회(조합원 100명 이하) 또는 대표자총회(조합원 100명 이상)를 결성하며, 거기에서 다수결의 원칙으로 선출된 이사회Vorstand가 집행기구로서 보험행정을 관리한다는 규정이 핵심내용이었다. 집행기구를 선출하는 투표권은 주식회사법의 주주총회처럼 보험료 부담비율에 따라 배분되어서, 노동자가 3분의 2를, 사용자가 나머지 3분의 1을 각각 나누어 가지게 되었다.[46] 이러한 규정은 곧 보험당사자가 재정부담의 대가로 보험행정에 직접 참여할 뿐만 아니라, 노동자들이 집행기구에서 자본의 대표와 맞설 수 있음을 의미했다. 동시대 사회인식의 수준에서는 그 원리가 상당히 위험해 보였겠지만, 로만의 기대지평에서 그것은 노동과 국가를 결속하는 '발아지점'이 될 터였다.[47]

우리가 (노동)단체들에 자유로운 통로를 열어주면서도 그 때문에 혁명적 책동으로 잘못 이끌리지 않도록 미리 대비하는 방안을 찾지 못한다면, 우리는 점점 세를 더해가는 사회민주주의 운동에 헛되이 맞서게 되

---

45) H. Rothfels, 앞의 책, p. 45.
46) F. Tennstedt, *Soziale Selbstverwaltung. Geschichte der Selbstverwaltung in der Kranken-versicherung*(이하 *Selbstverwaltung*으로 약칭), II, Bonn 1977, p. 44.
47) H. Rothfels, 앞의 책, pp. 46, 56.

어 결국 공공연한 전투를 치러야만 하는 상황에 이를 것이다. 따라서 모든 조직이 법률적 수단을 통해 노동자들의 합법적 이해관심을 대변하도록 명확하게 허가하고 그 기구들을 법률에 규정된 전제조건 속에서 보호하는 입법이 필요하다. 이 조직과 기구들이 개최하는 모든 회합을 어떠한 상황에서도 공개하도록 요청하고 비밀리에 결성된 모든 조직을 엄중한 형벌위협과 더불어 금지하는 것이 그러한 규정의 전제조건이다.

이와 같은 기대가 담긴 건강보험법에서 로만이 구체적으로 실현한 사회원리는 국가가 다만 간접적으로 지원하고 사회세력이 자발적 동기로 참여하는 이익갈등의 조정기제에 있었다. 따라서 국가나 기업이 노동계급에 직접 시혜를 베푸는 온정주의 복지원리는 철저히 거부되어야 옳았다. 로만의 구상 속에서 공적 보험제도는 노동력 재생산 기능을 넘어서 노동의 수평적 권리를 보장하는 사회적 파트너십의 실현이었다. 그는 사숙했던 스승 로렌츠 폰 슈타인에게 보낸 편지에서 그 의미가 '이익공동체의 바탕 위에서 전향적인 사용자와 노동자가 연대하는 조직체'를 건설하기 위한 법률적 근거에 있다고 밝혔다.[48]

이렇듯 건강보험법에 담긴 자치행정과 이해조정의 원리가 '절대주의 국가행정absolutistische Staatsverwaltung'에서 해방된 민주주의 참여와 자주적 사회조직을 의미했다는 점에서,[49] 로만의 구상이 동시대 진보적 사

---

48) "Brief des Geheimen Oberregierungsrates Theodor Lohmann an Professor Dr. Lorenz von Stein, 1882 Juni 26," in *Quellensammlung*, vol. II-2, 1, pp. 247~50(인용은 p. 249).

49) M. Stolleis, "Historische Grundlagen. Sozialpolitik in Deutschland bis 1945," in Bundesministerium für Arbeit und Sozialordnung/Bundesarchiv(eds.), *Geschichte der Sozialpolitik in Deutschland seit 1945. Band 1: Grundlagen der Sozialpolitik*, Baden-Baden 2001, p. 24.

회개혁 이론에 맞닿아 있었다고 볼 수 있을 것이다. 그러나 다른 한편 그가 스스로 언급했듯이, 그것이 궁극적으로는 '점점 더 멀리 퍼져나가는 사회민주주의 분위기를 저지하여' 군주국가를 수호하려는 목적을 지니고 있었다는 사실 또한 가볍게 지나칠 수 없는 대목일 것이다.[50) 시장경제의 무한경쟁 원리를 거부했던 이 시기 보수적 사회이론가들과 마찬가지로 재편성된 사회질서와 국가기제 속에 노동계급을 포섭하는 '복지왕정soziales Königtum'이 그의 심금을 울린 이상향이었다. 말하자면, 건강보험법에 담긴 로만의 이상적 사회상 속에는 진취적 기상과 보수적 성향이 함께 깃들어 있었던 것이다. 동전의 양면 같은 이러한 모습은 그의 청년기 수련과정과 이후 관료생활에 큰 영향을 끼친 사회적 보수주의, 기독교 복음주의 사회윤리, 독일 고유의 국민경제학과 이른바 '강단사회주의' 등 몇 갈래 경향이 혼합된 데서 비롯한 것이었다. 따라서 그의 사상궤적 속에서 비스마르크의 국가사회주의와 길을 달리하는 다양한 사회개혁 방향의 편린을 찾을 수 있다.

로만이 괴팅겐 대학에서 법학을 공부할 당시, 완고한 왕정체제의 법철학 이론가 슈탈F. J. Stahl이 그의 스승이었다. 그러나 로만이 그보다는 '복지왕정'의 이론가 슈타인을 더 존경했으며, 대학졸업 이후에도 그를 계속 사숙했다는 사실이 눈에 띈다. 그는 슈타인에게서 직접 배운 적은 없지만 대학시절부터 그의 주저들을 탐독했는데, 그중에서도 특히 그의 행정학 이론Verwaltungslehre이 형성기 로만에게 큰 영향을 끼쳤다.[51) 여러 사정으로 보건대 로만의 '조정하는 노동정치'는 틀림없이 슈타인의 책들을 탐독할 무렵부터 이미 그의 뇌리에 들어 있었을 것

---

50) H. J. Teuteberg, *Mitbestimmung*, p. 348.
51) H. Rothfels, *Lohmann*, pp. 12 f.

이다. 이미 앞에서도 보았듯[52] 슈타인은 널리 알려진 보수주의자였지만, 사회적 동학이 담긴 그의 보수주의는 미래사회의 개연성을 열어두었다는 점에서 남다른 바가 있었다. 그가 구상했던 '사회개혁 왕정 Königtum der sozialen Reform'은 '군주제의 원칙 아래서 진정으로 자유로운 헌법'을 보장함으로써 정치적 의사결정에 참여하는 '자유로운 공민'의 권리를 신장하면서 '민중의 복지'를 책임지는 핵심과제를 수행할 터였다.[53] 그러한 정치체제의 정당성은 '사회적 행정'의 기틀 위에서 확보되는데, 다양한 이해관계를 수렴하는 공적 조정기제가 그 역할을 담당하게 된다는 구상이었다.[54] 건강보험법을 감쌌던 자치행정의 원리는 이렇듯 슈타인의 보수주의 성찰에 뿌리내리고 있었다. 그리고 로만은 프로이센 상공부의 사회정책 담당관으로서 자주 보험입법들의 초안을 맡았는데, 어려운 고비에 부딪칠 때마다 그는 슈타인에게 의견을 묻곤 했다.[55]

대학시절의 로만은 기독학생 동아리에 적극적으로 참여하는 등 일찍부터 복음주의 미션에 심취했는데, 이러한 이력이 뒷날 자기책임성의 원리를 강조한 사회입법 기획에 상당한 영향을 끼쳤다. 그는 어릴 때부터 자신의 고향 빈젠 부근에 강하게 남아 있던 경건주의Pietismus의 영향 속에서 성장했으며, 이러한 바탕에서 그는 대학시절에 종파주의와 신정주의를 모두 거부하고 개인의 영혼과 자기결정의 신앙을 통해

---

52) 제1장 1절 참조.

53) D. Blasius, "Lorenz von Steins Lehre vom Königtum der sozialen Reform und ihre verfassungspolitischen Grundlagen," in *Der Staat*, vol. 10, pp. 33~51(인용은 pp. 34 f., 43, 45~46).

54) E. Pankoke, *Bewegung*, pp. 194 ff.

55) *Quellensammlung*, vol. II-2, 2, pp. 247~53.

신과 화해하는 종교관을 확립했다. 대학을 졸업한 후 작센의 문부성에서 첫 관료생활을 시작했을 때 그가 맡았던 분야도 마침 교회행정이었다. 그 무렵 그는 국가 중심의 통합교회에 맞서서 독립적인 복음주의 교구의 자율성을 지키는 과업을 맡았는데, 그 첫 관료생활이 지역분산의 자치행정을 경험하는 계기가 되었다.[56]

그런 뒤 그는 1871년에 어릴 때부터 절친했던 한 친구의 주선으로 프로이센의 상공부에서 새로운 관료생활을 시작했고, 그때 노동문제 관련 정책보고서 일이 그를 기다리고 있었다. 1872년 4월에 기록했던 한 보고서의 스케치를 보면, 그가 이미 그때부터 '조정하는 노동정치'의 밑그림을 그리고 있었지만 아직 세부내용을 채울 만한 식견에는 미치지 못했음을 알 수 있다. 그는 베를린에 정착한 직후 한 친구에게 보낸 편지에서, "이전에는 일반적이고 기껏 원칙적 의미만 부여한 일련의 특수문제를 두고" 실천적 연구가 필요하다는 의견을 전하며, 특히 영국 노동조합Trade Unions과 상조조직friendly societies을 예로 들었다. 영국모델의 노동조직이 일찍이 법률에 허용된 자율성을 바탕으로 단체교섭의 모범을 보이면서 '위험한' 사회주의 혁명이론에서 멀리 벗어날 수 있었다는 사실이 그의 주목을 끌었던 것이다.[57] 로만은 이러한 실천과제의 필요성에서 이 시기 사회개혁 담론을 주도한 '강단사회주의자들'과 긴밀한 관계를 유지했던 것으로 보인다.[58]

---

56) H. Rothfels, 앞의 책, pp. 10 f.; F. Tennstedt, "Sozialreform als Mission. Anmerkungen zum politischen Handeln Theodor Lohmanns," in J. Kocka/H.-J. Puhle/K. Tenfelde (eds.), *Von der Arbeiterbewegung zum modernen Sozialstaat. Festschrift für Gerhard A. Ritter zum 65. Geburtstag*, München/New Providence/Paris 1994, pp. 538~59.

57) "Brief des Regierungsrates Theodor Lohmann an den Prinzenerzieher Dr. Ernst Wyneken, 1871 Dezember 15," in *Quellensammlung*, vol. I-1, pp. 219 f.(인용은 p. 220); "Aufzeichnung des Regierungsrates Theodor Lohmann, 1872 April 20," 같은 책, pp. 287~95.

로만이 중앙무대에 첫발을 내디딜 무렵 때마침 사회문제 논의를 한 곳으로 불러 모은 새 마당이 열렸다. 교양시민의 전통을 물려받은 사회개혁가들이 1873년에 창설한 사회정책학회Verein für Sozialpolitik가 곧 그것이었다.[59] 경쟁체제의 자본주의에 너무 기울었던 시장경제의 헤게모니가 새로운 공론의 활력소가 되었다. 정치와 경제를 분리함으로써 노동시장에서 빚어지는 사회적 갈등을 자연법칙으로 방임하는 맨체스터 자유주의의 폐단에 그 비판의 초점이 집중됐다. 역사학파 국민경제학의 맥을 이었던 이 주도세력은 독일 이상주의와 역사주의에서 발원한 윤리관에 근거하여 '임노동과 자본 사이의 반목을 조정하는' 시민사회와 국가의 책임을 강조했다. 이러한 기조 아래에서 이 단체는 사회개혁의 학술적 토대를 다지는 한편으로 사회입법에 동기를 부여하는 정책과제의 개발을 주된 목표로 삼았다.[60] 이 단체를 비판한 사람들은 조롱하는 투로 거기에 모인 학자들을 '강단사회주의자'라고 불렀으나, 회원들은 대부분 그 이름을 오히려 명예롭게 여겼다고 한다. 그러면서 점차 그 이름은 언론에서 사회개혁의 학술담론으로 통하게 되었다.[61]

학회 안으로 들어가 보면 출신성분과 직업수련, 정치적 사고의 측면에서 어느 정도 같은 기질을 지닌 교양시민이 그 중심세력을 이루고 있었다. 이 사회세력은 고등교육을 마친 후 주로 자유직업에 종사하는

58) H. Rothfels, 앞의 책, p. 44.

59) M.-L. Plessen, *Die Wirksamkeit des Vereins für Socialpolitik von 1872~1890. Studien zum Katheder- und Staatssozialismus*, Berlin 1975.

60) "Beschlußantrag des Professors Dr. Gustav Schmoller auf der Gründungsversammlung des Vereins für Sozialpolitik, 1872 Oktober 6," in *Quellensammlung*, vol. I-4, pp. 337~39.

61) D. Lindenlaub, *Richtungskämpfe im Verein für Sozialpolitik. Wissenschaft und Sozialpolitik im Kaiserreich vornehmlich vom Beginn des 'Neuen Kurses' bis zum Ausbruch des Ersten Weltkrieges(1890~1914)*, Wiesbaden 1967, pp. 93 ff.

사회계층이라는 사전적 개념을 넘어서 계몽주의의 전통 가운데 인문주의 교양을 습득하고 시민사회의 이상을 굳게 지켰던 비판적 개혁세력을 의미했다. 이미 '3월 전기'에 몇몇 학자가 경영참여, 공동결정, 분쟁조정기구 등을 아우르는 노동의 권리를 개혁과제로 제시한 적이 있었는데, 그때부터 사회개혁 담론이 한 물줄기를 이루었던 것이다. 사회정책학회는 바로 그 맥락을 이어받아서 사회개혁의 정당성을 산업사회의 갈등에 부딪친 교양시민의 '비이기적 중립성'으로 옹호했다. 그럼에도 그 구성원들의 이념 스펙트럼은 보수주의나 자유주의 또는 국가사회주의로 분산되어 현란한 빛깔을 띠고 있었다.[62] 여러 경향성 가운데서도 탁월한 두 이론가 슈몰러와 루요 브렌타노 Lujo Brentano가 대변한 사회적 보수주의와 사회적 자유주의가 로만의 사회입법 기획에 큰 영향을 끼쳤다.

사회정책학회의 다수세력의 지지를 등에 업은 슈몰러는 슈타인의 학맥을 이어받아 국가를 '인류의 교육에 이바지하는 숭고한 도덕기구'로 이해하면서, 산업사회의 첨예한 계급투쟁이 사회정의 실현에 적극적인 군주국가의 사회정책으로 완화될 수 있다고 보았다. 사회갈등을 불러오는 '비열한 계급지배'가 왕정에서보다는 공화정 체제에서 분명히 드러난다는 역사인식에서 볼 수 있듯, 그는 분명 보수주의에 기울어 있었다. 그러면서 그는 중립적 국가이념의 대변자 국왕과 관료가 위대한 사회개혁 입법을 이끌어야 한다는 프로이센 중상주의의 전통에 굳건한 신념을 가지고 있었다. 공공복리의 이념에 따르는 도덕적 공동체 속에 다양한 사회세력을 포섭한다는 원리 또한 그 줄기에 있었다. 그러나

---

62) R. vom Bruch(ed.), *Weder Kommunismus*, pp. 72 ff.; H. J. Teuteberg, *Mitbestimmung*, pp. 24 ff.; J. Reulecke, *Frieden*, pp. 126 ff.

그는 다른 한편에서 모든 사회개혁의 척도가 '분배하는 정의'에 있다고 전제하면서 여러 계급의 갈등관계를 수평적으로 조정하는 국가의 정책 과제를 강조했다. 그럴 때 그의 보수주의는 '사회적' 이상과 결합할 수 있었다. 그 기조에서 그는 노동조합의 단결권과 자율적 상조기금에 원칙적으로 찬성했으며, 노동에 개입하는 자본의 지나친 지배력을 견제하는 국가개입을 지지했다. 무엇보다도 그는 국가가 보험조합의 자치행정을 고무하는 가운데 복지제도가 제대로 발전할 수 있다는 사회개혁 노선에 굳건했다.[63]

이념경향으로 보건대 로만은 슈몰러와 밀접했다. 무엇보다도 슈타인의 보수주의가 그 접점에 있었다. 그러나 로만은 사회정책과제를 구상하면서 슈몰러의 대척점에 놓인 브렌타노의 이론에 더 가까이 다가갔다. 브렌타노는 일찍이 영국모델의 노동정치에 해박한 지식으로 명망을 날렸다. 그 바탕에서 그는 사회갈등의 해결방안을 독특하게 구상했는데, 바로 그러한 면모가 정책과제에 골몰했던 로만을 이끌었을 것이다. 브렌타노는 로베르트 몰의 선구적인 사회적 자유주의를 이어받아 19세기 후반에 이 이념경향의 '정신적 사령관'이 된 인물이다.[64] 몰은 일찍이 '3월 전기'에 자본과 노동의 이해관계를 조정하는 정책과제를 제안한 바 있는데, 그의 때 이른 갈등의 정치학이 브렌타노 시대에 이르러서야 비로소 꽃을 피운 셈이었다. 몰은 우선 자율적 경제질서의 바탕에서 노동의 권리를 신장하는 노동조합 활동을 법률로 보호해야 한다는 전제에서 출발했다. 또한 그는 국가와 자본과 노동이 수

---

63) W. Vogel, *Arbeiterversicherung*, pp. 72 ff. ; S. Thomas, *Gustav Schmoller und die deutsche Sozialpolitik*(이하 *Gustav Schmoller*로 약칭), Düsseldorf 1995.

64) W. Vogel, 같은 책, p. 68.

평적으로 참여하는 중재기구의 설치를 노동조합 운동의 마지막 단계로 보았다. 같은 맥락에서 그는 자연스럽게 성장한 계급구조와 그 변화를 국가가 법률로 보호해야 한다고 보았다. 국가란 그 자체로서 하나의 국민조직이기 때문에 그러한 과업이 국가의 지나친 참견이 될 수 없으며, 전체 사회의 유기적 조직 속에서 국가는 다만 보장기능을 대변해야 한다는 이론은 확실히 사회정책학회의 다른 이론가들을 압도할 만큼 진취적인 내용이었다.[65] 이러한 원리는 오늘날 국가를 여러 유기적 행위주체 가운데 하나로 여기는 코퍼러티즘 이론에 근접했다고 볼 수 있다. 브렌타노는 또한 자율적 경제질서가 사회구성의 기본원리라는 전제에서 강제보험제도에 원칙적으로 반대했다. 같은 맥락에서 그는 협동적 자조와 자기책임성에 뿌리를 두고 지역과 직업 분야에 따라 분산되어 설치되는 건강보험을 모범조직으로 제안했다. 그리고 자본이 나누어 부담하는 보험재정이 은폐된 임금지불이라는 근거에서 전체 보험료를 노동자 측이 스스로 부담해야 하며, 마땅히 노동자들이 스스로 보험조합을 관리해야 한다고 주장할 정도로, 그는 자율적 보험제도를 적극 옹호했다.[66]

　로만이 자신의 사회정책 기획에 '강단사회주의자들'의 견해를 반영했다는 기록은 여기저기서 발견된다. 사회정책학회의 출판물과 집회보고서가 틀림없이 고위 관리들을 자극하면서 개혁입법의 길을 재촉했을 것이다. 그러나 그 영향력은 어디까지나 간접적이었다. 이를테면 건강

65) L. Brentano, *Das Arbeitsverhältnis gemäß dem heutigen Recht. Geschichtliche und ökonomische Studien*, Goldbach 1994(reprint); I. Gorges, *Sozialforschung in Deutschland 1872~1914. Gesellschaftliche Einflüsse auf Themen- und Methodenwahl des Vereins für Sozialpolitik*, Königstein/Ts. 1980, pp. 51 f.

66) W. Vogel, 앞의 책, pp. 68 f.

보험법은 브렌타노의 사회개혁 구상에 근접했지만, 거기에서 실현된 강제보험의 원리는 자율적 경제질서를 옹호한 그의 이론에서 벗어난 것이었다. 로만은 슈타인에게 보낸 편지에 그 사안을 설명하면서, 실질적 노동력보호 측면에서 산재보험보다도 더 중요한 건강보험이 '보편적 규범'에 따라 조직될 때 더욱 효율적이라는 실용주의에 근거해 강제보험의 원리를 채택할 수밖에 없었다고 밝혔다.[67] 오늘날 독일 사회보장제도에서 큰 비중을 차지하는 공적 건강보험이 강제보험의 규범 덕택에 성장세를 계속 유지할 수 있었다는 사실에 주목하면, 로만의 선택이 더 합리적이었다는 판단에 이른다.

1883년에 제정된 공적 건강보험은 큰 줄기에서 볼 때 보험당사자의 자기책임성과 자율관리에 근거하는 조정의 원리를 실현했다고 결론지을 수 있겠다. 흥미로운 점은 바로 이러한 성격의 보험제도가 비스마르크 지배정치의 뿌리를 흔들었다는 점이다. 제국수상과 정책보좌관이 그린 '복지왕정'이라는 꿈은 같았으나 그 해몽은 너무나 달랐던 것이다. 비스마르크는 어느 정치가와 가졌던 대담에서, "보험기구가 제대로 돌아가도록 민주주의의 기름 한 방울 정도는 떨어뜨려야 한다"는 견해를 피력한 적이 있었다. 그리고 그는 "소시지에 후추가 빠질 수는 없다"는 표현으로 자율적 보험제도를 거들기도 했다.[68] 그는 실질적으로 산재보험에도 제한적이나마 자치행정의 규범을 적용했다. 그러나 로만에게는 조정정치가 실천과제였던 데 반해, 비스마르크에게 그것은 하나의 수사일 따름이었다. 1883년 가을에 산재보험에도 적용할 자치행

---

67) "Brief des Geheimen Oberregierungsrates Thodor Lohmann an Professor Dr. Lorenz von Stein, 1882 Juni 26," in *Quellensammlung*, vol. II-2, 1, pp. 247~50.

68) "Gespräch mit dem Abg. Windthorst am 10. Mai 1884 in Berlin," in O. v. Bismarck, *Werke in Auswahl*, VII, p. 145.

정의 규범을 두고서 대담하던 중에 로만이 비스마르크에게서 직접 들었다는 이야기를 자신의 친구에게 보낸 편지에서 이렇게 전하고 있다.[69]

산재보험 그 자체로는 비스마르크에게 다만 부차적 의미를 지닐 따름이다. 그의 주된 관심은 이러한 보험제도를 통해, 장차 모든 생산계급을 망라하게 될 직업협동조합을 구성하는 것이다. 비스마르크가 이러한 기구에서 원하는 바는 장차 의회를 대신하여, 혹은 의회와 동등하게 법률 제정에 참여하게 될, 그리고 최악의 경우에는 국가전복이라는 수단을 통해 미래 국민대표회의의 근거를 확보하는 것이다.

이 대담에서 두 사람은 각기 다른 사회정책의 방향을 확인하면서 서로 심한 언쟁을 삼가지 않았다고 한다. 결국 로만은 자신의 직책을 내놓을 수밖에 없었다.[70] 다행히도 건강보험법이 1883년 6월 15일에 자신의 뜻대로 이미 제정된 이후의 일이었다. 이 법규에 적용된 조직원리들에 따라, 1)지역의 최소 행정단위Gemeinde를 기준으로 개개의 직업별로 조직되거나 조합원 100명을 채우지 못하는 경우에 복수의 직업군을 묶어 하나로 조직되는 지역건강보험조합Ortskrankenkasse, 2)정규직 노동자 절반 이상의 동의와 보험감독당국의 허가로 설치되는 직장건강보험조합Betriebskrankenkasse, 3)수공업 분야에서 설치되는 수공업건강보험조합Innungskrankenkasse, 4)강제가입대상 노동자들이 특정한 지역의 특수 분야에 한해 해당 보험조합이 허용하면 대체보험으로 가입하

---

69) "Brief des Geheimen Oberregierungsrates Theodor Lohmann an den Pastor Dr. Ernst Wyneken, 1883 Oktober 5," in *Quellensammlung*, vol. II-2, 1, p. 381.
70) H. Rothfels, *Lohmann*, pp. 61 ff.

거나 공적 건강보험의 대상에서 제외된 직종의 종사자와 나중에는 주로 사무직 노동자들이 가입했던 등록된 구제금고Hilfskasse, 5) 보험가입 의무를 지녔으나 어떠한 카테고리의 보험조합에도 가입하지 않은 노동자들의 건강복지를 임시적으로 보조하기 위해 지역의 행정당국이 직접 조직하며, 예외적으로 가입자의 자치행정을 허용하지 않는 행정건강보험조합Gemeindekrankenkasse이 각각 설치되었다.[71] 진취적 사회개혁가들이 원했던 바대로 국가는 이 모든 보험조직에 법률적 외피를 둘러주었을 뿐이며, 거의 대부분 보험당사자가 재정과 관리를 책임지게 되었다. 노동자들은 이렇듯 처음으로 공공기구에 참여하는 기회를 맛보게 되었다.

로만이 공직을 떠난 후 제정된 다른 보험영역에서 보면 자치행정의 조정원리가 건강보험과는 다르게 적용되었음을 알 수 있다. 로만은 제1차 산재보험법안이 의회에서 좌절된 이후 수정했던 입법안에 새로운 '중재재판소' 조항을 첨가했다. 이 기구에 행정당국이 파견하는 의장과 더불어 자본과 노동의 대표가 같은 수로 참가하여 산재보험 직업조합들의 보험업무를 감독하게 될 것이었다. 이 조정기구의 노동 측 할당을 선발하는 권한은 '노동자위원회Arbeiterausschuß'가 갖게 되는데, 건강보험법에 따라 설립될 지역보험조합의 노동자대표가 이 위원회를 구성하도록 기획되었다. 그 원안에 따르면 이 위원회는 또한 산재보험 직업조합들의 상해보상 규정을 감정할 권한을 갖게 되어 보상심사 과정에서 발생할지도 모르는 기업가들의 불합리한 처사를 어느 정도 견제할 수 있었다.[72]

---

71) F. Tennstedt, *Selbstverwaltung*, pp. 25 ff.
72) "Endfassung der zweiten Unfallversicherungsvorlage, 1882 Mai 8," in *Quellensammlung,*

이 기획대로라면 산재보험도 건강보험처럼 자치행정의 원리에 따라 조정정치를 실현할 수 있는 공적 기제가 될 수 있었을 것이다. 그러나 그것은 기업의 안위를 위해 '절대적으로 필요한 경영지도부의 권위를 손상시키게 될' 사태를 우려한[73] 자본 측의 완강한 저항을 불러일으키고 말았다. 이 사안에 조직적으로 반발한 철강기업들에게 노동자위원회는 마치 '사회민주주의 조직'과 같아서 노사 간의 갈등을 심화시키는 독소조항에 다름 아니었다.[74]

이러한 노동자위원회의 구성은 고용주에 대한 노동자의 투쟁조직을 의미하며, 그것은 지금까지 아주 원만했거나 적어도 그런 대로 유지되었던 노사관계에 해로운 영향을 끼치게 될 것이다. 우리의 이웃 국가들에서 등장한 노동운동의 과격한 성격을 보건대, 새로운 입법안이 구상하고 있는 노동자위원회로 말미암아 기존 체제의 전복과 폭력적 혁명을 부르짖는 잔인한 목소리가 더 높아질 것임에 틀림없다.

여기에서 분명히 드러나듯 자본 진영은 경제불황의 타개책으로 기획한 생산조직과 관리조직의 합리화 전략을 보완하게 될 보험정책에 가장 큰 관심을 두었으며, 이러한 맥락에서 비스마르크의 복지정치와 함께 갈 수 있었다. 그러나 철강기업가들은 기간산업의 경제적 안정을 넘어서는 지배정치에는 동조할 수 없었으며, 더욱이 노동계급뿐만 아니라 기업들조차도 산업공동체에 묶어두려는 비스마르크의 구상에 찬

    vol. II-2, 1, pp. 212~33.

73) Bundesarchiv Koblenz R. 13 I/81: "Protokoll der Vorstandssitzung, 10. 2. 1884."

74) H. A. Bueck, "Die Grundzüge für den Entwurf eines Gesetzes über die Unfallversicherung," in *Stahl und Eisen*, no. 2(1884), p. 106.

성할 수 없었다. 비스마르크는 어쩔 수 없이 자신의 계획을 다시 한 번 수정할 수밖에 없었으며, 결국 문제의 '노동자위원회'는 지방 행정관리가 선임하여 중재재판소에 참여하게 되는 '노동자대표'로 대체되었다.[75]

이제 비스마르크가 스스로 연출을 맡았던 이 장편의 드라마를 품평해보자. 모든 정책과제가 그렇듯이 '비스마르크 사회보험' 또한 다양한 정치세력 사이의 타협으로 탄생했다는 점에서, 우선 의회정치의 역할이 두드러진다. 독일제국의 후진적 정치지형에서, 그리고 제국수상의 경향이 반의회주의적이었음에도, 국가사회주의를 저지한 정당정치의 위력을 결코 과소평가할 수 없을 것이다. 주연으로 대접받은 철강자본은 비록 부여받은 역할을 다하지는 못했지만 기업경영에 유리한 보험제도를 얻었다. 비스마르크는 아마도 스스로 연출한 무대의 막이 내린 후 그 누구보다도 참담했을 것이다. 그토록 오랜 기간을 끌었고, 수많은 수정제안을 거친 입법안은 그의 치적기간 동안 찾아보기 힘들 것이다. 600쪽을 넘어선 그의 자서전에서 보험입법을 언급한 말을 한마디도 찾을 수 없을 정도로 그의 상심이 컸던 것으로 보인다. '국가연금'의 꿈이 너무나 시대에 뒤처졌던 탓이었다. 자치행정을 둘러싼 의미론 투쟁에서 그는 결국 '조정하는 노동정치'를 바라는 개혁세력에 패하고 말았다. 여러 사회개혁 노선의 기대를 한데 모은 로만의 기대지평은 그만큼 멀리 열려 있었으며, 장차 다른 조직원리들을 포괄하게 될 여지를 지니고 있었다. 자치적 보험조합 속에서 공동결정의 학습이 이루어졌으며, 여기에 코퍼러티즘 협상정치의 싹이 자라날 수 있었다. 그럼에도 비스마르크의 기대가 모두 좌절되었다고 보기는 어려울 것이

---

75) "Endfassung der dritten Unfallversicherungsvorlage, 1884 März 6," in *Quellensammlung*, vol. II-2, 1, pp. 509~30.

다. 보험입법 속에 그의 지배정치 기획이 부분적으로나마 반영되었기 때문이다. 무엇보다도 예방적 노동자보호라는 전향적 복지정책을 무산시켰다는 점에서 그의 부정적 치적이 기록될 수 있겠다. 다음 장에서 보게 되듯, 사회민주주의 진영은 그렇게 지체된 사회개혁을 빌미로 국가 사회정책 전반에 저항으로 맞섰다.

제6장 저항하는 사회민주주의

1. '진정한 사회개혁'—공장입법 운동

'무산계급의 요구와 이익에 봉사한다'는 사회보험이 추진되는 동안 사회민주당은 마치 문제의 정책과제에 무관심했던 듯 단 두 차례 아주 간략한 공식성명을 발표했을 뿐이었다. 새로운 사회입법의 개막을 알린 '황제교서'가 발표되었을 때, 베벨과 리프크네히트의 이름으로 발표한 사회민주당의 성명서는 '계획적이고, 근본적이며, 온전한' 사회개혁에서 멀리 벗어났다며 이 입법기획을 한마디로 힐난하고는 다음 말을 아꼈다.[1] 그러다가 건강보험법과 산재보험법의 국회의결을 눈앞에 둔 즈음에야 비로소 그 사안이 당 대회의 공식의제에 올랐지만, 그때도 정책현안의 전망과 문제점을 자세히 지적하는 말은 없었다. 1883년 3월에 열린 코펜하겐 대회[2]의 회의록대로라면 사회보험 문제는 민감하거나 복잡한 논쟁거리가 될 수 없었다. "진정으로 그럴 생각도 없거니와

---

1) "Eine kaiserliche Botschaft und eine sozialdemokratische Antwort, 1881 November 24," in *Quellensammlung*, vol. II-1, pp. 85~88.

능력도 없는 지배계급들이 추진하는 (……) 이른바 사회개혁이란 노동자들을 올바른 길에서 벗어나게 하는 전략적 수단일 따름이다"라는 결의문이 아무런 토론 없이 채택되었던 것이다.[3] 사회입법이 앞으로 사회민주주의의 진로에 어떤 영향을 끼칠지 전혀 짐작할 수 없었던 듯, 그러고는 그만이었다.

여러 정파의 이해관계와 사회적 기대가 맞물려 있던 '비스마르크 사회보험'은 몇 마디 단호한 말로 그렇게 간단히 물리치고 말 사안은 아니었다. 그렇다면 노동계급의 대변자 사회민주당은 겉보기로는 왜 그 중대한 사안을 그토록 소홀히 다루었을까? 고타 합당대회(1875년)로부터 첫번째 보험입법 발의(1881년)까지 상당한 세월이 지났지만, 사회민주당 지도부가 전열을 갖추기도 힘들었던 이유가 컸다. 사회주의자법 탓에 당의 기반조직이 크게 흔들렸기 때문이다. 그런 와중에 복지입법 발의는 당혹스럽고 갑작스러운 사건이었을 것이다. 공안당국에 추적당하는 마당에 국가의 정책과제를 면밀히 따져볼 겨를이나 있었겠는가. 더군다나 사회민주주의 지도부가 그 사안의 중요성을 간파해낼 만큼 사회적·정치적 이론의 성숙단계에 이르지 못한 탓도 있었다. 그 때까지 마르크스든 엥겔스든, 그 누구도 노동운동 진영 내부에서 사회보험 문제를 이론적으로 성찰한 인물은 아무도 없었다.

그럼에도 그러한 사정을 이해할 만한 사연이 따로 있었다. 그 무렵 사회민주주의 진영이 공식적으로 보험입법을 무시한 채 적극 추진한 또 다른 사회입법과제가 있었으니, 바로 '10시간 표준노동일Normalarbeitstag' 규

---

2) 1878년의 사회주의자법이 제정된 이래로 금지의 대상이 된 사회민주주의 정치집회는 국외에서 열릴 수밖에 없었다.

3) *Protokoll über den Kongreß der deutschen Sozialdemokratie in Kopenhagen. Abgehalten vom 29. März bis 2. April 1883*, Hottingen/Zürich 1883, pp. 29 f.

정이었다. 그것이야말로 '진정한 사회개혁wirkliche Sozialreform'이면서 '사회혁명'의 첫 단계이기도 했다. 그런 만큼 이 사안은 노동조합과 노동당 운동의 상징이었다. 따라서 저명한 논객 폴마G. v. Vollmar가 국회 단상에서 외쳤듯이, 그 과업을 방해하는 사회보험이란 어리석은 시골사람들이나 속일 수 있는 '서투른 정치적 사기politische Bauernfängerei'에 불과했다.[4] 이렇듯 '진정한' 정책과 '사이비' 정책을 극명하게 대비하는 가운데 노동보험 문제가 사회민주주의 의제의 뒷전으로 밀려나고 말았던 것이다.

대부분의 선진 산업국에서 '8시간 표준노동일'이 이미 오래전에 정착된 오늘날의 기준에서 볼 때, 고작 '10시간 노동일'을 표준으로 상정한 사회민주당의 정책과제가 한갓 웃음거리로 비칠지도 모른다. 그러나 당시 자본의 '저거노트 수레바퀴'(마르크스)는 상상외로 혹독했다. 산업 분야에 따라 큰 편차가 있었지만, 일요일 휴무도 없이 12시간 2교대제나 심하면 14시간 노역이 이 시기 공장노동의 관행이었다.[5] 여기에 더하여 불결하고 위험한 작업장은 그야말로 산업질병과 상해의 온상이었다. 이러한 노동여건은 인도주의 지식인들과 사회운동가들에게 심각한 노동문제로 각인되었으며, 사회고발의 대상이기도 했다. 때마침 1873년부터 불어 닥친 경제공황의 여파로 노동자들의 생계가 더욱 궁핍해지면서, '노동자보호Arbeiterschutz'는 동시대 여론의 주요 쟁

---

4) H.-P. Benöhr, "Soziale Frage, Sozialversicherung und Sozialdemokratische Reichtagsfraktion (1881~1889),"(이하 "Frage"로 약칭) in Zeitschrift der Savigny-Stiftung für Rechtsgeschichte, Germanische Abteilung, vol. 98(1981), p. 137.

5) G. Scharf, Geschichte der Arbeitszeitverkürzung. Der Kampf der deutschen Gewerkschaften um die Verkürzung der täglichen und wöchentlichen Arbeitszeit(이하 Geschichte로 약칭), Köln 1987, pp. 73 ff.; M. Schneider, Streit um Arbeitszeit. Geschichte des Kampfes um Arbeitszeitverkürzung in Deutschland, Köln 1984, pp. 30 ff.

점으로 떠올랐다. 노동인력의 건강과 상해 문제를 정치적 이슈로 이끌고 갔던 이 시기 수많은 보고서는 이러한 배경에서 출현한 것이었다.[6]

이 같은 사회여론은 표준노동일을 규정하는 공장입법Fabrikgesetz-gebung에 모아졌으며, 노동자들의 질병과 상해가 주로 장시간 노동에서 발생한다는 민간보고서들이 이 과정에서 큰 몫을 했다. 이미 괄목할 만한 성과를 보인 선진사례들도 흠모대상이었다. 일찍이 1833년에 제정된 영국의 공장법Factory Acts이 하나의 모범이었다. 영국 사회의 발전모델을 경외하던 사회개혁가들에게는 이 입법이야말로 진보의 상징이었던 것이다. 그러나 이 '겸손한 대헌장'[7]은 동시대 사회여론을 크게 고무했음에도 몇 가지 한계를 지니고 있었다. 여러 차례의 개정을 거쳐 1874년에 글래드스턴W. E. Gladstone 정부의 개혁정책으로 확정된 이 입법은 공장의 한계 노동시간과 이를 감독하는 행정체계를 규정했지만, 그 적용범위는 주로 광산과 섬유공장의 소년노동과 부녀노동에 한정되어 있었다.[8] 그런 까닭에 영국의 사례보다도 더 앞서 나간 스위스의 공장입법이 더욱 크게 주목받았다. 1874년에 스위스 철도 및 상공부 수장의 이름으로 제안된 노동시간 규정들, 다시 말해 모든 공장노동자에게 11시간 표준노동일을 적용하고 소년노동과 부녀노동, 야간작업을 엄격하게 제한한 조항들은 당시 유럽에서 유례를 찾기 힘든 기획이었다. 1878년에 스위스 연방법에 안착한 이 입법이 독일의 정치지형에서는 유토피아적 이상으로 보였겠지만, 실상 그것은 독일 노동입법의 후진성을 비판하는 하나의 잣대가 되었던 것이다.[9]

6) F. Tennstedt, *Proleten*, pp. 356 ff.
7) MEW, 23, p. 320.
8) V. v. Bojanovski, *Die Englischen Fabrik- und Werkstäten-Gesetze*, Berlin 1876.
9) "Schreiben des Wirklichen Geheimen Oberregierungsames a. D. Hermann Wagener

독일의 노동입법에서 노동시간을 제한한 규정들이 전혀 없었던 것은 아니었다. 이미 1839년에 유년노동을 규제하는 법규가 프로이센에서 제정된 바 있었다. 이 규정으로 9세 이하 아동노동은 금지되었고, 16세를 넘지 않은 소년들은 하루 10시간 이상 일할 수 없었으며, 이들의 일요노동과 야간노동도 금지되었다.[10] 이를 개선한 1853년의 입법은 더 나아가서 취업 한계연령을 12세 이상으로 규정했으며, 소년들(12~14세)의 하루 노동시간도 6시간 이하로 제한했다.[11] 이 내용들이 북독일연맹의 1869년 입법과정을 거쳐 독일제국의 영업법규에 그대로 이어졌지만, 임금과 노동조건은 사용자와 고용자 사이의 '자율적인 계약'에 맡긴다는 원칙 아래 성인 남녀 노동인력을 '보호하는' 그 어떤 규정도 마련되지 않았다.[12] 시민사회의 여론에서 정치권으로 파급된 공장입법 논의는 이러한 제도적 후진성에서 비롯한 것이었다.

노동시간 규제를 하나의 정책과제로 상정한 대부분의 정당은 노동조건 개선 그 자체에 궁극적 목표를 두었다기보다는 '건강한' 사회질서를 위협하는 교육, 윤리, 가정, 종교생활의 파탄에 더 주목했다. 예컨대 가톨릭 교리에 뿌리를 둔 중앙당Zentrum의 의제는 주로 "모든 노동하는 인구의 종교적이며 도덕적인 삶을 진정으로 보호하게 될" 일요일 휴무에 집중했다.[13] 가족을 사회적 유기체의 근간으로 본 보수정당들도

---

an den Reichskanzler Otto Fürst von Bismarck mit Entwurf eines Gesetzes über Einführung eines Normalarbeitstages," in *Quellensammlung*, vol. I-3, pp. 250~59.

10) "Regulativ über die Beschäftigung jugendlicher Arbeiter in Fabriken, 1839 März 9," 같은 책, pp. 745~46(Anhang 1).

11) "Gesetz, Betreffend einige Abänderungen des Regulativs vom 9. März 1839 über die Beschäftigung judendlicher Arbeiter in Fabriken, 1853 Mai 16," 같은 책, pp. 747~49(Anhang 2).

12) "Gewerbeordnung für den Norddeutschen Bund, 1869 Juni 21," 같은 책, pp. 44~50.

한몫 거들었다. 보수주의자들은 무엇보다도 공장과 작업장에서 혹사당하는 소년들의 처지를 우려했다. 그들의 눈으로 볼 때 소년들이야말로 장차 국가를 수호하게 될 미래의 군인이 아니던가.[14]

모든 정파 중에서 가장 먼저, 그리고 동시대 수준에서 볼 때 거의 완벽하다 할 만큼 정교한 공장입법을 추진한 사회민주당은 이들과는 전혀 다른 동기에서 출발했다. 사회민주당이 오랜 준비 끝에 수차례 의회에 제출한 입법 내용과 취지는 겉보기로는 이 시기 사회여론의 윤리 기준과 일치했다. 10시간 표준노동일 규정, 여성노동과 아동·소년 노동의 엄격한 규제, 일요노동 금지, 공장감독관 제도 확대 등, 이 모든 규제조항은 동시대 사회적 요구에서 크게 벗어나지 않았다. 그러나 당의 기관지에 실린 선전문구에서 보듯이, 공장입법을 지향하는 "진정한 사회개혁은 그 내용과 목적에서 (……) 사회혁명과 다를 바 없었"다.[15] 그것은 곧 무자비한 자본의 폭력과 이를 방조하는 국가에 마주서는 저항의 상징이자 수단이었다. 이런 배경에서 공장입법 운동은 노동자들의 계급의식을 일깨워 노동조합의 경제투쟁과 정치투쟁을 하나로 묶는 고리가 되었던 것이다.

이러한 기본전략은 "자본주의 생산의 역사에서 노동일의 표준화는 그것의 한계를 둘러싸고 총자본, 즉 자본가 계급과 총노동, 즉 노동자

13) "Antrag des Reichstagsabgeordneten Ferdinand Graf von Galen und Genossen an den Reichstag, 1877 März 19," 같은 책, pp. 411~13(인용은 p. 411); Th. Wattler, *Sozialpolitik der Zentrumsfraktion zwischen 1877 und 1889 unter besonderer Berücksichtigung interner Auseinandersetzungen und Entwicklungsprozesse*, Phil. Diss., Köln 1978.

14) F. Tennstedt, 앞의 책, p. 360.

15) *Sozialdemokrat*, 1883. 11. 8.; "Aufruf der sozialdemokratischen Reichstagsabgeordneten zur Wahl des 6. Reichstags(Erstfassung), 1884(September)," in *Quellensammlung*, vol. II-1, pp. 220~24.

계급 사이에서 벌어지는 투쟁" 속에서 쟁취된다는 마르크스의 명제에서 비롯한 것이었다.[16] 이 유명한 명제는 그의 『자본론』 제1권, 제3편(절대적 잉여가치의 생산), 제8장(노동일)에 들어 있다. 잘 알려진 대로 잉여가치 생산의 비밀을 캐는 마르크스의 설명은 대단히 복잡하고 온갖 수리공식으로 가득하다. '노동일'을 설명하는 제8장이 전체 『자본론』의 내용 중에서 비교적 쉽게 읽히는 편이라 해도, 그 당시 몇몇 교양시민 출신 운동가를 제외하고는 대부분의 일반 노동자들이 이를 제대로 이해하기는 힘들었을 것이다. 그에 비해 국제노동자협회에 보낸 여러 '훈령'은 비교적 간명하고 쉽게 기록되었으니, 아마도 이 문건들이 더 자주 읽혔을 것이다. 그중에서 한 설명을 살펴보자.[17]

노동일을 법적으로 규제하는 일은 개혁과 해방의 전제조건이며, 그것 없이는 다른 어떤 노력도 실패하기 마련이다. 이 일은 노동계급, 즉 대다수 국민대중의 건강과 신체적 에너지를 회복하고 정신적 성숙, 사교생활, 사회적·정치적 활동을 보장하기 위해 반드시 필요한 과제다.

표준노동일 운동의 초반기에 국제노동자협회와 일정한 거리를 유지해온 라살 추종자들이 마르크스와 더욱 친밀했던 베벨이나 리프크네히트 측보다는 훨씬 적극적으로 공장입법을 추진했다. 이러한 사실로부터 앞으로 이 운동이 사회민주주의 진영 내부의 분파들을 아우르는 포괄성과 대중성을 지니게 되리라고 짐작할 수 있겠다. 라살의 갑작스러

---

16) MEW, 23, p. 249.
17) K. Marx, "Instruktionen für die Delegierten des Provisorischen Zentralrats zu den einzelnen Fragen," in MEW, 16, p. 192.

운 사망 이후 '노동자연맹'을 이끌었던 슈바이처는 1867년 10월에 독일에서 맨 처음 근대적 공장입법을 기안했던 인물로 기록된다. 1870~80년대에 여러 차례 의회에 제출된 사회민주주의 공장입법안들의 모형이 된 그의 기획은 10시간 표준노동일과 중앙단위의 공장 감독 관청 수립을 그 핵심내용으로 삼고 있었다.[18] 슈바이처가 이 입법안을 기획하면서 마르크스로부터 어느 정도 깊은 영향을 받았는지 정확하게 알 수는 없지만, 그의 이론이 적어도 공장입법의 필요성과 정당성을 일깨웠다는 점은 틀림없어 보인다. 변호사이면서 저널리스트로 이름을 날린 이 운동가가 『자본론』 출판 직후 노동자연맹의 기관지 『사회민주주의자』에 여러 차례 이 책의 해설기사를 실었으며, 특히 마르크스의 '노동일' 명제를 자세히 설명하면서 노동시간 투쟁을 적극 호소했기 때문이다.[19] 그러면서도 그는 여전히 임금수준이란 항상 생계의 저점에 위치하기에 "지금으로서는 노동시간을 감축할 일밖에 없다"고 보면서, 라살의 교설을 충실히 따르고 있었다.[20] 이미 앞에서도 여러 차례 보았듯이, 평균 노동임금은 그 자체의 법칙에 따라 항상 필요 생계비의 경계를 넘을 수 없으며, 이로써 이미 파업투쟁은 무용지물이 된다는 원리가 라살의 임금철칙이었다. 이 논지를 따르면 노동시간의 연장이나 단축은 임금수준에 매이지 않는 독립변수다. 이 공식이 라살 추종자들의 표준노동일 원리와 쉽게 접합했다고 볼 수 있다. 그리고 '국

---

18) "Entwurf des Reichstagsabgeordneten Dr. Johann Babtist von Schweitzer für ein Gesetz zum Schutz der Arbeit gegen das Kapital, 1867 Oktober 8," in *Quellensammlung*, vol. I-1, pp. 14~23.

19) *Social-Demokrat*, no. 10(1868. 1. 22.); no. 24(1868. 2. 23.); no. 25(1868. 2. 26.); no. 49(1868. 4. 24.).

20) 같은 책, no. 139(1867. 11. 29.).

가부조'를 기대한 라살의 기본전략도 공장입법 운동을 고무했을 것이다. 이렇듯 슈바이처의 공장입법 기획은 마르크스의 혁명이론과 라살의 임금철칙을 절충하면서 광범위한 대중전선을 구축하는 전략이었던 것이다. 그렇다면 라살주의자들과 겨루고 있던 국제노동자협회 진영의 사정은 어떠했을까?

슈바이처가 처음으로 공장입법을 제안했을 때 다른 분파에 속해 있던 리프크네히트는 이를 비스마르크 정책과 닮았다는 이유로 철저히 거부했다.[21] 국가부조보다는 고립적 투쟁전선에 훨씬 더 기울었던 그의 신념이 크게 작용했던 까닭이었다. 국제노동자협회 운동의 또 다른 지도자 베벨은 1868년에 노동조합 운동의 과제를 논하는 어느 글에서, "노동자가 자유로운 시간을 더 많이 향유할수록, 그만큼 더 성공적으로 정신적 · 육체적 수련에 전념할 수 있을 것이며, 그만큼 더 좋은 여건에서 자신의 계급을 해방하게 될 결전을 준비할 수 있을 것"이라고 썼다.[22] 그런데 이 주장은 마르크스의 명제에서 나왔다기보다는 '혁명가들을 키웠던' 노동자교양협회의 일반적인 덕목 교육에 뿌리를 둔 것이었다.[23] 베벨 또한 구체적인 공장입법에는 대단히 소극적이었다. 그렇더라도 이들의 입장을 특별하다고 여길 수는 없다. 정파와 무관하게 당시 슈바이처의 동지들 중에서도 공장입법 운동에 부정적이거나 소극적이던 사람들이 많았기 때문이다. 입법발의 정족수 15명의 국회의원을 확보하기 힘든 사정에서 공장입법의 가능성을 회의하는 분위기가 사회민주주의 진영 내부에 팽배한 탓도 있었다. 한 시대를 여는 듯했

---

21) *Quellensammlung*, vol. I-1, p. 14(각주 1).
22) *Demokratisches Wochenblatt*, no. 46(1868. 11. 14.).
23) G. Scharf, *Geschichte*, pp. 130 f.

던 슈바이처의 귀중한 입법안은 당분간 사회민주주의의 핵심의제로 오를 수 없었다.[24]

이런 가운데서도 노동조합 운동가들은 여전히 공장입법 운동에 열성이었다. 노동당과 노동조합의 역할분담이 쟁점으로 떠올랐던 시점에 오히려 기층에서 입법의 추진력이 나왔다는 사실이 흥미롭게 보인다. 그만큼 현장에서는 표준노동일 제정이 절박했을 것이다. 이 사안과 관련된 동시대 기록들에서 가입이라는 현장운동가를 만날 수 있는데, 그는 여러모로 유별난 인물이었다. 우선 그는 함부르크에서 서적상을 운영하며 지역 노동운동에 헌신했다. 그는 교양시민에 속했지만 화려한 정치무대에 나서기보다는 지역 노동조합 현장에 묻혀 일하기를 더 즐겼다. 그는 노동조합 운동 형성기에 자신의 텃밭에서 지역연합체를 성공적으로 이끌었을 뿐만 아니라 나중에는 두 정파로 갈라진 노동조합 조직들을 하나의 깃발 아래 모으는 일에도 열심이었다. 처음에 라살파의 노동자연맹에 속했던 그는 이론적으로는 베벨과 리프크네히트 진영에 더 가까웠던 까닭에 결국에는 당적을 옮겼다. 이러한 이력들 덕택에 그는 두 정파의 '고타' 통합에 크게 기여한 인물 가운데 한 명으로 기록될 수 있었다. 그러나 무엇보다도 독일 노동운동 역사에 뚜렷이 남긴 그의 발자취는 스스로 쉽게 풀어 쓴 표준노동일 이론을 노동조합 운동의 현장에 접목했다는 점에서 찾을 수 있다. 그는 동시대 그 어느 사회민주주의 지도자들보다도 마르크스의 이론을 가장 잘 이해한 인물이었다. 슈바이처와 마찬가지로 그 또한 여러 차례 『자본론』의 해설문을 썼는데, '임금 문제든 노동시간 문제든' 오직 '노동자들의 단결된

---

24) F. Tennstedt, "Einleitung," in *Quellensammlung*, vol. I-3, p. XXIV.

힘으로' 해결할 수 있다고 봤다는 점에서 그는 라살주의 동료들과 길을 달리했다. 또한 표준노동일 쟁취를 노동조합의 중요한 기능이자 과제로 설정하면서 이를 노동계급의 정치적 해방투쟁으로 고양시켜야 한다고 주장한 점에서도 그는 베벨과 리프크네히트를 훨씬 앞서 나갔다. 그는 당 대회가 열릴 때마다 표준노동일 규정을 주요 정강정책으로 내세우는 일에서도 늘 주저함이 없었으며, 그의 주장 덕택에 그 사안이 당의 프로그램에 살아남을 수 있었다.[25] 그런 가운데 현장에서는 서서히 공장입법에 동조하는 세력이 늘어났다. 전국연초노동조합을 이끌던 프리체F. W. Fritzsche가 1873년에 슈바이처에 이어 노동자보호법을 기안했던 것이다. 그는 라살파 진영에 속했지만 공장입법에 한해서는 가입과 발걸음을 같이하고 있었다.[26]

이처럼 경제적 요구와 정치투쟁을 분리해 보지 않았던 현장의 목소리가 없었다면, 공장입법 운동은 시작과 동시에 끝났을지도 모른다. 실질적으로 사회민주당이 1877년 4월 11일에 국회에 올린 공장입법안은 노동현장의 요구를 거의 그대로 옮긴 내용이었다. 그것은 그때까지 사회민주당이 처음으로 의회에 제출한 입법안이면서, 앞으로 상당 기간 동안 다른 정당들이 따라올 수 없을 정도로 포괄적이며 획기적인 노동입법 기획이었다. 성인 남성 노동자의 10시간 표준노동일, 성인 여성 및 소년 노동자(15~18세)의 8시간 표준노동일, 일요노동과 야간노동 금지, 아동노동(14세 이하) 금지, 휴식시간 및 작업 시종시간 규정, 산부(3주)와 산모(6주)의 법정휴가, 공장의 작업환경을 규제할 제

---

25) *Volks-Staat*, no. 42(1871. 5. 24.) ; no. 43(1871. 5. 27.) ; no. 44(1871. 5. 31.).

26) "Wahlaufruf des Vorsitzenden des Deutschen Tabakarbeitervereins Friedrich Wilhelm Fritzsche mit Entwurf eines Arbeiterschutzgesetzes, 1873 Dezember 13." in *Quellen-sammlung*, vol. I-3, pp. 190~94.

국 감독관청 수립, 제국 보건청을 통한 위험예방 관리 등, 그 입법안에 담긴 주요 내용들은 동시대 노동정치 수준에서 거의 완벽하다고 볼 만했다.[27] 왜 마르크스가 선언했던 8시간 표준노동일 제정이 아니었느냐고 물을 수도 있겠지만, 사실 그 내용들은 유럽 어느 곳에서도 짝을 찾기 힘들 정도로 멀리 앞서 나간 것이었다. 이 획기적인 입법안은 노동운동 진영 내부의 회의적 기류를 극복하면서 사회민주주의 정책과제의 선두에 오를 수 있었다. 말할 것도 없이 '고타 통합대회' 이후에 해묵은 이론갈등이 해소되었기 때문에 가능한 일이었지만, 이 효과적인 정책수단을 통해 당의 지지기반을 넓힐 수 있다는 생각이 널리 퍼진 까닭이기도 했다.

그렇지만 그 기획을 실행하는 일은 또 다른 과제로 남아 있었다. 독일제국의 정치지형에서 한 입법안이 법령으로 성사되려면 지난한 여러 단계를 거쳐야만 했다. 우선 독일제국의 역사에서 그 어떤 정당도 제국의회의 절대다수 의석을 차지한 적이 없었다. 그러니 하나의 입법제정을 위해서는 반드시 몇몇 정파와의 타협과 합의가 필요했다. 입법안이 이러한 과정을 거쳐 어렵사리 본회의의 과반수 동의를 얻었다고 할지라도 연방정부들의 대표로 구성된 연방평의회Bundesrat의 재가를 거쳐야만 했다. 이 상위 헌법기구는 독일제국의 재상을 겸임하는 프로이센 내각수반의 손끝에서 움직이고 있었으며, 더군다나 제국재상은 제국의회에 비토권을 행사할 수 있었다. 따라서 대부분의 입법은 정당들의 발의를 거치기보다는 제국재상의 이름으로 제안되고 의결되었다. 이즈음 겨우 열두 석만을 확보한 사회민주당이 이러한 장벽을 어떻게

---

27) "Antrag der Reichstagsabgeordneten August Bebel, Friedrich Wilhelm Fritzsche und Genossen an den Reichstag mit Gesetzentwurf, 1877 April 11," 같은 책, pp. 414~19.

뛰어넘을 수 있었겠는가. [28] 실질적으로 사회민주당의 첫번째 입법안은 의회정치의 첫 단계에서 좌초하고 말았다. 1877년에 사회민주당과 더불어 몇몇 정당이 영업법규 개선책을 발의하자 곧 이를 심의하게 될 상임위원회가 열렸으나, 그 어떤 안건도 합의에 이르지 못했던 것이다. 이 위원회는 해당 입법안들을 본회의에 올리는 대신에 제국재상에게 회부하는 의결을 끝으로 산회하고 말았다. [29]

상임위원회의 결정은 문제의 공을 제국정부에 넘긴 셈이었다. '철혈재상'은 그 사안을 어떻게 보았을까? 사회보험입법에 적극적이었던 비스마르크가 자본의 전횡을 견제하는 어떠한 국가개입도 원치 않았다는 사실은 이미 앞에서 밝힌 내용이다. 그러나 노동자보호입법을 공식적으로 거부한 그의 발언은 몇 년 지난 뒤에나 나온다. 1877년에 사회민주당을 비롯하여 여러 정당이 노동자보호입법을 제안했을 무렵 비스마르크가 그 사안을 공개적으로 언급한 기록은 찾아보기 힘들다. 아마도 주요 의제가 국회 본회의에 오르게 된 시점이나 정부의 입법기획이 의회의 동의를 구할 때에야 제국재상이 직접 공개석상에 나서는 관행 때문에 그랬을지도 모른다. 그는 그 사안이 흐지부지 흘러간 다음 해가 되어서야 비로소 공식 견해를 내보였다. 놀랍게도 이때 그의 발언은 노동관계의 개선책을 편들고 있었다. [30]

---

28) 이 당이 1877년에 창당 이후 처음으로 법안을 발의했을 때 필요한 정족수 15석도 채 확보하지 못했기 때문에 공장입법에 호의적이었던 중앙당의 몇몇 의원과 다른 소수정파의 도움을 얻을 수밖에 없었다.

29) "Protokoll der zweiten Sitzung der IX. Kommission des Reichstags, 1877. April 24," in *Quellensammlung*, vol. I-3, pp. 420~22.

30) "Rede in der 8. Sitzung des Deutschen Reichstags am 9. Oktober 1878," in O. v. Bismarck, *Werke in Auswahl*, II, pp. 211 f.

나는 노동자들의 처지를 적극적으로 개선하며, 노동자들에게 높은 기업이윤의 배당을 보장하고, 기업의 경쟁력과 시장상황을 고려한 범위 내에서 노동시간을 단축하려는 모든 계획을 적극 후원할 예정입니다. (……) 만약 사회민주주의자들이 이성적인 방법으로 미래를 내다보면서 노동자들의 운명을 개선하기 위한 긍정적 방안을 제안한다면, 나는 국가부조라는 이념을 염두에 두면서 자구책을 강구하는 모든 사람에게 도움을 주기 위한 방안을 호의적으로 검토할 것입니다.

이 구절은 그가 1878년 10월에 국회단상에 서서 사회주의자법의 정당성을 감쌌던 연설에 곁들였던 내용이다. 따라서 누구라도 그 말의 진의를 의심해야 마땅했을 것이다. 실제로 그 뜻을 곧이곧대로 받아들인 사람은 아마도 거의 없었을 것이다. 그렇더라도 이 '호의적인' 연설의 이면에서 조용히 벌어진 일을 잘 알고 있는 사람도 드물었다. 비스마르크는 그동안 정부의 해당 부서가 기획하고 있던 노동자보호입법안을 저지하거나 그 내용을 바꾸는 일에 골몰하고 있었다. 이러한 사실은 오래도록 정부문서 속에 묻혀 있었다.[31] 이 은밀한 일을 들추게 되면 비로소 비스마르크 재위기간에 지체된 사회개혁의 실상이 제대로 드러날 것이다.

노동시간 규제가 '노동을 보호하는' 사회개혁의 첫걸음이라는 인식이 인도주의 지식인들이나 시대를 앞서 갔던 정치가들의 뇌리에서만 나온 것은 아니었다. 정부의 해당 부서 관료들도 이 문제를 가볍게 보지 않았을 정도로 표준노동일 규정은 시대적 요청이었다. 비스마르크

---

31) F. Tennstedt, "Einleitung," in *Quellensammlung*, vol. I-3, pp. XXXI ff.

의 측근들이 사회여론과 정치권의 요구에 부응할 만한 정책과제를 다듬고 있었다는 점에서 이 사안의 중요성을 짐작할 수 있겠다. 이들 가운데 사회정책학회에 속했던 헤르만 바게너Hermann Wagener가 있었다. 그는 비스마르크의 오랜 친구이자 사회정책 고문이었는데, 그가 기획한 사회입법안은 그 누구도 따르기 힘들 정도로 진취적인 내용들을 담고 있었다. 그는 드러난 보수주의자였다. 그렇지만 그의 보수주의는 동시대 부르주아 사회개혁과 결을 같이하고 있었다. 슈타인의 복지이론에 심취했으며 '강단사회주의자들'과도 가깝게 지냈던 그는 비스마르크에게 거리낌 없이 노동정책의 개혁을 권할 수 있었던 거의 유일한 공무원이었을 것이다. 비스마르크도 한때 그의 추천으로 라살과 정치동맹을 맺을 계획을 세우기도 했다.[32] 이러한 이력에서 보건대 그가 남다른 발상으로 새로운 정책과제를 제안했으리라고 짐작할 만하다.

일찍이 1875년에 바게너가 비스마르크에게 제출한 '표준노동일 입법안'[33]은 여러 면에서 예사롭지 않은 내용들로 가득했다. "지금까지 독일에서 발생한 사회문제의 여파로 기존 국가와 사회제도들을 통틀어 적대시하는 경향이 점점 더 늘어나고 있는데, 그럴수록 이미 다른 나라들에서 유익하다고 밝혀진 길을 독일제국도 따라야만 한다. 이것은 그만큼 더 시급하고 피할 수 없는 과제다."[34] 이 주장만으로 보건대 그

---

32) H.-J. Schoeps, "Hermann Wagener—ein konservativer Sozialist," in *Zeitschrift für Religions- und Geistesgeschichte*, vol. 8(1956), pp. 147 ff.; F. Tennstedt, "Einleitung," in *Quellensammlung*, vol. I-1, pp. XXI~LVII.

33) "Schreiben des Wirklichen Geheimen Oberregierungsrates a. D. Hermann Wagener an den Reichskanzler Otto Fürst von Bismarck mit Entwurf eines Gesetzes über Einführung eines Normalarbeitstages, 1875 Januar 12," in *Quellensammlung*, vol. I-3, pp. 250~59.

34) 같은 책, p. 251.

는 여느 사회개혁가들과 다를 바 없었다. 그러나 그의 처방은 '강단사회주의자들'의 개혁안을 능가하고도 남을 지경이었다.[35] 이를테면 공장감독관에게 자본의 전횡을 규제할 권한을 주자는 발상은 사회민주주의 진영에서나 동조를 얻을 만했다. 모든 일요노동, 부녀자와 소년의 야간노동을 금지하면서 일반적으로 적용되는 한계노동을 주당 56.5시간으로 규정한 내용은 영국의 공장법이나 이보다 더 앞섰던 스위스의 모범보다도 한 걸음 더 나아간 내용이었다. 그것은 또한 사회민주주의 입법안과 궤를 같이했으며, 어떤 부분에서는 그것을 넘어서기도 했다.

비스마르크는 시대를 앞서 간 이 입법안을 어떻게 보았을까? 이 물음에 답해줄 자료는 흔적조차 남아 있지 않다. 문제의 바게너 입법안이 정부문서고가 아니라 비스마르크 개인문서철에 숨어 있었다고 하니,[36] 그 사안은 단 한 차례도 내각이나 해당 부서의 공식의제로 오르지 않았을 것으로 보인다. 그즈음에 바게너가 이미 공직에서 물러나 있었으니 그의 영향력도 미미했을 것이다. 어찌 되었건 전후 사정을 보건대 비스마르크는 틀림없이 절친했던 그 고문의 권고를 철저히 무시했을 것으로 여겨진다. 그 획기적인 바게너 문서는 다만 그가 퇴직한 후 그의 업무를 물려받았던 로만의 입법구상으로 이어져 가냘프게나마 명맥을 유지할 수 있었다.[37]

---

35) 이를테면 슈몰러는 아예 성인 남성 노동자의 표준노동일 제정에 반대했으며, 진보개혁의 '사령관' 브렌타노는 표준노동일을 12시간으로 한정했다. 그리고 다른 구체적인 사안에서도 이들이 바게너의 입법안에 필적할 만한 개선책을 제시한 바는 없었다("Referat des Professors Dr. Lujo Brentano auf der Gründungsversammlung des Vereins für Sozialpolitik, 1872 Oktober 6," 같은 책, pp. 135~36; "Thesen des Professors Dr. Gustav Schmoller auf der fünften Generalversammlung des Vereins für Sozialpolitik, 1877 Oktober 10," 같은 책, pp. 537~39).

36) 같은 책, p. 253(각주 13).

37) 바게너는 1866년부터 비스마르크의 사회정책 자문을 맡았는데, 1873년에 뇌물수수 혐의로

바게너와 로만 사이에 비록 사적 친분은 없었지만, 두 사람은 여러 모로 가까운 관계에 있었다. 우선 '복지왕정'의 이론가 슈타인이 이들의 정신적 스승이었다. 그리고 두 인물 모두 '강단사회주의자들'과 친밀했으며 많은 부분에서 그들의 개혁노선에 동참했다. 다만 바게너가 좀더 이상적이었다면, 로만은 정치지형을 더 살폈다. 로만이 오랜 기간 준비한 끝에 사회정책과제를 마련했을 때, 그것은 바게너의 원리를 따르면서도 전략적 끈을 놓치지 않은 기획이 될 수 있었다. 1876년 6월 30일 프로이센 상공부장관 아헨바흐H. Achenbach의 이름으로 각료회의에 올랐던 영업법 개정안은 로만이 직접 작성한 것이었다. 그것은 제국건설 이후에 정부부서가 처음으로 제안한 노동자보호입법안이라는 의미를 지녔다. 그 준비과정에서 로만은 처음부터 입법수립을 회의했던 것으로 보인다. 한편으로는 상공부 관료들 사이에서 산업규제 자체를 반대하는 자유주의 기류가 넘쳤다. 다른 한편으로는 늘 산업입국을 외치는 비스마르크가 버티고 있었다. 이런 사정에서 로만은 과감하게 밀고 나갈 수 없었으며,[38] 바게너가 원한 표준노동일은 그의 기획에서 사라지고 말았다. 그 대신 야간노동을 금지하고 소년과 여성 노동인력을 크게 배려하면서 입법취지를 살리려고 한 점이 돋보인다. 그러면서 로만은 바게너의 뜻에 따라 포괄적인 영업감독관 제도를 입법안의 중심과제로 삼았는데, 지방법원의 규정으로 산업현장의 노동관계를 감독하게 될 독립적이며 전문적인 관료기구가 그의 구상이었다.[39] 그 조항

자유주의 정파의 공격을 받아 공직에서 물러났다. 문제의 1875년 입법기획은 개인적으로 비스마르크에게 제출한 것이었다(F. Tennstedt, "Einleitung," in *Quellensammlung*, vol. I-1, pp. XXV ff).

38) "Brief des Geheimen Regierungsrates Theodor Lohmann an den Schuldirektor Dr. Ernst Wyneken, 1876 November 5," in *Quellensammlung*, vol. I-3, p. 393.

들은 바게너의 기획이나 사회민주당의 입법안에 비해 훨씬 누그러진 내용이었지만, 그렇더라도 현실 정치지형에서 한 사람의 공무원이 선택할 수 있는 최대한의 가능성이었을 것이다.

　비스마르크는 이 입법안을 보고서 드디어 속내를 드러내기 시작했다. 그는 손수 '공장감독 공무원'을 규정한 조항에 '협박?'이라는 난외 주석을 달 정도로[40] 국가공무원이 직접 산업현장에 개입하는 문제에 특히 민감했다. 그러면서 그는 이 입법안과 관련하여 정무장관에게 내려 보낸 '지시'에서, 노동시간 규제는 곧 노동자에게 부여된 노동권의 침해이며 아울러 해외경쟁력을 고려할 때 '지금의 불리한 산업상황'이 이토록 '엄격한' 노동자보호조처를 요구하지 않는다는 견해를 밝혔다.[41] 이 가운데 이미 그가 앞으로 공개석상에서 노동자보호정책을 거부하게 될 핵심논리가 들어 있었다. 그리고 그 속에는 산업을 규제하는 입법추진을 중지하라는 경고의 의미도 담겨 있었다. 그럼에도 제국 재상 사무처가 1878년 봄에 로만의 기획을 바탕으로 의회에 제출할 정부의 '공장입법 초안'을 비스마르크에게 올렸을 때,[42] 그는 재상의 권력이 크게 손상되었다는 점에 분노와 상실감을 감추지 않았다. 지난해에 내려 보낸 '지시'대로 이 입법기획은 더 이상 나아가지 말아야 했다. 그리고 그 어떠한 입법안도 자신의 명령이나 위임을 벗어나면, 그 자체로 그것은 헌법 위배사항이었다. 따라서 해당 부서는 문제의 입법안

---

39) "Votum des preußischen Handelsministers Dr. Heinrich Achenbach für das Staatsministerium mit Denkschrift und Gesetzentwurf, 1876 Juni 30," 같은 책, pp. 333~60.

40) 같은 책, p. 359(각주 39).

41) "Votum des preußischen Ministerpräsidenten Otto Fürst von Bismarck für das Staatsministerium, 1876 September 30," 같은 책, pp. 373~76.

42) "Ersterfassung des Entwurfs eines Fabrikgesetzes," 같은 책, pp. 425~30.

을 당장 폐기하고 비스마르크의 뜻을 담은 새 초안을 작성할 수밖에 없었다.[43]

이런 과정을 겪으면서 이해 10월 20일 제국의회에 제출한 정부의 새 입법안은 로만의 애초 기획내용들을 대부분 삭제하고 말았다. 드디어 다음 해 7월 17일 오랜 협상 끝에 의회의 동의를 획득한 개정 규정들은 1869년의 원래 영업법규에서 크게 벗어난 내용을 담지 못했다. 정파를 초월해 많은 사람이 기대했던 일요노동 금지조차도 관철되지 않았으며, 소년노동과 부녀노동 보호조항도 아주 미미하게 바뀌었을 뿐이었다. 산부노동을 3주 동안 금지한 조항이 그나마 개선책이었다. 그럼에도 다만 한 가지 면에서 커다란 진전은 있었다. 앞으로 독일 노동정치 역사에서 뚜렷한 발자취를 남기게 될 공장감독관 제도가 그것이었다. 그것도 겨우 로만 덕택에 가능했다. 다행히도 그가 이 사안을 심의하는 상임위원회에 정부의 참관인 자격으로 출석했는데, 상당수 상임위원들이 그의 호소를 수용한 덕택이었다.[44]

이렇게 탄생한 1878년의 개정 영업법규는 비스마르크 재임기간을 통틀어 처음이자 마지막으로 성사된 노동자보호입법이었다. 그 속에 담긴 내용은 선진사례에도 훨씬 미치지 못했을뿐더러 행정부서의 공무원들도 만족할 수 없었던 규정들이었다. 나름대로 새 정책과제에 정성을 쏟았던 로만은 이 법안이 의회에 올랐을 때 차라리 합의에 이르지

---

43) F. Tennstedt, "Einleitung," 같은 책, p. XXXIV; "Entwurf eines Erlasses des Reichskanzlers Otto Fürst von Bismarck an den Präsidenten des Reichskanzleramts Karl Hoffmann," 같은 책, pp. 510~27.

44) "Bericht der XI. Kommission an den Reichstag," 같은 책, pp. 570~80; "Brief des Geheimen Oberregierungsrates Theodor Lohmann an den Schuldirektor Dr. Ernst Wyneken, 1878 April 14," 같은 책, pp. 580~81; "Gesetz betreffend die Abänderung der Gewerbeordnung," 같은 책, pp. 605~11.

못하기를 기대했을 정도로 맥을 놓고 있었다. 몇 년이 지난 후 그는 때늦은 독일 노동개혁의 문제점을 이렇게 설명했다.[45]

노동자들 주변에서 발생하는 모든 공개 소요를 보건대 이른바 노동자 보호입법이 모자랐기 때문에 그런 일이 생긴다고 느끼지 않을 수 없다. 이를 절실하게 요구하는 노동자들이 공적 생활에 관여하게 되고 노동대중의 정치적 행동을 주목하고 있는 것이다. 사회민주주의자들은 말할 것도 없거니와 노동운동 지도자 모두는 노동자보험보다도 노동자보호입법 요구를 관철하는 데 더 큰 무게를 두고 있다.

이러한 진단은 로만이 자신의 세계관이나 이념지향을 떠나 비스마르크 노동정책의 문제점을 제대로 보고 있었기에 가능한 일이었다. 그의 판단은 옳았다. 국회에서 '비스마르크 사회보험'을 처리하느라 떠들썩했던 1880년대 초반을 지나자마자 사회민주주의 진영이 못다 이룬 '진정한 사회개혁'을 빌미로 또다시 이전보다 더 조직적인 공장입법 운동을 대대적으로 전개했기 때문이다. 사회민주당의 입법운동은 그 자체로도 큰 의미를 지니는 것이었지만, 그것은 동시에 당면한 경제적 이해관계에 빠지기 쉬운 노동조합들을 정치의 장으로 끌어내는 효과적 수단이기도 했다. 그런 점에서 사회민주당의 전략은 큰 성과를 거두었다. 사회민주당이 의회정치 무대에서 노동시간 문제를 시대 쟁점으로 끌어올리는 동안 노동조합들은 시위와 청원서 운동으로 이에 화답했기

---

45) "Bericht des Staatssekretärs des Innern Karl Heinrich von Boetticher an den Reichskanzler Otto von Bismarck, 1886 Mai 18(Replik Lohmanns)," in *Quellensammlung*, vol. II-3, p. 382(각주 20).

때문이다. 이 시기 공장입법을 요구하는 사회민주주의 노동단체의 집회가 얼마나 자주 열렸냐 하면, 1885년 한 해만도 무려 20여만 명의 서명을 받은 100개 이상의 청원서가 국회에 접수될 정도였다. 그렇게 되기까지 노동조합 운동을 억제하기보다는 오히려 국가에 저항하는 노동계급의 전투의식만 더 강하게 키우고 만 사회주의자법의 역효과가 크게 작용한 탓도 있었다.[46] 처음에 공장입법 기획에 거부반응을 보인 리프크네히트도 이 무렵에는 표준노동일의 전사가 되어 있었다. 그는 당 기관지에 다음과 같은 글을 실으면서 노동조합들의 시위운동을 부추겼다.[47]

표준노동일은 노동운동의 진군과정에서 하나의 중요한 단계다. 그것은 임금노예 상태에 얽매인 노동자의 하루 생활 가운데 한 부분을 해방시키면서 노동자에게 법적 기반을 제공하며, 노동자는 이를 바탕으로 고양된 의식과 효과적인 무기를 지니고 자신의 해방투쟁을 수행할 수 있다. 그리고 표준노동일은 노동자로 하여금 하루 가운데 적어도 한두 시간 동안이나마 인간이 되도록 해줌으로써 계급의식을 북돋우고, 계급투쟁을 날카롭게 진행하며, 나아가 자신의 완전한 자유를 쟁취하도록 부단히 격려함으로써 임금노예의 멍에를 깨트려 스스로 자신의 인간성을 회복하도록 힘을 불어넣는다.

때마침 1884년 총선에서 사회민주당은 처음으로 입법발의 정족수를

---

46) 같은 책, pp. 202 f. ; A. Förster, *Die Gewerkschaftspolitik der deutschen Sozialdemokratie während des Sozialistengesetzes vom Wydener Parteikongreß 1880 bis zum Parteitag von St. Gallen 1887*, Berlin 1971, pp. 201 ff.

47) *Der Sozialdemokrat*, no. 46(1885. 11. 12.).

훨씬 넘긴 24개 의석을 확보하는 쾌거를 이루었다. 그해 성사된 산재보험입법의 파고가 지나고 새해가 밝자마자 새로운 공장입법 운동의 불길이 타올랐는데, 그만큼 사회민주주의 진영 내부에서 '진정한 사회개혁'을 완수한다는 자신감이 팽배했던 것이다. 1885년 1월 29일에 사회민주당이 국회에 제출한 새로운 공장입법안은 여전히 모든 노동자에게 보편적으로 표준노동일을 적용하는 원리에 근거한 것이었다. 그러면서도 그것은 이전에 비해 몇 가지 점에서 한 걸음 더 나아간 내용도 담고 있었다. 소년노동(14~16세)과 부녀노동에 다 같이 8시간 노동일을 적용하는 한편, 산부의 휴가를 8주로 늘린 조항이 그러했다. 그밖에도 공장감독관 제도를 더욱 확대하면서 운영의 효율성을 높이기 위해 업무를 총괄하는 중앙의 제국노동청Reichsarbeitsamt을 설립하고, 아울러 부녀노동을 집중적으로 보호할 목적으로 새로이 여성감독관 제도를 도입하자는 계획은 이전에 없던 새로운 내용이었다.[48]

이 시기에도 예전처럼 사회민주당에 불리한 의회정치의 지형은 변하지 않았지만, 그럼에도 여러 정당이 점진적인 노동정책 개혁을 긍정적으로 보는 기류가 형성되고 있었다. 때마침 이웃 오스트리아에서 공장입법이 한 걸음 앞서 나가자 독일의 후진성이 그만큼 뚜렷이 드러나기도 했다. 1885년 3월에 고친 오스트리아의 영업법은 11시간 표준노동일을 규정하고 일요노동을 금지하면서 소년과 부녀자의 노동시간을 엄격하게 감시하는 내용을 담고 있었다.[49] 비록 다른 정당들이 멀리 앞서 나간 사회민주당 입법기획을 모두 호의적으로 수용할 수는 없었겠지

---

48) "Antrag der Abgeordneten Karl Grillenberger, August Bebel und Genossen an den Reichstag mit Gesetzentwurf, 1885 Januar 29," in *Quellensammlung*, vol. I-3, pp. 202~11.

49) F. Tennstedt, "Einleitung," 같은 책, p. XXI.

만, 의회정치의 풍향계는 적어도 일요노동을 금지하고 부녀자와 소년의 노동시간을 규제하는 방향을 가리키고 있었다. 사회민주당과 더불어 중앙당과 보수정당들이 각각 영업법 개선책을 제안했던 것이다.[50] 이러한 배경에서 이 사안을 다룬 국회 제11상임위원회는 1885년 5월 6일에 여러 정당의 합의로 다음과 같이 일요일과 공휴일 노동을 금지하는 입법안을 본회의에 올렸다.[51]

기업가는 경제적 지배력을 바탕으로 노동자의 자유의사를 박탈하고 일요일에도 쉬지 못하게 한다. 따라서 (……) 노동자들을 기업가의 착취로부터 보호하는 것이 국가의 의무다.

독일제국의 의회정치 역사에서 정당이 주도하여 입법안을 발의하는 사례는 드물었다. 더구나 그러한 사안이 그때처럼 여러 정당의 합의에 이르기는 더욱 어려웠다. 상임위원회의 합의는 그만큼 노동자보호정책이 절실한 시대적 요청이었다는 사실을 보여주고 있다. 이런 분위기대로라면 뒤늦게나마 '진정한 사회개혁'의 첫걸음이 시작될 듯 보였다. 그러나 그렇게 되려면 늘 그랬듯 제국재상의 비토 장벽을 넘어야만 했다. 여러 정당이 앞 다투어 노동정책 개혁안을 내놓는 마당에 비스마르크라고 가만히 뒷짐만 지고 있을 수는 없었다. 그래서 그는 국회단

---

50) "Antrag der Abgeordneten Dr. Georg Freiherr von Hertling, Dr. Burghard Freiherr von Schorlemer-Alst und Dr. Ernst Lieber an den Reichstag, 1884 November 20," 같은 책, p. 166; "Antrag der Abgeordneten Karl Gustav Ackermann, Georg Biehl, Josef Geiger, Hans Hugo von Kleist-Retzow, Dr. Burghard Freiherr von Schorlemer-Alst an den Reichstag, 1884 Dezember 16," 같은 책, pp. 175 f.

51) *SBR*, 1884/85, vol. V(Aktenstück, no. 374), p. 1902.

상에 직접 나가 노동자보호입법을 전면 거부하는 입장을 천명하게 되었
다. 먼저 그는 인도주의 관점에서 노동시간 규제의 취지 그 자체를 거
부할 수는 없다고 밝히면서 훗날 더 유명해진 시정연설을 시작했다.[52]

만약 표준노동일이 정해진다면 그것보다 더 바람직한 일은 없을 것입
니다. 시간 외 노동을 강요당한 노동자가 하루 일과를 끝낸 후 지친 다
리를 끌면서 집으로 돌아오는 모습을 보았을 때, 그리고 시간 외 노동으
로 번 돈보다도 더 바람직한 휴식이 그에게는 허락되어 있지 않다는 사
실을 알고서도 그를 도와주고 싶은 마음이 생기지 않는 사람은 아무도
없을 것입니다. 이러한 곤경에서 노동자를 구출해야만 한다는 사무치는
소원을 갖지 못한 사람은 틀림없이 자신의 몸에 심장을 갖지 못한 사람
일 것입니다.

누가 읽더라도 감동할 수밖에 없는 수사법이었다. 그러나 '심장을 가
진 사람이라면' 노동자를 고용하는 기업의 처지도 함께 헤아려야만 한
다는 점이 그 주장의 핵심이었다. 그가 보기에 노동환경을 염려하는
인도주의는 옳지만, 그것은 기업이윤을 손상하지 않는 한계 내에서만
가능한 일이었다. 비스마르크처럼 부국강병의 기조에서 모든 정책과제
의 무게중심을 산업입국에 두고 보면, 기업의 해외경쟁력을 북돋우는
방책만 올바를 수밖에 없었을 것이다. 그 줄기에서 비스마르크는 앞으
로도 계속 독일 산업의 중추역할을 맡아야 할 수출 산업에 크나큰 손실
을 입힐 수 있는 공장입법을 단호히 반대했다.[53]

---

52) "Rede des Reichskanzlers Otto von Bismarck im Reichstag, 1885 Januar 15," in
  Quellensammlung, vol. II-3, pp. 179~82(인용은 p. 179).

표준노동일은 반드시 표준임금율을 규정합니다. 노동일이 평균 20퍼센트가량 줄어들면 그에 따라 임금율도 서서히 혹은 급격히 하락하게 됩니다. 그리고 정부도 그것을 저지할 수 없습니다. 누가 이 손실을 부담해야만 합니까? 누가 그것을 보상할 수 있습니까? 노동자가 임금인하로 입은 손실을 국가재정으로 배상해야만 할까요? (……) 어떠한 방식으로든 이 손실을 보상해야만 합니다. 그 짐을 기업가에게 지우려 한다면 기업가가 그렇게 할 수 있을 때만 가능합니다. 기업가가 그렇게 하기를 원할 때도 알을 낳는 암탉이 죽고, 노동이 완전히 정지되며, 노동자가 더는 노동할 수 없는 사태를 그대로 방치할 수는 없습니다. (……) 국내시장에서 벌어지는 경쟁은 일반 법규들을 통해 누그러질 수 있습니다. 그러나 우리나라 산업의 선두주자는 수출 산업입니다. 수출 산업이 외국과 경쟁해서 지게 되면 우리의 전체 산업이 타격을 받게 됩니다. 만약에 수출 산업이 손해를 입게 되면 노동자들의 취업 가능성이 급격히 줄어들게 될 것입니다. (……) 따라서 (표준노동일) 규정은 불가능하며, 또한 그것은 상당히 위험한 것입니다. 표준노동일 제정은 환상에 가까운 것이며 달갑지 않은 과업임에 틀림없습니다.

비스마르크는 이 연설에서 새삼스럽게 자신이 모든 재량을 다해 '보호하는' 세력이 누구인지를 명백히 밝혔다. 그 '보호'의 대상은 결코 노동이 아니라 산업입국을 짊어지고 있는 자본이었다. 제국재상이 이렇듯 단호한 어조로 전선에 나선 마당에 자본가들이 어떻게 강 건너 불구

53) 같은 책, pp. 179 f.

경하듯 그 중대한 사안을 지긋이 볼 수 있었겠는가. 그들도 발 빠르게 움직였다. 비스마르크의 연설이 알려지자마자 가장 강력한 경제인 단체, 독일 산업가중앙연맹은 곧 다음과 같은 성명서를 발표하면서 그를 거들고 나섰다.[54]

노동자보호를 확대하는 방안의 입법안이 국회에 제출된 현 상황에 즈음하여 독일 산업가중앙연맹의 상임위원회는 이 입법을 계속 요구하기 이전에 먼저, 도대체 그리고 어느 정도로 이러한 입법조처가 실질적으로 필요한지, 이로써 해외시장에서 독일 산업의 경쟁력이 침해되지는 않을지, 그럼으로써 잘 간수해온 노동자들의 이익에 큰 손상이 오지는 않을지 등의 문제를 자세히 조사하는 일이 반드시 필요하다는 점을 밝히는 바이다.

모든 기업이 이처럼 한목소리로 노동자보호입법에 저항한 것은 아니었다. 이를테면 한 제조업 경제인 단체의 의장은 비스마르크에게 보낸 청원서에서 노동시간 규제를 찬성한다는 견해를 전달하기도 했다.[55] 모든 산업체에 일정한 한도까지 노동시간 규제를 일률적으로 적용한다면 기업이윤에 그다지 큰 손상이 발생하지 않는다는 점을 당시 산업계도 어느 정도 인정하고 있었던 것이다. 그러나 그것은 어디까지나 내수산업의 사정이었으며, 수출을 지향하는 기업들은 다른 생각이었다. 이처럼 이 문제를 두고 자본들의 이해관계가 엇갈리는 가운데 그 어느

---

54) *Verhandlungen, Mitteilungen und Berichte des Centralverbandes Deutscher Industrieller*, no. 30(1885), pp. 90 ff.

55) "Denkschrift des Dülkener Textilindustriellen Dr. Eduard Jansen für den Reichskanzler Otto Fürst von Bismarck, 1884 Dezember 5," in *Quellensammlung*, vol. II-3, pp. 166~73.

산업부문보다도 더 긴 노동시간을 요구하던 철강기업들이 가장 완강하게 공장규제를 반대하고 나섰다. 이들은 국민경제를 선도하는 세력답게 온갖 논리로 무장하고 정치권과 시민사회의 공장입법안에 대항했다. 이들의 주장대로라면, 철강업과 기계제조업에는 노동력의 손상을 초래할 만한 장시간 노동의 폐해가 전혀 없기 때문에 표준노동일 규정은 불필요한 법적 제재일 따름이었다. 그뿐만 아니라 임금과 노동시간의 결정을 사용자와 고용자 사이의 자유로운 계약에 맡긴 영업조례의 규정에 비추어볼 때도 자율적인 노동시간에 개입하는 제도적 규제는 곧 시장원리의 부정에 다름 아니었다.[56] 철강공업의 특수한 생산방식도 새로운 규정을 받아들일 수 없는 하나의 주요 요인으로 등장했다. 일요일과 공휴일 노동의 금지, 야간작업의 규제는 곧 철강산업의 도산을 의미한다는 것이었다. 쇠를 녹이거나 제련하는 용광로, 혼선로, 전로 등의 기계는 한번 식으면 다시 데우는 데 상당한 시간과 많은 비용이 소요된다는 점에서 이러한 주장은 당시로서는 사실 반박하기 어려운 측면이 없지는 않았다.[57]

철강기업들은 단축된 노동시간이 임금에 미칠 부정적 효과에서도 공장입법안에 반대하는 논리를 찾았다. 노동시간이 줄어들면, 단순히 기업이윤만 줄어드는 것이 아니라 노동자들도 임금손실을 감내해야 하기 때문에, 그 어떤 법적 규제도 그들에게 불리하게 작용한다는 것이었다. 이 무렵 철강기업에서 일반적이었던 12시간 2교대 노동일 제도를 고려한다면, 노동시간의 단축은 하나의 이상에 불과하다는 것이 그들의 주

---

56) Bundesarchiv Koblenz, R. 13 I/162: "Protokoll der Generalversammlung des Vereins Deutscher Eisen und Stahlindustrieller, 23. 1. 1886."

57) H. Jencke, "Zur Sonntagsarbeit," in *Stahl und Eisen*, no. 11(1885), p. 656.

장이었다. 왜냐하면, 만약 용광로의 불을 일시적으로 끄지 않고서도 노동시간을 줄이려면 결국 3교대제 노동과정을 도입해야 하는데, 그렇게 되면 고용인력이 그만큼 늘어나 현재의 노동자들은 적어도 임금의 3분의 1을 추가노동에 분배해야 한다는 것이었다.[58] 마지막으로 철강기업들은 해외경쟁력이라는 전가의 보도를 내밀었다. 선진 산업국에 비해 아직도 기술수준이 뒤떨어진 독일 철강공업의 시장상황을 고려할 때, 장시간 노동에 기대는 생산방식은 기업경쟁력 제고에 필수요건이라는 주장이었다. 노동시간 단축은 곧 전체 비용가격의 상승을 의미하며, 끝에 가서는 독일 기업의 수출잠재력이 사라지고 만다는 것이었다.[59]

이러한 주장의 이면에는 고도산업화로 이행하는 과정에서 특징적으로 나타나는 잉여가치 실현방식이 숨어 있었다. 앞장에서도 설명했듯이 독일 철강공업은 이미 1870년대 초반 이래로 새로운 생산기계를 들여와 일관공정을 완수했으며, 그 결과 만성적 과잉생산이라는 위기사태가 불거졌다. 거대 철강자본은 이 문제를 해결하기 위해 덤핑수출을 마다하지 않았는데, 그것은 내수시장의 독점가격과 장시간 노동방식으로 낮추어진 비용가격 덕택에 가능했다.[60] 이처럼 독점자본의 발전과 더불어 굳건해진 상대적 잉여가치의 생산방법이 절대적 잉여가치의 생산방법과 구조적으로 결합했으며, 이러한 축적체계를 기반으로 해외시장의 경쟁력을 키우고 과잉생산으로 불거진 만성적 불황국면을 헤쳐 나간다는 것이 철강자본의 경영전략이었던 것이다.

---

58) H. A. Bueck, *Centralverband Deutscher Industrieller*, vol. III, Berlin 1905, pp. 91 f.

59) Bundesarchiv Koblenz R. 13 I/162: "Protokoll der Generalversammlung des VDESI, 28. 2. 1885."; H. A. Bueck, "Zur Gesetzgebung betr. den Schutz der Arbeit," in *Stahl und Eisen*, no. 6(1887), p. 416.

60) U. Wengenroth, *Unternehmensstrategien*, pp. 73 ff.

철강기업들은 잘 짜인 이익단체를 기반으로 독일제국의 경제정책에 막강한 영향력을 행사할 수 있었다. 그러나 정치의 장에서 그들은 어디까지나 소수세력일 뿐이었다. 더군다나 그들이 경제상황을 근거로 누렸던 장시간 노동은 결코 시민사회와 정치권의 지지를 받을 수 없었다. 그리고 실질적으로 1880년대 중반에 이르면 비록 사회민주당이 지향했던 '진정한 사회개혁'은 요원했다 할지라도, 의회의 다수세력은 점진적인 노동법 개정에 한목소리를 내고 있었다. 이러한 사정에서 제국재상의 거부권 행사가 없었더라면, 적어도 일요노동과 야간노동을 규제하는 입법안은 성사되었을지도 모른다. 오랜 논의 끝에 드디어 1887년 6월 17일에 제국의회는 부녀자와 소년의 노동시간을 규제하고 일요일과 휴일의 노동을 금지하는 입법안을 의결했다.[61] 그러나 제한적이나마 그렇게 발걸음을 시작했던 공장입법은 1888년 11월에 열린 연방평의회의 동의를 얻지 못하여 효력을 잃고 말았다.[62] 비스마르크가 뒤에서 조종한 탓이었다. 한 보좌관이 그에게 제국의회를 통과한 입법안들을 어떻게 처리할 것인지를 묻는 기안서류를 올렸을 때, 그는 그 상단에 "연방평의회에 보낼 것, 그러나 그곳에서 부결할 것"이라고 적어서 내려 보냈던 것이다.[63]

이렇듯 '진정한 사회개혁'은 머나먼 길이었다. 기업에 이로운 산재보험을 얻었던 철강자본은 이제 장시간 노동체제도 지킬 수 있었다. 이 시기 철강업은 매우 위험한 작업환경 속에서도 최장의 노동시간을 기

61) "Beschluß des Reichstas, 1887 Juni 17," in *Quellensammlung*, vol. II-3, pp. 491~93.
62) "Bericht des württembergischen bundesratsbevollmächtigten Dr. Wilhelm von Stieglitz an das Staatsministerium, 1888 November 21," 같은 책, pp. 547~49.
63) "Bericht des Staatssekretärs des Innern Karl Heinrich von Boetticher an den Reichskanzler Otto Fürst von Bismarck, 1888 Oktober 30," 같은 책, p. 544.

록하고 있었다. 그럼에도 산업위생환경을 고발한 민간보고서는 허다했지만, 대기업의 장시간 노동과정에 맞서는 정당정치의 논리는 허약하면서도 모호할 따름이었다. 사회민주당의 표준노동일 기획 또한 특별히 다르지 않았다. 그 기획이 대중선동에 치우치면서 해외경쟁력을 앞세우는 자본의 논리를 정면으로 돌파할 수 없었던 것이다. 어찌 보면 어중간한 사회개혁의 성과보다는 국가와 자본을 향한 적개심이 사회민주주의 선전정치에 더욱 필요했을지도 모를 일이다. 만약 사회민주당이 '혁명적' 노동운동의 길을 닦기 위해 진정으로 공장입법을 추진했다면 다른 정당들과 연합전선을 이루어야 옳았을 것이다. 실질적으로 1881년의 '황제교서'가 발표된 이후에 보수주의 정파와 종교계의 몇몇 인사가 보수혁신 동맹의 선거연합을 이루자는 제안을 한 적이 있었다. 공동으로 내세울 선거구호를 사회주의자법 폐지와 공장입법으로 하자는 구상이었다. 몇몇 사회민주당 의원은 그 방안을 옳게 보았다. 그러나 당 지도부가 동맹을 제안했던 '반동주의자들'뿐만 아니라 그 어떤 다른 정파와도 손잡을 수 없다는 뜻을 굳게 지키면서 그 제안을 물리치고 말았다.[64] 베벨은 의정보고서에서 그 원칙을 다음과 같이 밝혔다.[65]

사회민주당이 승리하려면 반드시 홀로 서야만 하며 자기 자신, 다시

---

64) "Eine kaiserliche Botschaft und eine sozialdemokratische Antwort," in *Quellensammlung*, vol. II-1, pp. 85 ff. 정책연대를 제안한 인물들은 사회정책학회의 저명한 국가사회주의 이론가 바그너A. Wagner 교수를 비롯하여 종교단체에서 활동하던 기독교 진영의 사회개혁가들이었다.

65) A. Bebel, "IV. Die Tätigkeit des Deutschen Reichstages von 1887~1889," in *Die Sozialdemokratie im Deutschen Reichstag. Tätigkeitsberichte und Wahlaufrufe aus den Jahren 1871 bis 1893*(이하 *Die Sozialdemokratie im Deutschen Reichstag*으로 약칭), Berlin 1909, p. 416.

말해 노동계급이 아니고서는 그 어떤 동맹군도 원하지 않는다. 사회민주당은 노동계급의 대변자로서 고난과 무지와 억압으로부터 인류를 해방시키는 일과 같은 위대한 목표를 향해 나아가는 환희를 불러일으킨다.

사회민주당의 고립전선은 마치 허약한 지지기반과 짝을 이룬 듯 보였다. 이 무렵 전체 노동자 가운데 채 3퍼센트에도 못 미치는 사람들만이 사회민주당을 지지했다. 그리고 지지세력은 대부분 수공업 인력이거나 중소규모의 경공업 노동자들이었다.[66] 대중조직의 잠재력을 지닌 대기업은 대부분 아직 사회민주주의의 선동에 물들지 않았던 땅이었다. 특히 '진정한 사회개혁'을 두고 전면에서 맞붙어야만 했던 철강산업은 노동조합 운동의 무풍지대로 남아 있었다.[67] 열악한 작업환경에 시달리던 철강노동자들이 먼저 '저거노트 수레바퀴'를 밀치고 일어서야 옳았을 것이다. 그러나 이들은 '마치 악몽처럼 독일 전역을 짓누르고 있는 자본가 왕국의 가장 견고한 요새' 안에서 안전하게 '적색위험'으로부터 격리되어 있었다.[68] 대기업들이 강력한 자본력과 선진적인 노무관리를 바탕으로 장시간 노동을 마비시킬 만큼 달콤한 공장복지를

66) D. Fricke, *Die deutsche Arbeiterbewegung 1869~1914*, Berlin(East) 1976, pp. 623 ff.; G. A. Ritter/K. Tenfelde, "Der Durchbruch der Freien Gewerkschaften Deutschlands zur Massenbewegung im letzten Viertel des 19. Jahrhunderts," in H. O. Vetter(ed.), *Sozialistengesetz*, pp. 61~120; G. A. Ritter, "Die Sozialdemokratie im Deutschen Kaiserreich in sozialgeschichtlicher Perspektive," in *Historische Zeitschrift*, vol. 249 (1989), pp. 295 ff.

67) E. Damansky-Davidsohn, "Der Großbetrieb als Organisationsproblem des Deutschen Metallarbeiter-Verbandes vor dem Ersten Weltkrieg," in H. Mommesen(ed.), *Arbeiterbewegung und industrieller Wandel, Studien zu gewerkschaftlichen Organisationsproblemen im Reich und an der Ruhr*, Wuppertal 1980, pp. 96 ff.

68) *Metalarbeiterzeitung*, 1911. 3. 25.

공급하고 있었기 때문이다.[69] 따라서 노동운동 진영은 기업 온정주의
에 맞설 수 있는 복지체제를 구상해야만 옳았다. 공적 사회보험을 단
호히 거부했던 사회민주당의 대안은 무엇이었을까?

2. '완전한 자치행정'—기억과 저항

사회보험이 정치권의 현안으로 떠오를 무렵부터 사회적 동태를 세세
히 추적한 경찰당국의 비밀보고서들을 보면, 그 사안을 너무 소홀히
여긴 듯한 사회민주당의 공식성명은 기실 그 뒤에 많은 사연을 감추고
있었다. 상조기구야말로 노동운동의 모태가 아니었던가. 노동계급의
일상과 조직활동에 밀접히 얽혀 있던 복지정책 문제를 그렇게 엉성하
게만 다룰 수는 없었을 것이다. 공적 보험제도는 노동운동 진영 내부
에서 아주 민감한 사안이었으며, 특히 건강보험법(1883년)이 큰 반감
을 샀다고 한다. 1883년과 1884년 사이에 사회민주주의 세력이 소집
했거나 참여하여 그 입법에 항거했던 집회가 무려 1,000여 회나 열렸
다고 하니 저간의 사정이 흥미로울 수밖에 없겠다.[70] 앞에서 보았듯이
새로운 건강보험법은 자치행정의 원리에 따라 처음으로 노동자들이 공
공기제에 참여하여 자본과 대등하게 맞설 수 있는 권리를 보장하고 있

---

69) G. Schultz, "Betriebliche Sozialpolitik in Deutschland seit 1850," in H. Pohl(ed.),
   *Staatliche, südtische, betriebliche Sozialpolitik von Mittelalter bis zur Gegenwart.
   Referate der 13. Arbeitstagung der Gesellschaft für Sozial- und Wirtschaftsgeschichte
   vom 28. März bis 1. April 1989 in Heidelberg*, Stuttgart 1991, pp. 137~76.

70) R. Höhn, *Die Vaterlandslosen Gesellen. Der Sozialismus im Licht der Geheimberichte
   der preußischen Polizei 1878~1914. Band I(1878~1890)*(이하 *Vaterlandslosen
   Gesellen*으로 약칭), Köln/Opladen 1964, pp. 24 ff., 142 f., 192 f., 223 f., 243 f.

었다. 이 '조정하는 노동정치'가 일찍이 최초의 노동당을 꿈꾼 보른이 '사회적 민주주의'라고 호명한 '천칭의 저울판'과 어떤 점에서 달랐기에 사회민주주의자들의 저항을 불러왔을까? 베를린 경찰서장의 보고서는 그 사정을 이렇게 전한다.[71]

노동자들과 더불어 결코 이해관계를 함께할 수 없는 공무원들이나 사용자들에게 보험조합의 행정에 함께 참여할 수 있도록 허락했다는 점이 그 법의 주요 결함으로 지적되었다. 그러나 실질적으로는 공동참여가 보험조합 내부에서 아무런 방해 없이 사회민주주의 이념을 선동하고 조합원들에게 주도적인 영향력을 행사할 수 없도록 하거나 적어도 그 일을 어렵게 한다는 근거에서 사회민주당이 그 제도를 불편하게 여기는 것이다.

사회민주당은 길을 에돌아 그 목표를 달성하기 위해 법률에 따라 만들어질 보험조합으로부터 가능한 한 많은 장래의 조합원을 이미 벌써부터 격리시켜 사회민주주의의 본질을 굳세게 쟁취하고 있는 등록된 구제금고로 이들을 이끌려고 부단히 애쓰고 있다. 이 구제금고야말로 유일하게 법률에 허용된 그 밖의 보험조합으로서 완전한 자치행정의 원리에 근거하여 설립되었다.

이 보고서대로라면 이 무렵 사회민주주의자들의 방향설정은 아버지 세대의 희망과 어긋나 있었다. 옛 노동자형제단이 꿈꾸었던 사회민주주의의 기대지평대로라면, 한쪽의 '저울판' 위에는 노동의 목소리가, 다른 한쪽에는 자본의 목소리가 공평하게 실려 있어야 했다. 그러나

---

71) "Dokument Nr. 11: Berlin, den 4. Maerz 1884. Polizei-Präsidium, Journ. Nr. 1389 P. J. I," 같은 책, p. 193.

이제는 자본과 함께 참여하는 공동결정의 '천칭'은 단호히 거부되었다. 노동운동은 자본과 적대하여 홀로 서야 마땅했던 것이다. 그 고립전선을 굳세게 지킬 수 있는 방도는 오직 구제금고에 있었으며, 그 원리는 오직 완전한 자치행정뿐이었다. 이러한 사찰보고서가 불순한 사회민주주의 선동정치를 예단하고 있었지만, 그 세부내용은 실제 있었던 일들과 별반 다르지 않았다. 경찰당국이 사회민주주의 진영의 내부사정을 훤히 꿰뚫고 있었던 셈이다. 그 무렵 사회민주당 지도부가 '자율적인' 구제금고를 적극 옹호하는 가운데 공동참여를 빌미로 하여 '노동자들을 영구히 사용자에게 예속시키게 될' 공적 건강보험을 적대시하는 선전활동에 주력했기 때문이다.[72] 이렇듯 지켜야 할 구제금고와 맞서야만 하는 건강보험이 극명히 대비되는 가운데 '완전한' 자치행정은 국가와 자본에 맞서는 저항의 구호가 되었다. 그렇다면 왜 구제금고가 그토록 중요하게 거론되었을까?

문제의 사안을 제대로 이해하려면 먼저 1876년에 제정된 '등록된 구제금고 관련 법령'의 의미와 기능을 다시금 살펴보아야 할 것이다.[73] 그것은 산업체 노동자들이 자율적으로 운영하던 상조금고를 법률의 테두리 안에서 인정하게 된 임의부조fakultative Selbsthilfe의 사회입법이었다. 노동자가 자발적으로 '그 밖의 보험조합'에 가입하여 이를 지역의 해당 관청에 등록하면 보험가입의 의무를 다한 것으로 인정한다는 것이 그 핵심내용이었다. 비록 이 법규에 '자치행정'이 말로써 명기되지는 않았지만, 보험업무를 집행하는 권리는 오직 보험당사자의 수중에

---

72) A. Bebel, *Reden*, vol. 2, p. 214; A. Bebel, *Wie verhalten sich die Arbeiter gegenüber dem neuen Kranken-Versicherungsgesetz?*(이하 *Kranken-Versicherungsgesetz?*로 약칭), Nürnberg 1884.
73) 제4장 2절 참조.

있었다. 그 덕택에 국가와 기업의 간섭에서 자유로운 '완전한' 자치행정이 구제금고의 운영원리로 정착되었다. 이런 내용들이 노동운동의 요구에 상응한 듯 보이나, 정책입안자의 의도는 오히려 자율적 복지기구를 사회민주주의 노동조합으로부터 떼어놓는 데 있었다. 구제금고로 등록되려면 노동조합과는 다른 조직이어야 한다든가, 금고의 '부수목적'이 철저히 금지되어야 한다는 조항 등이 그 예증이다. 그러나 이러한 입법목적은 오래지 않아 빗나간 것으로 판명되었다. 고삐 풀린 구제금고들이 대단위 연맹기구로 발전하면서 노동조합의 중앙집중을 촉진했으며, 그 연합집회들은 정치적 선전활동에 안전한 위장막을 둘러주었다. 이렇게 전국에 산재한 보험조합들은 사회주의자법 아래에서도 사회민주주의 운동이 명맥을 유지할 수 있었던 유일한 소도(蘇塗)가 되었다.[74]

이러한 줄기에서 구제금고와 공적 건강보험의 관계를 살펴보자. 사회민주당 지도부는 자주 새 건강보험법 탓에 자율적인 구제금고가 말살될 것이라고 주장했다. 구제금고의 통계수치를 보면 상황이 그런 방향으로 흘러가지는 않았다는 사실에 주목할 수 있다. 20세기 초에 사회민주당의 복지정책 전문가로 활동했던 클레아이스F. Kleeis의 기록에 따르면, 1880년에 약 6만 명에 달했던 전체 구제금고 가입자 수는 1885년에 85만 4,507명으로 대폭 늘었고, 5년 후에는 95만 5,153명에 이르렀다고 한다.[75] 무엇보다도 건강보험법이 1876년 구제금고법의 핵

---

74) F. Tennstedt, "Die Errichtung von Krankenkassen in deutschen Städten nach dem Gesetz betr. die Krankenversicherung der Arbeiter vom 15. Juni 1883. Ein Beitrag zur Frühgeschichte der gesetzlichen Krankenversicherung in Deutschland," in *Zeitschrift für Sozialreform*, vol. 29(1993), pp. 297~338; F. Tennstedt, "Einleitung," in *Quellensammlung*, vol. I-5, pp. XXI~LII.

심내용을 저촉하지 않았기 때문이었다. 새 보험법 제75조의 규정에 따라 '등록된' 구제금고는 건강보험에 일률적으로 적용했던 보험강제의 원칙에서 벗어날 수 있었다.[76] 따라서 구제금고는 새 보험입법에 따라 소멸하기보다 오히려 1) 공적 건강보험을 대체하거나 강제적 가입의무를 해소하며, 2) 양쪽 보험조합에 모두 가입하여 급여수준을 높임으로써 공적 건강보험을 보완하고, 3) 공무원, 자영업자, 서비스업 종사자 등 건강보험법의 적용대상에서 벗어난 가입자들에게 자율보험의 기회를 제공하는 기능을 지니게 되었다.[77] 이렇듯 새 입법에서도 굳건했던 자율보험은 공적 건강보험에 비해 몇 가지 뚜렷한 장점을 지니고 있었다. 첫째는 무엇보다도 여전히 독립적인 보험행정을 꾸릴 수 있었다는 점이었다. 물론 그것은 노동자 측이 전체 보험재정을 모두 부담한다는 전제에서 그러했다. 그 밖에도 현금급여Geldleistungen 방식을 이용하여 진료의사를 자유롭게 선택할 수 있는 권리, 특히 전국적으로 잘 짜인 조직망 덕택에 일자리를 바꾸더라도 조합원 자격을 그대로 유지하는 경제적·행정적 편의성 등이 커다란 유인요인이었다. 그리고 흥미롭게도 상당수 기업가가 종업원들에게 가능한 한 강제보험을 피해 자율적 구제금고에 가입하도록 권고했다고 한다.[78] 공적 건강보험 가입에 반드시 따르는 기업분담금(보험료의 3분의 1)을 절약하려는 뜻이 아니면

---

75) F. Kleeis, *Die Geschichte der sozialen Versicherung in Deutschland*(이하 *Geschichte* 로 약칭), Berlin/Bonn 1981(reprint), p. 118.

76) 그 전제조건으로 자율금고들은 행정건강보험조합Gemeindekrankenkasse의 수준에 걸맞은 급여조건을 채워야만 했다. 여기에서 지목된 행정보험은 어떠한 종류의 보험조합에도 가입하지 않은 노동자들의 건강복지를 다만 임시적으로 보조하기 위해 지역행정당국이 직접 조직했으며, 보험급여의 측면에서 볼 때 가장 낮은 단계에 위치했다.

77) F. Tennstedt, *Selbstverwaltung*, p. 32.

78) F. Kleeis, 앞의 책, p. 117.

무엇이었겠는가.

이렇게 새 보험법과 옛 구제금고 사이에 심각한 법률적 긴장관계는 없었던 듯 보인다. 그 조항 어디에도 구제금고의 자율성을 훼손할 만한 내용은 없었기 때문이다. 그럼에도 사회민주주의 지도부는 "자유로운 자치행정과 완전한 개방성을 제약한다"는 이유에서 건강보험법을 송두리째 거부했다.[79] 그토록 단호한 저항은 어디에서 비롯했을까? 다름 아닌 자율보험과 강제보험의 동원자원이 일치한다는 점에서 조합원 쟁탈전은 피할 수 없는 길이었다. 새 제도를 폄하하는 과장된 언어들 속에 기선을 제압하려는 의도가 깃들어 있었던 것이다. 특히 노동운동 진영이 신경을 곤두세웠던 대상은 지역건강보험이었다. 역설적으로, 지방의 소규모 행정단위마다 직업별로 조직되는 이 영역에서 보험행정에 참여하는 노동이 상대적으로 굳건한 자치권을 누릴 수 있었다. 특수목적의 행정보험을 제외하면 거의 모든 부문의 건강보험조합에서 자본과 노동이 공동으로 집행기구를 구성할 수 있었는데, 노동이 거기에서 차지하는 지분은 숫자상 보험료 분담(3분의 2)에 상응했다. 규정이 그렇더라도 직장보험이나 수공업보험 같은 영역에서는 사용자의 입김이 강했던 탓에 자율적인 노동의 참여는 요원했다. 그러나 중립지대에서 구성하는 지역건강보험의 사정은 달랐다. 명목상 힘의 균형이 오히려 노동 쪽으로 기울었던 이 영역에서 공동결정의 자치행정이 구체적으로 이루어질 수 있었으며, 그런 만큼 정책입안자의 기대대로 '조정하는 노동정치'의 이상이 현실에 근접할 수 있었다.[80] 바로 이런 까닭에 이 부문 보험조합이 구제금고의 적대세력으로 지목되었을 것이다. 역

---

79) A. Bebel, *Reden*, vol. 2, p. 214에서 재인용.
80) F. Tennstedt, 앞의 책, pp. 47 ff.

설적으로, 후생사업을 관장하는 이사회에 절대다수의 세력으로 참여하는 노동자의 자율권이 구제금고의 '완전한 자치행정'에 커다란 위협이 되었던 셈이다. 베벨의 주장대로라면, "사용자가 분담금 의무를 핑계로 보험행정과 조합원총회에 대단한 영향력을 행사하여" 조합원들의 자유와 의료서비스를 제약한다는 점에서, 지역건강보험은 구제금고에 비해 커다란 '단점'을 지닐 수밖에 없다는 것이었다.[81]

새 사회입법을 거스르는 명분이 이처럼 다소 군색스럽게 보였더라도, 그 의미는 가벼이 넘길 수 없는 것이었다. 복지기구의 자율성 논쟁은 곧 '우리의' 자치행정과 '그들의' 자치행정 사이에 분명한 선을 그으면서 사회민주주의 노동운동의 전선을 구획하는 의미론 투쟁이었다. 그 맥락에서 문필가이자 사회민주당 국회의원이었던 프로메K. Frohme는 어느 공개집회에서, "가톨릭과 보수주의 정당의 다수세력이 겉보기에는 노동자들의 처지에 동감하는 척하면서도 점점 더 심하게 노동자들의 자유를 제약하고, 노동자들이 고유한 일들을 자치행정으로 처리하면서 스스로 자율적인 국가시민으로 자처하도록 깨우치는 것을 방해하기 위해" 건강보험법을 제정했다고 주장했다.[82] 굳게 지켜야 할 '완전한' 자치행정은 그렇게 '겉보기' 자치행정과 정면으로 대치하게 되었다. 왜 이편의 자치행정만 '완전'했을까? 구제금고는 그토록 완벽하게 사회민주주의의 꿈과 소망을 담고 있었을까? 1876년의 입법과정으로 되돌아가서 이 질문들을 따져보자.

서둘러 말하자면 사회민주주의 진영은 그 무렵 명백히 구제금고 입

---

81) A. Bebel, *Kranken-Versicherungsgesetz?*, p. 8.

82) "Bericht des Polizeipräsidenten zu Frankfurt a. M. an die Regierung zu Wiesbaden v. 25. Sept. 1883," in R. Höhn, *Vaterlandslosen Gesellen*, p. LXIV.

법에 '항거하고' 있었다. 그것이 "반동적일 뿐만 아니라 노동자들에게 그들의 재화를 자율적이며 독립적으로 관리하는 권리를 부여하지" 않았다는 이유에서 그러했으며, '사용자 또는 공무원들의 참견 없는 완전한 자치행정'이 그 대안이었다.[83] 그 입법이 지배정치의 산물이었다면, 사회민주주의 저항의 수사들은 명분에 따른 셈일 것이다. 이 입법운동에 앞장섰던 히르쉬M. Hirsch가 진보당과 자유주의 노동조합의 핵심 이론가로서 자율과 자조의 복지제도를 노동정책 선진화의 이정표로 제시했을 때, 사회민주주의 노동운동을 견제하려는 의도가 이미 드러나 있었다.[84] 상조조직을 늘 '붉은 공화국'의 선전무대로 여겼던 공안당국도 이때만큼은 전향적인 복지입법을 거들었다. 예컨대 베를린 경찰청장은 상부보고서에서, 자유주의 노동운동이 '사회민주주의 책동을 효과적으로 제어하는 대항세력을' 키우게 될 것이며, 그러므로 그들의 상조금고 속에서 '공안을 해치려는 활동이 발전할 리 없을 것'이라고 보았다.[85] 정책입안의 책임을 맡았던 상공부에서는 지배의 정당성을 돕는 자율적 복지제도 수립이 주된 기류를 형성하고 있었다.[86] 이 여러 방안의 타협지점에서 구제금고법이 탄생했으며, 자율보험을 허용하되 그것을 노동조합에서 격리하는 규범이 그 핵심내용이었다.[87]

그 이면에 도사린 가시들이야 어찌 되었건, 이로써 자율금고들은 마침내 합법성을 얻었다. 그 입법을 거부했던 사회민주주의의 저항은 이제 어떤 명분에 설 것인가? 명목상 국가의 감시기제 아래 복지기구의

---

83) *Quellensammlung*, vol. I-5, pp. 346 ff., 385 f., 425 ff.(인용은 p. 386).
84) 같은 책, pp. 167 ff., 273 ff.
85) 같은 책, pp. 189~91.
86) 같은 책, pp. 221 ff., 255 ff., 258 f., 260 f.
87) 같은 책, pp. 477~91.

'목적변경'을 엄격히 가로막는다는 점에서 그 자율성은 제한적이었다. 그러나 실질적으로는 이 입법 덕택에 전통의 상조금고들은 끝 간데없이 뻗어갈 수 있었다. 그리하여 시간이 지날수록 '등록된' 구제금고는 '반동적인' 통제기구에서 자율보험의 기억과 경험의 집결소로 바뀌게 되었다. 거기에는 틀림없이 '국가 속의 국가'와 다름없었던 옛 보건관리연맹의 기억도 들어 있었을 것이다. 시민혁명의 분위기에 편승하여 보험재정을 자치적으로 관리하고, 전담 진료의사를 선정했으며, 노동력보호를 위해 자체적으로 예방의학처방을 마련했던 그 기구야말로 그때까지 그 어디에서도 실험하지 않았던 획기적인 복지사업이 아니었던가.[88] 구제금고의 입법 테두리가 사회민주주의의 꿈과 소망을 완전히 담을 수는 없었다 할지라도 거기에 모인 경험들은 달랐다. 경험이란 "사건들이 합체되어서 기억될 수 있는 현재의 과거다." 그리고 그 "계기들이 지나간 과거가 되는 만큼 한번 결집된 경험은 완전하게 된다."[89] 저항의 수사들은 무색해지고 말았으며, 구제금고는 드디어 '완전하다'는 이름을 얻었다. '완전한 자치행정'은 그렇게 사회민주주의 전선의 상징이 되었다.

아직도 활시위에 걸려 있던 저항의 화살은 이제 어디로 향할 것인가? 때마침 1883년에 새 입법이 탄생했다. 거기에서 비롯한 공적 건강보험은 오늘날 잘 짜인 사회적 연대보장의 모범이 되었다. 그것이 도덕과 온정의 원리로부터 국민보건의 원리로 향하는 현대적 복지체제의 효시가 되었다는 점에서, '최초'라는 역사적 이름에 그 어떤 이의도 달기 힘들 것이다. 그 정책 선도자들의 꿈은 자본과 노동이 공조하는 사

---

88) 제3장 2절 참조.
89) R. Koselleck, *Zukunft*, pp. 354, 356.

회적 파트너십에 있었으며, 그것은 오늘날 선진적 사회협약에서 실현되었다.[90] 그러나 '지나간 미래'로 되돌아갔을 때, 그 꿈은 아직 '완전하게' 결집된 경험은 아니었다. 구제금고와 공적 건강보험 사이에 아무런 지배정치의 차이점이 없었는데도 자치행정의 의미를 극단적으로 갈랐던 이유가 거기에 있었던 것이다. "미래에 완수될 것이지만 기대로써 선취한 경험은 다양한 시간적 확장의 무한성 속으로 흩어지기" 때문이다.[91] 베벨의 주장에 따르면 공동결정의 사회원리란 '자본주의의 치부를 가리는 무화과나무 잎사귀ein Feigenblatt des Kapitalismus'나 진배없었다. "노동자를 위한 것이라면 자치행정의 모든 면을 환영하겠지만," 그 한 부분에서라도 "노동자들이 '입헌적인 권리'라는 허울 아래 (……) 프롤레타리아의 계급이익과 어긋나게 되면," 그것을 거부해야만 한다는 설명이었다.[92]

이렇게 자치행정의 의미론 전선이 한결같이 단호했다면, 사회민주주의도 복지정치도 더 이상 공동결정의 파트너십으로 향하는 발걸음을 내디딜 수 없었을 것이다. '새로운 경험들'이 다른 관점을 열면서 거기에 '새로운 기대가' 스며들어가는[93] 계기는 1892년에 개정한 건강보험법에서 비롯했다. 이 개정법령은 사회정책사의 한 획을 그은 사안이었다. 보험가입자의 가족 구성원들에게도 의사진료와 약제처방, 기타 치료제를 무상으로 공급할 수 있게 되면서 사회보험이 노동력 재생산의

90) U. Billerbeck, "Soziale Selbsrverwaltung und Gewerkschaftsbewegung," in *Jahrbuch Arbeiterbewegung. Geschichte und Theorie 1982: Selbstverwaltung und Arbeiterbewegung*, Frankfurt a. M. 1982, pp. 39~71.

91) R. Koselleck, 앞의 책, p. 356에서 재인용.

92) H. J. Teuteberg, *Mitbestimmung*, p. 303.

93) R. Koselleck, 앞의 책, p. 358.

영역으로 넓혀졌기 때문이다. 이와 더불어 진정한 의미의 현대적 국민 보건체계가 시작될 수 있었다. 대체로 현물급여의 원칙을 엄격히 적용한다는 기조가 그러한 정책의 바탕을 이루고 있었으며, 구제금고 또한 그 보편원리에서 벗어날 수 없었다. 요컨대, 구제금고가 강제보험의 의무를 대체하려면 반드시 공적 건강보험의 수준에 걸맞은 현물서비스를 공급해야만 했다.[94] 정책입안자의 설명대로라면 구제금고의 복지성과가 사회적으로 합의한 건강보험의 수준에 훨씬 못 미친다는 것이었다.[95]

（공적 건강보험이 공급하는）상병수당 최저금액의 절반에 해당하는 （구제금고의）현금급여가 무상의 의사진료와 약제처방을 대체하기에는 대단히 부족하다는 점이 입증되었다. （……）수많은 보험가입자가 무상으로 공급하는 의사진료와 약제처방을 포기하고서는 제법 많은 액수의 금전지원을 확보하기 위해 한 구제금고에 가입함으로써 공적 보험관계에서 벗어나고자 하는 충동을 느끼게 된다.

새 정책의 시행은 그때까지 주로 현금급여에 치중한 구제금고의 비용증대를 의미했다. 더군다나 이 부문의 보험재정은 순전히 노동자들만의 몫이 아니었던가. 구제금고들은 이제 급여방식에 근거한 매력을 상실하게 되었으며 대부분 도산위기에 내몰리게 되었다. 자치행정에 목매달다시피 한 사회민주주의자들도 난감할 수밖에 없었다. 1892년 11월에 열린 베를린 전당대회에서 당의장 징거P. Singer는, 새로운 보험

94) F. Kleeis, *Geschichte*, pp. 108 f.
95) E. v. Woedtke, *Krankenversicherungsgesetz vom 10. April 1892. Kommentar*, Berlin 1893, p. 47(F. Tennstedt, *Proleten*, p. 426에서 재인용).

체계가 "사회민주주의를 두려워하는 심정에 뿌리를 두고 있다"고 주장하면서, "지난번 개정법령 탓에 건강보험제도의 건전한 발전이 대단히 어렵게 되었다"고 개탄했다.[96] 이 주장처럼 1892년의 법규 또한 순수하게 사회정책과제에만 충실하지는 않았을 것이다. 1884년에 구제금고를 감시하려는 정부의 입법안이 나왔듯 여전히 복지정치가 지배정치의 그늘에서 벗어날 수는 없었다. 보험기구의 집회에서 누군가 '공적인 사안öffentliche Angelegenheiten'을 거론하면 그 대표자가 최고 300마르크의 벌금형을 받는다는 내용이 그 입법의 주요 조항이었다.[97] 자율금고를 사회민주주의로부터 떼어놓는 일 외에 그 어떤 목적이 따로 있었을까. 공안당국의 눈에 비친 상조기구의 자치행정은 늘 '붉은 공화국'의 가면이 아니었던가. 국가의 감시기제를 강화하려던 이 입법안은 다행히도 다수의 동의를 얻지 못해 폐기되고 말았다.

이렇듯 1892년의 개정법령 속에 비록 감시와 억압의 기운이 배어 있었다 할지라도 현대적 국민보건체제로 향해가는 거센 물줄기를 바꾸어놓을 수는 없었다. 도대체 무엇이 '건전한' 복지제도인가? 기실 그때까지 사회민주주의 진영에서 이 질문에 답할 만한 인물은 없었다. 세월이 한참 지난 뒤에도 형편은 달라지지 않았다. 다음 세기 초반에 사회민주당의 사회정책 논의를 주도했던 몰켄부르H. Molkenbuhr가 "노동자 보험은 경제투쟁에서 새로운 요인인 까닭에 지금까지 위대한 이론가들 중에서 그 누구도 이 문제를 자세히 다룰 수 없었다"고 한탄했으니,[98]

---

96) *Protokoll über die Verhandlungen des Parteitages der Sozialdemokratischen Partei Deutschlands. Abgehalten zu Berlin vom 14. bis 21. November 1892*, Berlin 1892, p. 67.

97) F. Kleeis, 앞의 책, p. 118.

98) *Protokoll über die Verhandlungen des Parteitages der Sozialdemokratischen Partei Deutschlands. Abgehalten in Magdeburg vom 18. bis 24. September 1910*, Berlin 1910, p. 469.

그 사정을 충분히 짐작할 만하다. 사회민주주의 세력이 그토록 집착했던 구제금고는 여러 보험방식 중 하나에 불과했다. 더구나 그것은 몇몇 매력적인 점을 지니고 있었음에도 보험성과 면에서 공적 건강보험과 견줄 수는 없었다. 실질적으로 1892년 이후부터 구제금고의 회원 수는 눈에 띄게 줄어들기 시작했다.[99] 이제 자치행정의 의미론 전선은 어떻게 될 것인가? 당의장 징거는 1892년 전당대회에서 푸념과 기대 사이를 오가는 듯한 미묘한 예견을 내놓았다.[100]

구제금고를 몰락시킴으로써 사회민주주의에 일격을 가하게 될 것이라고 확신한 부르주아 정파들은 지난번 건강보험 개정법령을 통해 강제 보험조합들을 사회민주주의 돌풍에 내맡기고 말았다. 구제금고들이 지역, 직장, 수공업, 광부 조합들에 굴복할 수밖에 없게 될수록, 그만큼 더 많은 노동자가 구제금고에서 강제 보험조합으로 옮겨가게 될 것이다. 무엇보다도 구제금고들에서 사회민주주의 견해와 원리가 잘 간수되고 있다는 주장이 사실이라면, 짧은 기간 안에 곧 강제 보험조합들은 목적과 계급의식에 투철한 노동세력의 집결지가 될 것이다.

그러고는 이 정당대회에서 그 누구도 사회보험 문제를 거론하지 않았다. 예전 주장대로라면 당의 사활을 걸었을 법한 사안인데도 아무런 공식성명도 발표하지 않았다. 사정이야 어찌 되었건 징거의 예견은 현실로 드러났다. 오래지 않아 강제 보험조합들이 새로운 '집결지'로 굳

---

99) 1892~93년 사이에 구제금고 가입자 수는 약 24만 5,000여 명이나 줄어들었다(F. Tennstedt, *Selbstverwaltung*, p. 35).

100) *Protokoll über die Verhandlungen des Parteitages der Sozialdemokratischen Partei Deutschlands. Abgehalten zu Berlin vom 14. bis 21. November 1892*, pp. 67 f.

어졌기 때문이다. 그는 아마도 시대의 흐름을 읽었을 것이다. 라이프
치히의 어느 지방신문이 남긴 통계수치를 보면, 개정입법 이전에 이미
강제 보험조합들 안에서 '사회민주주의 돌풍'이 일기 시작했음을 알 수
있다.[101] 그 시점은 1890년이었다. 이해에 '철혈재상' 비스마르크가 드
디어 정계에서 물러났다. 또한 악명 높았던 사회주의자법도 더 연장되
지 못하고 폐지되었다. 더불어 노동정책의 선진화를 상징하는 이른바
'신항로'도 열렸다.[102] 사회민주주의자들을 추쇄하던 보안법이 없어졌
으니, 구제금고도 소도의 임무를 다한 셈이 되었다. 어찌 공적 보험조
합들을 저대로 내버려둘 수 있었겠는가. "그때 낡은 보험조합들을 보
존하는 일에 몰두하고 떼 지어 분주하기보다는 강제 보험조합들의 지
도부를 장악하면서 자립적이며 유능한 노동자들이 산재보험과 상해보
험에서도 유력한 지위를 차지했다면 더 좋지 않았을까?" 사회민주주의

---

101) <표 1>: 라이프치히 지역건강보험의 조합원 및 대표자 현황

연도	조합원 수	I-1	I-2	II-1	II-2
1887	44,060	39	48	80	137
1890	69,924	111	277	232	3,266
1893	81,903	93	523	199	5,546
1896	104,413	109	499	231	14,617
1899	123,345	146	275	307	16,701
1902	121,870	150	352	321	10,042
1905	151,230	169	416	366	17,592
1908	162,489	187	595	405	34,503

I-1=선출 대의원 수(사용자) ; I-2=투표자 수(사용자)
II-1=선출 대위원 수(노동자) ; II-2=투표자 수(노동자)
자료: F. Tennstedt, 앞의 책, p. 53; W. Möller, *Herrschaft*, p. 17.

102) G. A. Ritter, *Die Arbeiterbewegung im Wilhelminischen Reich. Die Sozialdemokratische
Partei und die Freien Gewerkschaften 1890~1900*(이하 *Arbeiterbewegung*으로 약
칭), Berlin 1963, pp. 79 ff.; H.-J. v. Berlepsch, *"Neuer Kurs" im Kaiserreich? Die
Arbeiterpolitik des Freiherrn von Berlepsch 1890 bis 1896*(이하 *"Neuer Kurs"*로 약
칭), Bonn 1987.

언론활동에 종사하다가 그즈음 원내에 들어간 막스 쉬펠Max Schippel이 몇 년 뒤에 한 말이다.[103] 독일모델의 사회협약이 보험제도에서 비롯할 수 있었다면,[104] 그것은 이렇듯 옛 자율금고에 결집되었던 경험들이 강제보험의 경험들과 서로 겹치고 상호 침투하면서 '새로운 기대'가 그 속에 스며들어간 까닭에 있었다.

3. 국가사회주의의 딜레마

세월이 한참 지나고서야 제대로 판명되었지만, 사회민주주의 전선의 저편에는 공동결정의 자치행정이 아니라 국가사회주의가 맞서 있어야 옳았을 것이다. 비스마르크의 기획대로 국가보험이 성공했다면 사회민주주의는 소수정파의 이름으로 남아 있었을지도 모른다. 그것이 노동운동의 자율성과 역동성의 대척점이었기 때문이다. 부르주아 정파들이 비스마르크의 입법기획을 무산시켰으니, 나중에 크게 번성했던 사회민주당은 그들에게 역사적 빚을 진 셈이었다. 사회민주당 또한 국가보험에 단호히 반대했다. 늘 공안당국의 추적을 당하는 마당에 "무산계급의 요구와 이익에 봉사한다"는 정부의 정책기획이 곧이곧대로 들릴 리 없었을 것이다. 강렬한 저항의 의지가 없었다면 사회민주주의를 온통

---

103) M. Schippel, *Sozialdemokratisches Reichstagshandbuch*, Berlin 1903, p. 843(F. Tennstedt, 앞의 책, p. 52에서 재인용).

104) M. Döhler/Ph. Manow-Borgwardt, "Korporatisierung als gesundheitspolitische Strategie," in *Staatswissenschaft und Staatspraxis*, vol. 3(1992), pp. 64~106; R. Mayntz, *Soziale Dynamik und politische Steuerung. Theoretische und methodologische Überlegungen*, Frankfurt a. M. 1997.

제국의 적으로 선포한 국가에 어찌 맞설 수 있었겠는가.

노동의 공동결정권을 가장 잘 보장하고 있던 건강보험법에 사회민주주의 저항의 화살이 집중되었다는 사실에서 하나의 역설을 읽을 수 있겠다. 놀랍게도 비스마르크 지배정치의 정수가 담긴 산재보험법은 사뭇 다른 반항을 불러일으켰다. 사회민주주의 진영은 확고부동해 보이던 겉모습과는 달리 이 사안에 있어서는 처음부터 심하게 흔들리고 있었다. 때론 국가보험의 긍정적 효과와 정당성을 인정하는가 하면, 때론 공안정책과 연계된 그 입법기획의 부당성을 강하게 비판하기도 했다. 사회민주주의 복지이론과 전략을 채 수립하지 못했기 때문에 불거진 혼란이었다. 산재보험이 정치권의 현안으로 등장한 이래 사회민주당 지도부는 이 정책과제를 환영하기도 어렵거니와 거부하기도 '괴로운 딜레마' [105]에 빠졌던 것이다. 무엇보다도 국가사회주의 의제가 이론상으로든 실천에서든 마치 '단단한 호두harte Nuß' [106]처럼 해결하기 어려운 과제를 안겨주었다.

1870년대에 시작된 국가사회주의 논쟁은 주로 제국철도, 담배전매, 보호관세와 같은 국영사업이나 국가독점을 둘러싸고 벌어졌다. 그러나 이러한 정책과제에 직접 영향을 끼친 학술담론은 좀더 포괄적인 사회개혁의제를 담고 있었으며, 그런 만큼 이념적 경계선도 명확하게 드러나지 않았다. 독일 국가사회주의의 초석을 놓은 베를린의 경제학자 바그너A. Wagner가 사회적 소득분배, 노동시장을 규제하는 공장입법, 공적 사회보장제도 등을 지향하는 사회개혁과제를 제안했을 때, 그의 생

---

105) V. L. Lidtke, "German Social Democracy and German State Socialism, 1876~1884," (이하 "Social Democracy"로 약칭) in *International Review of Social History*, vol 9(1964), p. 212.

106) F. Tennstedt, *Proleten*, p. 294.

각은 강단사회주의 노선과 크게 어긋나 보이지 않았다. 다만 그가 노동문제를 해결하는 '국가적 강제staatlicher Zwang'를 더 선명하게 강조했다는 점이 두드러졌을 따름이다. 그의 주장대로라면 강제는 자유보다 더 좋을 수는 없지만 '지금의 상황에서' 하나의 '교육수단'으로 필요하며, 이러한 근거에서 노동의 권리와 복지를 개선하는 공적 책무를 국가사회주의로 부를 수 있다는 것이었다.[107]

바그너가 구상한 사회개혁은 '역사적으로 전승된 국가를 매개로' 사회주의 의제를 실현할 수 있는 '긍정적 국가정책'이었다. 그러한 이념 경향을 내세운 국가사회주의가 본질적으로 자유주의 시장경제의 횡포에 맞선다는 점에서 보수적이며 기독교적인 사회주의뿐만 아니라 사회민주주의 진영의 사회주의와도 같은 길을 갈 수 있다는 것이었다.[108] 바로 이러한 점이 사회민주주의자들의 심금을 울렸던 것 같다. 바그너와 이론의 궤적을 같이했던 셰플레A. Schäffle가 1874년에 『사회주의의 본질』이라는 제목의 소책자를 냈을 때 사회민주주의자들은 환호했다. 국가와 사회주의 사이의 유기적 관계를 이론적으로 천착했던 이 튀빙겐의 경제학자는 자신의 책에서 "사적이며 경쟁하는 자본을 하나의 통일된 집합적 자본으로 바꾸는 일이 사회주의의 알파와 오메가다"라는 주장과 더불어 국가주도의 개혁과제를 옹호했다. 베벨은 이 책을 읽고서 깊이 감동하여 동료들에게 믿을 만한 사회주의 연구지침서로 추천했다. 사회민주당의 후견인 회흐베르크K. Höchberg는 이 책을 무려 1만 권이나 사들여 동지들에게 기증하기도 했다.[109]

---

107) W. Vogel, *Arbeiterversicherung*, pp. 74 ff.

108) M.-L. Plessen, *Die Wirksamkeit des Vereins für Sozialpolitik von 1872~1890. Studien zum Katheder- und Staatssozialismus*, pp. 33 ff.(재인용은 p. 35).

이처럼 사회민주주의 진영이 원론적으로 국가사회주의를 인정하게 되자 비스마르크의 국정과제에서 구체화된 국영화 기획을 반대할 이론적 근거를 찾기 어렵게 되었다. 그런 까닭에 사회민주주의 정치의 원리와 거기에 걸맞은 사회적·경제적 프로그램을 찾는 길이 혼선을 빚을 수밖에 없었다. 당 지도부가 머뭇거리는 동안 제국철도나 보호관세를 지지하는 사람들이 점점 더 늘어났다. 자유경쟁의 시장경제를 규제하는 국가권력 없이는 사회개혁이 너무 느리게 진행될 수밖에 없으며, 따라서 국영화나 국가독점 사업이 사회주의의 초기 단계가 될 수 있다는 생각이 널리 퍼져 있었던 것이다.[110] 철도망이 '선한' 자본의 수중에 장악되기보다는 '악덕하더라도' 차라리 국가의 관리로 운영되는 편이 더 낫다는 주장이 당 기관지에 실리기도 했다.[111] 제국철도와 전매사업 문제가 불거진 1870년대 후반에 국가사회주의 기획을 의심의 눈초리로 주목한 사회민주당 국회의원은 베벨을 비롯해 한두 사람밖에 없었다. 베벨이 보기에 사안의 열쇠는 국가독점사업의 수익이 착취권력을 강화할 것인가, 아니면 문화진흥에 쓰일 것인가에 달려 있었다. 그리고 국가가 '전지전능한 신의 역할'을 맡을 수 없다는 전제에서 모든 국영사업기관이 노동자들의 경영참여를 보장해야만 했다.[112] 이처럼 베벨이 남달리 국가사회주의의 위험요소들을 인식했더라도 그 원리를 송두리째 부정할 수는 없었다. 그의 이름으로 나왔던 1881년의 선거격문에는 다음과 같은 내용이 보인다.[113]

---

109) V. L. Lidtke, 앞의 글, pp. 202 ff.(재인용은 p. 206).
110) S. Miller, *Problem*, pp. 87 ff.
111) V. L. Lidtke, 앞의 글, p. 207.
112) S. Miller, 앞의 책, pp. 89 ff.
113) A. Bebel, "Aufruf der sozialdemokratischen Fraktion zur ersten Reichstagswahl unter

아나키즘이 국가의 폐지를 원하는 바와는 달리, 사회민주주의는 국가가 노동을 조직하고 모든 경제적 권력이 국가의 수중에 집중되며, 국가의 힘이 아주 강성해지기를 바란다.

사회민주주의 진영을 교란한 국가사회주의 문제는 제국정부의 사회정책입법과 더불어 더욱 복잡해지면서 점점 미궁에 빠져들었다. 공적 강제보험 기획이 이전의 국영기업이나 독점사업과는 전혀 다른 국가개입을 예고했기 때문이다. 앞에서도 보았듯이 비스마르크 복지체제의 이상은 '국가연금'을 바탕으로 핵심 노동인력을 국가와 자본의 충복으로 만드는 것이었다. 이 원대한 목표를 이루기 위해서는 무엇보다도 먼저 장차 국가를 수호하게 될 노동계급이 '사회민주주의의 책동'으로부터 안전하게 보호되어야만 했다. 그의 소견대로라면 "사회민주주의 지도자들이 지금까지 아직 어디에서도 명백히 미래의 목표를 제시하지 못했음에도 성공을 거두게 된 주된 이유는 (……) 국가가 충분히 국가사회주의를 추진하지 않았던 탓에" 있었다.[114] 이렇듯 막대한 공공재정을 요구하는 산재보험은 산업입국의 길목에서 반드시 필요한 국가사업으로 기획되었다. 비스마르크는 한 언론인과의 대담에서 권력집중을 견제하는 의회정치의 장벽을 넘어서서 진행할 국가사회주의의 지배전략을 다음과 같이 숨기지 않고 밝혔다.[115]

dem Sozialistengesetz, 27. Oktober 1881," in *Sozialdemokratie im Deutschen Reichstag*, p. 211.

114) "Rede des Reichskanzlers Otto Fürst von Bismarck im Deutschen Reichstag, 1884 März 15," in *Quellensammlung*, vol. II-2, 1, pp. 535~41(인용은 p. 539).

115) "Aufzeichnung eines Gesprächs mit dem Reichskanzler Fürst Otto von Bismarck, 1882

무엇 때문에 전쟁이나 공무수행 중에 생업을 유지할 수 없게 된 사람들만 연금을 받아야 하며, 왜 노동의 병사들은 연금수혜를 받을 수 없는가? 이 사안은 관철될 것이다. 그리고 그렇게 될 미래가 열려 있다. 내가 죽고 나면 우리의 정책이 한순간 파멸에 이를지도 모른다. 그러나 국가사회주의는 성사된다. 이러한 사고방식을 다시금 수용하는 사람이라면 누구라도 권력을 장악하게 될 것이다.

국가급여와 제국보험공단을 근간으로 기획한 제1차 산재보험법안이 국회에 올라왔을 때 사회민주주의 진영은 적잖게 당황한 듯 보인다. 당을 이끄는 인사 대부분이 날 세운 비판도, 적절한 대안도 없이 오락가락했기 때문이다. 개개인마다 의견이 갈려 있었다. 소속 국회의원들 가운데 누구는 국가보험의 필요성을 옹호했으며, 누구는 몇몇 세부사항의 잘잘못을 따졌고, 누구는 국가사회주의에 적대하는 자유주의 정파를 질타하면서 은근히 비스마르크를 도왔다.[116] 그러는 동안 그 누구도 사회민주주의 사회보장의 기본원리를 명백히 말할 수 없었다. 공안 당국의 추적을 당하면서 당 대회 한번 마음대로 열지 못했던 터에 언제 정책과제를 제대로 준비할 틈이나 있었겠는가. 그나마 다행히도 베벨이 비교적 '단호한' 어조로 정부의 입법안에 맞설 수 있었지만,[117] 그 또한 혼란스럽기는 마찬가지였다.

베벨은 산재보험법안을 다룬 1881년 4월 회기에 단단히 벼른 듯 상

Juni 26," in *Quellensammlung*, vol. I-2, p. 621.
116) H.-P. Benöhr, "Frage," pp. 134 ff.; V. L. Lidtke, 앞의 글, pp. 212 ff.
117) A. Bebel, *Leben*, p. 630.

당히 긴 연설문을 들고 국회단상에 나섰다.[118] 오랜 현장운동가라기보다는 정치가 베벨의 위상을 드러낸 자리였다. 엥겔스는 나중에 이 '가장 훌륭한 연설문'을 읽고서 '온 제국의회에서 선반공 베벨이 홀로 교양 있는 사람'이라는 인상을 받았노라고 극찬했다.[119] 무엇이 그토록 두드러졌을까? 베벨은 먼저, 1878년 10월에 비스마르크가 사회주의자법의 정당성을 옹호하던 바로 그 자리에서 '노동자들의 처지를 긍정적으로 개선하는' 정책과제를 약속했다는[120] 점을 들면서, '우리가 본래 이 입법안의 원조'[121]라는 반어법 논리를 폈다. 사회민주주의 선전활동이 없었다면 폭력적 공안정치도, 이를 무마하는 사회입법도 탄생할 수 없었다는 주장이었다. 베벨은 이후에도 사회민주주의의 직접적 압력 덕택에 복지제도가 가능했다는 주장을 되풀이했다. '사회민주주의 복지체제'라는 신화가 이런 과정을 거쳐 만들어졌다는 점에서 이 아이러니는 역사성을 지닌다.[122]

그렇다면 사회민주주의 진영이 마지못해서라도 정부의 입법기획을 받아들여야 마땅하지 않았겠는가. 그럼에도 굴욕적 타협으로 보이는 이 길을 선택하기는 어려웠을 것이다. 이러기도 저러기도 어려운 가운

118) "Die Stellung der Sozialdemokratie zum Unfallgesetzentwurf. Aus der Rede im Deutschen Reichstag zum Gesetzentwurf über die Unfallversicherung der Arbeiter, 4. April 1881," in A. Bebel, *Reden*, vol. 2, pp. 133~52.

119) W. Blumenberg(ed.), *August Bebels Briefwechsel mit Friedrich Engels*, London/The Hague/Paris 1965, p. 110.

120) "Rede in der 8. Sitzung des Deutschen Reichstags am 9. Oktober 1878," in O. v. Bismarck, *Werke in Auswahl*, VI, pp. 211 f.

121) A. Bebel, 앞의 책, p. 137.

122) R. Baron, "Weder Zuckerbrot noch Peitsche. Historische Konstitutionsbedingungen des Sozialstaats in Deutschland," in *Gesellschaft. Beitäge Zur Marxschen Theorie*, vol. 12, Frankfurt a. M. 1979, pp. 13~55.

과거−현재−미래: 사회민주당의 선거 홍보 자료

데 사회민주당 지도부는 원론적으로 사회입법의 취지를 찬성하는 한편, 각론을 들어 이를 거부하는 전략을 구사했다. 무엇보다도 먼저 사회보험의 기여방식이 맹렬한 비난의 대상이 되었다. 다시 베벨의 주장을 들어보자. 사용자는 그 어떠한 '도덕적 의무'에도 아무런 관심이 없으며 오직 노동자의 피와 땀을 짜내기 위해 노동력을 구매한다. 노동의 산물을 '거의 대부분 전유하는' 사용자가 결코 스스로 착취의 가능성을 포기할 리 없으며, 따라서 자본의 풍요와 노동의 궁핍 사이에 메울 수 없는 골이 깊어진다. 노동의 보험분담은 부당하게도 자본의 부를 더욱 증가시킬 따름이다. 어찌 노동의 가치가 고장이 나면 자본의 돈으로 즉시 고치는 기계보다 못할 것인가.[123] 같은 맥락에서 국가가

<hr />

123) A. Bebel, 앞의 책, p. 142.

분담하는 보험재정도 부당하기는 마찬가지다. 그것이 점점 궁핍해질 노동을 돕기보다는 더 부유해질 자본을 지원하고 말기 때문이다. 결론적으로 사용자가 홀로 보험재정을 부담해야 한다.[124] 마르크스의 노동가치론을 이보다 더 잘 활용한 사례를 찾기도 힘들 것이다. 그러나 이러한 베벨의 주장은 곧 근거를 잃고 말았다. 정부의 수정입법안이 여러 정당의 조정의견을 좇아 기업 배상의무의 원리에 따라 전적으로 사용자 재정부담을 규정한 산재보험 방식을 채택했기 때문이었다.[125]

난관은 다른 곳에도 있었다. 베벨은 산재보험을 운영하고 관장하게 될 제국산재은행Reichsunfallbank을 설립하자고 제안했는데, 이 새로운 보험기구는 정부 초안에 들어 있던 제국보험공단Reichsversicherungsanstalt과 거의 다를 바 없었다. 그럼으로써 비스마르크의 정책기획을 단호하게 거부했던 논리가 군색스럽게 되고 말았다. 행정기술과 효과의 측면에 치우친 베벨의 설명은 간단하고 명료하다. 민간보험회사는 흔히 일정한 지역과 산업영역에 산발적으로 배치되어 있으며 산재사고를 관리하고 배상의 범주를 정하는 일에 한계를 지닐 수밖에 없다. 이와는 달리 '제국의 한 특정 중앙부서에서' 관리하는 공공보험은 일목요연하게 전 산업영역의 사건사고를 접수하고 보험업무를 효율적으로 관리할 수 있다. 그리고 앞으로 보험적용 범위가 늘어나게 되면 민간보험회사들 사이에서 치열한 확대경쟁이 벌어질 것이고, '아주 방대한 행정기구가 불가피할 것이다.' 공공보험은 그 반대로 행정비용을 절약하여 보험료를 대폭 낮출 수 있게 된다. 제국철도사업을 맡은 국가 행정기구가 이러한 점을 이미 입증한 바 있다.[126] 베벨은 이렇게 공공복지기제의 이로

---

124) 같은 책, pp. 143 f.
125) *Quellensammlung*, vol. II-2, 1, pp. 161 ff., 166 ff., 282 ff., 313 ff.

움에 한 걸음 더 다가설 수 있었지만, 그런 만큼 국가사회주의를 비난하는 명분에서 멀어질 수밖에 없었다. 그리하여 1881년 11월 17일의 '황제교서'에 담긴 수사법을 넘어서는 사회민주주의 방식의 사회정책 과제는 요원하게 되었다. 베벨은 1881년 선거격문에서 이렇게 표현할 수밖에 없었다.[127]

냉혹한 상황의 필연성 때문에, 그리고 더는 부인할 수 없는 국민대중의 경제적 위기상황 속에서, 사회문제는 정치생활의 중심과제가 되었다. 모든 정당과 정부는 사회문제가 존재하고 있다는 사실을 인정해야만 할 것이다. 사회문제의 존재를 인정한다는 것은 곧 사회개혁, 다시 말해 사회문제의 해결에 반드시 필요한 개혁들을 국가의 의무로 받아들이는 것을 의미한다.

이 무렵에 당 지도부가 온통 국가사회주의의 유혹에 넘어갈 것 같은 불길한 낌새를 챈 한 인물이 있었으니, 그가 곧 장차 사회민주주의의 새 항로를 그리게 될 에두아르트 베른슈타인Eduard Bernstein이었다. 그는 1880년에 『사회민주주의자』의 편집을 맡으면서 대번에 젊은 이론가로 각광받았다.[128] 때마침 1882년 8월 취리히에서 열린 당 대회가 이 당돌한 새 논객을 기다리고 있었다. 그가 보기에 맨체스터 자유주의를

---

126) A. Bebel, 앞의 책, pp. 148 f.
127) A. Bebel, "Aufruf der sozialdemokratischen Fraktion zur ersten Reichstagswahl unter dem Sozialistengesetz, 27. Oktober 1881," in *Sozialdemokratie im Deutschen Reichstag*, p. 199.
128) 이때 베른슈타인은 스위스 취리히에서 망명생활 중이었다. 이 사회민주주의 주간지가 비스마르크의 방해공작으로 그곳에서 계속 발간될 수 없게 되자, 베른슈타인은 1888년에 잡지와 더불어 엥겔스가 있던 런던으로 옮겨갔다.

무조건 혐오하면서 피해가는 길목에 그보다 훨씬 더 위험한 국가사회주의의 덫이 놓여 있었다.[129] 그는 회합에서 당내에 뿌리 깊은 라살의 영향력 때문에 비스마르크 사회주의socialisme bismarquien[130]를 좋게만 여기는 일이 벌어졌다고 혼신을 다해 주장했다. 이런 견지에서 그는 라살의 저술을 당의 선전책자로 다시 간행하려는 기획을 비판했으며, 그 대신 엥겔스의 과학적 사회주의 저술을 추천했다. 베른슈타인이 고군분투했지만 당 대회는 국가사회주의 문제의 뚜렷한 결말을 보지 못했다. 늘 라살파와 맞서왔던 리프크네히트도 베벨도 그를 돕지 않았다. 그런 가운데 더러는 국가의 후원을 기대했던 라살의 견해가 당 선전활동에 반드시 필요하다고 보았으며, 더러는 비스마르크의 국가사회주의가 맨체스터 자유주의보다도 훨씬 덜 위험하다고 주장했다.[131]

베른슈타인은 걱정을 넘어 두려운 심정으로 이러한 상황을 직시했던 것으로 보인다. 그는 그해 9월 1일 엥겔스에게 보낸 편지에서 그 문제의 당 대회가 "아주 비열하게 나를 곤경에 빠뜨렸다"고 썼다.[132] 절절하게 긴 그의 사연 중에 이런 문구가 보인다.[133]

(……) 독일에서는 라살 방식의 선동 덕택에 아주 엄청난 국가우상 Staatskultus이 우리의 행렬에서 출몰했습니다. 그때 단지 '국가'라는 말

---

129) Leo, "Manchesterthum, Sozialdemokratie und 'soziale Reform,'" in *Der Sozialdemokrat*, no. 49(1881. 12. 1.). Leo는 베른슈타인의 필명이다.

130) 엥겔스는 1880년에 보호관세와 철도 국유화를 주제로 하여 「비스마르크의 사회주의Le Socialisme de M. Bismarck」라는 논문을 프랑스어로 쓴 적이 있는데, 베른슈타인은 이를 참조하여 이 용어를 엥겔스의 과학적 사회주의에 대비하면서 사용했다(H. Hirsch(ed.), *Eduard Bernsteins Briefwechsel mit Friedrich Engels*, Assen 1970, pp. 51, 114).

131) V. L. Lidtke, "Social Democracy," pp. 215 f.

132) "Bernstein an Engels, Riesbach, 1. September 1882," in H. Hirsch(ed.), 앞의 책, p. 122.

133) 같은 책, p. 123.

이 한 역할을 하면서 거대자본에 적대하는 역사를 주장하거나 혹은 실질적으로 이른바 유동자본에 맞설 뿐인데도, 이 요인들이 마음에 들긴 하지만 전혀 사회주의와 동떨어진 프로젝트에 스며드는 위험이 늘 가까이에 도사리게 되었습니다. 나 역시 이 문제를 제기했지만, 순전히 사무적이고 실용적인 조직문제들에 우리의 시간과 노동력을 완전히 소진하느라 그 문제가 더 이상 논의될 수는 없었습니다. 그리고 역시 많은 사람들이 이 위험을 반박했습니다.

이 총명한 이론가마저도 국가사회주의에 대항하는 사회민주주의 복지원리를 스스로 구상할 수는 없었다. 베른슈타인은 엥겔스에게[134] 그의 책 『유토피아에서 과학으로 발전하는 사회주의』 서문에서 '비스마르크 사회주의'를 집중적으로 해부해주기를 부탁했다. 이는 곧 당면한 사회보험 문제를 이론적으로 해명하여 당의 앞길을 열어달라는 요청이었다. 엥겔스는 이 제안을 옳다고 여겼다. 하지만 그가 보기에 '이 잡동사니가 한 책의 서문에서' 처리될 수 있을 정도로 간단하지 않으며 따라서 '좀더 긴' 설명이 필요했다. 그의 '머리에서 오래도록 떠도는' 생각대로라면 '비스마르크 사회주의'를 해부하는 책자에는 '1) 보호관세, 2) 철도국유화, 3) 담배전매, 4) 노동자보험'의 내용이 담길 터였다. 이 책을 위해 특히 산재보험 관련 자료가 부족하니 급히 이를 구해 보내줄 것을 부탁하는 내용이 베른슈타인에게 보낸 답신에 적혀 있다.[135]

이어서 서로 주고받은 서신들에서 사회보험 문제가 여전히 중요한

---

134) 1883년에 사망한 마르크스는 이 무렵 이미 와병 중이었다. 따라서 엥겔스 혼자 '런던 사령부' 일을 맡고 있었다.

135) "Engels an Bernstein, London, 13. September 1882," in H. Hirsch(ed.), 앞의 책, pp. 126 f.

사안이었음을 엿볼 수 있다.[136] 간단한 친필편지가 때로는 그 어떤 책자보다도 더 많은 사연을 담고 있기도 하다. 거기에는 "애타도록 비스마르크 자료를 기다리고 있다"는 엥겔스의 간절한 바람도 들어 있었다.[137] 그는 그토록 학수고대하던 그 자료를 두 달쯤 뒤에야 받을 수 있었다. 이때 그가 베른슈타인에게 보낸 사연이 자못 흥미롭다. 베벨의 손을 거쳐 엥겔스에게 전해진 자료는 아마도 산재보험법의 제1차 수정안과 건강보험법 초안으로 여겨진다. 이미 앞장에서도 보았듯 기업의 배상의무를 규정한 정부의 수정 산재보험법안은 국가사회주의 요소를 상당 부분 탈색한 것이었다. 그리고 건강보험법안은 처음부터 당사자 책임성, 자치행정, 탈중심의 원리에 따른 것이었다. 바로 이러한 사실 때문에 엥겔스의 심기가 매우 상했던 듯 보인다. 그는 베른슈타인에게, 기대했던 자료가 "제국의회의 표결 탓으로 흐려지기 전에 **순수했던** 비스마르크 사회주의"를 담고 있어야 했는데, 그렇지 않기에 "아무것도 할 수 없겠다"는 심정을 토로했다(강조는 원문).[138] 수정법안과 새로운 보험법안(건강보험)이 드러낸 모습은 "온전한 비스마르크가" 아니라는 것이었다.[139] 그렇다면 오로지 정해진 이론에 맞추기 위해 이미 변화된 실제 상황을 원래대로 되돌려 보내야만 옳았겠는가! 엥겔스는 곧 국가사회주의 문제와 관련된 출판기획을 완전히 포기하고 말았다. 그는 다음 해 2월에 베른슈타인에게 보낸 편지에서, "비스마르크 사회주의에 가하는 특별한 공격이 그동안 시대에 뒤진 일로 여겨진다"는 심경을 밝혔다. 아울러 "비스마르크 사회주의가 스스로 사그라지도록 내버려두

---

136) 같은 책, pp. 130, 134, 140.

137) "Engels an Bernstein, London, 27. Oktober 1882," 같은 책, p. 144.

138) "Engels an Bernstein, London, 2./3. November 1882," 같은 책, p. 152.

139) "Engels an Bernstein, London, 28. November 1882," 같은 책, p. 166.

는 것이" 상책이라는 의견을 전했다.[140]

이후로 '런던 사령부'는 장차 사회민주주의 노동운동에 심대한 영향을 끼치게 될 이 사회보험 문제에 별다른 관심을 두지 않았다. 독일 운동가들이 엥겔스의 생각에 보인 반응은 잘 알려지지 않았다. 아무튼 사회민주당 지도부가 그 후로도 사회보험입법의 진면목을 제대로 간파하지 못했다는 점은 분명해 보인다. 의회정치의 과제로 넘겨진 그 정책현안은 시간이 지날수록 국가사회주의 기획에서 멀어져 갔다. 정책논쟁의 초점들은 오히려 비용과 효율, 자율과 통제, 권리와 의무 등의 문제점을 둘러싼 복지제도의 선진화 방안이었다. 그리하여 오늘날에도 통하는 사회원리들과 더불어 '세계사적인 사회정책'이 완성단계에 이르렀을 때 사회민주주의 진영의 처지는 더욱 옹색하게 되었다. 비스마르크가 이 사안에서 쓴잔을 마신 후 국가사회주의 논쟁은 헛공론이 되고 말았던 것이다. 이제 '노동계급의 이익에 봉사한다'는 그 정책과제를 받아들여야만 했을까. 그러기에는 아직도 국가와 노동 사이에 선명하게 그어진 전선이 가로놓여 있었다. 그렇다면 거듭거듭 '진정한 사회개혁'을 가로막는 '사이비' 술책을 공박해야 했을까. 문제는 현장노동자들을 매료하는 복지효율을 전적으로 부정할 수만은 없었던 탓에 있었다. 이러한 지경에서 사회민주당 지도부가 찾아낸 돌파구가 절묘해 보인다. 획기적인 사회입법을 사회민주주의 정치의 공로로 삼는 것이었다. 당이 여전히 노동운동을 이끌고 가려면 다른 방책이 없었을지도 모른다. 1889년의 노령 및 상해 보험을 끝으로 오랜 복지입법 논쟁이 막바지에 이르는 시점에서 베벨은 이렇듯 복잡한 심경으로 의회단상에

---

140) "Engels an Bernstein, London, 8. Februar 1883," 같은 책, p. 180.

섰을 것이다.[141]

　　의원 여러분, 사회민주주의가 아니라면, 그리고 사회민주주의가 부추겨졌기에 자신들의 처지를 알게 된 노동자들의 불만이 없었다면, (……) 그 누구 덕택에 이 온 입법안이 생기게 되었습니까? 만약 사회민주주의가 없었다면, 사회민주주의가 노동자들의 대오에 들어가 끊임없이 선동하지 않았다면, 그리고 만일 사회민주주의가 노동자들로 하여금 국가와 사회에 정당한 요구를 하도록 일깨우지 않았다면, 도대체 이 전체 사회개혁입법이 독일제국에서 탄생할 수 있었을까요? 의원 여러분, 우리가 그것을 이루어냈으며, 그것은 우리의 선동 덕택에 가능했습니다. 그리고 장차 독일 노동자들이 지금까지 이미 이룬 것보다 더 많은 것을 계속해서 성취하게 된다면, 그들은 그 공적을 바로 우리 사회민주주의자들에게 돌려야 할 것입니다.

　　그리고 약 10여 년 세월이 흐른 뒤의 일이었다. 사회민주당의 사회정책 전문가 몰켄부르는 1908년 뉘른베르크 당 대회에서, "모든 사회법령은 거의 예외 없이 노동자들이 벌였던 계급운동의 성과"라는 기본전제를 밝히고 나서, "온 보험입법은 최초로 1878년 4월에 베벨을 통해 제창되었다"고 주장했다.[142] 그 뒤에 열린 당 대회에서도 몇몇 인사

---

141) "Ohne Kampf kein gesellschaftlicher Fortschritt. Aus der Rede im Deutschen Reichstag zum Gesetzentwurf über die Alters- und Invaliditätsversicherung, 20. Mai 1889," in A. Bebel, *Reden*, vol. 2, pp. 584~92(인용은 p. 588).

142) *Protokoll über die Verhandlungen des Parteitages der Sozialdemokratischen Partei Deutschlands. Abgehalten zu Nürnberg vom 13. bis 19. September 1908 sowie Bericht über die Fünfte Frauenkonferenz am 11. und 12. September 1908 in Nürnberg*, Berlin 1908, p. 429.

는 베벨이 그때 직접 국회단상에 나가서 공적 노동자보험과 제국보험 공단을 요구했다고 밝히면서 몰켄부르를 거들었다.[143] 그리고 몰켄부르 는 1911년 예나 당 대회에서도 "독일 사회보험의 착상은 사회민주주의 에서 나온 것"이라고 주장하면서 다시 한 번 베벨의 1878년 제국의회 연설을 언급했다.[144] 사회민주주의 운동의 최전선에 섰던 인물이 비스 마르크와 뜻을 같이했다는 말이었다. 그런 그가 어떻게 당적과 의원직 을 유지할 수 있었을까? 다행히도 베벨은 문제의 1878년 4월에 감옥 살이를 하느라 국회에 나갈 수조차 없었다.[145] 그렇다면 몰켄부르와 그 동료들의 발언은 거짓이었을까? 그들은 아마도 문제의 시점을 잘못 알 고 있었을 것이다. 1879년 2월에 베벨이 실제로 국회에서 '제국 산재 보험공단 설립'을 포함하는 개혁입법을 옹호했기 때문이다. 그렇더라 도 베벨이 '최초로' 사회보험을 제창한 것은 아니었다. 그의 국회연설 은 광범위한 사회입법을 요구한 부르주아 정파들의 대정부질문에 끼어 든 것이었다.[146] 원론수준에 머물렀던 그의 제안이 굳건한 입법의지에 서 나온 것도 아니었다. 사회입법의 주창자가 누구든, 그것이 무슨 문 제겠는가. 오랜 세월 거듭된 '원조' 논쟁의 속뜻은 다른 의미를 지녔을 것이다. 사회민주당 최고위원회에 속했던 어느 인사가 1909년 라이프 치히 당 대회에서 '마치 전설처럼 우리가 원래 노동자보험의 반대세력

143) *Protokoll über die Verhandlungen des Parteitages der Sozialdemokratischen Partei Deutschlands. Abgehalten zu Leipzig vom 12. bis 18. September 1909*, Berlin 1909, pp. 429 ff., 456 ff.

144) *Protokoll über die Verhandlungen des Parteitages der Sozialdemokratischen Partei Deutschlands. Abgehalten in Jena vom 10. bis September 1911 sowie Bericht über die 6. Frauenkonferenz am 8. und 9. September 1911 in Jena*, Berlin 1911, p. 320.

145) A. Bebel, *Leben*, p. 484. 베벨은 "그사이에 1878년 4월 6일 제국의회가 소집되었다. 나 는 감옥살이를 하느라 다시금 그 토론에서 제외되었다"고 당시를 회고했다.

146) 같은 책, pp. 578 f.

이라고 주장하는 적들의 중상모략에' 맞서야 한다고 주장했듯이,[147] 노동복지의 주도권을 빼앗기고도 어찌할 수 없었던 당 지도부의 강박증이 깊었던 것으로 보인다. 이렇듯 사회민주주의 진영은 겉으로는 한목소리로 정부의 사회정책을 강하게 거부했지만, 속으로는 그 누구도 사회입법의 정당성을 물리칠 수 없었던 것이다.

---

147) *Protokoll über die Verhandlungen des Parteitages der Sozialdemokratischen Partei Deutschlands. Abgehalten zu Leipzig vom 12. bis 18. September 1909*, p. 456.

제7장 복지정당의 길로

1. 어디로 갈 것인가?

'강단사회주의'를 이끌었던 구스타프 슈몰러는 노동의 권리를 높이는 '분배의 정당성'을 학문과 실천의 지상과제로 삼은 인물이었다. 그런 그를 급진파 지식인이라고 헐뜯은 사람이 어찌 없었겠는가. 그의 친구이자 사회정책학회에 함께 몸담았던 역사학자 트라이치케H. v. Treitschke가 그를 사회민주주의의 '후견인'으로 여기면서 혹독하게 비난했다고 한다.[1] 부르주아 사회개혁을 상징했던 그가 동시대 시민사회의 공론을 너무 앞질러 갔기 때문이다. 그러나 정작 사회정책연구로 평생을 보낸 슈몰러가 사회민주주의자들과 가까운 적은 없었다. 오히려 그는 늘 사회민주주의 미래국가의 이상을 불온하게 보았으며, 자신을 그 '강력한 적대자'로 부르기도 했다.[2] 이렇듯 그는 원래부터 군주정체

---

1) W. Vogel, *Arbeiterversicherung*, pp. 72 ff.; S. Thomas, *Gustav Schmoller*, pp. 25 ff.

2) G. Schmoller, *Über einige Grundfragen des Rechts und der Volkswirtschaft. Ein offenes Sendschreiben an Herrn Professor Dr. Heinrich von Treitschke*(이하 *Grundfragen*으로 약칭), Jena 1875, p. 7.

의 이념에서 한 발짝도 벗어나기 싫어한 보수주의자였다. 그랬던 그가 만년에 이런 글을 남겼다.[3]

제국의회에서 80석을 넘어 110석까지 차지하고 있으며 당원들 중 수천 명을 자치행정 직무에 파견하는 한 정당을 정부나 다른 정당들이 앞으로 계속해서 마치 존재하지도 않거나 동등한 권리를 갖지 않은 듯 다룰 수는 없을 것이다. 드디어 사회민주당이 위원회나 지역의 행정에 상당한 비중으로 함께 참여하는 한 유익한 정당으로 여겨야만 할 것이다. 고도의 판단능력을 지닌 사람들이라면 이 정당이 오늘날 자치행정에, 그리고 사회민주주의자들을 정치적으로 교육하는 일에 유용하다고 인정할 것이다. 이 정당의 지도자들이 더러 다른 정당들을 이끄는 인사들에게 호감을 주지 못할 수도 있으나, 그들 중 대부분이 부단한 삶의 수련과 오랜 실천경험을 통해 좀더 온건하며 유화적으로 되었다는 점이 최근에 바뀐 양상의 본질이다. 오직 노동자 대중을 장악하는 그들의 지도력을 통해 노동의 요구를 이성적 궤도로 이끌 수 있으며, 오직 그 덕택에 노동자 대중이 다시 훈련받아 상당한 정도로 인내하면서 평화적으로 국가와 국민경제의 온전함에 순응하게 될 것이라는 깨달음을 오늘날 그 누구도 물리칠 수 없을 것이다.

이 글에 담긴 사회민주주의의 모습은 이전과 사뭇 다르다. 실제로 그동안에 많은 것이 변했다. 무엇보다도 먼저 사회민주주의 세력은 이

---

3) G. Schmoller, "Die einhundertzehn Sozialdemokraten im deutschen Reichstage," in *Neue Freie Presse*, no. 1710(1912. 4. 7.). 이 글은 그의 유고문집, *Zwanzig Jahre deutscher Politik(1897~1917). Aufsätze und Vorträge*(이하 *Zwanzig Jahre*로 약칭), München/Leipzig 1920, pp. 97~102에 실려 있다(인용은 p. 100).

제 원내에서 홀대받던 소수정파가 아니었다. 문제의 사회주의자법이
폐지되면서 돌풍이 일기 시작했으니, 공안정치가 오히려 사회민주주의
열기를 잘 품고 있던 셈이었다. 1893년 총선에서 처음으로 득표율이
20퍼센트를 넘어선 뒤로 사회민주주의 세력은 파죽지세로 승승장구하
여 1912년에는 말 그대로 원내 최강의 정당이 되었다.[4] 변화의 양상은
지지세력의 팽창에만 머물지 않았다. 슈몰러가 세심하게 지켜보았듯
이, 사회민주주의 진영은 드디어 참여정치의 길에 들어섰으며, 그 지
도자들 또한 대부분 '좀더 온건하며 유화적으로' 바뀌었던 것이다. 그
의 희망대로라면 노동운동은 이제 미래국가의 유토피아에서 벗어나 현
실적인 과제에 더 많이 기대게 될 터였다. 노년의 슈몰러는 아마도 사
회민주주의 참여정치의 실마리가 공적 보험조합의 자치행정에서 풀리
고 있다는 사실에 적이 흐뭇했을 것이다. '자조의 원리Princip der
Selbsthülfe'에 서는 공적 복지제도가 그의 지론이 아니었던가.[5] 그 무렵
사회민주주의 진영에서 노동복지 실무자로 활동했던 클레아이스의
1908년 보고서를 보면,[6] 이 노(老)대가의 말에 어떤 꾸밈도 없었던 듯

---

4) <표 2>: 사회민주당의 총선 득표 현황(1893~1912)

연도	득표율(%)	의석률(%)	의원 수
1893	23.3	11.1	44
1898	27.2	14.1	56
1903	31.7	20.4	81
1907	28.9	10.8	43
1912	34.8	27.7	110

자료: G. A. Ritter, *Arbeiterbewegung*, p. 67; S. Miller/H. Potthoff, *Kleine Geschichte der SPD.*
Darstellung und Dokumentation 1848~1983, Bonn 1983, pp. 286 f.

5) G. Schmoller, *Grundfragen*, p. 94.

6) F. Tennstedt, "Friedrich Kleeis. Exemplarischer Lebenslauf eines vergessenen Praktikers
der Arbeiterbewegung oder von der Dialektik der Sozialreform in der bürgerlichen

보인다.

　사회민주당의 지도위원회가 노동자보험의 속뜻과 지금 추진하고 있는 그 개선책을 상당히 높게 평가하고 있으며, 지난번 라이프치히 당 대회에서 그 문제를 특별한 의제로 삼았으니 기쁘기 그지없다. 그러면서 우리는 결코 부르주아 정당들이 늘 주장했듯이, 사회민주주의가 노동자보험 입법에 적대감을 품고 있었다고 말하려는 것이 아니다. 사회민주주의야말로 유일하게 실질적이며 진정한 사회개혁의 참된 친구라는 사실은 이미 그 온 활동으로 드러났다. (……) 노동운동은 앞으로도 이어질 문제들을 해결해야만 하는데, 그럴 때 실천적 현실과제를 놓쳐버릴 수 없다는 점이 너무나도 뚜렷하다. 계몽된 노동자들이 좀더 일찍이, 더욱 열정적으로 돌봤다면 많은 건강보험조합, 특히 대도시에 설치한 조합들이 지금보다 훨씬 좋은 상태에 처했을 것이다. 그들이 지난 시절에 겪었듯 달갑지 않았던 경험들은 이제 되풀이될 수 없을 것이다. 다행스럽게도 당 대회에서 예전보다 훨씬 강한 자극이 일어나 우리 당원들이 노동자보험과 그 개선책을 활발하게 논의하고 그 문제에 더 큰 관심을 갖게 되었으니 어찌 기쁘지 않겠는가.

그토록 완강하게 공적 보험제도에 저항했던 사회민주주의 지도부는 왜 이렇게 물러졌을까? 도대체 무슨 일이 있었을까? 참여정치의 바람은 어느 순간 갑작스럽게 불어 닥치지는 않았다. 그것은 이미 오래전부터 잔잔하게 일고 있었다. 사회민주주의 진영의 내부동태를 추적한

Gesellschaft,"(이하 "Friedrich Kleeis"로 약칭) in F. Kleeis, *Geschichte*, pp. XXII~XXIII.

공안당국의 비밀보고서에 이런 기록이 보인다. 1883년의 건강보험법이 제정된 지 얼마 뒤에 있었던 일이다. 그해 8월에 어느 지방 작은 도시 인근의 숲 속에서 열린 비밀집회에서 사회민주당 국회의원 하젠클레버 W. Hasenclever는 공적 건강보험을 가리켜, "그 본질은 실제로 훌륭한데, 다만 그것을 실행할 때 어려움이 있다"고 하면서, 그 입법을 긍정적으로 평가했다. 그리고 그 뒤 10월에 열린 어느 집회에서 그의 동료 카이저M. Kayser는 '무거운 마음으로' 건강보험법에 반대표를 던졌다면서, '그렇지 않으면 더 이상 당원으로 남을 수 없겠다는' 생각이 들어 공개석상에서는 '어쩔 수 없이' 자신의 견해를 거두어들일 수밖에 없다는 심정을 밝히기도 했다.[7] 그리고 그 이상 자세히 알려지지는 않았지만, 사회민주주의 진영 안에서 공적 사회보험을 좋게 보는 분위기가 그 밑바닥에 감돌고 있었다는 점은 분명해 보인다. 마지막 '비스마르크 사회보험'의 국회의결을 앞두고 리프크네히트는 사적인 편지에서 "노령보험법이 끝내 성사된다면 사회민주주의 운동을 계속할 수 있을지 걱정된다"는 말을 했다고 한다.[8] 별다른 조짐이 없었다면, 그가 근심할 일도 없었을 것이다.

1881년의 황제교서에 담긴 바람대로 사회민주주의 세력이 공적 사회보험을 '진정한 사회개혁'으로 받아들였다면, 노동계급을 국가에 통합하는 길이 쉽게 열렸을 것이다. 그러나 1878년의 사회주의자법이 그 길을 가로막고 있었다. 그러면서 그 공안입법이 곧 '투쟁의 학교Schule des Kampfes'가 되었다.[9] 그 안에서 훈련받은 전사들이 미래의 유토피아

---

7) "Polizei-Präsidium, Journ. Nr. 1389 P. J. I., Berlin, dem 4. März 1884," in R. Höhn, *Die Vaterlandslosen Gesellen*, p. 192.

8) "Der Polizei-Präsident, Journ. Nr. 4507, P. J. I., Berlin, den 15. November 1887," 같은 책, p. 295.

에 깊이 빠져들수록 노동과 국가 사이의 틈은 더 깊어져만 갔다. 사회민주당으로서는 고립전선에 매달릴 수밖에 없는 상황이었다. 그렇게 보면 1890년은 독일 사회민주주의 역사에서 '하나의 진정한 전환점'으로 기록될 만했다.[10] 그해 1월에 열린 국회에서 문제의 사회주의자법이 연장효력을 상실하게 됨으로써 사회민주당은 드디어 합법정당으로 거듭날 수 있었다. 같은 해 2월 초에는 새 황제 빌헬름 2세가 실질적인 노동자보호입법을 촉구하는 칙서를 두 차례나 발표하여 이른바 '신항로'를 열었다. 그달 말에는 총선이 있었는데, 사회민주당은 거의 20퍼센트에 가까운 득표율로 35석을 얻는 개가를 올렸다. 그리고 드디어 같은 해 3월에는 거의 30여 년 동안 독일제국과 한 몸이었던 비스마르크가 더 버티지 못하고 물러날 수밖에 없었다. 젊은 황제가 노구의 철혈재상을 새 정치의 걸림돌로 여겼기 때문이다.[11]

오랜 세월 동토를 견뎌낸 사회민주주의 세력은 그렇게 새 기운을 얻었다. 공안입법이 이어지는 동안 사회민주주의자라면 제국의 테두리 안에서 정해진 의정활동과 선거운동 이외에 집회도, 토론도, 언론활동도 할 수 없었다. 12년(1878~90년)의 '박해기간'에 '정신의 진공상태'가 초래되었던 것이다.[12] 그러니 당 지도부는 서둘러 그 빈 공간을

---

9) G. A. Ritter, *Arbeiterbewegung*, p. 11. 사회민주당의 지도위원이면서 국회의원이었던 이그나츠 아우어Ignaz Auer가 1899년에 사회주의자법의 역사를 정리하면서 처음으로 이 말을 썼다.

10) 같은 책, p. 12.

11) Th. Nipperdey, *Deutsche Geschichte 1866~1918. Zweiter Band. Machtstaat vor der Demokratie*, München 1992, pp. 471 ff., 621 ff.; H.-U. Wehler, *Gesellschaftsgeschichte*, III, pp. 902 ff.; H.-J. v. Berlepsch, *"Neuer Kurs,"* pp. 15 ff.; K. E. Born, *Staat und Sozialpolitik seit Bismarcks Sturz. Ein Beitrag zur Geschichte der innenpolitischen Entwicklung des Deutschen Reiches 1890~1914*(이하 *Staat*로 약칭), Wiesbaden 1957, pp. 7 ff.; D. Lehnert, *Sozialdemokratie*, p. 78.

채워야만 했을 것이다. 이 무렵 당 공식문서에는 이따금 갈피를 잡지 못한 채 허둥대는 지도부의 모습이 보인다. 1890년 10월에 열린 당 대회에서 있었던 일이다. 그 '박해기간' 동안 도덕적이면서 정치적인 명성으로 당의 정상에 섰던 베벨은 누그러진 정국에 상당히 고무된 듯 '오늘날의 시민사회 질서에 기대어' 노동계급의 복지를 '증진하고 개선하는' 일에 당의 힘을 다 쏟자고 했다.[13] 미래국가의 기대를 접는 듯한 발언이었다. 그러나 그는 곧이어 그 말을 뒤집고 말았다. 현실과제보다는 미래를 위한 원리의 문제가 더 중요하다는 생각 때문이었다.[14] 갑작스레 바뀐 정국을 맞이하면서 어찌 느긋할 수 있었겠는가. 그러면서도 1891년에 그 유명한 에어푸르트 강령Erfurter Programm이 새롭게 탄생했다.[15] 당의 이름도 오늘날까지 이어지는 '사회민주당'으로 바뀌었다.[16] 이렇게 한번 변화의 물꼬가 터지자, 그 밀고 나가는 힘이 여기서 멈추

---

12) S. Miller, *Problem*, p. 200.

13) *Protokoll über die Verhandlungen des Parteitages der Sozialdemokratischen Partei Deutschlands, abgehalten zu Halle a. S., vom 2. bis 6. Oktober 1890*, Berlin 1890, p. 102.

14) G. A. Ritter, 앞의 책, p. 84.

15) "Programm der Sozialdemokratischen Partei Deutschlands. Beschlossen auf dem Partitag zu Erfurt 1891," in *Protokoll über die Verhandlungen des Parteitsges der Sozialdemokratischen Partei Deutschlands. Abgehalten zu Erfurt vom 14. bis 20. Oktober 1891*, Berlin 1891, pp. 3~6.

16) 1875년의 '고타강령' 이래로 당의 공식명칭은 '독일 사회주의 노동자당Die Sozialistischen Arbeiterpartei Deutschlands'이었다. 그것이 1890년에 오늘날까지 이어지는 '독일 사회민주당Die Sozialdemokratische Partei Deutschlands'으로 바뀌었다. 그 과정에서 약간의 논란이 있었다. 이를테면 사회주의라는 이름이 여러 방향의 '사회개혁Sozialreform'과 같은 의미로 쓰이고 있어서(국가사회주의, 공상적 사회주의, 부르주아 사회주의 등) 특정한 이념과 목표를 지닌 정당에 어울리지 않는다는 주장이 제기되었다. 그러나 당명 개정은 별다른 논쟁 없이 쉽게 결론에 이르렀다. 베벨의 설명에 따르면, 언론과 적대정파들이 "우리를 부를 때 다른 말보다는 사회민주주의 정당과 사회민주주의자를" 사용하며, "우리 스스로가 독일 사회민주주의 정당 이외에 다른 이름을 쓰지 않는다"는 것이었다〔"Sozialismus," in O. Brunner, et. al., *Grundbegriffe*, pp. 981 f.(인용은 p. 982)〕. 실제 당의 공식문서는 거의 예외 없이 '사회민주주의' 또는 '사회민주주의자'라는 이름을 쓰고 있었다.

어 서지는 않았다. 마치 '폭탄처럼'[17] 앞으로 당 진로에 큰 바람을 일으키게 될 '개혁주의Reformismus' 논쟁이 시작되었던 것이다.

당의 고립전선에 의문을 제기하면서 파문을 던진 인물은 바이에른 지역당의 대표를 맡고 있던 폴마Georg von Vollmar였다. 그는 한때 국가의 정책을 조금도 용납할 수 없었던 급진파에 속했다. 그러던 그가 보수적이며 농업 중심의 남부에서 자유주의 정파와 연대하여 지방의회와 국회에 진출하면서 점차 철저한 의회주의자로 탈바꿈했다.[18] 1890년에 억압정치가 누그러지자 그는 다가오는 세상에 더 큰 '영향을 끼치기 위해' 오늘날의 사회를 '있는 모습 그대로 이용해야 한다'는 생각에서,[19] 늘 격렬하게 국가와 맞서는 당의 전략을 비판했다. 그가 볼 때 그때까지 혁명정당의 이름으로 '완전성의 전략Taktik des Absoluten'에 집착한 사회민주주의 정치는 '공중에 이상적인 경계선'을 그렸는데, 거기에는 사람이 접근할 수조차 없었다. 그러니 이제는 '좀더 확실한' 현실의 바탕에서 '정치적으로 개혁하면서 효력을 얻는 전략'이 새 시대를 맞이한 당의 앞길에 더 잘 맞는다는 주장이었다.[20] 나아가 그는 "우리가 전체를 갖고자 애쓰지만, 그것은 한 부분씩 정복될 수밖에 없다"는 전제에서, 현실정치에 너무 소홀했던 당 지도부와 각을 세웠다.[21]

사회와 국가의 삶은 급작스러운 비약이 아니라 밀고 당기는 권력관계,

---

17) G. A. Ritter, 앞의 책, p. 87.
18) W. Albrecht, "Einleitung," in G. v. Vollmar, *Reden und Schriften zur Reformpolitik. Ausgewählt und eingeleitet von Willy Albrecht*, Berlin/Bonn-Godesberg 1977, pp. 9 ff.
19) 같은 글, p. 141.
20) 같은 글, p. 155.
21) 같은 글, p. 152.

다시 말해 부분적 성과의 연속으로 이루어진다. 그리고 다른 정당들처럼 우리 당도 이 법칙에 매인다. 우리가 하나의 종파나 학파이고자 한다면, 우리는 당연히 달갑지 않은 현실에 신경 쓰지 않으면서 조용히 우리의 공중누각을 세울 수 있다. 종파들이나 학파들은 다만 완전한 것을 얻으려 애쓰며 그 실행 가능성을 고려하지 않고서도 그들의 요구사항을 치켜세울 수 있다. 그러나 현실 가운데에서 일하는 정당은 그렇게 할 수 없다. 그 정당은 공중에 뜬 발판 위에 설 수 없으며, 일상의 삶에 따라야 하고, 현실정치를 추진해야 한다. 사회주의란 이전에는 하나의 종파이자 학파였다. 그러나 오늘날 사회주의는 독일에서, 그리고 특히 지난번 선거 이래로 더는 단순히 편리한 일반 요구사항에 매여 오로지 물리치는 견해만 일삼을 수 없는 거대정당이 되었다. 현실참여가 단순한 시위보다도 더 어렵다. 그러나 바로 우리 당이 더 위대해졌기 때문에 우리는 어쩔 수 없이 이 일을 해야 하는 의무를 지게 된 것이다.

그러면서 그는 실질적으로 노동계급의 복지를 증진하는 개혁정치를 실현하기 위해 정부나 다른 정파들과 타협하는 일을 꺼리지 말기를 주장하면서 적극적으로 참여정치를 감쌌다.[22] 이 '근본적인 개혁주의 선언'[23]에 당 지도부는 놀라움을 감추지 못하면서 한결같이 그의 현실정치를 반박하고 나섰다. 『전진』의 편집책임자 리프크네히트는 여러 사람으로부터 당의 중추기관이 폴마의 파문을 내버려두고 있다는 비난을 들었다고 하면서, 자신은 그의 "급진적 성향을 신뢰하기 때문에 그가 어떻게 그 정도로 기회주의적인 요구를 내세울 수 있었는지 믿을 수 없

---

22) 같은 글, pp. 138 ff.
23) G. A. Ritter, 앞의 책, p. 87에서 재인용.

다"고 했다. 그러면서 그는 "우리를 공격하는 적군의 전략이 변하지 않았는데도" 폴마가 어리석게 '행정사회주의regierungssozialistisch' 정당으로 나아가기를 꾀한다고 비난했다.[24] 베벨은 더욱 거센 말투로, 만약 "폴마의 전략에 따라 (……) 우리의 원래 목표를 제쳐둔다면" 사회민주당이 "필연적으로 수렁에 빠진다"고 예단했다.[25] '장밋빛 낙관주의자' 베벨이 보기에 '어둡기 그지없는 비관주의자' 폴마가 모든 사안을 '안개 낀 미지'로 내몰아서 당을 지지하는 대중의 '열광'을 마비시키기 때문이라는 것이었다.[26] 베벨의 큰 걱정거리는 오직 한 곳에 있었다. 결국 그 '잿빛' 개혁주의가 "오늘날의 국가와 사회를 사회민주주의의 숙적으로" 삼아야만 하는 당 강령의 이론적 통일성에 해를 끼치게 된다는 것이었다.[27]

지금까지 우리는 늘, 우리가 오늘날의 시민사회와 그 정치적 상부구조인 오늘날의 국가를 제거함으로써 사회민주주의 사회를 이끌려 한다고 선언했다. 이 목표를 달성하기 위해 우리는 유리한 고지에서 싸울 수 있도록 모든 수단과 장점을 쟁취하고자 애썼다. 그 목표 전체가 요점이며, 나머지는 지엽이다. 우리가 전체를 달성할 수 있다고 자신하는 바로 이 순간에, 어느 정도까지 우리가 소소한 일에 양보할 수 있는지를 묻는 질문은 지엽적인 것이다. 폴마는 거꾸로 지대한 일반목표를 일시적인 지엽으로, 그리고 우리가 반드시 성취해야만 하나 부차적이며 현실적인 요구사항들을 요점으로 설명하고 있다. 그가 날카롭게 따지면서 생각할 수조

24) *Protokoll*, 1891, pp. 208 f.
25) 같은 책, p. 173.
26) 같은 책, p. 275.
27) 같은 책, p. 274.

차 없었듯, 그것은 원론적 대립이다. 그리고 그 문제를 사려 깊게 밝히는 일이 당 대회의 과제다.

새 강령 채택에 분주했던 1891년 에어푸르트 당 대회는 바로 개혁주의의 재판정이라 할 만했다. 여러 인사가 폴마의 수정전략을 비판했다. 그러나 예상외로 폴마는 많은 대의원으로부터 열렬한 박수갈채를 받았다. 누구보다 더 단호했던 베벨조차도 이 사실을 '공개적으로' 인정할 수밖에 없었다.[28] 폴마는 어느덧 당 지도부의 공세에도 흔들리지 않는 남부 사회민주주의의 수장이 되어 있었다. 그렇더라도 그가 당 전략의 원리를 바꿀 수는 없었다. 그는 원래 이론가가 아니었다. 그리고 무엇보다도 아직 때가 일렀다. 그런 사정에서, "지금까지 지켜온 당의 전략을 바꿀 만한 근거가 없다"는 베벨의 당 전략 결의안[29]에 그가 아무런 논란 없이 찬성하면서,[30] 개혁정치를 둘러싼 파문은 당분간 가라앉았다. 그리고 기본원리와 실천 부분 사이에 균형을 이룬 새 강령 또한 한목소리로 당의 전면에 설 수 있었다. 그러나 역사의 판정은 폴마에게 더 많이 기운 듯 보인다. 그는 전략논쟁의 소용돌이 속에서도 아무런 제재 없이 강령위원회에 동참할 수 있었다. 물론 그 뒤로도 개혁주의의 열기가 전혀 사그라지지 않았다는 사실이 더욱 중요할 것이다. 당시에는 비록 수면 아래에 있었지만 이후 더 거센 '수정주의 논쟁'이 불거지게 되는데, 그 도화선은 폴마로부터 출발한 것이었다.[31] 겉보기로

---

28) 같은 책, p. 279.

29) 같은 책, p. 157.

30) 같은 책, p. 287.

31) 독일 사회민주주의 내부의 개혁주의 논쟁을 관찰했던 러시아 사회주의자 프로코포비치S. Prokopowitsch는 1899년에 어느 잡지의 기고에서, "현대적 대중운동을 두고 말하자면 베

는 잠잠했던 새 강령이 불씨를 안고 있었던 셈이었다. 그 무렵 젊은 지
식인 당원으로 이 문제를 눈여겨보았던 캄프마이어P. Kampffmeyer는 몇
년 뒤에 이렇게 썼다.[32]

오늘날 급진주의자들과 현실주의자들 사이에 도사리고 있는 알력은
경이롭게도 에어푸르트 강령 한가운데를 관통하고 있다. 그리고 그것은
분명하게도 우리 탁월한 이론가들과 당 지도자들의 영혼 속에도 퍼져 있
다. 그들 중에서 한쪽은 시민사회를 향해 지나칠 정도로 너무 많은 저주
를 퍼붓고 있으며, 다른 한쪽은 열정적인 추진력으로 시민사회를 고쳐
나가고 있다.

문제의 새 강령은 미리 꼼꼼히 준비한 것이었다. 그 기본전제는 마
르크스주의로부터 당의 공식전략과 전술을 이끌어내는 것이었다. 강령
의 텍스트를 나누어 쓴 인물들의 면면에서 그러한 점이 분명히 드러났
다. 그 기본원리를 작성했던 카우츠키K. Kautsky는 1883년부터 스스로
창간한 사회민주주의 학술잡지 『신시대』의 주간을 맡고 있었으며, 마
르크스의 저작에 밝은 이론가로 널리 알려지면서 엥겔스와 돈독한 관
계를 유지할 수 있었다. 실천 부분을 기술했던 베른슈타인은 당 기관
지 『사회민주주의자』의 책임편집인이라는 점에서 이미 그 위상에 의구

<hr/>

른슈타인 같은 사람에 앞서서 항상 폴마 같은 사람이 있다"라고 썼다. 이 말은 수정주의 논
쟁을 불러일으켰던 베른슈타인이 직접 인용하여 독일 사회민주주의자들에게 알려졌다(E.
Bernstein, *Die Voraussetzungen des Sozialismus und die Aufgaben der Sozialdemokratie*.
(이하 *Voraussetzungen*으로 약칭), Berlin/Bonn 1984, p. 205).

32) P. Kampffmeyer, "Schrittweise Sozialisierung oder gewaltsame Sprengung der kapitalistischen
Wirtschaftsordnung," in *Sozialistische Monatshefte*, Vol. III(1899), no. 10, p. 466(S.
Miller, *Problem*, p. 216).

심이 없었을 것이다. 그리고 당 안에서 그만큼 엥겔스와 가깝게 지낸 인물도 드물었다. '박해기간'에 당 지도부가 유일하게 인정한 당의 공식언론 『사회민주주의자』가 1888년부터 런던의 엥겔스 곁에서 발간되었다는 사실 하나만으로도 충분히 알 수 있다. 이렇듯 새 강령은 처음부터 아직 생존해 있던 엥겔스의 입김을 강하게 받도록 예정되어 있었다. 그리고 그 집필자들이나 대부분의 강령위원이 마르크스와 엥겔스의 이론과 견줄 만한 대안을 갖고 있지도 않았다. '부르주아 사회과학'이 저항전선에 침투할 틈이 없었으며, '박해기간'을 거치면서 라살의 이론도 빛을 잃었기 때문이다.[33]

새 강령은 이렇게 시작한다. "부르주아 사회의 경제발전은 자연적 필연성에 따라 소생산업체의 파멸을 몰고 오며, (……) 노동자를 그 생산수단으로부터 떼어내어 재산 없는 프롤레타리아로 바꾸어버린다."[34] 마르크스의 글 한 부분을 읽는 것 같은 착각이 들 정도다. 그리고 1875년의 고타강령이 그로부터 호된 질타를 당한 이래로 당 지도부가 어떤 강박감에 시달렸는지 이해할 만한 구절로도 읽힌다. 실제로 카우츠키는 새 강령의 기본원리 부분을 『자본론』 제1권에 실린 유명한 절, '자본주의 축적의 역사적 경향'의 '주석에 지나지 않는다'고 설명했다. 그러면서 그는 그 기본원리가 "1) 오늘날 사회와 그 발전경로의 표상, 그로부터 귀결된 2) 사회민주주의의 최종목표들, 3) 그것들을 실행할 수 있고 실현하게 될 수단들"로 나뉘어 기술되었다고 밝혔다.[35] 그의 뜻대로 새 강령이 사회발전의 분석과 예측을 인과법칙에 따라 사회

33) S. Miller, 같은 책, pp. 199 ff.; G. A. Ritter, *Arbeiterbewegung*, pp. 94 ff.; D. Lehnert, *Sozialdemokratie*, pp. 80 ff.
34) *Protokoll*, 1891, p. 3.
35) S. Miller, 앞의 책, p. 210.

민주주의의 목표설정에 연결했다는 점에서 옛 강령과 두드러지게 구별되었다. 몇몇 소수 자본가와 지주의 손에 독점되는 생산수단, 엄청나게 증가하는 인간의 노동생산성, 그럼에도 점점 더 커지는 프롤레타리아의 생존불안과 더욱 심각하게 드러나는 사회적 궁핍, 점점 더 심해지는 계급갈등, 점점 더 거세지는 계급투쟁, 이 모든 것이 자본주의 역사발전의 법칙 속에서 필연적으로 나타나는 현상들이라는 것이다. 바로 그 모순상태를 극복하는 일이 사회민주주의의 과업이었으며, 그것이 곧 정치투쟁이었다.[36]

자본주의 착취에 맞서는 노동계급의 투쟁은 필연적으로 정치투쟁이다. 정치적 권리가 없다면 노동계급은 경제적 투쟁들을 이끌 수 없으며 경제적 조직도 키울 수 없다. 정치적 권력을 쟁취할 수 없다면 노동계급은 생산수단을 사회 전체의 소유로 넘기는 일을 실현할 수 없다. 노동계급의 이 투쟁을 의식적이며 통일적인 투쟁의 모양으로 만들고 거기에 그 자연법칙의 목적을 부여하는 것, 그것이 곧 사회민주당의 과제다.

새 강령은 이렇듯 사회민주주의의 '최종목표'를 뚜렷이 밝히지 않았다. 그것이 '생산수단의 사회화'라고 어림짐작하더라도 거기에 이르는 길은 흐릿하고 희미할 따름이다. 옛 강령에는 그래도 '모든 합법적인 수단으로' 쟁취하는 '자유로운 국가와 사회주의 사회'를 같은 목표지점에 나란히 두었으나,[37] 이제 그 '국가'는 어디론가 사라지고 말았다. 엥겔스의 『반(反)뒤링Anti-Dühring』[38]에 깊이 감동한 당 지도부가 '국가소

---

36) *Protokoll*, 1891, pp. 3~4.
37) *Protokoll*, 1875, p. 4.

296

멸'을 굳게 믿고 있었던 것이다. 카우츠키는 스스로 그 강령을 해설한 글에서, 국가란 계급지배의 도구에 다름없다고 전제하면서, "'진정한' 국가목표를 완수하기 위해서라기보다는 국가를 쓸모없도록 만들기 위해" 프롤레타리아 계급이 그것을 정복할 수밖에 없다는 결론에 이르렀다.[39] 그렇다면 무엇이 그것을 대신하는가? 어떤 수단이면 철옹성 같은 현실적 관헌국가를 무너뜨릴 수 있는가? 새 강령에서 얻을 수 있는 대답은 오직 사회민주주의의 최종목표를 향해 움직이는 자본주의 생산양식의 자연법칙에 한정되었다. 이러한 기본원리가 얽히게 되는 문제점들을 따지기 전에, 그것이 강령의 실천과제와 어떻게 어우러지는지를 먼저 살펴보자.

베른슈타인이 그 초안을 맡았던 실천강령[40]은 공공생활의 민주화, 사회적 공평성의 보장, 공적 사회보장과 노동권 확립으로 요약된다. 그 구체적 과제들 가운데 가장 두드러진 사항은 모든 공공영역에서 이루어지는 '민중의 자율결정과 자치행정'이었다. 민주주의가 의회정치를 넘어서 삶의 전체 영역으로 확대되어야 한다는 발상은 이 무렵 기초단체Kommune와 사회보험 부문에서 이미 익숙했던 자치행정의 경험을 반영한 것이었다.[41] 이와 더불어 사회적 합의와 법률이 보장하는 인권

---

38) F. Engels, "Herrn Eugen Dühring's Umwälzung der Wissenschaft," in MEW, 20, pp. 3~303.

39) "Der Entwurf des neuen Parteiprogramms," in *Die Neue Zeit*, vol. 9(1890/91), no. II, pp. 750~51.

40) *Protokoll*, 1891, pp. 5~6.

41) D. Rebentisch, "Die deutsche Sozialdemokratie und die kommunale Selbstverwaltung. Ein Überblick über Programmdiskussion und Organisationsproblematik 1890~1975," in *Archiv für Sozialgeschichte*, vol. 25(1985), pp. 1~78; G. Göckenjan, "Verrechtlichung und Selbstverantwortlichkeit in der Krankenversicherung," in *Leviathan*, vol. 9(1981), pp. 8~38.

과 정의가 이전에 비해 더욱 세련되고 정확하게 표현되는 가운데, 선거권과 함께 공법과 민법이 공평하게 보장하는 여성의 권리가 새로운 정책과제로 나타났다. 그리고 무상의 국민교육과 법률서비스, 무상의 공공보건복지를 내건 조항들은 기본강령의 원리와 잘 어우러진 것이었다. 그 무렵 사회민주주의 언론에서 국가의사 제도와 약제시설의 국유화를 국민건강의 전제조건으로 보는 주장이 대세를 이루고 있었는데, 그러한 정책과제야말로 사회주의 미래사회의 표징이 될 터였다. 강령의 해당 조항은 그러한 주장을 누그러뜨려서 표현한 것으로 보인다. 그런 반면 모두 다섯 개 항목으로 정리한 노동권과 사회권 과제는 상당 부분 현실정치의 요청을 아우른 것이었다. 8시간 표준노동을 정하고 전반적인 노동환경을 규제하게 될 '진정한' 노동자보호입법을 국가적으로, 나아가 국제적으로 마련하자는 요구는 사회민주당의 숙원사업이었다. 그것은 또한 비스마르크가 물러난 뒤 새 정부에서도 적극적이었던 개혁정책과제이기도 했다. 1890년 독일 황제의 초청으로 베를린에서 열린 노동자보호 국제포럼이 그 한 예다.[42] 다음으로 '제국노동청' 또는 '노동위원회' 등을 통해 산업감독 제도를 마련하자는 항목이 이어지는데, 이 의제는 부르주아 사회개혁 진영에서 오래도록 주장한 내용이었다. 이 무렵 프로이센 상공부장관으로 개혁정치의 기수를 자임한 베를렙시Hans Freiherr von Berlepsch가 그러한 방향의 입법을 준비하고 있었다는 점도 눈에 띈다.[43] 그리고 노동자들이 '그 행정에 참여하는 일을' 법률적 구속력으로 정하는 가운데 '전체 노동자보험을' 제국정부

---

42) H.-J. v. Berlepsch, *"Neuer Kurs,"* pp. 53 ff.

43) 그는 기본적으로 자본과 대등하게 맞설 수 있는 노동권 보장만이 '국가전복'으로 기우는 노동운동을 막을 수 있다고 보았으며, 그 바탕에서 여러 개혁입법을 기획했다. 그러나 그의 개혁운동은 보수세력의 역풍에 밀려 끝내 좌초하고 말았다(K. E. Born, *Staat*, pp. 135 ff.).

가 맡아 관리하는 사회정책과제가 실천강령의 마지막으로 정해졌다. 그 문구로만 본다면, 이 항목이 사회정책부문에서 거둔 국가의 업적을 받아들이는 한편, 사회적 자치행정과 참여의 권리를 사회민주주의 정책과제의 원리로 삼는다는 뜻으로 읽힌다. 거기에 다른 뜻이 숨어 있지 않았다면, 그것은 곧 참여정치의 선언과 매한가지였을 것이다. 그러한 현실정치과제가 국가를 부정하는 기본원리와 어떻게 어울릴 수 있었을까?

원론적이며 장기적인 목표를 서술한 기본강령에 비해 실천강령은 단기적이며 전술적인 정책과제를 제시한 것이었다. 베른슈타인의 제안들이 동시대 정치지형에서 지난한 과제라는 점을 당과 노동조합의 활동가라면 누구나 인정할 수 있었을 것이다. 그렇더라도 그것들이 현실정치의 저편에 자리한 몽상만은 아니었다. 나중에 시차를 두고 많은 부분 실현되었던 그 현안들이야말로 아마도 그 시점에서 사회민주주의 세력이 제시할 수 있었던 최선의 가능성이었을 것이다. 그리고 오늘날까지 이어지는 사회민주주의의 이름은 바로 그 정책과제들 덕택에 가능했으며, 그 기본강령에 깊이 스며든 이론들이 사회민주주의의 역사와 반드시 겹쳐지지는 않는다. 그러나 실천강령의 항목들이 마르크스의 이론들과 동떨어진 것은 아니었다. 예컨대, '진정한' 노동자보호입법의 중심에 선 8시간 표준노동일 요구는 『자본론』 제1권의 잉여가치론에서 나왔으며, 자치행정의 정책과제들은 베른슈타인이 마르크스의 『프랑스 시민전쟁』을 읽고서 끌어낸 것이었다.[44] 그러나 문제는 그 항목들이 이론에서든 실천에서든 부르주아 사회개혁 의제들과도 어우러

---

44) E. Bernstein, *Voraussetzungen*, pp. 164 ff.

질 수 있는 여지를 남겼다는 점에 있었다. 그런 까닭에 강령의 이론과 실천 사이에 '알력'이 생겨나게 된 것일까?

당의 공식기록은 1895년 브레슬라우 대회에서 마치 앞으로 다가올 이론 논쟁의 신호탄처럼 당 전략의 '수정'이라는 말이 처음으로 나왔다는 사실을 전하고 있다.[45] 새 강령이 발표된 지 4년 만의 일이었다. 그 사단은 농업문제에 있었는데, 더 깊이 들여다보면 대중정당으로 가는 길목에서 목표와 수단을 두고 벌어진 뿌리 깊은 다툼이 있었다. 선거의 승리가 눈앞에 온 듯했을 때 그 골이 더 깊어졌던 것이다. 1890년의 제국의회 선거에서 사회민주당은 득표율(19.7퍼센트)로만 볼 때 처음으로 모든 정당의 선두에 서게 되었다. 기세를 올린 사회민주당은 1893년에는 23.3퍼센트의 득표율을 거두면서 더 앞서 나갔다. 틀림없이 당원 대부분이 도취경에 빠졌을 것이다. 그러나 그 결과가 어떤 사람들에게는 큰 아쉬움이 되기도 했다. 당이 차지한 의석이 득표율을 훨씬 밑돌았기 때문이다. 1890년에 차지한 35석은 그전에 비해 세 배 증가한 수치였지만 전체 의석(397석)의 8.8퍼센트에 그쳤고, 1893년에 얻은 44석의 비율도 득표율의 절반에도 미치지 못한 11.1퍼센트에 불과했다. 결선투표에서도 손해를 보았지만 농촌지역에 유리하도록 짜인 선거구 제도가 사회민주당에 결정적으로 불리했기 때문이다.[46] 그러니 선거를 통해 국가를 정복할 수 있다고 믿는 사람이라면 어찌 널린 표밭들을 그냥 지나칠 수 있었겠는가. 1891년에 벌어진 폴마 논쟁은 그래서 불거

---

45) 폴마의 개혁노선에 동참했던 라이프치히 출신 쉰랑크가 당을 독단론으로 이끄는 '완강한 광신주의'를 비판하면서 이 말을 썼다(*Protokoll über die Verhandlungen des Parteitages der Sozialdemokratische Partei Deutschlands. Abgehalten zu Breslau vom 6. bis 12. Oktober 1895*, Berlin 1895, p. 152).

46) G. A. Ritter, *Arbeiterbewegung*, pp. 67 ff.

진 것이었다.

사회민주당은 원래부터 도회지에서 자라난 정당이었으며 농민을 겨냥한 선전활동을 '서투른 사기'로 경멸하는 전통에 굳어 있었다. 에어푸르트 강령도 소규모 소유와 생산의 '필연적 파멸'이라는 규범적 예측과 더불어 농민문제를 눈 밖에 두었는데, 여기에는 농산물을 소비하는 산업 프롤레타리아의 이해관계도 담겨 있었을 것이다. 이렇듯 사회민주당의 농업문제는 이론에서도 실천에서도 모두 난감할 수밖에 없었다. 그러나 대체로 농업인구가 우세했던 남부 지역에는 이 사안이 남달리 절박했다. 이것이 폴마가 또다시 당의 전략에 시비를 걸고 나온 배경이었다. 그는 1894년 프랑크푸르트 당 대회에서 '그 목표를 달성하기 위해 정치권력을 추구하는' 한 정당이 이제 '(농민)대중이 어디로 향하는지' 예의주시할 '때가 무르익었다'고 호소하며 새롭게 농업강령을 다듬자고 제안했다.[47] 이번에는 그가 고립무원에서 싸우지 않아도 되었다. 라이프치히의 쉰랑크B. Schoenlank가 그를 힘껏 거들었다. 헤센의 지도자 다비드E. David도 '노동자문제가 곧 농민문제이며, 사회문제란 곧 민중문제'라는 주장과 함께 그의 편에 섰다.[48] 때마침 밖에서도 그 문제로 소란이 일고 있었다. 1893년 지주들의 결사로 등장한 농업인연맹Bund der Landwirte이 동부 독일에서 불어온 농업위기의 바람을 타고 전국을 휩쓸었다. 반유대주의와 민중적 민족주의로 무장한 이 단체가 곧 강력한 선동정치의 장으로 발돋움했으니,[49] 농토에서 자라나

47) *Protokoll über die Verhandlungen des Parteitages der Sozialdemokratischen Partei Deutschlands. Abgehalten zu Frankfurt a. M. vom 21. bis 27. Oktober 1894*, Berlin 1894, p. 143.
48) G. A. Ritter, 앞의 책, p. 140(각주 77).
49) H.-J. Puhle, *Agrarische Interessenpolitik und preußischer Konservatismus im wilhelminischen*

는 사회민주주의에 대한 적대감을 누그러뜨리기 위해서도 새로운 정책 과제가 필요했을 것이다. 이런저런 이유로 베벨의 마음도 기울었다. 그가 새 농업강령을 만들자고 제안했던 것이다. 큰 세력으로 성장한 남부를 품지 않고서 어떻게 '중앙의 지도자'가 될 수 있었겠는가. 곧바로 그를 포함하는 15명의 위원회가 구성되었다.[50]

그 위원회의 초안은 다음 해 브레슬라우 당 대회에 올랐으며, 베벨은 그 내용을 에어푸르트 실천강령에 끼워 넣는 방안을 제시했다.[51] 그렇게 되면 "기존 국가와 사회질서의 틀 안에서 노동하는 계급의 사회적 처지를 향상하고 기업, 농업, 상업, 유통 분야의 형편을 개선하기 위해" 모든 공공기제의 '민주화'를 요구한다는 새 문구가 그 맨 앞에서 실천항목들을 이끌게 될 터였다. 나아가 농업부문의 노동자와 소경영인을 지원하는 교육, 국가보증 등의 구제책과 함께 임야와 관개자원 등을 국유화하는 여러 사항이 거기에 보태질 예정이었다. 누가 보더라도 토지의 사적 소유를 인정한다는 느낌을 지울 수 없는 내용들이었다.[52] 카우츠키가 그 문제를 보고만 있을 리 없었다. 도산위기에 빠진 농업 분야의 소생산업자를 구제하자는 수정제안이 에어푸르트 강령의 기본원리에 크게 어긋났기 때문이다.[53] "우리가 농업강령을 거부함으로써 농촌에서 표를 얻는 일에 어려움을 겪을지도 모른다. 그러나 어중이떠중이를 끌어들이는 일이 우리의 과업은 아니다." 그 제안을 물

　　　Reich (1893~1914). *Ein Beitrag zur Analyse des Nationalismus in Deutschland am Beispiel des Bundes der Landwirte und der Deutsch-Konservativen Partei*, Hanover 1966.

50) *Protokoll*, 1894, pp. 134, 154 ff.
51) *Protokoll*, 1895, p. 115.
52) 같은 책, pp. 212 ff.
53) 같은 책, pp. 124 ff.

리친 카우츠키의 변론이었다.[54] 마침내 회의장의 대의원들은 그의 카리스마에 압도당했으며, "착취국가에 새로운 권력수단을 허용하고 그 때문에 프롤레타리아의 계급투쟁을 어렵게 만드는" 농업강령은 절대다수의 의견에 따라 문서로만 남게 되었다.[55] 그런 분위기에서 베벨조차도 속수무책으로 당의 중심세력으로부터 따돌림을 당하고 말았다. 그는 그 대회 뒤에 친하게 지내던 오스트리아 사회민주당 지도자 빅토르 아들러Viktor Adler에게 보낸 편지에서, "브레슬라우 결의가 우리의 대기시간을 적어도 10년 가까이 연장했지만, 그 덕분에 우리는 '원칙'을 구해냈다"고 체념하면서 카우츠키의 완강한 '교조주의'를 비판하는 뜻을 전할 수밖에 없었다.[56]

베벨은 그 편지에서 반쯤은 날품팔이며 반쯤은 농부인 유권자들의 처지 외에 다른 요소는 전혀 염두에 두지 않았다고 털어놓으며 당 대회의 결정을 서운하게 여겼다. 그러나 그 결정은 사회민주당이 오직 산업체 노동자의 계급정당이라는 원칙을 선언한 것이었다. 그것이 당원 다수의 이름으로 결정되었지만, 당 지도부의 확신 없이는 불가능한 일이었다. 카우츠키도 베벨도 지지세력을 넓히는 일보다는 원칙에 걸맞은 당원을 얻는 일이 더 시급한 과업이라는 점에 뜻을 달리하지 않았다.[57] 에어푸르트 강령에 적혀 있듯, 소생산업이 몰락하면서 '프롤레타리아의 수가 점점 더 늘게' 될 것이라는[58] 굳은 믿음이 있었기 때문이

---

54) 같은 책, p. 127.
55) 같은 책, p. 204.
56) V. Adler, *Breifwechsel mit August Bebel und Karl Kautsky. Gesammelt und erläutert von Friedrich Adler*(이하 *Breifwechsel*로 약칭), Wien 1954, pp. 193 f.
57) S. Miller, *Problem*, pp. 259 ff.
58) *Protokoll*, 1891, p. 1.

다. 더욱 궁극적으로는 경제발전의 자연법칙에 따라 자본주의 사회가 붕괴한다는 미래의 기대가 계급정당의 전망과 어우러져 있었다. "우리는 오늘날 사회의 붕괴를 불가피하다고 여긴다. 경제성장이 자연법칙에 따라 착취당하는 사람들로 하여금 사적소유에 대항하여 싸우도록 강제하는 여건들을 만든다는 사실을 알기 때문이다." 카우츠키는 에어푸르트 강령을 설명한 글에서 '붕괴'의 필연성에 대해 이렇게 설명했다.[59] 그 지평에 당의 전략이 고정되면서 '역사적 원칙'에서 한 걸음도 물러설 수 없는 '교조주의' 기운이 당 지도부를 에워싸게 된 것이다. 베벨은 카우츠키가 너무 틀에 매여 있다고 푸념했지만, 그도 남 못지 않게 그 현상을 도운 인물이었다. 그렇다면 학수고대하던 '붕괴'는 언제, 어떻게 실현되는가? 누구도 그 물음에 자신이 없었다. 베벨은 에어푸르트 당 대회에서, "확신하건대 우리의 목표가 실현될 날이 거의 가까이 다가와서 이 회의장에 있는 사람들 중에 이날을 체험하지 못할 사람은 몇몇 되지도 않을 것"이라고 선언했다.[60] 그러나 '과학적' 사회주의를 신봉한 그가 왜, 어떻게 그날이 찾아오는지를 또렷하게 설명할 수는 없었다. 자신이 없기는 카우츠키도 마찬가지여서, "사회민주주의는 혁명정당이지만 혁명을 만드는 정당은" 아니라고 했다.[61] 그러면서 그는 자신의 저술 곳곳에 '혁명의 대기'를 의미하는 구절들을 적어 놓았다.

당론을 움켜쥐었던 '교조주의'의 힘은 말할 나위 없이 마르크스와 엥겔스의 이름으로 가능했다. 그리고 공식적으로는 당을 통합하는 이념

---

59) K. Kautsky, *Das Erfurter Programm*, Stuttgart 1892, p. 106.
60) 같은 책, p. 172.
61) K. Kautsky, "Ein sozialdemokratischer Katechismus," in *Die Neue Zeit*, vol. 12(1893/94), no. I, p. 368.

도 그 힘에서 나온 것이었다. 그러나 기묘하게도 법칙의 확실성과 기대의 불확실성이 겹쳐 있었던 바로 그 이념현상 가운데에서 당 진로를 둘러싸고 '개념들이 개편되는 징후'가 나타났다. 폴마의 개혁노선에 기울었던 쇤랑크가 1895년 브레슬라우 대회에서 그에 대해 말했다. 그는 당을 이끌고 있는 '생각들의 수정'을 주장하면서 앞으로 '두 갈래 노선으로 갈라지는' 당의 추세를 예견했다. 그가 보기에 "당의 독단주의가 반드시 유물론의 역사관에서 나온 결론은 아니었다." 마르크스와 엥겔스라면 '당연히' 자신들의 이론을 이해하는 방식에 실망할 것이라는 주장이었다. 자연스럽게 그는 앞으로는 '변화된 사정에 따라 우리의 전술도 바꾸어야만' 옳다고 여기는 분파가 '혁명적' 세력이 된다는 결론에 이르렀다. 역사가들이 그와 같은 변화에서 '많이 배울' 것이라는 말도 덧붙였다.[62]

'수정'이라는 말로 번역하는 독일어 'Revision'의 라틴어 어원revisio을 살펴보면, 그 뜻이 '꼼꼼하게 다시 들여다보기'로 풀이된다고 한다.[63] 그런 점에서 쇤랑크의 주장은 마르크스와 엥겔스의 이론뿐만 아니라 당의 강령도 비판적으로 '다시' 보겠다는 뜻이었다. 큰 분란을 예고한 일이었다. 그리고 그가 옳았다. 실제로 머지않아 거센 '수정주의 논쟁'이 일어났기 때문이다. "나는 기대해 마지않는 시민사회의 붕괴를 우리가 곧 맞이할 것이며, 사회민주주의는 눈앞에 다가온 거대한 사회적 파국에 주목하면서 그 전술을 결정하여 거기에 매여 있어야 한다는 주장에 맞서고자 합니다."[64] 베른슈타인이 1898년 슈투트가르트

---

62) *Protokoll*, 1895, p. 152.

63) E. Heimann, "Einkeitung," in E. Bernstein, *Voraussetzungen*, p. XIV.

64) *Protokoll über die Verhandlungen des Parteitages der Sozialdemokratischen Partei Deutschlands. Abgehalten zu Stuttgart vom 3. bis 8. Oktober 1898*, Berlin 1898, p. 123.

제7장 복지정당의 길로   305

당 대회에 보낸 성명의 주요 내용이다.[65] 강령의 텍스트를 나누어 쓴 인물이 그 강령에 도전하는 '이론투쟁'의 서곡이었다.

이 일이 있기 전 베른슈타인은 1896년부터 『신시대』에 '사회주의의 문제점들'이라는 큰 주제로 여러 편의 연작논문을 발표했다.[66] 연작에서 그는 새 강령의 기본원리를 떠받치고 있던 기둥을 흔들기 시작했다. 헤겔주의 변증법은 철저히 거부되었고, 소생산업의 몰락이나 국가의 소멸은 반박되었으며, 궁핍화와 위기 테제는 의심스럽게 되었다. 그는 어느 사회주의 논객에게 답하는 글에서 이렇게 말하기도 했다. "나는 사람들이 흔히 '사회주의의 최종목표'라고 이해하는 것에 대해 아무런 느낌도 없거니와 흥미도 없다는 점을 터놓고 말하고자 합니다. 이 목표가 도대체 무엇이든 내게는 아무것도 아니며, 운동이 전부일 따름입니다."[67] 어찌 그를 나무라고 헐뜯는 목소리가 없었겠는가. 그는 본심을 밝히라는 요청에 해명서를 보낼 수밖에 없었다. 1898년 당 대회에서 베벨이 대신 읽었던 베른슈타인의 성명은 그렇게 회의장에 올랐다.[68] 거기에서 그는 먼저, 자신이 '본질적인 지점에서 전혀 벗어날' 생각이 없었다는 확신을 보여주기 위해 문제의 논문들을 썼다고 해명했다. 그러면서 그는 '붕괴이론'을 이렇게 따지고 들었다. 자본주의 사회가 궁극적으로 나아갈 길을 밝힌 『공산당 선언』의 '예측'은 '보편적 경

---

65) 베른슈타인은 사회주의자법이 폐지된 뒤에도 계속 런던에 머물렀는데, 이전의 언론활동 때문에 빚어진 기소상태에 있었기 때문이다. 그는 새로 정비된 당 기관지 『전진』의 런던 특파원으로 있다가 1901년에야 귀환할 수 있었으며, 1903년 선거에서 국회의원으로 선출되었다.

66) 그 배경과 내용들은 피터 게이, 김용권 옮김, 『민주사회주의의 딜레마―베른슈타인의 맑스에 대한 도전 *The Dilema of Democratic Socialism, Eduard Bernstein's Challenge to Marx*』(한울출판사, 1994), p. 66에 자세히 서술되어 있다.

67) *Die Neue Zeit*, vol. 14(1897/98), no. I, p. 556.

68) *Protokoll*, 1898, pp. 122~25.

향성'을 말하는 한 옳다. 그러나 그것이 여러 특정한 상황을 추론하거나 변화의 '시간을 어림할' 때는 오류에 빠지고 만다. 사회적 상황들은 『선언』에서 거론한 대로 '첨예한' 방향으로 흘러가지 않는다. 자본집중은 현실에서 입증하기 어려우며, 더군다나 점점 더 민주주의 제도가 '자본주의 부르주아지의 특권을' 밀어내고 있다. 그러므로 파국과 혁명의 기대도 점점 더 엷어진다. 이러한 사실들을 "비밀에 부치는 일은 쓸모도 없거니와 어리석기 그지없다." 베른슈타인은 이러한 변론 끝에 의미심장한 선언을 달았다.[69]

노동계급이 정치권력을 장악하고 자본가들을 몰수하는 일은 그 자체로서 최종목표는 아니며, 다만 특정한 목적과 계획들을 실행하기 위한 수단에 불과합니다. 사회민주주의 강령의 요구사항들이 바로 그러하며, 누구도 그 점을 부인하지 않습니다. 그 실행여건들을 미리 말할 만한 근거는 어디에도 없으며, 다만 그 실현을 위해 투쟁할 따름입니다. 그러나 정치권력을 쟁취하기 위해서는 정치적 권리들이 필요합니다. 그렇기에 나로서는, 독일 노동자들이 정치적이며 산업적인 권리들을 확대하는 최선의 방법을 찾는 질문이야말로 독일 사회민주주의가 지금 풀어야 할 가장 중요한 전술과제라고 하겠습니다. 이 질문에 만족할 만한 해답을 찾지 못한 채 다른 문제들만 강조한다면, 그것은 결국 장광설일 따름입니다.

이 선언과 더불어 베른슈타인은 배교의 멍에를 짊어졌다. 그 회의장

---

69) 같은 책, p. 125.

에서 베벨은 그의 주요 논점에 반대한다는 점을 밝혔다.[70] 리프크네히트는 더욱 강경하게, 베른슈타인의 주장대로라면 '우리의 강령과 온 과거, 온 사회민주주의를' 파묻게 될 것이라고 하면서, 다시 한 번 '붕괴'를 확신하는 결론에 이르렀다. "운동과 최종목표—최종목표로 향하는 운동, 그것이 올바른 해답이다. 그리고 최종목표란 자본주의 사회를 무너뜨리는 것이다."[71] 카우츠키는 그가 당에서 너무 오래 떨어져 있었다는 사실을 안타깝게 여기면서 마르크스의 이론에서 벗어난 그의 생각을 비판했다.[72] 교리를 배반한 허물을 탓하지 않는다면 또 무엇이 있었을까. 그러나 베른슈타인은 자신이 마르크스주의를 포기했다고 말한 적이 없었다. 그는 철학자로서 다만 절충주의자며 회의론자였다. 그의 변명대로라면, 그는 마르크스주의 이론을 온통 버린 것이 아니라 그 결정론적 실천적용에 의심을 품었을 따름이었다. 그는 1898년 당 대회 직후 베벨에게 보낸 편지에서 자신이 몇 년 전부터 마르크스의 교리를 실천과제와 한데 묶는 문제에 속을 태웠다고 말하며 이렇게 전했다. "맞지 않는 것을 끼워 맞추려고 하는 일은 쓸모없는 짓입니다. 마르크스가 어디에서 옳고 어디에서 그른지를 분명히 밝혀내는 일이 훨씬 더 중요합니다."[73] 그런 점에서 그는 마르크스의 이론마저도 의심하면서 '다시 들여다보는' 진정한 수정주의자였다. 그러나 오늘날에 이르러 그와 마르크스의 거리를 재는 일이 무슨 의미가 있겠는가. 사회민주주의 정치의 미래전망에서 그의 생각들이 차지한 위치를 묻는 질문이 더 바람직할 것이다.

---

70) 같은 곳.
71) 같은 책, pp. 133, 135.
72) 같은 책, pp. 126~30.
73) V. Adler, *Briefwechsel*, pp. 258~63(인용은 p. 260).

베른슈타인은 한 편지에서 자신이 '이론가로서' 당의 실질적인 정책을 개혁하기보다는 "이론과 실제 사이에, 상투적 구호와 행동 사이에 일치점을 조성하는" 일에 힘쓰고 싶다고 밝힌 적이 있었다. 이런 점에서 그는 폴마 주변의 개혁가들과 구별된다. 당 안에서 개혁주의나 수정주의의 이름을 얻은 사람들이 꽤 있었지만, 그처럼 운동의 중심이론을 '다시' 꼼꼼히 살피면서 '그 맹점들을 경험의 빛으로 드러내는' 사람은 거의 없었다.[74] 브레슬라우 당 대회 이듬해에 출간한 그의 책 『사회주의의 전제들과 사회민주주의의 과제』가 압권이 될 수 있었던 까닭이었다.[75] 이 책 때문에 그는 더욱더 출당의 위기에 내몰렸는데, 그럴 만한 '잘못'은 책 여기저기에 널려 있었다. 우선 그는 당의 강령에 들어 있는 모든 테제, 이를테면 자본집중, 궁핍화, 시민사회 붕괴, 국가소멸 등의 원리에 의문을 제기하면서 그 뒤에 있는 마르크스의 축적이론, 노동가치론, 이윤율 공식, 공황이론, 계급이론 등을 일일이 비판적으로 검토했다.

몇 가지 중요한 예를 보자. 잘 알려진 대로 마르크스의 이론체계에서 자본집중을 빼면 자본주의 사회의 붕괴를 설명할 수 없다. 베른슈타인은 마르크스의 지적대로 독점자본주의로 향하는 경향성은 옳다고 인정했다.[76] 그러나 구체적 사례에서 그것이 항상, 그리고 어디서나 옳은 것은 아니라는 사실에 문제가 있다는 주장이었다. 그는 1885년 호경기 이후의 여러 자료를 통해 "유산자의 수가 절대적으로도 상대적으로도 늘어난다"는 사실을 밝히면서 현대 자본주의 사회의 복잡한 계급

74) S. Miller, *Problem*, p. 222.
75) E. Heimann, "Einkeitung," in E. Bernstein, *Voraussetzungen*, pp. VII ff.
76) 같은 책, p. 73.

관계를 드러내고자 했다.[77] 다른 예를 보자. 마르크스 혁명이론에서 궁핍화 현상은 계급투쟁의 원천이다. 베른슈타인은 그 공식이 오류라고 보았다. 그는 고도산업화 단계의 대량생산에 주목하면서, 이 새로운 재화가 어디로 가는지를 물었다. 그의 대답은 언뜻 보면 너무 싱겁다. "그것이 이런저런 방식으로 프롤레타리아에게 흘러들어가지 않는다면 반드시 다른 계급들에게 먹힐 것이다. 생산이 점점 증가하게 되면, 끊임없이 자본가의 수가 상대적으로 줄어들면서 프롤레타리아가 점점 더 잘살게 되든지 아니면 중간계급의 수가 늘어나든지, 우리는 그 두 가지 중 어느 하나의 상황에 직면하게 될 것이다."[78] 현대사회에서 계급갈등은 계속 이어지더라도, 노동계급의 궁핍은 '상대적'이라는 설명이다. 그의 말대로라면 프롤레타리아 혁명의 기대는 신기루에 그칠 것이다.

베른슈타인이 보기에 당 지도부를 지탱하는 그 금과옥조의 원리들은 한갓 시대에 뒤지고 현실에서 어긋난 외침이나 다름없었다. 사회민주주의가 거기에서 벗어나는 용기를 갖는다면 더 큰 영향력을 행사하게 될 것이며, 그것이 곧 '민주주의적이면서 사회주의적인 개혁정당'의 과제라는 것이 성찰의 귀결이었다.[79] 민주주의와 사회주의는 그렇게 그의 미래비전 속에서 굳게 결합한다. "민주주의는 수단이자 목적이다. 그것은 사회주의를 쟁취하기 위한 수단이면서 사회주의가 실현되면 갖추게 될 모양이다."[80] 그것은 마치 1848년 세대들이 간직했던 '사회적 민주주의'의 기억인 듯 '모든 공동체 구성원의 평등한 권리'를 지향한다. 그 안에 아직 계급은 존속하지만 계급지배는 철폐되고 없다. 그것

---

77) 같은 책, p. 74 ff.(인용은 p. 77).
78) 같은 책, p. 78.
79) 같은 책, p. 196.
80) 같은 책, p. 154.

은 '양보의 대학'이다.[81] 그 안에서 모든 정당과 그 뒤에 선 계급들은 한결같이 권력의 경계를 깨닫게 된다. 그러니 그 안에서는 프롤레타리아 독재도 시대착오다.[82] 그것은 또한 '자치행정의 학교'다. 그 안에서 노동계급은 자율과 자기책임을 '사회적 해방의 전제조건'으로 습득한다.[83] 이러한 기대지평에서 베른슈타인은 계급연대를 현실에서 가능한 최선의 길로 여긴 듯 보인다. 이론에서든 실천과제에서든 그를 밀고 나간 힘은 절충주의의 실험에 있었을 것이다. 그래서 그는 사회주의가 자유주의의 '적법한 상속자'라는 점을 인정하면서 두 이념 사이의 오랜 적대관계를 해소해야 한다고 보았다.[84] 결국 출당의 빌미는 다가올 사회민주주의 정치를 미리 내다본 '잘못'에 있었던 것이다.

책이 나온 뒤로 당 대회가 열릴 때마다 매번 열띤 '수정주의 논쟁'이 일었다. 마르크스주의에 철저했던 급진파 인사들은 베른슈타인과 함께 갈 수 없다고 주장했다. 베벨과 카우츠키도 그가 탈당하기를 원했다. 그러나 누구도 그를 억지로 내보낼 수는 없었다.[85] 당 안에는 그 말고도 수많은 '수정주의자'가 있었기 때문이다. 그렇다면 이미 타협노선에 기운 남부 지도자들의 당적을 모두 정리해야 옳았을까. 드러내놓고 '이론'을 무시한 현장의 많은 노동조합 지도자는 또 어디로 가야 했을까. 적어도 베른슈타인은 사회주의 전망에 흔들림이 없었으며 마르크스주의 근본개념을 송두리째 버린 사람은 아니었다.[86] 숱한 논쟁이 있었지

---

81) 같은 책, p. 155.

82) 같은 책, p. 157.

83) 같은 책, pp. 166 f.

84) 같은 책, pp. 158 ff.

85) 피터 게이, 김용권 옮김, 『민주사회주의의 딜레마』, pp. 80 f.

86) D. Lehnert, *Reform und Revolution in den Strategiediskussionen der klassischen Sozialdemokratie. Zur Geschichte der deutschen Arbeiterbewegung von den Ursprüngen*

만, 문제는 여전히 원점에서 맴돌았다. 드디어 1903년 드레스덴 당 대회에서 수정주의를 판결하는 안건이 채택되었다. "우리의 적들을 정복하여 정치권력을 장악하는 대신 기존 질서에 기대어 타협의 정치" 추진하려는 "수정주의자들의 시도를 단호히" 거부한다는 결정이 내려졌다. 그 결의안은 288대 11로 가결되었다. 수많은 수정주의자가 그 안건에 찬성했다. 폴마마저도 찬성했다.[87] 원론은 그저 원론일 뿐이지만 실천할 수 있는 과제는 따로 있다는 생각들이었을 것이다. 에어푸르트 강령의 '이원성'[88]이 다시 한 번 분명히 드러난 사건이었다. 이렇듯 당의 공식이념에 아무런 변화는 없었다. 그러나 현실정치를 떠나서 무엇을 달리 또 할 수 있었을까. 당의 정책과제들은 이미 개혁주의의 길에 들어서 있었다. '진정한' 사회개혁과 국가 사회정책 사이의 거리가 점점 가까워졌다는 뜻이다. 그러면서 공적 보험제도를 상대하는 말과 태도도 차츰 달라졌다. 만년의 슈몰러가 제대로 보았듯 '좀더 온건하며 유화적인' 기운이 당의 복지정치를 이끌고 있었던 것이다.

2. 계급투쟁과 참여정치 사이에서

드레스덴 결의에 앞서 1902년에 열린 뮌헨 당 대회에서 있었던 일이다. 거기에 이례적으로 '노동자보험'이 공식의제로 올랐다. 세 가지 사

bis zum Ausbruch des 1. Weltkreigs, Bonn–Bad Godesberg 1977, pp. 169~205.

87) *Protokoll über die Verhandlungen des Parteitages der Sozialdemokratischen Partei Deutschlands. Abgehalten zu Dresden vom 13. bis 20. September 1903*, Berlin 1903, pp. 418 f.

88) S. Miller, *Problem*, pp. 205 ff.

회보험법이 제정된 뒤 처음 있는 일이었다. 그 일 자체만으로도 예사롭지 않은데, 해당 안건의 결의는 그때까지 공적 보험제도를 못마땅하게 여긴 사회민주당 지도부의 태도를 뒤엎는 것이었다. 이때 당의 풍향계는 분명히 한 해 뒤에 내려진 '수정주의 결의'와 어긋나는 방향을 가리키고 있었다. 드레스덴 당 대회에서 반수정주의 대열에 합류했던 몰켄부르가 국가 사회정책 문제를 의제로 올렸다는 사실도 별스럽게 보인다. 그의 제안은 이렇게 시작된다.[89]

사회민주당은 지금까지 노동자보험을 두고 거의 아무런 견해도 보이지 않았습니다. "노동자들이 권위를 지니고 그 행정에 동참하는 가운데 제국정부가 전체 노동자보험을 떠맡는다"고 기록한 강령의 다섯번째 항목에만 오로지 당의 주장이 드러나 있을 뿐입니다. 이 표현에는 크게 두 가지 분명하지 않은 점이 들어 있습니다. 새로 고쳐 세울 구조물이 무엇이며, 노동자들이 권위를 지니고 그 행정에 동참한다는 일이 무엇을 의미하는지, 우리는 말하지 않고 있습니다. 그 분명하지 않은 점은 밝혀져야 옳습니다. 아울러서 당은 반드시 그 문제를 더 많이 다루어야 합니다. 그래야만 제국의회에 나간 동지들이 당이 뒤에 있는지 없는지를 알고서 처신하게 될 것입니다.

몰켄부르는 이어서 원내의원들이 공적 보험제도를 다룰 때 당의 이름으로 의제를 이끌 수 있는 '확실한 규범'을 마련하자고 제안했다. 사

---

89) *Protokoll über die Verhandlungen des Parteitages der Sozialdemokratischen Partei Deutschlands. Abgehalten zu München vom 14. bis 20. September 1902*, Berlin 1902, pp. 180 f.

회정책과제를 남의 집 일인 듯 여길 만큼 한가로운 때가 아니라는 반성이 있었을 것이다. 이제 어떻게든 사회보험입법이나 그 개정에 참여할 수밖에 없다는 심정도 간절했을 것이다. 어찌 되었건 그 제안이 처음으로 오랜 금기를 깨고 국가의 정책과제를 당의 실천정치로 끌어들이자는 주장이었음은 분명해 보인다. 그 무렵 정부가 예고한 건강보험 개정 입법안에는 당의 선전과는 달리 실질적으로 점차 노동복지의 범위를 넓혀가는 방안들이 들어 있었다. 무상치료 기간을 26주까지 확대하고 특수질병도 보험적용으로 삼으며, 출산수당 기간을 늘리는 한편으로 의사진료와 산파비용을 지원하는 여성복지 등, 점점 좋아지는 복지수혜들은 노동계급의 일상과 밀접히 닿아 있었다.[90] 그러니 그 현실 과제를 언제까지나 '사이비' 정책이라고 헐뜯을 수만은 없었을 것이다. 몰켄부르도 으레 국가의 정책방향을 비난했다.[91] 사회정책이 원래 지역의 구빈재정을 줄이고 기업의 노동력 재생산 부담을 덜어주도록 기획되었다는 그의 지적은 틀리지 않았다. 그러나 그 과제가 늘 노동의 요구를 다 채우지 못했다는 비판은 이미 상투적이었다. 완강했던 저항의 분위기를 얼버무리는 에티켓이었을 것이다. 그 비판에는 단 한 마디의 격한 말도, 그 흔한 마르크스주의 용어도 들어 있지 않았다. 그러면서 그는 사회민주주의 고립전선의 기류를 바꿀 만한 결의안을 제안했다.[92]

---

90) K. Rother, *Die Reichsversicherungsordnung 1911. Das Ringen um die letzte große Arbeiterversicherungsgesetzgebung des Kaiserreichs unter besonderer Berücksichtigung der Rolle der Sozialdemokratie*(이하 *Reichsversicherungsordnung*으로 약칭), Aachen 1994, pp. 25 ff.
91) *Protokoll*, 1902, pp. 181~91.
92) 같은 책, p. 245.

독일제국의 보험법들은 대체로 구빈금고의 과도한 부담을 덜고 기업의 손해배상을 낮출 목적에서 제정되었으며, 어떠한 점에서도 노동계급의 요구사항에 따르지 않았다. 그러나 보험 덕택에 숱한 해악들을 물리치고 거기에서 생기는 아주 고약한 경제적 결과들을 완화할 수 있었다는 사실이 경험을 통해 밝혀졌다.

몰켄부르는 이러한 기본전제로부터 사회민주당의 요구사항들을 구체적으로 열거했다. 그 세세한 내용을 보면, 1)모든 노동자 및 그들과 경제적으로 같은 처지에 있는 사람들을 포괄하는 보험적용 범주, 2)3대 보험의 통합관리, 3)보험가입자의 완전한 자치행정, 4)보험재정을 부담하도록 모든 계급 동원, 5)노동자보험을 통해 국민질병 근절, 6)재난방지와 직업병 예방을 위한 조처 확대 및 공장감독 강화, 7)임산부 보호 확대, 8)직업알선 조직, 9)실업보험 도입, 10)과부 및 고아 보험도입 등 모두 10개 항목이었다. 몰켄부르의 결의안을 전체적으로 정리하자면, 그 효력이 이미 검증된 공적 사회보험의 바탕에서 선진적 사회복지로 나아갈 사회민주주의 정책과제를 추진하자는 것이었다. 그 제안은 말할 나위 없이 미래지향의 기대에 무게를 싣고 있었다. 그러나 그 내용은 현실 국가와 정치지형에 기댈 때나 가능한 것이었다. 강령의 기본전제와 크게 어긋나 있었던 것이다. 그렇지만 그 문제를 따진 사람은 아무도 없었다. 몰켄부르의 제안은 큰 논란 없이 당론으로 결정되었다.[93] 그리고 이듬해에 열린 회기에서 사회민주당 국회의원

---

93) 같은 책, pp. 191~201.

전원은 그 '확실한 규범'에 따라 건강보험법 개정안에 찬성했다. 당 소속 어느 의원은 그 입법토론 말미에, "그것은 노동계급의 이익을 위한 법률이며, 그 안에는 실제로 노동계급에게 유리한 개선책들만 들어 있다"고 하면서, '협력하여' 그 사안을 마무리하자고 호소했다고 한다.[94] 이전 같았으면 그 발언은 확실히 제명감이었을 것이다.

뮌헨 당 대회와 그 이듬해에 있었던 일은 한갓 에피소드로만 끝난 사안은 아니었다. 그와 더불어 처음으로 사회민주주의 복지정치의 무대가 열렸던 것이다. 사회정책 '규범'에는 아직 어설프고 모호한 부분도 많았지만, 그 조항들은 앞으로 점차 사회민주주의의 이름에 걸맞도록 다듬어져서 오늘날까지 이어오는 정책과제들로 거듭날 터였다. '규범'의 내용들은 몇 가지 점에서 사회보험을 뛰어넘어 현대 복지국가의 과제를 예비하고 있었다. 공적 보험제도의 대상영역이 주로 산업체 노동자에게 한정되었다면, '규범'의 사회복지는 그 외연을 산업체 밖으로 넓히는 추세를 보였다. 실제로 몰켄부르는 자신의 제안을 설명하면서 '확장'이라는 말을 여러 번 썼다. 그것은 현대적 의미의 국민복지로 향해가는 예비단계로 읽힌다. 공중위생과 국민보건, 공장재해와 산업질병의 예방조처 등이 그 핵심과제에 해당한다.[95] 그런 점에서 '규범'에 기록한 복지의 범주가 좁은 의미의 사회보험soziale Versicherung에서 좀 더 포괄적인 사회보장soziale Sicherheit으로 확장되기 시작했다고 볼 수 있겠다. 그리고 아직 사회적 권리를 구체적으로 명기하지는 않았지만, 그 과제가 노동시장 영역도 포괄함으로써 현대적 복지체제의 길을 닦

---

94) K. Rother, 앞의 책, p. 58.

95) A. Labisch, "Die gesundheitspolitischen Vorstellungen der deutschen Sozialdemokratie von ihrer Gründung bis zur Partispaltung(1863~1917)," in *Archiv für Sozialgeschichte*, vol. 16(1976), pp. 325~70.

고 있었다.[96]

　'규범'의 내용 중에서 당의 기본원리와 가장 크게 어긋난 부분은 복지재정을 분담하도록 '모든 계급을 동원한다'는 조항일 것이다. 몰켄부르는 새로 갖추게 될 실업보험의 재정을 국가, 자본, 노동이 각각 3분의 1씩 골고루 부담하는 방안을 예로 들었다.[97] 사회민주주의 공식회합에서 이런 식의 발언은 아마 처음이었을 것이다. 그때까지 사회민주주의 진영은 사회보험 부담을 오직 자본 측에 떠맡겨야 한다는 원칙을 고집했다. 보험비용이 노동임금에서 나온다는 근거에서 그러했다. 그리고 앞에서도 보았듯 에어푸르트 강령에는 '무상의' 사회복지가 명기되어 있었다. 어떤 식으로든 노동이 직접적으로 복지비용을 부담할 수 없다는 주장이었다. 그러나 '규범'은 그러한 원리를 뒤집고 말았다. 노동이 국가, 자본과 더불어 사회보험을 함께 책임지게 될 때, 그 의미는 단순히 비용문제에만 그치지 않게 된다. '동원한다'는 말에는 국가와 자본의 실체를 인정한다는 뜻이 담겨 있다. 그 바탕에서 노동복지가 '확장'되려면, 새로운 사회질서가 이전의 적대관계를 해소해야 가능하다. 그리고 그러한 발상에는 약한 노동이 어딘가에 기댈 수 있다는 조건이 들어 있다. 문제의 조항 바로 앞에 명기한 '완전한 자치행정'이 곧 그것이다. 이해집단의 자치행정에 기댄 사회협약의 조정정치를 오늘날 정치학은 코퍼러티즘 모델이라고 부른다. 아직까지 사회민주주의 정치가 그보다 더 높은 봉우리에 오른 적이 없다고 한다.[98] 몰켄부르의 '규범'은 바로 그 길로 향하는 하나의 지침이었다.

---

96) F. Kleeis, *Geschichte*, pp. 172 ff.
97) *Protokoll*, 1902, p. 188.
98) G. Lembruch, "Corporatism."

이제 구제금고 논쟁에서처럼 이편과 저편의 자치행정을 뚜렷이 갈랐던 적대적 전선은 사라졌다. 이를테면 몰켄부르가 통합보험을 제안했을 때, 가입자의 자치권리가 아예 허용되지 않았거나(행정건강보험) 그 수준이 상대적으로 낮았던(산재보험) 보험조합들의 결점을 근거로 삼았다. 자치행정이 완전할수록 보험의 성과가 더 크다는 주장이었다.[99] 드디어 공적 보험조합의 자치행정이 사회민주주의 복지정치의 기대지평 위에 떠오르게 되었다. 이는 곧 이전에 각각 개별 상태를 가리켰던 자치행정이 어느 시점에 이르러 보편적인 목적으로 상승했다는 의미다. 이러한 현상은 옛 자율금고에 모였던 경험들이 강제보험의 경험들과 서로 겹치고 상호 침투하면서 생겨난 것이었다. 공적 보험제도가 사회적 학습과정의 의미를 지녔기 때문에 가능한 일이었다. 보험조합의 이사진을 뽑는 투표권은 일반선거권과 마찬가지로 노동자들의 연대의식을 더 높이고 문화적 동질성을 키울 수 있었다. 이를 통해 사회보험은 노동자의 법적 지위를 개선하며, 그 공간이동을 돕는 기제가 되었다. 이러한 기능이 부분적으로 사회적 불균형을 해소하고 노동시장의 위험을 줄인다는 점에서, 사회보험이 어느 정도 노동의 해방에 기여한다고 볼 수 있을 것이다.[100] 이런 의미에서 한때 급진적 모험주의를 따랐던 캄프마이어는 나중에 자신의 태도를 바꾸어 공적 사회보험을 대단히 긍정적으로 평가했다.[101]

---

99) *Protokoll über die Verhandlungen des Parteitages der Sozialdemokratischen Partei Deutschlands. Abgehalten zu München vom 14. bisw 20. September 1902*, pp. 186 ff.

100) G. A. Ritter, *Sozialversicherung*, p. 51.

101) P. Kampffmeyer, "Die Arbeiterversicherung und die Socialdemokraie,"(이하 "Arbeiter-versicherung"으로 약칭) in *Sozialistische Monatshefte*, vol. 6(1902), pp. 685~93(인용은 pp. 687 f.).

독일의 노동자보험은 실제로 약 15억 마르크에 해당하는 노동자의 경제적 처우를 개선했다. (……) 앞에서 자세히 이야기한 대로 그 보험 덕택에 독일 노동자계급의 신체적 활력상태가 상당히 높아졌다는 사실에 의심의 여지는 없다. 그러나 이러한 개선 탓에 노동계급의 호전성이 결코 약해진 것이 아니라 훨씬 더 강해졌다. 우리 사회민주주의자들은 늘 그렇듯 이러한 개선을 자본주의 임금체제로부터 노동계급이 해방되려면 반드시 필요한 조건이라고 여긴다. 그러므로 우리는 노동자보호를 확대하기 위해 온 힘을 쏟고 있다. (……) 사회민주당은 건강보험이 설립된 이래로 거의 네 배나 성장했다. 비스마르크의 생각과 뜻에 따라 독일 노동자들의 사상 가운데 위대하고도 미래를 약속하는 것이라면 모든 것을 말살해야 한다는 취지에서 만들어진 노동자보험법들은 노동자를 겨냥해 빼어든 날카로운 비수라기보다는 프롤레타리아 해방투쟁에 쓰기 좋은 무기로 입증되었다. 큰 무리의 사회민주주의 노동자들이 비록 처음에는 저항감을 지녔지만 차츰 용기를 가지고 기선을 장악하면서 독일 노동자보험기구들 안으로 행진해 들어간 이래 사회민주당이 이론으로 보든 전술로 보든 순전히 수동적 자세로 독일 노동자보험을 그냥 내버려둘 수는 없게 되었다.

사회민주주의 노동자들이 보험조합에서 '기선을 장악하기' 시작한 '그 시점'에 당 지도부는 예나 마찬가지로 국가의 사회정책을 곱게 보지 않았다. 1893년에 열린 쾰른 당 대회에서 베벨은 '사회정책입법, 특히 보험입법 때문에' 노동조합 운동이 제 기능을 다하지 못한다고 비판했다. '사이비' 정책과제를 '진정한' 사회개혁에 견주는 이분법으로 노동운동을 보고 있다는 뜻이었다. 그러면서 그는 사회정책 탓에 노동조합의 '생명선'이 끊겼다고 하면서, "국가의 힘이 커질수록 노동조합의 활동은 그만큼 더 많이 위축된다"는 설명을 덧붙였다.[102] 그렇다면 노동자보험을 제국정부의 손에 맡긴 당 강령의 사회정책 조항은 폐기되어야 옳았을까. 베벨의 발언은 1890년대 초반의 경기변동에 따라 노동조합 회원 수가 한때 줄어들었던 사정을 두고 벌어졌던 논쟁에서 나온 것이었다. 그 속에는 당과 노동조합 사이에 뿌리 깊은 갈등과 긴장이 도사리고 있었다. 사회민주당 탄생 이래로 노동조합은 늘 당의 그늘에 있었으며, 노동계급의 '정치투쟁'을 전면에 내세운 에어푸르트 강령은 그 원칙을 다시 한 번 선언한 것이었다. 그 줄기에서 풀어 읽으면 베벨의 발언은 아주 간단하다. 말하자면 '진정한' 투쟁 덕택에 당은 선거전에서 승승장구하는 반면에 '사이비' 정책을 좇은 노동조합은 사활의 위기에 처했다는 것이었다. 그러니 예나 지금이나 당이 전체 노동운동의 길을 이끌어야 한다는 언명을 거듭 분명히 밝힌 셈이다. 그러나 노동조합의 지도자들은 그 길을 따르지 않았다. 노동조합들은 점점 당의 그늘에서 벗어나 국가의 사회정책이 펼쳐놓은 공공영역으로 그 보폭을 넓혀나갔다.[103] 그러한 배경에서 자유노조 지도자 레기엔C. Legien[104]은 "노동조합 정치란 곧 사회정책이다"[105]라는 구호를 내걸 수

---

102) *Protokoll über die Verhandlungen des Parteitages der Sozialdemokratischen Partei Deutschlands. Abgehalten zu Köln a. Rh. vom 22. bis 28. Oktober 1893*, Berlin 1893, p. 201.

103) K. Schönhoven, *Arbeiterbewegung*, pp. 42~65.

104) '자유노조Freie Gewerkschaften'는 1890년에 사회민주주의 계열의 산별 연맹조합들이 중앙협의체로 구성했던 '독일 노동조합 중앙위원회Generalkommission der Gewerkschaften Deutschlands'에 소속됐던 모든 단체를 이르는 말인데, 언론에서는 흔히 '중앙위원회'의 별명으로, 그리고 정치적으로는 사회민주주의 노동조합 총연맹을 가상하여 부르는 이름으로 쓰였다. 함부르크 출신 선반공 레기엔이 스물아홉의 나이로 첫 '중앙위원회' 의장을 맡

있었다. 이미 1904년에 100만 명 이상의 회원을 확보한 자유노조의 성장세[106]는 그 구호와 잘 어우러진 것이었다. 결국에는 베벨도 그 점을 인정할 수밖에 없었다.[107]

(18)90년대 초반에 노동조합 운동의 성장세가 눈에 띄게 사회주의 정당의 뒤로 처졌을 때, 나는 노동조합들로부터 중요한 활동영역을 빼앗아갔던 현행 독일 보험입법 때문에 그 운동이 거의 정지상태에 빠진 듯하다고 판정했다. 나는 이러한 견해를 1893년에 열린 쾰른 당 대회에서 공개적으로 밝혔다. 그러나 그 비관론은 옳지 못했다. 곧 더 좋아진 사실들이 나를 충분히 일깨워주었다. 내가 처음 운동을 시작했을 때 노동조합을 두고 내렸던 판단이 지금에 와서 훨씬 더 올바른 것이었다고 밝혀졌다. 그런 일을 겪은 나머지 나는 늘 그랬듯이 노동조합의 편을 들 수 있도록 새로운 판단에 이르게 되었다.

이렇듯 당의 선도적 지위는 노동조합의 현실정치를 인정하는 상호관계에 길을 내주고 말았다. 1902년 당 대회에서 나온 몰켄부르 결의안도 그런 줄기에서 이해해야 옳을 것이다. 자유노조의 지도자들은 중앙본부를 꾸리면서부터 '노동조합 조직이 정치적 운동을 위한 예비학교'

앉았으며 1920년에 사망할 때까지 그 직책을 유지했다(K. Schönhoven, *Expansion und Konzentration. Studien zur Entwicklung der Freien Gewerkschaften im Wilhelminischen Deutschland 1890~1914*, Stuttgart 1980).

105) H. J. Varain, *Freie Gewerkschaften, Sozialdemokratie und Staat. Die Politik der Generalkommission unter Führung Carl Legiens(1890~1920)*(이하 *Freie Gewerkschaften* 으로 약칭), Düsseldorf 1956, p. 47.

106) K. Schönhoven, 앞의 책, p. 125.

107) A. Bebel, *Leben*, p. 175.

자유노조 홍보 자료

라고 여기면서도[108] 당과 대등한 위치에서 실용적 정책과제를 밀고 나간다는 방향을 분명히 밝혔다. "우리는 오직 정치적 수단으로만 노동계급의 처지를 궁극적으로 개선하고 임금노동을 폐지하며 완전한 노동소득을 쟁취할 수 있다는 점을 아주 정확하게 알고 있다. 그러나 다른 한편 그러한 생각을 실현하기 위해 노동자 대중을 끌어들이려면 반드시 오늘날의 시민사회 안에서 벌이는 경제적 투쟁을 거쳐야 한다."[109] 레기엔은 중앙위원회의 의장 자격으로 자유노조의 기본전략을 이렇게 밝혔다. 이제 막 조직을 새로 정비하는 마당에 당이 펼쳐주는 우산 밑에 기꺼이 들어가겠지만, 현실정치를 떠난 목표설정에는 따르지 않겠다는 의미로 읽을 수 있겠다. 그 바탕에서 눈앞에 닥친 '전복'의 가능성도, 언젠가는 찾아올 미래국가의 꿈도 모두 실용주의의 명분 아래 거부되었다. 레기엔은 사회민주주의에 속하면서도 당의 혁명적 강령에 무심했던 노동조합 구성원들의 분위기를 이렇게 대변했다.[110]

---

108) 레기엔이 쾰른 당 대회에서 했던 말이다(*Protokoll*, 1893, p. 183).

109) *Correspondenzblatt der Generalkommission der Gewerkschaften Deutschlands*, vol. 1. no. 13(1891. 5. 23.).

110) *Correspondenzblatt*, vol. 1, no. 8(1891. 3. 28.).

폭력적 변혁의 시대는 지나갔다. 오늘날 우리는 사정을 분명하게 인식하는 가운데 폭력적 수단으로 이룩한 이점을 오래 간직할 수 없으며, 또한 행동을 체계 있게 함으로써 오히려 여건을 개선할 수 있다는 사실을 알면서 우리의 투쟁을 이끌고 있다. 이렇게 투쟁방법이 바뀌면서 투쟁수단도 역시 변화되었다.

자유노조 진영은 애초부터 계급정당의 기본원리에 큰 무게를 두지 않았다. 그래서 한결같이 자유노조 진영의 지도자들은 몇 해 동안 요란했던 수정주의 논쟁에도 소극적이었다. 그들 가운데 기꺼이 어느 한쪽 편을 드는 사람도 거의 없었다. 드물게 있었던 발언조차도 지나친 이념투쟁이 현실정치에 해가 된다는 비판에 그쳤을 따름이었다.[111] 격렬했던 당 전략논쟁에도 아랑곳없이 노동조합 대표자들은 실용주의 정책과제에만 골몰했다. 1899년에 열린 프랑크푸르트 노동조합대회는 두 가지 중요한 결의안을 채택했는데,[112] 모두 한 시대를 가를 만한 내용이었다. 하나는 사용자와 맺는 '단체협약'을, 다른 하나는 정부의 복지공무원들과 협력하는 일을 자유노조의 우선사업으로 정하는 것이었다. 당 기본강령의 테두리 안에서라면 생각조차 할 수 없는 결의안이었다. 두 사안 모두 베벨이 한때 '사회민주주의 내부의 거짓 힘'[113]이라고 비난할 만했던 실천지침이었다. 그러나 그 속에는 당의 힘으로도

---

111) H. J. Varain, *Freie Gewerkschaften*, p. 27.

112) *Protokoll der Verhandlungen des dritten Kongresses der Gewerkschaften Deutschlands. Abgehalten zu Frankfurt a. M.-Brockenheim vom 8. bis 13. Mai 1899*, Hamburg(연도 표기 없음), pp. 150 ff., 161 ff.

113) K. Schönhoven, *Arbeiterbewegung*, p. 59.

어찌할 수 없었던 새 기운이 들어 있었다.

근대적 노동관계의 한 상징으로 볼 수 있는 단체협약Tarifvertrag은 산
업화와 노동운동이 모두 일정한 단계에 이르렀을 때 나타나는 사회현
상이다. 독일의 노동사에서 제대로 된 단체협약의 첫 사례는 1873년에
식자공연맹과 인쇄업협회가 임금과 노동시간 조건에 합의했던 협정이
었다.[114] 식자공은 비교적 높은 기술수준과 급여조건에 자부심이 컸던
노동세력이었으며, 그 때문에 일찍부터 단체협상도 가능했다. 이 '모
범적인' 사례 이후에 몇 건의 협상이 더 있었으나, 그 협상 방식이 크
게 번성했다는 기록은 드물다. 그러다가 자유노조의 중앙위원회가 등
장하면서 전국단위의 단체협상도 제 궤도에 오르게 되었다.[115] 노동조
합들의 힘이 중앙으로 모이게 되자 산업현장의 갈등을 해결하는 연대
책임성도 그만큼 커졌던 까닭이었다. 이 자연스런 흐름에 노사관계의
본질을 묻는 질문이 끼어들면서 논란이 불거졌다. 단체협약이란 노동
과 자본이 협상 끝에 맺는 약속이다. 노동조합은 단체협약에서 경제적

---

114) P. Ullmann, *Tarifverträge und Tarifpolitik in Deutschland bis 1914. Entstehung und
Entwicklung, interessenpolitische Bedingungen und Bedeutung des Tarifvertragswesens
für die sozialistischen Gewerkschaften*, Frankfurt/Bern/Las vegas 1977, pp. 32 ff., 61 ff.
115) 〈표 3〉: 단체협약 증가 현황(1890~1904)

연도	단체협약 수	연도	단체협약 수
1890	51	1898	141
1891	49	1899	199
1892	57	1900	330
1893	68	1901	429
1894	74	1902	537
1895	81	1903	782
1896	90	1904	1,112
1897	103		

자료: P. Ullmann, 같은 책, p. 218(Tabelle, 2).

이익을 얻을 수 있지만, 자본을 상대하는 부담 또한 져야 한다. 노동조합을 '혁명운동의 학교'라고 보면 자본은 계급투쟁의 적이며, 따라서 노사협약은 '휴전협정'일 뿐이다. 그러나 자본을 이익정치의 상대편으로 인정하면 그것은 '평화협정'으로 발전한다. 그런 까닭에 노동운동 내부에서 단체협약의 원리와 방향을 둘러싸고 다툼이 일어나기 마련이다. 1899년 자유노조대회는 그 한 마당이었던 셈이다.

나름대로 협상정치에 익숙했던 식자공연맹 대표 되블린E. Döblin이 자유노조의 앞길을 정해두자는 듯한 결의안을 제출하자 논쟁은 피할 수 없게 되었다. '노동자들의 공동결정권 쟁취'라는 구호를 앞세운 그의 제안은 단체협약을 '기업가 측이 노동조건들을 확정하는 과정에서 노동자들의 동등한 권리를 인정하는 증거'로 삼자는 것이었다. 그렇게 되면 그 협정은 흔히 끝장을 보고야 마는 산업갈등을 미리 피해가도록 자본과 노동을 함께 묶어두는 '평화의 증빙Friedensdokumente'[116]이 될 터였다. 누가 보더라도 계급투쟁의 짐을 벗어버리자는 제안이었다. 바로 그 점이 다른 세력의 반발을 불러왔다. 이를테면 재봉사연맹 대표 제거F. Seger는 계급투쟁의 지평에서 단체협약은 부차적인 목표에 지나지 않는다는 전제 아래 그 제안을 물리쳤다. 그의 생각대로라면 "사용자와 노동계급 사이의 자연적인 이해갈등은 단체협약이 체결되어도 변하지 않은 채 계속해서 일어나기" 마련이었다. 그러니 노동조합은 '늘 있는 계급차이' 때문에 무엇보다도 먼저 '자결권'을 지켜야 하며, 그 바탕에서 단체협약은 '노동운동을 성공으로 이끌려면 반드시 필요한 계

---

116) 이 용어는 어느 사회개혁가가 나중에 출간했던 책의 제목에 보인다(F. Imle, *Gewerbliche Friedensdokumente. Entstehungs- und Entwicklungsgeschichte der Tarifgemeinschaften in Deutschland*, Jena 1905).

급의식'을 드높이는 수단에 멈추어야 했다.[117]

당 전략논쟁의 불길이 노동조합대회로 옮아 붙은 듯한 모습이었다. '공동결정권'과 '자결권'의 대결은 개혁과 혁명의 길을 가르는 노선 다툼과 다름없었다. 그러나 결론은 당 대회와 전혀 다른 세력판도를 입증했다. 압도적인 표 차이로 되블린의 제안이 노동조합대회의 공식결의안으로 채택됐던 것이다.[118] 현실주의 개혁노선이 거스를 수 없는 대세로 나타난 모양이었다. 자유노조를 대표하는 레기엔이 이미 여러 차례 혁명의 꿈에서 깨어나자고 말하지 않았던가. 그는 바로 같은 대회에서도 "노동조합으로 조직된 우리 노동자들은 이른바 대파멸 Kladderadatsch을 원하지 않으며 (……) 조용히 발전하는 현 상태를 원한다"고 선언했다.[119] 그리고 단체협약의 결의는 단순히 하나의 구호로만 그친 것은 아니었다. 그것은 자유노조의 중요한 실천과제가 되었다. 이를테면 1902년에 중앙위원회는 단체협약을 공공연히 반대했다는 이유로 라이프치히 노동조합연합회를 축출했는데, 그 근거는 1899년의 결의문이었다. 문제를 일으킨 노동단체가 태도를 굽히고 단체협상에 나섰을 때 비로소 회원자격을 되찾을 수 있었다.[120]

레기엔은 그 무렵 단체협약의 의미를 다시 한 번 되새기면서, 그 가치가 "노동조건의 개선에만 있는 것이 아니라 노동조건을 확정할 때 노동자들의 공동결정권을 인정하는 일에도" 있다는 점을 분명히 했

---

117) *Protokoll, Gewerkschaften*, 1899, pp. 150 ff.(인용은 pp. 150~52, 155).

118) 같은 책, p. 161.

119) 같은 책, p. 103.

120) *Protokoll der Verhandlungen des vierten Kogresses der Gewerkschaften Deutschlands. Abgehalten zu Stuttgart im Gewerkschaftshause vom 16. bis 21. Juni 1902*, Hamburg (연도 표기 없음), pp. 87 f.

다.[121] 오늘날 노동의 경영참여로 더 확장된 공동결정권이 현대적 노사
정치의 정점을 이룬다는 점에서, 사회민주주의 노동운동의 방향을 가
늠하는 한 대목을 그 결의에서 찾을 수 있겠다. 1899년 노동조합대회
는 그보다 못지않은 중요한 정책과제를 하나 더 세웠는데, 영업감독관
Gewerbeinspektoren과 맺는 '활발한 교통'을 노동조합 현장활동의 한 지
침으로 삼자는 결의가 곧 그것이었다.[122] 이 사안의 중요성은 정부의
복지공무원과 협력하여 산업현장의 노동조건을 개선하는 과제에만 있
지 않았다. 참여정치의 지평에서 볼 때 그것은 노동의 권리를 키우는
일이었다. 그 전망에서 사회민주주의 노동조합이 국가의 통제기제를
기꺼이 수용한다는 뜻이었다.[123] 우선 노동운동과 맞닿을 수 있었던 그
제도의 면면을 살펴보자.

처음에 영업감독관은 공장감독관Fabrikinspektoren이라고 불렸으며,
1853년부터 프로이센의 해당 법률에 따라 생산업체에서 근로조건과
작업환경을 감시하던 세 명의 공무원이 그 시작이었다.[124] 이 제도는
1878년에 개정된 독일제국의 영업법이 공장감독을 강제의무로 규정한
이래로 전체 영방국가들로 확산되었다.[125] 그렇지만 너무 적은 인원이
배치된 탓에 그 효율은 미미했다. 그러다가 1891년에 다시 개정된 영
업법은 그 적용범위를 전체 영업장으로 넓혔으며,[126] 노동현장의 위해

---

121) C. Legien, "Tarifgemeinschaften und gemeinsame Verbände von Arbeitern und
  Unternehmern," in *Sozialistische Monatshefte*, vol. 6(1902), p. 29.
122) *Protokoll, Gewerkschaften*, 1899, p. 162.
123) 그 결의안은 만장일치로 성사되었다(같은 책, p. 171).
124) 1853년 5월 16일에 제정된 그 법률의 명칭Gesetz betreffend einige Abänderungen des
  Regulativs vom 9. 3. 1839 über die Beschäftigung jugendlicher Arbeiter in Fabriken
  에서 볼 수 있듯 공장감독관은 주로 아동노력 고용을 감시하는 일을 맡은 직책이었다
  (*Quellensammlung*, vol. I-3, pp. 747~49).
125) 제6장 1절 참조.

요소들을 감시하는 활동영역도 더욱 상세히 규정했다.[127] 비록 감찰업무가 제국의 중앙부서로 합쳐지지 못하고 여전히 개별 지방정부의 소관으로 남았지만, 제대로 된 노동자보호정책이 시작되었다고 봄직한 방안들이 새롭게 보완되었다. 당사자들의 불평신고 권리와 더불어 감독공무원의 고충처리 기능도 강화한 내용이 그것이었다. "영업감독관은 노동자들의 소망과 불만을 기꺼이 받아들여야 한다. 그 내용이 정당하다고 인정되면 직권이 허락하는 범위 안에서 그것을 채워주고 구제할 방책을 찾아야 한다." 개정 영업법을 좇아 프로이센의 상공부가 만든 '업무지시'에 이 구절이 들어 있다. 노동자와 사용자 사이의 '좋은 관계를 유지하고 장려하는' 감독공무원들의 직무가 그 '지시'의 핵심이었다.[128] 개정 영업법의 초안을 만들었던 로만의 생각대로라면, 영업감독관이 '점점 더 노동자들의 신뢰를 받는 인물이' 될 때,[129] 비로소 그 제도가 '사회적 평화기관'으로 자리잡을 수 있었다.[130] 실제로 전설적인 바덴의 뵈리스호퍼F. Woerishoffer처럼 자본의 견제와 압력에 굴하지 않았던 인물들이 많았으며, 그런 곳일수록 그 제도는 더욱 굳건히 뿌리 내렸다.[131]

---

126) 새 영업법과 더불어 감독공무원의 수가 대폭 늘었다. 프로이센의 사례를 보면, 1890년에 29명이었던 인원이 1895년에는 179명으로 늘어났다. 독일제국 전체로 보면, 같은 기간에 89명에서 276명으로 늘었다(H.-J. v. Berlepsch, "*Neuer Kurs*," p. 285).

127) L. Buck-Heilig, *Die Gewerbeaufsicht. Entstehung und Entwicklung*, Opladen 1989, pp. 96 ff.; S. Poerschke, *Die Entwicklung der Gewerbeaufsicht in Deutschland*, Jena 1913, pp. 128 ff.

128) "Erlaß des preußischen Handelsministers Hans Freiherr von Berlepsch, 1892 März 23," in *Quellensammlung*, vol. III-3, pp. 257~63.

129) "Votum des preußischen Handelsministers Hans Freiherr von Berlepsch für das Staatsministerium, 1890 April 22," 같은 책, pp. 37~38.

130) H.-J. v. Berlepsch, 앞의 책, p. 279.

131) W. Bocks, *Die Badische Fabrikinspektion. Arbeiterschutz, Arbeiterverhältnisse und*

사회민주주의자들도 기꺼이 인정했듯, 바덴에서 두드러졌던 성공사례는 분명히 '노동자들과 친숙했던' 감독관들 덕택이었다.[132] 그러나 그것만으로 모든 것이 다 설명될 수는 없었다. "감독공무원들이 점점 더 노동자들을 위한 보호공무원으로 바뀌어가도록" 영향을 끼치는 어떤 힘이 노동현장에서 '서서히' 솟아나고 있었던 것이다. 바로 1899년 노동조합대회에서 영업감독관과 소통하는 지침을 제안한 크바르크M. Quarck가 그렇게 보았다.[133] 프랑크푸르트에서 사회민주주의 언론가로 활동한 그는[134] 일찍이 현실정치의 개혁과제를 찾고 있었다. 그런 가운데 그는 감독공무원과 밀접했던 고충위원회Beschwerdenkommission와 만나게 되었으며, 그로부터 참여정치의 큰 기대를 품을 수 있었다. 그 위원회는 자유노조에 속한 만하임의 노동조합연합회가 1892년에 처음으로 설립했는데, 그 배경과 활동영역에 이미 자유노조가 앞으로 밀고 나아갈 실천지침이 들어 있었다. 만하임은 뵈리스호퍼의 구역에 속했다. 화학공업이 번성했던 그곳에서 엄격한 환경단속이 절실했겠지만, 사정은 그리 만만치 않았다고 한다. 감독관은 공장시설과 기계를 실사하는 한편으로 노동자들로부터 직접 '소망과 불만'을 들어야 했는데, 그 일이 뜻대로 되지 않았던 것이다. 설령 노동자들이 늘 건강이나 생명을 위협하는 작업환경을 체험하고 있었다 할지라도, 해고의 위험을

Arbeiterbewegung in Baden 1879 bis 1914, München 1978.

132) M. Quarck, "Die badische Fabrikinspektion und die Unternehmer im Jahre 1893," in *Die Neue Zeit*, vol. 12(1894), no. 2, pp. 87~93.

133) M. Quarck, "Die Fabrikinspektion in Süddeutschland während des Jahres 1895," in *Die Neue Zeit*, vol. 14(1896), no. 2, pp. 311~16(인용은 p. 312).

134) 크바르크의 이력은 다음 책에 자세히 적혀 있다. R. Roth, *Gewerkschaftskartell und Sozialpolitik in Frankfurt am Main. Arbeiterbewegung vor dem Ersten Weltkrieg zwischen Restauration und liberaler Erneuerung*(이하 *Gewerkschaftskartell*로 약칭), Frankfurt a. M. 1991.

감수할 때나 그런 사실이 밖으로 알려질 수 있었다. 그 밖에도 뵈리스호퍼가 자주 부딪친 문제점이 있었다. 오랜 기억과 체험 속에서 현장의 노동자들이 공무원들을 전혀 믿으려 들지 않았던 것이다. 고발하는 노동자의 이름을 사주에게 절대로 알리지 않는다는 감독관의 약속을 그 누가 보증할 수 있었겠는가.[135]

드디어 1892년에 이르러 그러한 일들을 지켜보던 지역의 노동조합들이 나서서 개별 노동자들의 불만과 소원을 대변하게 될 기구를 설치했는데, 이름 하여 고충위원회라고 불렀다. 작업현장의 문제점을 고발하는 노동자들을 자본의 횡포로부터 보호하면서 집단의 힘으로 감독공무원들과 소통하는 일이 그 위원회의 과업이었다. 산업별로 흩어져 있던 노동조합들이 자유노조의 이름 아래 하나의 지역연합회 Gewerkschaftskartell로 뭉칠 수 있었기에 가능한 일이었다. 때마침 '신항로'와 더불어 지역으로까지 불어온 노동개혁의 바람이 한몫 거들었을 것이다. 그러나 무엇보다도 뵈리스호퍼가 소통의 파트너를 구할 때 이념성향을 묻지 않는다는 사실이 널리 알려져 있었다.[136] 그런 분위기 속에서 고충위원회가 현장노동자들과 감독공무원 사이를 매개하는 역할을 맡게 되었으니, 말하자면 사회민주주의 노동조합의 기구가 '국가 노동정책의 후속기관'이 된 셈이었다.[137] 그 중재방식은 감독관청과 노동조합 모두에 최적의 선택이었다. 감독공무원들은 노동현장의 불만과 고충을 손쉽게 제도 안으로 끌어들이면서 공공성의 신뢰를 높일 수 있었다. 노동조합들은 자본을 제쳐둔 채 국가기관과 소통하는 기회를 누

135) W. Bocks, 앞의 책, pp. 168 ff.
136) M. Quarck, "Der erste Jahresbericht für 1892 eines deutschen Fabrikinspektors," in Die Neue Zeit, vol. 11(1892/93), no. 1, pp. 722~29.
137) H.-J. v. Berlepsch, 앞의 책, p. 287.

리는 한편, 임금문제 저 너머로 확장된 노동운동의 지평에서 현장 노동자들을 조직적으로 훈련하는 성과를 올릴 수 있었다. 다른 도시들에서도 곧 만하임 사례를 본받아 같은 위원회가 속속 설치되었다는 사실이 그 중재방식의 이로움을 입증했다고 하겠다.[138]

이렇듯 지역의 노동조합들은 실용과제를 개척하는 가운데 '완전히 뿌리부터 새로운 제도적 창조물'을 이룩했는데,[139] 상설 노동자상담소 Arbeitersekretariat가 곧 그것이었다. 자유노조의 개별 지역연합회가 유급의 노동자서기 Arbeitersekretär를 공모하여 설치한 이 기구는 1894년 뉘른베르크에서 처음으로 문을 열었다.[140] 이 제도를 제안한 그릴렌베르거 K. Grillenberger는 뉘른베르크의 금속노조 지도자였으며, 가깝게 지냈던 폴마와 함께 사회민주당 원내의 개혁주의 노선을 이끌던 인물이었다. 그가 노동자들의 새로운 정보창구를 구상할 때 가장 먼저 생각한 과제는 감독공무원과 효율적으로 협력하는 일과 공적 보험제도를 실질

---

138) 고충위원회의 정확한 숫자는 알려지지 않았다. 다만 몇몇 연구성과를 보면 마인 강 이남지역에서 그 방식이 크게 확산되었다는 사실을 알 수 있다[W. Bocks, 앞의 책, pp. 176 f.; G. A. Ritter, *Arbeiterbewegung*, pp. 155 f.; R. Roth, 앞의 책, p. 173; K. H. Pohl, "Sozialdemokratie und Gewerbeinspektion: Zum Verhältnis von Staat, Arbeiterbewegung und Arbeitgebern in Süddeutschland zwischen 1890 und 1914," in *Vierteljahrschrift für Sozial- und Wirtschaftsgeschichte*, vol. 75(1988), no. 4, pp. 457~82]. 1896년에 프로이센의 상공부장관이 지역에 내려 보낸 한 '훈령'을 보면("Erlaß des preußischen Handelsministers Hans Freiherr von Berlepsch an die Bezirksregierungen," in *Quellensammlung*, vol. III-3, pp. 361 f.), 남쪽에서 시작한 고충위원회가 북쪽의 '여러 도시'로 퍼져나갔다는 사실이 입증된다. 그러나 프로이센 정부는 감독공무원이 '사회민주주의 고충위원회'와 협력하는 일을 제지했다. 남부와 북부에서의 노동정책 방향이 각기 달랐으며, 따라서 개혁적 참여정치가 마인 강 이남에서 먼저 발전했다는 사실을 잘 알 수 있는 대목이라고 하겠다.

139) G. A. Ritter, 같은 책, p. 168.

140) 신명훈, 「사회정책, 법 그리고 노동운동 ─ 독일 자유노조의 노동자상담소」, 『독일연구』, vol. 15(2008. 6.), pp. 33~69.

적인 노동복지로 활용하는 방안이었다.[141] 이렇게 노동자상담소는 노동 현장에서 사회보장의 권리를 지키는 '사회적 관측소'[142]로 탄생했다. 노사관계나 보험제도 같은 갈등사안에서 권리보호와 법률자문, 영업법 에 들어 있는 노동자보호 의무감시, 산업재해와 질병 및 임금과 주거 상황의 통계작성 등, 첫 상담소가 맡았던 일들은 새로 조직한 지역연 합회들을 부추길 만했다. 슈투트가르트 연합회가 1897년에 뉘른베르 크 상담소를 본받은 이래로 노동자상담소는 유행처럼 전 지역으로 번 져나갔다. 1903년에는 모두 37개 도시에, 제1차 세계대전 직전까지는 전국에 130개의 상담소가 들어섰다는 사실로부터 그 일의 중요성을 짐 작할 수 있을 것이다.[143] 프랑크푸르트에서 노동자서기로 활동한 캄프 마이어는 자랑스럽게 그 일을 다음과 같이 알렸다.[144]

노동조합들과 정치적 노동단체들이 발전하면 할수록 노동자서기는 점 점 더 크게 노동자들의 법적 관계를 정리하는 일에 영향력을 끼친다. 노 동자서기는 자신의 지위로써 여러 분쟁사항을 중재할 수 있다. 조직된 노동세력이 소송거리가 생기면 먼저 노동자서기에게 사전검토를 부탁하 는 일이 차츰 관례로 굳어지고 있다. 자주 쓸데없는 소송에 걸려서 망하 게 되는 자산 없는 계급이 엄청난 시간과 돈을 절약할 수 있다는 의미 다. 사려 깊고 신중한 노동자서기라면 수많은 형사사건, 명예훼손, 상해

---

141) M. Martiny, "Die politische Bedeutung der gewerkschaftlichen Arbeiter-Sekretariate vor dem Ersten weltkrieg," (이하 "Arbeiter-Sekretariate"로 약칭) in H. O. Vetter(ed.), *Sozialistengesetz*, pp. 153~74.

142) R. Soudek, *Die deutschen Arbeitersekretariate*, Leipzig 1902, p. 8.

143) F. Tennstedt, *Proleten*, p. 503.

144) P. Kampffmeyer, "Ein Wort über die deutschen Arbeitersekretaiate," in *Archiv für soziale Gesetzgebung und Statistik*, vol. 16(1901), pp. 393~412(인용은 pp. 394~96).

사건 등을 손쉽게 해결할 수 있다. (……) 상담소들은 그렇게 당연하게 법적 보호를 요구하는 노동자들의 절박한 필요성에 따라 생겨났다. 지난 세기의 몇십 년 동안 우리는 수많은 노동자보호규정과 풍성하면서도 복잡한 노동자보험입법을 갖게 되었다. 이제 노동자보험은 수백만 독일 노동자들이 운명적으로 겪어야 하는 삶 속으로 들어왔다. 매년 수천의 독일 프롤레타리아가 산업의 전장에서 중상을 입고 집으로 돌아온다. 이 상이용사들은 이제 지혜롭게 직업별 보험조합들에 맞서서 연금청구를 주장해야만 한다. (……) 노동자들은 점차로 그 사회입법의 영역에서 자신들의 권리를 대변해줄 전문가 기구가 필요하다는 사실을 깨닫게 된 것이다.

이렇게 노동자서기들은 '무면허 변호사' 일을 마다하지 않았다.[145] 그 때문에 그들은 호된 비난도 달게 받아야 했다. 그러나 차츰 전문지식을 갖춘 고급인력이 그 일을 맡게 되면서 노동자서기의 사회적 평판도 좋은 쪽으로 바뀌었다. 나중에 수립된 바이마르 공화국의 에베르트 F. Ebert 대통령, 바우어G. Bauer 수상, 비셀R. Wissel 장관, 그 밖에도 수많은 사회민주주의 지도자가 노동자상담소에서 이력을 쌓기 시작했다는 사실을 그저 우연으로만 볼 수는 없을 것이다. 노동자서기들은 특히 영업감독관들과 일과 호의를 나누면서 그 위상을 크게 드높였다. 작업현장에서 올라오는 불만과 고충의 합당성을 미리 살핀 뒤에 나서는 중재활동이 영업감독의 효율과 믿음을 함께 올릴 수 있었다. 그래서

---

145) *Protokoll der Verhandlungen des vierten Kongresses der Gewerkschaften Deutschlands. Abgehalten zu Stuttgart im Gewerkschaftshause vom 16. bis 21. Juni 1902*, Hamburg (연도 표기 없음), p. 145.

캄프마이어는 노동자서기들이 "공무원들의 수고를 들어준다"고 자부할 수 있었다.[146] 말하자면 그들은 차츰 '공무원과 맞먹는 지위에' 올랐던 것이다.[147] 특히 공적 사회보험 영역에서 쌓은 눈부신 업적을 보더라도 그야말로 그들은 참여정치의 첨병이었다. 그들은 현장노동자들과 지역 연합회 간부들에게 끊임없이 보험조합 자치행정의 중요성을 일깨운 사람들이었다. 그리고 자치행정의 성과를 기준으로 보험조합들을 한곳으로 통합하자는 정책보고서를 내는 일도 그들의 몫이었다. 하나우 상담소에서 노동자서기로 일하던 호흐G. Hoch의 설명 몇 토막을 들어보자.[148]

노동자보험은 잘 알려졌듯이 노동자들로 하여금 사회민주주의에서 등지게 하려고 만든 수단들 가운데 한 가지가 되어야 했다. 비스마르크와 그의 사람들은 특례법만으로는 사회민주주의를 극복할 수 없다는 사실을 아주 훤하게 깨닫고 있었다. 그래서 그들은 특례법의 채찍질로 노동자들을 위협하는 일에 만족할 수 없었으며, 노동자보험이라는 사탕과자로 그들을 지금의 '질서'에 붙들어 매어두려고 했다. 그러나 이 '고위 인사들'이 머리를 짜서 생각해낸 방향과는 전혀 다르게 일이 진실 속에서 진행되지 않았던가!

노동자들은 결국에는 스스로 무자비한 폭력에 움츠러들지 않게 된다. 그리고 노동자보험은 사회민주주의를 선전하기에 좋은 수단이 되었다. 그러나 지금의 착취경제가 스스로 합법성을 잃었으며 노동자들과 상관할 때 반드시 따르는 의무를 다하지 못했듯이, 만족스럽지 못한 노동자

146) P. Kampffmeyer, 앞의 글, p. 410.

147) M. Martiny, 앞의 글, p. 173.

148) G. Hoch, *Für die Selbstverwaltung der Arbeiter in der Arbeiterversicherung. Die Gleichheit*, 1911, p. 231(F. Tennstedt, *Selbstverwaltung*, pp. 62~63에서 재인용).

보험의 성과가 심할 정도로 프롤레타리아의 눈앞에 자주 드러난다. 그리고 노동자들이 어찌해볼 수 없는 상해보험의 여러 보험기구나 특히 산재보험의 직업조합들에서 나타나는 반(反)노동행위가 착취당하는 대중들로 하여금 매일매일 새롭게 지배계급의 족쇄에 분노케 한다.

그와는 달리 노동자들이 직접 관리하는 건강보험은 프롤레타리아의 요구에 가장 잘 들어맞고 있다. 노동자들이 법률에 정한 대로 지역건강보험조합들의 이사회에 영향력을 행사하게 된 이래로 차츰 아주 고약한 폐단들을 제거했으며, 건강보험조합들 또한 더욱 목적에 맞도록 바뀌어 계속 발전하고 있다. 노동자들은 아직도 폐단이 남아 있는 건강보험조합들이 있다면 스스로 알맞은 사람들을 대표로 뽑아서 이사회에 보내거나 건강보험법 개정을 지지함으로써 문제를 해결할 수 있는 길을 그들 자신이 먼저 찾아야 한다는 점을 항상 깨닫고 있다. 지역건강보험조합의 노동자 자치행정은 그렇게 건강보험이 완전해지도록 끊임없이 작용하는 자극제가 되었다.

노동자서기들이 거의 한목소리로 제안했던 사회정책의 개혁과제는 사회보장 영역의 확대, 사회보험의 통합관리, 보험가입자의 완전한 자치행정으로 요약할 수 있다.[149] 1902년 당 대회의 몰켄부르 결의안이 평지의 산처럼 갑자기 솟아오르지 않았다는 점을 짐작할 수 있겠다. 노동자서기들이 말을 맞춘 개혁의 잣대는 공동결정권이었다. 그 줄기에서 지역건강보험조합을 통합의 무게중심으로 삼는 의견이 한결같았다.[150] 호호의 설명에서도 보이듯 그 영역에서의 자치행정이 두드러졌

---

149) A. Müller, *Arbeitersekretariate und Arbeiterversicherung in Deutschland*, München (연도 표기 없음), pp. 101 ff.

기 때문이다. 노동자서기들은 자주 모범적인 지역조합의 저편에 있는
보험기구들을 '유령 보험조합' '노동자보험의 기생충' '구두쇠 보험'
등의 이름으로 비난했다.[151] 모두 노동의 공동결정권이 모자란 탓에 보
험성과도 부족하다는 비판이었는데, 그 밑바닥에는 새로운 정치지형의
기대가 도사리고 있었다. 이를테면 캄프마이어가 통합된 '보험기관들
의 민주화'를 주장했을 때, 그것은 계급투쟁을 대신하는 새 헤게모니
다툼을 의미했다.[152]

　사회민주주의는 무엇보다도 먼저 노동자보험에 달라붙어 있는 계급특
성을 털어내야 한다. 모든 국가구성원이 보험조합에 가입해야만 한다.
나아가서 보험기관들은 산산조각으로 흩어질 수도 없다. 질병과 산재,
상해는 서로 함께 긴밀히 얽혀 있다. 그 까닭에 사회민주주의자는 자연
스럽게 하나로 뭉친 통합보험을 주장할 수 있는 것이다. 그러므로 보험
조합은 전체 인구를 아우른다. 그것은 될 수 있는 대로 아무 제약도 받지
않는 자치행정의 넓은 토대 위에 민주주의와 사회주의 기구로 설립된다.

　공동결정권 덕택에 주도권 다툼에서 유리했던 지역건강보험조합들을
이미 휘어잡았다는 자부심이 없었다면, 그렇게 당당할 수 없었던 주장
들이었다. 처음에는 프랑크푸르트 노동조합연합회가 "이처럼 매우 중
요한 기관에 미처 관심을 두지 못했다"고 밝혔듯,[153] 거의 모든 초창기

150) R. Roth, *Gewerkschaftskartell*, pp. 182 ff.
151) 같은 책, p. 19; R. Soudek, *Die deutschen Arbeitersekretariate*, pp. 44 ff.; A. Müller, 앞의 책, pp. 117 ff.
152) P. Kampffmeyer, "Arbeiterversicherung," p. 690.
153) R. Roth, 앞의 책, p. 194.

지역건강보험조합은 사회민주주의의 무풍지대에 있었다. 캄프마이어와 함께 일했던 그래프E. Gräf의 설명에 따르면, 1894년에 비로소 노동조합들이 건강보험조합의 집행부 선거에 참여하기 시작했다고 한다. 바로 자유노조의 지역연합회들이 조직을 갖추어가던 시점이었다. 프랑크푸르트의 실례를 보면, 그곳 건강보험조합의 집행기구는 분명히 1894년 이래로 사회민주주의의 영향 아래에 있었다. 이를테면 1902년에 조합 이사진을 선출하는 대표자회의 구성에서 노동조합 측이 124석을, 사용자 측이 62석을 각각 차지했다. 지역의 노동조합들이 보험조합의 집행부를 석권할 수 있는 비율이었다.[154] 아쉽게도 이러한 지역사례를 넘어서 전반적인 현상을 한눈에 보여주는 자료는 밝혀지지 않았다.[155] 최근에 사회정책학자 텐슈테트F. Tennstedt는 여러 흩어진 자료를 근거로 20세기 초반에 자유노조의 대표자들이 적게는 약 3,000개, 많게는 약 5,000개의 건강보험조합을 통제할 수 있었다고 추산했다. 1901년에 지역건강보험조합은 전국에 모두 4,677개가 설치되어 있었으며, 그 회원 수는 전체 건강보험조합원의 절반을 약간 넘긴 455만 명이었다.[156] 그의 추정이 사실에 가깝다면, 보험조합들은 대부분 자유노조의 품안에 있었던 셈이다.

이런저런 통계수치가 모든 사정을 다 드러낼 수는 없다. 이전에는

---

154) 같은 책, p. 195(Tab. 16).

155) 1902년에 열린 슈투트가르트 노동조합대회에서 베를린 연합회의 지마노브스키E. Simanowski가 처음으로 자유노조의 지역연합회들이 각종 보험조직들의 대표자 선출에 참여했던 현황을 보고한 적이 있었다. 그 발표에 따르면 약 50만 명의 인원이 모든 건강보험조합을 대표하고 있다고 했지만, 그것은 정확한 계산에서 나온 것이 아니었다. 그때 자유노조의 회원이 약 48만 2,000명에 이르렀는데, 그 숫자가 약 723만 명에 달하는 전체 건강보험조합원들을 대표한다고 어림했을 따름이었다(*Protokoll, Gewerkschaften*, 1902, p. 146(각주 145 참조)).

156) F. Tennstedt, *Proleten*, pp. 430 f.

그 누구도 짐작할 수 없었던 새로운 세력이 보험제도 안에서 자라나고 있었던 것이다. 바로 보험행정을 맡았던 인력들이었다. 보험조합은 관리를 맡은 서기를 두었는데, 보험규모가 커지면서 그 업무도 차츰 분화되었다. 이는 큰 조합의 경우 여러 명의 서기를 채용했다는 의미다. 노동조합이 이사회를 장악한 보험조합은 노동자들을 그 관리직에 앉혔다. 자치행정 덕택에 엄청나게 많은 새 일자리가 생겨난 것이었다.[157] 지역연합회의 노동자서기가 직접 보험사무직을 맡기도 했다. 나중에 전국 지역건강보험조합연맹의 의장 자리에 오른 프랑크푸르트의 그래프가 그런 인물이었다. 보험조합의 직무는 완전히 새로운 이력이었다. "어떤 국가기구 안에는 아무런 지위도 없으며 그 어떤 시험도 치르지 않은 사람이 공적 행정업무를 맡는 한 분과가 있는데, 그 관계자들은 철공·목공 노동자 등을 별 망설임 없이 공직에 앉힐 수 있다."[158] 어느 보험조합신문에 실린 이 기사가 전하듯 보험조합 직원들은 공무원과 맞먹는 위신을 누리고 있었다. 관료의 소양과 기능을 수련했던 수천 명의 노동자가, 나중에는 곧 수만을 헤아리는 인력이 시민계급의 테두리를 허물었다. 노동계급 전선 저편에 있는 사람들이 이 현상을 어떻게 느긋이 지켜만 보고 있었겠는가.

자유노조의 지역연합회가 보험조합의 집행부 선거에 적극적으로 가담하자마자 상대편에서 원성이 터져 나왔다. 이를테면 기업가로서 작

---

157) 보험조합 사무직의 양적 규모를 정확하게 볼 수 있는 자료는 알려지지 않았다. 20세기 초 무렵 전체 보험조합 영역에 약 1만 2,000명, 그리고 지역건강보험조합에 4,000~5,000명의 노동자들이 사무직을 맡았다는 추정이 있지만, 정확한 근거는 없어 보인다. 다만 1907년에 2,656명의 회원을 확보한 보험조합 사무직연맹이 자유노조에 등록했는데, 그 가운데 2,536명은 지역건강보험조합 소속이었다(같은 책, pp. 431, 532 f.).

158) *Deutsche Krankenkassen-Zeitung*, 1906, p. 121(F. Tennstedt, "Friedrich Kleeis," in F. Kleeis, *Geschichte*, p. X).

센의 지방의회에 진출했던 니타머A. Niethammer는 이미 1895년에 '지역 건강보험조합들은 원래 국가적으로 조직된 사회민주주의 기구들'이라고 주장하면서, 국민보건 영역에까지 '정치적 뒷맛'이 스며든 사실에 놀라움을 금할 수 없다고 했다.[159] 정치무대에서도 출세한 이 기업가가 몸소 보았다고 말한 보험조합의 일상은 이념편향의 색깔만 조금 걷고 보면 사실과 크게 다르지 않았다. 그곳에서 매일매일 수많은 사회민주주의 노동자가 경험하는 '행정업무의 수련과정'이 '신분상승의 기회'로 이어졌기 때문이다.[160] 베를린의 개업의이자 진보당 계열 국회의원이었던 무그단O. Mugdan도 이러한 사실에 분통을 터뜨렸다. 그래서 그는 1904년 국회연설에서 "사회민주주의가 건강보험 덕택에 정말로 수지맞는 수천의 자리를 당원으로 다 채우게 되는 사태가 벌어졌다"고 목소리를 높였다.[161] 그리고 뮌헨 부근에서 철도의사로 근무했던 뮐러W. Möller는 '사회민주주의에 대항하는 제국연맹'의 지원으로 한 권의 책을 출간하면서 '사회민주주의 지배'라는 신조어를 유행시켰다. 그가 보기에 건강보험조합의 회원총회는 '사회민주주의의 하사관 학교'가 되었으며, 거기에서 "수많은 당의 주동자가 연설가로서 첫발을 내딛고 있었다." 그의 생각대로라면, '혁명가들이 마치 기생충처럼' 보험조합의 행정업무 속에서 둥지를 틀고 복지기구를 불순한 목적으로 이끌고 있었다. '사회민주주의 지배'가 형사상 처벌에 해당하는 '건강보험조합의 남용'으로 나아간다는 것이 그 주장의 핵심이었다.[162]

---

159) F. Tennstedt, *Selbstverwaltung*, p. 54.

160) E. Heimann, *Soziale Theorie des Kapitalismus*, Tübingen 1929, p. 179.

161) F. Tennstedt, *Proleten*, p. 436.

162) W. Möller, *Die Herrschaft der Sozialdemokratie in der deutschen Krankenversicherung*, Berlin 1910, p. 20.

이렇게 의사들이 지나칠 정도로 보험조합의 자치행정에 민감하게 맞섰던 사정은 따로 있었다. 그것은 의료시장의 불균등 세력관계에서 빚어진 것으로, 건강보험이 점차 확대되면서 의사들의 시장이 보험조합에 매이게 된 것이다. 특히 전체 조합원의 절반 이상을 차지하고 있던 지역건강보험조합이 의사들의 수요에 결정적 영향을 끼치게 되었다. 한 명 또는 여러 명의 보험의사를 선정하고 보험진료의 조건을 규정하는 일은 보험조합의 자치행정에 속한 권한이었다. 그런 까닭에 보험의사들은 '부르주아 노동자'로 전락하는 반면, 보험조합의 이사회를 '지배한' 노동자들이 '프롤레타리아 사용자'로 상승한다는 역설이 가능했던 것이다. 교양시민의 신분에 자부심이 컸던 만큼 그들의 굴욕감도 주체하기 어려웠을 것이다.[163] 아무튼 그 과장된 수사가 한때 잠잠했던 자치행정의 의미론 투쟁을 부추기고 있었다. 의사들과 마찬가지로 정부의 고위 공무원들 사이에서도 '사회민주주의 지배'를 걱정하는 분위기가 차츰 넓게 퍼지고 있었다. 그러면서 '보험남용'의 의미로 다시 해석한 자치행정이 규제대상으로 바뀌었다. 얼마 전까지만 해도 사회민주주의가 공적 보험조합의 자치행정을 멀리한다는 이유로 지탄을 받지 않았던가. 제국의 내무부차관 베트만-홀벡Th. von Bethmann-Hollweg이 1908년 10월 15일에 연방정부들에 내려 보낸 비밀훈령은 그 사안을 수정하게 될 새 입법을 예고한 것이었다.[164]

---

163) 필자의 글, 「갈등에서 협상으로 — 독일제국 후반기 의사파업과 '베를린 협정'(1913)」, 『서양사론』제85호(2005), pp. 121~51.

164) "Geheimschreiben des Staatssekretärs Reichsamtes des Innern, Frhr. v. Bethmann Hollweg, an die Regierungen der Bundesstaaten vom 15. Oktober 1908," in P. Rassow/K. E. Born(eds.), *Akten zur staatlichen Sozialpolitik in Deutschland 1890~1914*, Wiesbaden 1954, pp. 424~26(인용은 p. 425).

이 사안과 관련하여 제국의회의 태도를 미리 안전하다고 예단할 수 없기 때문에, 나는 지금 건강보험조합들이 진행하고 있는 투표상황을 유지하면서도 정치적으로 매우 중요한 폐단을 충분히 조종할 수 있도록 몇 가지 예비책을 덧붙이고자 합니다. 나는 무엇보다도 먼저 보험사무직을 임용할 때 되도록 사회민주주의의 권력에서 멀어지도록 하는 일에 큰 비중을 둘 것입니다.

그 계획대로 새 제국보험법Reichsversicherungsordnung의 초안이 1910년 초 국회에 올랐다.[165] 개정 법안은 그때까지 개별적으로 독립되어 있던 보험법규들을 하나의 체계로 통합하면서 사회보험을 확대하는 개선책을 제시한 것이었다. 그 방향은 사회민주주의 세력이 주장한 통합보험 체계와 크게 다르지 않았다. 그러나 제안설명서의 절반가량을 차지한 건강보험법 개정안은 사회민주주의의 요구를 거스르는 것이었다. 그 핵심내용은 사용자와 노동자의 보험료 부담을 같은 비율로 정하면서 자치행정에 참여하는 자본의 영향력을 키우는 것이었다. 이 안은 국회에서 다수의 찬성을 얻지 못했다. 그 대신 '특정한' 의결사항은 사용자와 노동자 대표가 각각 '별도로' 투표하여 다수가 합의할 때 효력을 지닌다는 조항이 1911년 5월 30일에 통과된 제국보험법에 포함되었다. 그 '특정한' 의결사항은 조합이사장 선출과 사무직의 임명 및 해임과 관련된 것이었다. 그 밖에도 비례선거법의 원칙에 따라 대표자회의를 구성하도록 했으며, 소규모 보험조합의 회원총회도 폐지했다. 이 조항들의 내용은 모두 '사회민주주의 지배'를 겨냥한 것이었다. 이러한 억

---

165) K. E. Born, *Staat*, pp. 238 ff.

압요소들을 제외하면, 제국보험법은 상당히 앞서 나간 입법이었다.[166] 이 입법은 부실한 행정건강보험조합을 폐지하면서 지역건강보험의 경영능력에 더 큰 힘을 실었다. 또한 새 보험법은 유족급여의 법률적 기초를 마련했고, 산모보호를 확대했으며, 산재연금의 청구권도 합리적으로 조정했다. 더욱이 그 입법은 곧이어 제정된 사무직보험의 길을 열기도 했다.[167]

이렇게 앞으로 나아갔으면서도 뒤로 한 발짝 물러서기도 했던 새 보험법은 사회민주주의의 진로에도 적지 않은 영향을 끼쳤다. 사회민주당은 말할 것도 없이 노동의 공동결정권을 제한한 그 입법을 거부했다.[168] 그러면서 사회민주당은 사회민주주의 세력을 새 입법에 맞서는 전선에 동원할 수 있었다. 이듬해에 있었던 총선에서 사회민주당이 압승을 거둔 사실은 뜻밖의 일이 아니었다. 사회민주당이 이룩한 성과는 여기에만 멈추지 않았다. 좀더 멀리 내다볼 때 사회민주당은 이때를 계기로 복지정당의 길로 확실히 접어들었다. 어떤 말들이 오가면서 그 의미를 만들었을까?

1909년에 열린 라이프치히 당 대회의 큰 쟁점은 정부가 제출한 새 제국보험 법안이었다. 이때 이미 자치행정을 옥죄려는 정부의 계획이 널리 알려져 있었다. 다른 정당들이 '사회민주주의 지배'를 시샘하고 있다는 사실도 비밀이 아니었다. 그러니 43명(10.8퍼센트)에 지나지 않았던 의석으로는 역부족이라는 분위기가 넘쳤을 것이다. 그러나 예전처럼 무기력한 가운데 돌출한 격한 수사들을 그 누구도 달가워하지

---

166) '특정한' 사안의 투표제도는 결국 1919년에 폐지되었다.
167) G. A. Ritter, *Sozialversicherung*, pp. 56 ff.
168) K. Rother, *Reichsversicherungsordnung*, pp. 179 ff.

1913년까지 독일 사회보험이 이룩한 업적을 홍보한 사진

않았다. 정부를 향한 비판이 없지는 않았으나, 대체로 세부 정책과제를 쟁점으로 삼았다. 전반적 분위기는 내친걸음에 사회민주주의 복지제도를 완비하자는 방향으로 흘렀다. 복지정책 전문가로서 나중에 노동부장관과 수상에 오르는 오토 바우어Otto Bauer가 다음과 같이 물꼬를 텄다. "새 입법 초안의 경향과 비교해볼 때 이전에 개정한 모든 입법이 보험가입자에게 유리한 성과들을 적지 않게 개선했다는 점을 분명히 밝히고자 한다." 그러나 지금 당장 문제가 된 입법과제를 넘어서 미래지향의 복지제도를 수립하자는 주장이었다. 드레스덴 출신 국회의원 프래스도르프J. Fräßdorf는, "의심할 바 없이 노동자보험과 그 개혁이야말로 다가올 시대의 중요한 의회의 과업"이라는 전제에서, "거기에 참여하는 일이 우리 의원들에게 가장 보람된 사명이며 가장 유익한 활동이 된다"고 역설했다. 그러면서 그는 "모든 힘을 다하여 자치행정권을" 지킬 수 있도록 "공세를 취해야만 한다"고 주장했다.[169]

이런 분위기 속에서 당 대회는 만장일치로 새 제국보험법의 원리와 각론을 담은 결의를 채택했다.[170] "임금과 급여를 대가로 일하는 모든 노동자, 그들과 같은 처지에 있는 모든 사람을 위해 제국입법의 강제 보험으로 보장한 포괄적 복지사업이 반드시 필요하다." 결의안의 앞머리에 통합보험의 '원리'로 내세운 문구다. 1902년의 '몰켄부르 결의'에 비추어보면 사회민주주의 복지정치가 국가의 사회정책과 밀착할 정도로 가깝다는 인상을 지울 수 없을 것이다. 그 '원리'는 또한 "보험가입자들의 완전한 자치행정 아래 지금까지 활동했던 노동자보험의 통합(유기적 결합)이 노동자보험을 건전하게 개혁하기 위해 필요한 가장 중요한 조건들 가운데 하나라는" 점도 강조했다. 그러고는 I)건강보험, II)산재보험, III)상해보험, IV)유족보험으로 각각 나누어 기술한 각론이 뒤따랐다. 그 세부내용에는 시대를 앞서 가는 개선책들이 많이 들어 있었다. 먼저 8주 동안의 산모휴직에 더하여 출산 전 임부에게도 같은 기간의 완전한 유급휴직을 보장하는 방안이 포함되었다. 이 내용은 보험자의 배우자에게도 똑같이 적용될 터였다. 여성복지를 선도하는 지혜와 의지로 읽히는 대목이다. 건강보험조합에 허락하는 질병 예방 조처 규정과 실행의 권리 또한 현대적 사회보장의 핵심내용에 해당한다. 산재보험의 의무영역은 사무직 노동자와 소규모 자영업자를 포괄하게 되었으며, 그 적용범위도 오늘날의 수준에 버금가도록 새로 조정되었다. 외국인들도 차별 없는 산재보험 혜택을 받는다는 조항이 특별히 눈에 띄는 대목이다. 연금과 상해보험이 적절한 생활수준에 이르도

---

169) *Protokoll über die Verhandlungen des Parteitages der Sozialdemokratischen Partei Deutschlands. Abgehalten zu Leipzig vom 12. bis 18. September 1909*, Berlin 1909, pp. 432 f., 474.

170) 같은 책, pp. 514~17.

록 규정한 여러 개선책도 미래의 사회보장을 향한 도전과제들이었다.

　"바로 사회민주주의가 가장 넓은 범주의 노동자보호와 노동자보험을 원론적으로 옹호하는 유일한 정당이라는 점을 우리의 적대세력은 너무나 잘 알고 있다. 오로지 사회민주주의의 영향력 덕택에 노동자보험이 존재하게 된 것이다." 바우어가 제국보험법 결의안을 내면서 던진 말이다.[171] 경험된 실상에 비추어볼 때 그것은 지나치게 부풀린 표현이었다. 그러나 그 안에 흘러들어간 새로운 기대를 읽으면 그 의미는 달라질 수 있을 것이다. 미래의 개연성 속에서 그것은 과장되거나 잘못된 말이 아니었다. 그것은 곧 사회민주당이 이제부터 복지정당의 이름으로 거듭난다는 선언이었다. 통틀어서 사회민주당은 이 결의안과 더불어 이전에 그토록 저항했던 공적 보험제도와 자치행정의 수호자로 변신했다. 그러한 모습을 눈여겨보았던 구스타프 슈몰러는 만년에 이런 말을 남겼다. "마르크스주의 독일 노동자 정당은 지금 해체되거나 부르주아 정당으로 탈바꿈하는 과정에 있다."[172] 뒤늦게 제2차 세계대전 이후에야 사회민주당이 공식적으로 그 사실을 선언했지만,[173] 사회민주주의 복지정당은 제국보험법 결의와 함께 이미 항로에 접어들고 있었다. 나중에 당은 좌우로 갈렸다가 다시 합쳤고 그 강령도 몇 차례 수정되었지만, 그때 세웠던 복지정치의 원리와 과제는 오늘날까지 변함없이 그대로 이어지고 있다.

---

171) 같은 책, p. 431.

172) G. Schmoller, "Friedrich Engels und Karl Marx, ihr Breifweschsel von 1848~1883," in *Neue Freie Presse*, no. 18065(1914. 12. 8.). 이 글은 그의 유고문집, *Zwanzig Jahre*, pp. 135~43에 들어 있다(인용은 p. 136).

173) "Grundsatzprogramm der Sozialdemokratischen Partei Deutschlands, beschlossen auf dem außerordentlichen Parteitag in Bad Godesberg 1959," in D. Dowe/T. Klotzbach (eds.), *Dokumente*, pp. 324~45.

참고문헌

I. 사료

1. 출판되지 않은 사료

Bundesarchiv Koblenz: Reichsakten 13/I—Verein Deutscher Eisen- und Stahlin-
dustrieller.

2. 정기간행물

Correspondenzblatt der Generalkommission der Gewerkschaften Deutschlands,
Hamburg/Berlin 1901 ff.

Die Neue Zeit, Stuttgart 1883 ff.

Der Social-Demokrat, Berlin 1864~69.

Der Sozialdemokrat, Zürich 1879~1888; London 1888~1890.

Der Volks-Staat, Leipzig 1869~1876.

Mitteilungen der Hauptstelle Deutscher Arbeitgeberverbände, Berlin 1904 ff.

Sozialistische Monatshefte, Berlin 1897 ff.

Stahl und Eisen, Düsseldorf 1881 ff.

Stenographische Berichte über die Verhandlungen des Deutschen Reichstages,
Berlin 1871 ff.

Verhandlungen, Mitteilungen und Berichte des Centralverbandes Deutscher

Industrieller, Berlin 1885 ff.

Vorwäts, Leipzig 1876~1878; Berlin 1891 ff.

3. 출판된 사료와 동시대 문헌

Adler, V., *Breifwechsel mit August Bebel und Karl Kautsky. Gesammelt und erläutert von Friedrich Adler*, Wien 1954.

Atzrott, O.(ed.), *Sozialdemokratische Druckschriften und Vereine*, Berlin 1886 (reprint, 1971).

Barre, L., *Gesetzentwurf betreffend die Errichtung einer Arbeiterunfallversicherungskasse*, Bochum 1880.

Bebel, A., *Ausgewählte Reden und Schriften*, 2 vols., Berlin(East) 1970/1978.

————, *Wie verhalten sich die Arbeiter gegenüber dem neuen Kranken-Versicherungsgesetz?*, Nürnberg 1884.

————, *Aus meinem Leben*, Berlin 1980.

————, *Über Gewerkschaften*, Berlin(East) 1988.

Bernstein, E., *Die Voraussetzungen des Sozialismus und die Aufgaben der Soziakdemokratie*, Berlin/Bonn 1984.

Bismarck, O. v., *Die Gesammelten Werke*, 19 vols., Berlin 1924~35.

————, *Werke in Auswahl*, 8 vols., Darmstadt 2001.

————, *Gedanken und Erinnerungen*, München 2004(reprint).

Blumenberg, W(ed.), *August Bebels Briefwechsel mit Friedrich Engels*, London/The Hague/Paris 1965.

Brentano, L., *Die Arbeitergildern der Gegenwart*, Leipzig 1871.

————, *Das Arbeitsverhältnis gemäß dem heutigen Recht. Geschichtkiche und ökonomische Studien*, Goldbach 1994(reprint).

Bringmann, A., *Geschichte der deutschen Zimmerer-Bewegung. Zweiter Band*, Stuttgart 1905.

Bueck, H. A., *Centralverband Deutscher Industrieller*, 3 vols., Berlin 1905.

Die Sozialdemokratie im Deutschen Reichstag. Tätigkeitsberichte und Wahlaufrufe aus den Jahren 1871 bis 1893, Berlin 1909.

Die unter staatlicher Aufsicht stehenden gewerblichen Hülfskassen für

Arbeitnehmer und die Versicherung gewerblicher Arbeitnehmer gegen Unfälle im preussischen Staate, bearbeitet im Auftrage des Ministeriums für Handel, Gewerbe und öffentliche Arbeiten, Berlin 1876.

Dowe, D.(ed.), *Berichte über die Verhandlungen der Vereinstage deutscher Arbeitervereine 1863~1869*, Berlin 1980.

Dowe, D./Klotzbach, K.(eds.), *Programmatische Dokumente der deutschen Sozialdemokratie*, Bonn 2004.

Dowe, D./Offermann, T.(eds.), *Deutsche Handwerker- und Arbeiterkongresse 1848~1852. Protokolle und Materialien*, Berlin/Bonn 1983.

Frisch, W., *Die Organisationsbestrebungen der Arbeiter in der deutschen Tabak-industrie*, Leipzig 1905.

Hirsch, H.(ed.), *Eduard Bernsteins Briefwechsel mit Friedrich Engels*, Assen 1970.

Imle, F., *Gewerbliche Friedensdokumente. Entstehungs- und Entwicklungsgeschichte der Tarifgemeinschaften in Deutschland*, Jena 1905.

Kampffmeyer, P., "Ein Wort über die deutschen Arbeitersekretaiate," in *Archiv für soziale Gesetzgebung und Statistik*, vol. 16(1901), pp. 393~412.

Kautsky, K., *Das Erfurter Programm*, Stuttgart 1892.

Kleeis, F., *Die Geschichte der sozialen Versicherung in Deutschland*, Berlin/Bonn 1981(reprint).

Marx, K./Engels, F., *Werke*, 39 vols., Berlin(East), 1956 ff.

W. Möller, *Die Herrschaft der Sozialdemokratie in der deutschen Kranken-versicherung*, Berlin 1910.

Mohl, R., "Über die Nachteile, welche sowohl den Arbeitern selbst als dem Wohlstande und der Sicherheit der gesammten bürgerlichen Gesellschaft von dem fabrikmäßigen Betriebe der Industrie zugehen und über die Notwendigkeit gründlicher Vorbeugungsmittel," in K. H. Rau(ed.), *Archiv der politischen Ökonomie und Polizeiwissenschaft*, vol. 2, no. 2, Heidelberg 1835, pp. 141~203.

Müller, A., *Arbeitersekretariate und Arbeiterversicherung in Deutschland*, München (연도 표기 없음).

Poerschke, S., *Die Entwicklung der Gewerbeaufsicht in Deutschland*, Jena 1913.

Poschinger, H. v.(ed.), *Fürst Bismarck als Volkswirt*, 3 vols., Berlin 1889~1891.

────(ed.), *Aktenstücke zur Wirtschaftspolitik des Fürsten Bismarck*, 2 vols.,

Berlin 1889~1891.

───── (ed.), *Bismarck und die Parlamentarier*, 3 vols., Breslau 1894.

Protokoll über die Verhandlungen des Allgemeinen Deutschen Sozialdemokratischen Arbeiterkongresses zu Eisenach am 7., 8. und 9. August 1869, Leipzig 1869.

Protokoll über den ersten Congreß der Sozialdemokratischen Arbeiterpartei zu Stuttgart am 4., 5., 6., und 7. Juni 1870, Leipzig 1870.

Protokoll des Vereinnigungs-Congresses der Sozialdemokraten Deutschlands, abgehalten zu Gotha, vom 22. bis 27. Mai 1875, Leipzig 1875.

Protokolle über die Vernehmung der Sachverständigen durch die Eisen-Enquete-Kommission, Berlin 1878.

Protokoll über den Kongreß der deutschen Sozialdemokratie in Kopenhagen. Abgehalten vom 29. März bis 2. April 1883, Hottingen/Zürich 1881.

Protokoll über die Verhandlungen des Parteitages der Sozialdemokratischen Partei Deutschlands, abgehalten zu Halle a. S., vom 2. bis 6. Oktober 1890, Berlin 1890.

Protokoll über die Verhandlungen des Parteitsges der Sozialdemokratischen Partei Deutschlands. Abgehalten zu Erfurt vom 14. bis 20. Oktober 1891, Berlin 1891.

Protokoll über die Verhandlungen des Parteitages der Sozialdemokratischen Partei Deutschlands. Abgehalten zu Berlin vom 14. bis 21. November 1892, Berlin 1892.

Protokoll über die Verhandlungen des Parteitages der Sozialdemokratischen Partei Deutschlands. Abgehalten zu Köln a. Rh. vom 22. bis 28. Oktober 1893, Berlin 1893.

Protokoll über die Verhandlungen des Parteitages der Sozialdemokratischen Partei Deutschlands. Abgehalten zu Frankfurt a. M. vom 21. bis 27. Oktober 1894, Berlin 1894.

Protokoll über die Verhandlungen des Parteitages der Sozialdemokratische Partei Deutschlands. Abgehalten zu Breslau vom 6. bis 12. Oktober 1895, Berlin 1895.

Protokoll über die Verhandlungen des Parteitages der Sozialdemokratischen Partei Deutschlands. Abgehalten zu Stuttgart vom 3. bis 8. Oktober 1898,

Berlin 1898.

Protokoll über die Verhandlungen des Parteitages der Sozialdemokratischen Partei Deutschlands. Abgehalten zu München vom 14. bis 20. September 1902, Berlin 1902.

Protokoll über die Verhandlungen des Parteitages der Sozialdemokratischen Partei Deutschlands. Abgehalten zu Dresden vom 13. bis 20. September 1903, Berlin 1903.

Protokoll über die Verhandlungen des Parteitages der Sozialdemokratischen Partei Deutschlands. Abgehalten zu Nürnberg vom 13. bis 19. September 1908 sowie Bericht über die Fünfte Frauenkonferenz am 11. und 12. September 1908 in Nürnberg, Berlin 1908.

Protokoll über die Verhandlungen des Parteitages der Sozialdemokratischen Partei Deutschlands. Abgehalten zu Leipzig vom 12. bis 18. September 1909, Berlin 1909.

Protokoll über die Verhandlungen des Parteitages der Sozialdemokratischen Partei Deutschlands. Abgehalten in Magdeburg vom 18. bis 24. September 1910, Berlin 1910.

Protokoll über die Verhandlungen des Parteitages der Sozialdemokratischen Partei Deutschlands. Abgehalten in Jena vom 10. bis September 1911 sowie Bericht über die 6. Frauenkonferenz am 8. und 9. September 1911 in Jena, Berlin 1911.

Protokoll und Materialien des Allgemeinen Deutschen Arbeitervereins (inkl. Splittergruppen), Berlin/Bonn 1980 (reprint).

Protokolle der Verhandlungen der (1~10) Kongresse der Gewerkschten Deutschlands (1892~1919), Berlin/Bonn 1980 (reprint).

Quellensammlung zur Geschichte der deutschen Sozialpolitik 1867 bis 1914.

   I. *Von der Reichsgründungszeit bis zur Kaiserichen Sozialbotschaft (1867~1881).*

      1. *Grundfragen der Sozialpolitik*, Stuttgart/Jena/New York 1994.

      2. Von der Haftpflichtgesetzgebung zur ersten Unfallverversicherungsvorlage, Stuttgart/Jena/New York 1993.

      3. *Arbeiterschutz*, Stuttgart/Jena/New York 1996.

      4. *Arbeiterrecht*, Darmstadt 1997.

5. *Gewerbliche Unterstützungskassen*, Darmstadt 1999.

II. *Von der Kaiserlichen Sozialbotschaft bis zu den Februarerlassen Wilhelm II. (1881~1890)*.

  1. *Grundfragen der Sozialpolitik*, Darmstadt 2003.

  2. 1) *Von der zweiten Unfallversicherungsvorlage bis zum Unfallversicherungsgesetz vom 6. Juli 1884*, Darmstadt 1995.

  2. 2) *Die Ausdehnungsgesetzgebung und die Praxis der Unfallversicherung*, Darmstadt 2001.

  3. *Arbeiterschutz*, Darmstadt 1998.

  4. *Arbeiterrecht*, Darmstadt 1998.

III. *Ausbau und Differenzierung der Sozialpolitik seit Beginn des Neuen Kurses(1890~1904)*

  3. *Arbeiterschutz*, Darmstadt 2005.

Rassow, P./Born, K. E.(eds.), *Akten zur staatlichen Sozialpolitik in Deutschland 1890~1914*, Wiesbaden 1954.

Sammlung sämtlicher Drucksachen der Ersten Kammer, Vol. 5, Berlin 1850.

Schmoller, G., *Über einige Grundfragen des Rechts und der Volkswirtschaft. Ein offenes Sendschreiben an Herrn Professor Dr. Heinrich von Treitschke*, Jena 1875.

―――, *Zwanzig Jahre deutscher Politik(1897~1917). Aufsätze und Vorträge*, München/Leipzig 1920.

Schraepler, E.(ed.), *Quellen zur Geschichte der sozialen Frage in Deutschland. Band I: 1800~1870*, Berlin/Frankfurt 1955.

Soudek, R., *Die deutschen Arbeitersekretariate*, Leipzig 1902.

Sozialdemokratische Partei-Correspondenz, Berlin 1906 ff.

Stenographische Berichte über die Verhandlungen der 2. Kammer, II, Berlin 1849.

Stenographischer Bericht über die Verhandlungen des preußischen Abgeordneten Hauses, II(1863/64), p. 854.

Stenographische Berichte über die Verhandlungen des Reichstags, Berlin 1871 ff.

Stenographischer Bericht über die Verhandlungen der deutschen constituierten Nationalversammlung zu Frankfurt a. M. Hrsg. auf Beschluß der Natioanl-

versammlung durch die Redaktionskommission und in deren Auftrag von Franz Wigard, I, p. 700 f.

Sozialistische Monatshefte, Berlin 1901 ff.

Stein, L. v., "Zur preußischen Verfassungsfrage," in *Deutsche Vierteljahres-Schrift*, vol. 57(1852).

———, "Demokratie und Aristokratie," in *Die Gegenwart*, vol. 9(1854), pp. 306~44.

———, *Die Verwaltungslehre, I/1: Erster Theil. Die vollziehende Gewalt. Allgemeiner Theil. Das verfassungsmäßige Verwaltungsrecht. Erstes Gebiet. Die Regierung und das verfassungsmäßige Verwaltungsrecht*, Stuttgart 1869(2. Auflage).

———, *Geschichte der socialen Bewegung in Frankreich von 1789 bis auf unsere Tage. III. Das Königtum, die Republik und die Souveränität der französischen Gesellschaft seit der Februarrevolution 1848*, Darmstadt 1959.

Vollmar, G. v., *Reden und Schriften zur Reformpolitik. Ausgewählt und eingeleitet von Willy Albrecht*, Berlin/Bonn-Godesberg, 1977.

II. 일반 문헌

나인호, 「독일 개념사와 새로운 역사학」, 『역사학보』 제174집, 2002, pp. 293~325.

박근갑, 「정치적 노동운동, 독점대기업, 비스마르크의 노동정책」, 『사회비평』 제4호 (1990), pp. 227~57.

———, 「노동시간, 노동정책, 노동운동 — 독일 철강공업의 사례(1873~1913)」, 『경제와 사회』 제9호(1991), pp. 193~317.

———, 「경제공황과 노동정책 — 독일 철강기업의 합리화와 비스마르크의 사회보험」, 『역사학보』 제136집(1992), pp. 123~52.

———, 「갈등에서 협상으로 — 독일제국 후반기 의사파업과 '베를린 협정'(1913)」, 『서양사론』 제85호(2005), pp. 121~51.

———, 「사회민주주의와 자치행정 — 개념사로 다시 읽는 비스마르크 복지정치」, 『서양사론』 제95호(2007), pp. 91~125.

신명훈, 「사회정책, 법 그리고 노동운동 — 독일 자유노조의 노동자상담소」, 『독일연구』, vol. 15(2008. 6.), pp. 33~69.

안병직, 「슈테판 보른과 노동자 형제단」, 이민호 외, 『노동계급의 형성』(느티나무, 1989), pp. 135~71.

―――, 「19세기 독일의 수공업과 노동계급의 형성 ―침식제의 해체현상을 중심으로」, 이민호 외, 『유럽사의 구조와 전환』(느티나무, 1993), pp. 337~54.

이광주, 『지식인과 권력: 근대 독일 지성사 연구』(문학과지성사, 1992).

한운석, 「1848/49년 혁명기 노동자형제단의 민족문제에 대한 태도」, 『역사학보』 제154집(1997. 6.), pp. 241~68.

Albrecht, W., *Fachverein—Berufsgewerkschaft—Zentralverband. Organisations-probleme der deutschen Gewerkschaften 1870~1890*, Bonn 1982.

Aretin, K. O. Freiherr v., *Vom Deutschen Reich zum Deutschen Bund*, Göttingen 1980.

Baare, Th., "Die Anfänge der deutschen Sozialgesetzgebung. Ein archivalischer Beitrag zu den Beziehungen Bismarcks zu L. Baare," in *Gelbe Hefte*, vol. 9 (1934), pp. 549~61.

Bacmeister, W., *Louis Baare. Ein westfälischer Wirtschaftsführer aus der Bismarck-zeit*, Essen 1937.

Balser, F., *Sozial-Demokratie 1848/49~1863. Die erste deutsche Arbeiterorganisation. "Allgemeine Arbeiterverbrüderung" nach der Revolution, Textband*, Stuttgart 1965.

Baron, R., "Weder Zuckerbrot noch Peitsche. Historische Konstitutionsbedingungen des Sozialstaats in Deutschland," in *Gesellschaft. Beitäge Zur Marxschen Theorie*, vol. 12, Frankfurt a. M. 1979, pp. 13~55.

Beck, H., *The Origins of the Authoritarian Welfare State in Prussia. Conservatives, Bureaucracy, and the Social Question, 1815~1870*, Ann Arbor 1995.

Beier, G., *Schwarze Kunst und Klassenkampf, Bd. I: Vom Geheimbund zum königlich-preußischen Gewerkverein(1830~1890)*, Frankfurt 1966.

Benöhr, H.-P., "Soziale Frage, Sozialversicherung und Sozialdemokratische Reichstagsfraktion(1881~1889)," in *Zeitschrift der Savigny-Stiftung für Rechtsgeschichte, Germanische Abteilung*, vol. 98(1981), pp. 94~163.

Berlepsch, H.-J. v., *"Neuer Kurs" im Kaiserreich? Die Arbeiterpolitik des Freiherrn von Berlepsch 1890 bis 1896*, Bonn 1987.

Billerbeck, U., "Soziale Selbsrverwaltung und Gewerkschaftsbewegung," in

Jahrbuch Arbeiterbewegung. Geschichte und Theorie 1982: Selbstverwaltung und Arbeiterbewegung, Frankfurt a. M. 1982, pp. 39~71.

Blackbourn, D./Evans, R. J.(eds.), *The German Bourgeoisie. Essays on the Social History of the German Middle Class from the late eighteenth to the early twentieth Century,* London/New York 1991.

Blackbourn, D./Eley, G., *The Peculiarities of German History: Bourgeois Society and Politics in Nineteenth Century Germany,* Oxford 1984.

Blasius, D., "Lorenz von Steins Lehre vom Königtum der sozialen Reform und ihre verfassungspolitischen Grundlagen," in *Der Staat,* vol. 10(1971).

Blasius, D./Pankoke, E., *Lorenz von Stein. Geschichts- und gesellschaftswissenschaftliche Perspektiven,* Darmstadt 1977.

Boch, R., *Grenzenloses Wachstum? Das rheinische Wirtschaftsbürgertum und seine Industrialisierungsdebatte 1814~1857,* Göttingen 1991.

Bocks, W., *Die Badische Fabrikinspektion. Arbeiterschutz, Arbeiterverhältnisse und Arbeiterbewegung in Baden 1879 bis 1914,* München 1978.

Bojanovski, V. v., *Die Englischen Fabrik- und Werkstäten-Gesetze,* Berlin 1876.

Born, K. E., *Staat und Sozialpolitik seit Bismarcks Sturz. Ein Beitrag zur Geschichte der innenpolitischen Entwicklung des Deutschen Reiches 1890~1814,* Wiesbaden 1957.

Born, S., *Erinnerungen eines Achtundvierzigers,* Berlin 1978(reprint).

Borsdorf, U.(ed.), *Geschichte der deutschen Gewerkschaften. Von den Anfängen bis 1945, Köln 1987.*

Brentano, L., *Mein Leben im Kampf um die soziale Entwicklung Deutschlands,* Jena 1931.

Bruch, R. vom(ed.), *'Weder Kommunismus noch Kapitalismus.' Bürgerliche Sozialreform in Deutschland vom Vormärz bis zur Ära Adenauer,* München 1985.

Brunner, O., et. al., *Geschichtliche Grundbegriffe. Historisches Lexikon zur politisch-sozialen Sprache in Deutschland,* 8 vols., Stuttgart 1972 ff.

Buck-Heilig, L., *Die Gewerbeaufsicht. Entstehung und Entwicklung,* Opladen 1989.

Bundesministerium für Arbeit und Sozialordnung/Bundesarchiv(eds.), *Geschichte der Sozialpolitik in Deutschland seit 1945. Band 1: Grundlagen der Sozialpolitik,* Baden-Baden 2001.

Conze, W., "Vom 'Pöbel' zum 'Proletariat.' Sozialgeschichtliche Voraussetzungen für den Sozialismus in Deutschland," in H.-U. Wehler(ed.), *Moderne Deutsche Sozialgeschichte,* Düsseldorf 1981, pp. 111~36.

Damansky-Davidsohn, E., "Der Großbetrieb als Organisationsproblem des Deutschen Metallarbeiter-Verbandes vor dem Ersten Weltkrieg," in H. Mommesen (ed.), *Arbeiterbewegung und industrieller Wandel. Studien zu gewerkschaftlichen Organisationsproblemen im Reich und an der Ruhr,* Wuppertal 1980, pp. 96 ff.

Dietrich, R./Oestereich, G.(eds.), *Forschungen zu Staat und Verfassung. Festgabe für Fritz Hartung,* Berlin 1958.

Döhler, M./Manow-Borgwardt, Ph., "Korporatisierung als gesundheitspolitische Strategie," in *Staatswissenschaft und Staatspraxis,* vol. 3(1992), pp. 64~106.

Dowe, D./Offermann, T.(eds.), *Deutsche Handwerker- und Arbeiterkongresse 1848~1852. Protokolle und Materialien,* Berlin/Bonn 1983.

Eisenberg, Ch., *Deutsche und englische Gewerkschaften. Entstehung und Entwicklung bis 1878 im Vergleich,* Göttingen 1986.

Engelhardt, U.(ed.), *"Nur vereinigt sind wir stark." Die Anfänge der deutschen Gewerkschaftsbewegung 1862/63 bis 1869/70,* Stuttgart 1977.

————, *Handwerker in der frühen Industrialisierung. Lage. Kultur und Politik vom späten 18. bis zum frühen 20. Jahrhundert,* Stuttgart 1984.

Faulenbach, B./Potthoff, H.(eds.), *Die Revolution 1848/49 und die Tradition der sozialen Demokratie in Deutschland,* Essen 1999.

Fleck, H.-G., *Sozialliberalismus und Gewerkschaftsbewegung. Die Hirsch-Dunckerschen Gewerkvereine 1868~1914,* Bonn 1994.

Förster, A., *Die Gewerkschaftspolitik der deutschen Sozialdemokratie während des Sozialistengesetzes vom Wydener Parteikongreß 1880 bis zum Parteitag von St. Gallen 1887,* Berlin(East) 1971.

Frevert, U., *Krankheit als politisches Problem 1770~1880. Soziale Unterschichten in Preußen zwischen medizinischer Polizei und staatlicher Sozialversicherung,* Göttingen 1984.

Fricke, D., *Die deutsche Arbeiterbewegung 1869~1914*, Berlin(East), 1976.

Fröhlich, S., *Die Soziale Sicherung bei Zünften und Gesellenverbänden. Darstellung, Analyse, Vergleich*, Berlin 1976.

Gall, L.(ed.), *Liberalismus*, Königstein 1980.

―――, *Bismarck. Der weiße Revolutionär. Biographie*, Berlin/München 2001.

Gay, P., *The Dilema of Democratic Socialism. Eduard Bernstein's Challenge to Marx*, 김용권 옮김, 『민주사회주의의 딜레마. 베른슈타인의 맑스에 대한 도전』(한울출판사, 1994).

Geiger, Th., *Die Klassengesellschaft im Schmelztiegel*, Köln/Hagen 1949.

Gerschenkron, A., *Economic Backwardness in Historical Perspective*, Cambridge 1962, pp. 5~30.

Göckenjan, G., *Verrechtlichung und Selbstverantwortlichkeit in der Kranken-versorgung*, Berlin 1980.

―――, "Verrechtlichtung und Selbstverantwortlichkeit in der Krankenversicherung," in *Leviathan*, vol. 9(1981), pp. 8~38.

Gorges, I., *Sozialforschung in Deutschland 1872~1914. Gesellschaftliche Einflüsse auf Themen- und Methodenwahl des Vereins für Socialpolitik*, Königstein/Ts. 1980.

Grebing, H., *Arbeiterbewegung. Sozialer Protest und kollektive Interessenvertretung bis 1914*, München 1985.

Habermas, J., *Strukturwandel der Öffentlichkeit. Untersuchungen zu einer Kategorie der bürgerlichen Gesellschaft*, Darmstadt/Neuwied 1982.

Hamerow, Th. S., *The Social Foundations of German Unification 1858~1871: Ideas and Institutions*, Princeton/London 1969.

Heimann, E., *Soziale Theorie des Kapitalismus*, Tübingen 1929.

Hentschel, V., *Geschichte der deutschen Sozialpolitik(1880~1980). Soziale Sicherung und kollektives Arbeitsrecht*, Frankfurt 1983.

―――, *Die deutschen Freihändler und der volkswirtschaftliche Kongreß 1858 bis 1885*, Stuttgart 1975.

Höhn, R., *Die Vaterlandslosen Gesellen. Der Sozialismus im Licht der Geheim-berichte der preußischen Polizei 1878~1914. Band I(1878~1890)*, Köln/Opladen 1964.

Huber, E. R., *Deutsche Verfassungsgeschichte seit 1789. Band 1: Reform und Restauration 1789 bis 1830*, Stuttgart 1975.

―――, *Deutsche Verfassungsgeschichte seit 1789. Band II: Der Kampf um Einheit und Freiheit 1830 bis 1850*, Stuttgart/Berlin/Köln/Mainz 1988.

Jochem, S./Siegel, N. A.(eds.), *Konzertierung, Verhandlungsdemokratie und Reformpolitik im Wohlfahrtsstaat. Das Modell Deutschland im Vergleich*, Opladen 2003.

Jones, G. S., "Society and Politics at the Beginning the World Economy," in *Cambridge Journal of Economics*, vol. 1(1977), pp. 77~92.

Keynes, J. M., *The Economic Consequences of the Peace*, London 1919.

Klaßen, K., *Mitverwaltung und Mitverantwortung in der frühen Industrie. Die Mitbestimmungsdiskussion in der Paulskirche*, Frankfurt/Bern/New York/Nancy, 1984.

Kocka, J., *Lohnarbeit und Klassenbildung. Arbeiter und Arbeiterbewegung in Deutschland 1800~1875*, Berlin/Bonn 1983.

―――(ed.), *Bürgertum im 19. Jahrhundert. Deutschland im europäischen Vergleich*, 3 vols., München 1988.

―――(ed.), *Bildungsbürgertum im 19. Jahrhundert*, IV, Stuttgart, 1989.

―――, *Arbeitsverhältnisse und Arbeiterexistenzen. Grundlagen der Klassenbildung im 19. Jahrhundert*, Bonn 1990.

―――, *Weder Stand noch Klasse. Unterschichten um 1800*, Bonn 1990.

―――, "Arbeiterbewegung in der Bürgergesellschaft. Überlegungen zum deutschen Fall," in *Geschichte und Gesellschaft*, vol. 20(1994), pp. 487~96.

Koselleck, R., *Preußen zwischen Reform und Revolution. Allgemeines Landrecht, Verwaltung und soziale Bewegung von 1791~1848*, Stuttgart 1981.

―――, *Vergangene Zukunft. Zur Semantik geschichtlicher Zeiten*, Frankfurt a. M. 1989.

―――, *Zeitschichten. Studien zur Historik*, Frankfurt 2000.

―――, *Begriffsgeschichten. Studien zur Semantik und Pragmatik der politischen und sozialen Sprache*, Frankfurt a. M. 2006.

Labisch, A., "Die gesundheitspolitischen Vorstellungen der deutschen Sozial-demokratie von ihrer Gründung bis zur Partispaltung(1863~1917)," in *Archiv für Sozialgeschichte*, vol. 16(1976), pp. 325~70.

Langewiesche, D., "Repulik, konstitutionelle Monarchie und 'Soziale Frage.' Grundprobleme der deutschen Revolution von 1848/49," in *Historische Zeitschrift*, vol. 230(1980), pp. 29~548.

————, *Liberalismus in Deutschland*, Frankfurt a. M. 1988.

Lehnert, D., *Reform und Revolution in den Strategiediskussionen der klassischen Sozialdemokratie. Zur Geschichte der deutschken Arbeiterbewegung von den Ursprüngen bis zum Ausbruch des 1. Weltkreigs*, Bonn-Bad Godesberg 1977.

————, *Sozialdemokratie zwischen Protestbewegung und Regierungspartei 1848~1983*, Frankfurt 1983.

Lembruch, G., "Liberal Corporatism and Party Government," in *Comparative Political Studies*, vol. 10(1977), pp. 91~126.

————, "Der Beitrag der Korporatismusforschung zur Entwicklung der Steuerungs-theorie," in *Politische Vierteljahresschrift*, vol. 37(1996), no. 4, pp. 735~51.

————, "Die korporative Verhandlungsdemokratie in Westmitteleuropa," in *Schweizerische Zeitschrift für politische Wissenschaft*, vol. 2(1996), pp. 19~41.

————, "Institutionelle Schranken einer ausgehandelten Reform des Wohlfahrts-staates. Das Bündnis für Arbit und seine Erfolgsbedingen," in Czada, R./ Vollmann, H.(eds.), *Von der Bonner zur Berliner Republik*, Wiesbaden 2000, pp. 89~112.

Lenger, F., *Sozialgeschichte der deutschen Handwerker seit 1800*, Frankfurt 1988.

Lindenlaub, D., *Richtungskämpfe im Verein für Sozialpolitik. Wissenschaft und Sozialpolitik im Kaiserreich vornehmlich vom Beginn des 'Neuen Kurses' bis zum Ausbruch des Ersten Weltkrieges(1890~1914)*, Wiesbaden 1967.

Lidtke, V. L., "German Social Democracy and German State Socialism, 1876~ 1884," in *International Review of Social History*, vol 9(1964), pp. 202~25.

Machtan, L., "Zur Streikbewegung der deutschen Arbeiter in den Gründerjahren (1871~1873)," in *Internationale wissenschaftliche Korrespondenz zur Geschichte der deutschen Arbeiterbewegung*, vol. 14(1978), pp. 419~42.

————, *Streiks und Aussperrung im Deutschen Kaiserreich, 1871~1875*, Berlin

1984.

Manow, Ph., "Consociational Roots of German Corporatism: The Bismarckian Welfare State and the German Political Economy," in *Acta Politica*, vol. 37 (2002), pp. 195~212.

Martiny, M., "Die politische Bedeutung der gewerkschaftlichen Arbeiter-Sekretariate vor dem Ersten weltkrieg," in H. O. Vetter(ed.), *Sozialistengesetz*, pp. 153~74.

Mayntz, R., *Soziale Dynamik und politische Steuerung. Theoretische und methodologische Überlegungen*, Frankfurt a. M. 1997.

Mehring, F., *Geschichte der deutschen Sozialdemokratie*, Berlin(East), 1960.

Miller, S., *Das Problem der Freiheit im Sozialismus. Freiheit, Staat und Revolution in der Programmatik der Sozialdemokratie von Lassalle bis zum Revisionismusstreit*, Berlin/Bonn-Bad Godesberg, 1977.

Miller, S./Potthoff, H., *Kleine Geschichte der SPD. Darstellung und Dokumentation 1848~1983*, Bonn 1983.

Mommsen, W. J., "Der deutsche Liberalismus zwischen 'klassenloser Bürgergesellschaft' und 'Organisiertem Kapitalismus.' Zu einigenneueren Liberalismusinterpretationen," in *Geschichte und Gesellschaft*, vol. 4(1978), no. 1, pp. 77~90.

Müller, H., *Die Organisationen der Lithographen, Steindrucker und verwandten Berufe*, Berlin 1917(Reprint, Berlin/Bonn 1978).

Na'aman, Sh./Harstik, H. P., *Die Konstituierung der deutschen Arbeiterbewegung. Darstellung und Dokumentation*, Assen 1975.

Neuhaus, R., *Arbeitskämpfe, Ärztestreiks, Szialrefomer. Sozialpolitische Konfliktreglung 1900 bis 1914*, Berlin 1986.

Nipperdey, Th., *Deutsche Geschichte 1866~1918. Zweiter Band. Machtstaat vor der Demokratie*, München 1992.

Offermann, T., *Arbeiterbewegung und liberales Bürgertum in Deutschland: 1850~1863*, Bonn 1979.

Pankoke, E., *Sociale Bewegung—Sociale Frage—Sociale Politik. Grundlagen der deutschen "Sozialwissenschaft" im 19. Jahrhundert*, Stuttgart 1970.

———, *Die Arbeitsfrage. Arbeitsmoral, Beschäftigungskrisen und Wohlfahrts-*

politik im Industriezeitalter, Frankfurt 1990.

Plessen, M.-L., *Die Wirksamkeit des Vereins für Socialpolitik von 1872~1890. Studien zum Katheder- und Staatssozialismus*, Berlin 1975.

Pohl, H. (ed.), *Staatliche, städtische, betriebliche Sozialpolitik von Mittelalter bis zur Gegenwart. Referate der 13. Arbeitstagung der Gesellschaft für Sozial- und Wirtschaftsgeschichte vom 28. März bis 1. April 1989 in Heidelberg*, Stuttgart 1991.

Puhle, H.-J., *Agrarische Interessenpolitik und preußische Konservatismus im wilhelminischen Reich(1893~1914). Ein Beitrag zur Analyse des Nationalismus in Deutschland am Beispiel des Bundes der Landwirte und der Deutsch-Konservativen Partei*, Hanover 1966.

Pohl, K. H., "Sozialdemokratie und Gewerbeinspektion: Zum Verhältnis von Staat, Arbeiterbewegung und Arbeitgebern in Süddeutschland zwischen 1890 und 914," in *Vierteljahrschrift für Sozial- und Wirtschaftsgeschichte*, vol. 75(1988), no. 4, pp. 457~82.

Puppke, L., *Sozialpolitik und soziale Anschauungen frühindustrieller Unternehmer in Rheinland-Westfalen*, Köln 1966.

Quandt, O., *Die Anfänge der Bismarckschen Sozialgesetzgebung und die Haltung der Parteien(Das Unfallversicherungsgesetz 1881~1884)*, Berlin 1938.

Quarck, M., *Die erste deutsche Arbeiterbewegung. Geschichte der Arbeiterverbrüderung 1848/49*, Leipzig 1924.

Ratz, U., *Sozialreform und Arbeiterschaft. Die 'Gesellschaft für Sozialreform' und sozialdemokratische Arbeiterbewegung von der Jahrhundertwende bis zum Ausbruch des Ersten Weltkrieges*, Berlin 1980.

Rebentisch, D., "Die deutsche Sozialdemokratie und die kommunale Selbstverwaltung. Ein Überblick über Programmdiskussion und Organisationsproblematik 1890~1975," in *Archiv für Sozialgeschichte*, vol. 25(1985), pp. 1~78.

Reichwein, R., *Funktionswandlungen der betrieblichen Sozialpolitik. Eine soziologische Analyse der zusätzlichen betrieblichen Sozialleistungen*, Köln/ Opladen 1965.

Reulecke, J., *Arbeiterbewegung an Rhein und Ruhr. Beiträge zur Geschichte der Arbeiterbewegung in Rheinland-Westfalen*, Wuppertal 1974.

────, *Sozialer Frieden durch soziale Reform. Der Centraverein für das Wohl der arbeitenden Klassen in der Frühindustrialisierung*, Wuppertal 1983.

Riedel, M. (ed.), *Materialien zu Hegels Rechtsphilosophie*, vol. 2, Frankfurt a. M. 1974.

Ritter, G. A., *Die Arbeiterbewegung im Wilhelminischen Reich. Die Sozial-demokratische Partei und die Freien Gewerkschaften 1890~1900*, Berlin 1963.

────, *Staat, Arbeiterschaft und Arbeiterbewegung in Deutschland. Vom Vormärz bis zum Ende der Weimarer Republik*, Berlin/Bonn 1980.

────, *Sozialversicherung in Deutschland und England. Entstehung und Grundzüge im Vergleich*, München 1983.

────, *Der Sozialstaat. Entstehung und Entwicklung im internationlen Vergleich*, München 1989.

────, "Die Sozialdemokratie im Deutschen Kaiserreich in sozialgeschichtlicher Perspektive," in *Historische Zeitschrift*, vol. 249(1989), pp. 295 ff.

Ritter, G. A./Tenfelde, K., "Der Durchbruch der Freien Gewerkschaften Deutschlands zur Massenbewegung im letzten Viertel des 19. Jahrhunderts," in H. O. Vetter (ed.), *Vom Sozialistengesetz zur Mitbestimmung. Zum 100. Geburtstag von Hans Böckler*, Köln 1975, pp. 61~120.

────, *Arbeiter im Deutschen Kaiserreich 1871 bis 1914*, Bonn 1992.

Rivinus, K. J. (ed.), *Die soziale Bewegung im Deutschland des 19. Jahrhunderts*, München 1978.

Roth, R., *Gewerkschaftskartell und Sozialpolitik in Frankfurt am Main. Arbeiter-bewegung vor dem Ersten Weltkrieg zwischen Restauration und liberaler Erneuerung*, Frankfurt a. M. 1991.

Rother, K., *Die Reichsversicherungsordnung 1911. Das Ringen um die letzte große Arbeiterversicherungsgesetzgebung des Kaiserreichs unter besonderer Berücksichtigung der Rolle der Sozialdemokratie*, Aachen 1994.

Rürup, R., *Deutschland im 19. Jahrhundert 1815~1871*, Göttingen 1984.

Rosenbaum, H., *Formen der Familie. Untersuchungen zum Zusammenhang von Familienverhältnissen, Sozialstruktur und sozialem Wandel in der deutschen Gesellschaft des 19. Jahrhunders*, Frankfurt 1982.

Rothfels, H., *Theodor Lohmann und die Kampfjahre der staatlichen Sozialpolitik (1871~1905)*, Berlin 1927.

Scharf, G., *Geschichte der Arbeitszeitverkürzung. Der Kampf der deutschen Gewerkschaften um die Verkürzung der täglichen und wöchentlichen Arbeitszeit*, Köln 1987.

Schieder, W. (ed.), *Liberalismus in der Gesellschaft des deutschen Vormärz*, Göttingen 1983

Schmidt, M. G., *Sozialpolitik in Deutschland. Historische Entwicklung und internationaler Vergleich*, Opladen 1998.

Schneider, M., *Streit um Arbeitszeit. Geschichte des Kampfes um Arbeitszeitverkürzung in Deutschland*, Köln 1984.

————, *Kleine Geschichte der Gewerkschaften. Ihre Entwicklung in Deutschland von den Anfängen bis heute*, Bonn 1989.

Schönhoven, K., "Selbsthilfe als Form von Solidarität. Das gewerkschaftliche Unterstützungswesen im Deutschen Kaiserreich bis 1914," in *Archiv für Sozialgeschichte*, vol. 20(1980), pp. 147~93.

————, *Expansion und Konzentration. Studien zur Entwicklung der Freien Gewerkschaften im Wilhelminischen Deutschland 1890~1914*, Stuttgart 1980.

————, *Arbeiterbewegung und soziale Demokratie in Deutschland. Ausgewählte Beiträge*, Bonn 2002.

Schröder, W. H., *Arbeitergeschichte und Arbeiterbewegung. Industriearbeit und Organisationsverhalten im 19. und 20. Jahrhundert*, Frankfurt/New York 1978.

Sheehan, J. J., *German Liberalism in the Nineteenth Century*, Chicago 1978.

Siemann, W., *Die deutsche Revolution von 1848/49*, Frankfurt 1985.

Stadelmann, R., "Soziale Ursachen der Revolution von 1848," in H.-U. Wehler (ed.), *Moderne deutsche Sozialgeschichte*, Düsseldorf 1981, pp. 137~58.

Stollberg, G., "Die gewerkschaftsnahen zentralisierten Hilfskassen im Deutschen Kaiserreich," in *Zeitschrift für Sozialreform*, vol. 29(1983), pp. 339~69.

Tenfelde, K., *Sozialgeschichte der Bergarbeiterschaft an der Ruhr im 19.*

Jahrhundert, Bonn 1981.

Tenfelde, K./Volkmann, H., *Streik. Zur Geschichte des Arbeitskampfes in Deutschland während der Industrialisierung*, München 1981.

Tennstedt, F., *Soziale Selbstverwaltung. Geschichte der Selbstverwaltung in der Krankenversicherung*, II, Bonn 1977.

————, *Sozialgeschichte der Sozialpolitik in Deutschland. Vom 18. Jahrhundert bis zum ersten Weltkrieg*, Göttingen 1981.

————, "Vorgeschichte und Entstehung der Kaiserlichen Botschaft vom 17. Novermber 1881," in *Zeitschrift für Sozialreform*, vol. 27(1981), pp. 663~735.

————, *Vom Proleten zum Industriearbeiter. Arbeiterbewegung und Sozialpolitik in Deutschland 1800~1914*, Köln 1983.

————, "Die Errichtung von Krankenkassen in deutschen Städten nach dem Gesetz betr. die Krankenversicherung der Arbeiter vom 15. Juni 1883. Ein Beitrag zur Frühgeschichte der gesetzlichen Krankenversicherung in Deutschland," in *Zeitschrift für Sozialreform*, vol. 29(1993), pp. 297~338.

————, "Sozialreform als Mission. Anmerkungen zum politischen Handeln Theodor Lohmanns," in J. Kocka/H.-J. Puhle/K. Tenfelde(eds.), *Von der Arbeiterbewegung zum modernen Sozialstaat. Festschrift für Gehard A. Ritter zum 65. Geburtstag*, München/New Providence/Paris 1994, pp. 538~59.

Teuteberg, H. J., *Geschichte der industriellen Mitbestimmung in Deutschland. Ursprung und Entwicklung ihrer Vorläufer im Denken und in der Wirklichkeit des 19. Jahrhunderts*, Tübingen 1961.

Thamer, H.-U., "On the Use and Abuse of Handicraft: Journeyman Culture and Enlightened Public Opinion in 18th and 19th Century Germany," in S. L. Kaplan(ed.), *Understanding Popular Culture. Europe from the Middle Ages to the Nineteenth Century*, Berlin/New York/Amsterdam 1984, pp. 275~300.

Therbon, G., "The Rule of Capital and the Rise of Democracy," in *New Left Review*, vol. 103(1977), pp. 2~42.

Thomas, S., *Gustav Schmoller und die deutsche Sozialpolitik*, Düsseldorf 1995.

Thompson, E. P., *The Making of the English Working Class*, 나종일 외 4인 옮김, 『영국 노동계급의 형성』(창비, 2000).

Ullmann, H.-P., "Industrielle Interessen und die Entstehung der deutschen

Sozialversicherung," in *Historische Zeitschrift*, vol. 229(1979).

Ullmann, P., *Tarifverträge und Tarifpolitik in Deutschland bis 1914. Entstehung und Entwicklung, interessenpolitische Bedingungen und Bedeutung des Tarifvertragswesen für die sozialistischen Gewerkschaften*, Frankfurt/Bern/Las Vegas, 1977.

Umlauf, J., *Die deutsche Arbeiterschutzgesetzgebung 1880~1890. Ein Beitrag zur Entstehung des sozialen Rechtsstates*, Berlin 1980.

Varain, H. J., *Freie Gewerkschaften, Sozialdemokratie und Staat. Die Politik der Generalkommission unter Führung Carl Legiens(1890~1920)*, Düsseldorf 1956.

Vetter, H. O.(ed.), *Vom Sozialistengesetz zur Mitbestimmung. Zum 100. Geburtstag von Hans Böckler*, Köln 1975.

Vogel, W., *Bismarcks Arbeiterversicherung. Ihre Entstehung im Kräftespiel der Zeit*, Braunschweig 1951.

Volkmann, H., *Die Arbeiterfrage im preußischen Abgeordnetenhaus 1814~1869*, Berlin 1968.

Volkmann, H./Bergmann, J.(eds.), *Sozialer Protest. Studien zu traditioneller Resistenz und kollektiver Gewalt in Deutschland vom Vormärz bis zur Reichsgründung*, Opladen 1984.

Volkov, Sh., "Enactment and Repeal of Combination Acts: England and Prussia Compared," in *Jahrbuch des Institutes für Deutsche Geschichte in Tel Aviv*, vol. 9(1980).

Wattler, Th., *Sozialpolitik der Zentrumsfraktion zwischen 1877 und 1889 unter besonderer Berücksichtigung interner Auseinandersetzungen und Entwicklungsprozesse*, Phil. Diss., Köln 1978.

Weber, M., *Gesammelte Aufsätze zur Wissenschaftslehre*, Tübingen 1951.

Wehler, H.-U.(ed.), *Moderne deutsche Sozialgeschichte*, Düsseldorf 1981.

——— , *Bismarck und der Imperialismus*, Frankfurt a. M. 1985.

——— , *Deutsche Gesellschaftsgeschichte*, 3 vols., München 1987 ff.

Welskopp, Th., *Das Banner der Brüderlichkeit. Die deutsche Sozialdemokratie vom Vormärz bis zum Sozialistengesetz*, Bonn 2000.

Wengenroth, U., *Unternehmensstrategien und technischer Fortschritt. Die deutsche und die britische Stahlindustrie 1865~1895*, Göttingen/Zürich 1986.

Wickenhagen, E., *Geschichte der gewerblichen Unfallversicherung, Textband*, München/Wien 1980.

Winkler, H. A., *Preussischer Liberalismus und Deutscher Nationalstaat. Studien zur Geschichte der Deutschen Fortschrittspartei 1861~1866*, Tübingen 1964.

Zunkel, Z., *Der Rheinisch-Westfälische Unternehmer 1834~1879. Ein beitrag zur Geschichte des deutschen Bürgertuns im 19*. Jahrhundert, Köln/Opladen 1962.

찾아보기